안양대HK+
동서교류문헌연구총서
03

동인도 시온

네덜란드 동인도회사의 아시아 진출과 개혁교회의 선교

안양대HK+ 동서교류문헌연구총서 03

동인도 시온
네덜란드 동인도회사의 아시아 진출과 개혁교회의 선교

인쇄일 2024. 02. 17.
발행일 2024. 02. 26.

엮은이 **Gerrit Jan Schutte**
옮긴이 **백종구 · 최정섭**

펴낸이 **방주석**
펴낸곳 **도서출판 소망**
주 소   10252 경기도 고양시 일산동구 고봉로 776-92
전 화   031-976-8970
팩 스   031-976-8971
이메일   somangsa77@daum.net
등 록   (제48호) 2015년 9월 16일

ISBN   979-11-981157-6-8 94230
ISBN   979-11-977658-0-3 94230   (세트)

책값은 뒤표지에 있습니다.

* 이 저서는 2019년 대한민국 교육부와 한국연구재단의 HK+사업의 지원을 받아 수행된 연구임(NRF-2019S1A6A3A03058791).

안양대HK+

동서교류문헌연구총서

03

동인도 시온

네덜란드 동인도회사의 아시아 진출과 개혁교회의 선교

Gerrit Jan Schutte 엮음

백종구 · 최정섭 옮김

도서출판

소망

S·O·M·A·N·G

발간에 즈음하여

안양대학교 신학대학 부설 신학연구소 소속의 인문한국플러스(HK+) 사업단은 소외·보호 분야의 동서교류문헌 연구를 2019년 5월 1일부터 수행하고 있다. 다시 말하여 그동안 소외되었던 연구 분야인 동서교류문헌을 집중적으로 연구하면서, 동시에 연구자들의 개별 전공 영역을 뛰어넘어 문학·역사·철학·종교를 아우르는 공동연구를 진행하고 있다. 서양 고대의 그리스어, 라틴어 문헌이 중세 시대에 시리아어, 중세 페르시아어, 아랍어로 어떻게 번역되었고, 이 번역이 한자문화권으로 어떻게 수용되었는지를 추적 조사하고 있다. 또한 체계적으로 연구하기 위해서 동서교류문헌을 고대의 실크로드 시대(Sino Helenica), 중세의 몽골제국 시대(Pax Mogolica), 근대의 동아시아와 유럽(Sina Corea Europa)에서 활동한 예수회 전교 시대(Sinacopa Jesuitica)로 나누어서, 각각의 원천문헌으로 실크로드 여행기, 몽골제국 역사서, 명청시대 예수회 신부들의 저작과 번역들을 연구하고 있다. 이제 고전문헌학의 엄밀한 방법론에 기초하여 비판 정본을 확립하고 이를 바탕으로 번역·주해하는 등등의 연구 성과물을 순차적으로 그리고 지속적으로 총서로 출간하고자 한다.

본 사업단의 연구 성과물인 총서는 크게 세 가지 범위로 나누어 출간될 것이다. 첫째는 "동서교류문헌총서"이다. 동서교류문헌총서는 동서교류에 관련된 원전을 선정한 후 연구자들의 공동강독회와 콜로키움 등의 발표를 거친 다음 번역하고 주해한다. 그 과정에서 선정된 원전 및 사본들의 차이점을 비교 혹은 교감하고 지금까지의 연구에 있어서 잘못 이해된 것을 바로잡으면서 번역작업을 진행하여 비판 정본과 번역본을 확립한다. 그런 다음 최종적으로 그 연구 성과물을 원문 대역 역주본으로 출간하는 것이다. 둘째는 "동서교류문헌언어총서"이다. 안양대 인문한국플러스 사업단은 1년에 두 차례 여름과 겨울 동안 소수언어학당을 집중적으로 운영하고 있다. 이 소수언어학당에서는 고대 서양 언어로 헬라어와 라틴어, 중동아시아 언어로 시리아어와 페르시아어, 중앙아시아 및 동아시아 언어로 차가타이어와 만주어와 몽골어를 강의하고 있는데, 이러한 소수언어 가운데 우리나라에 문법이나 강독본이 제대로 소개되어 있지 않은 언어들의 경우에는 강의하고 강독한 내용을 중점 정리하여 동서교류문헌언어총서로 출간할 것이다. 셋째는 "동서교류문헌연구총서"이다. 동서교류문헌연구총서는 동서교류문헌을 번역 및 주해하여 원문 역주본으로 출간하고, 우리나라에 잘 소개되지 않는 소수언어의 문법 체계나 배경 문화를 소개하는 과정에서 깊이 연구된 개별 저술들이나 논문들을 엮어 출간하려는 것이다. 이 본연의 연구 성과물을 통해서 동서교류의 과거·현재·미래를 가늠해 볼 수 있고 궁극적으로 '그들'과 '우리'를 상호 교차적으로 비교해 볼 수 있을 것이다.

안양대학교 신학연구소 인문한국플러스 사업단

엮은이 서문

헤릿 얀 스휘터(Gerrit Jan Schutte)

　네덜란드 연합동인도회사(이하 동인도회사)는 설립 후 4세기 동안 많은 주목을 받았다. 이유는 동인도회사는 유럽의 탐험과 탐사의 시대에 네덜란드인들의 진취성과 용기를 상징했기 때문이다. 또한 동인도회사는 오랫동안 세계에서 가장 크고, 가장 성공한 다국적 회사였다. 동인도회사 덕분에 유럽은 해외 인종들과 문화에 대한 더 넓은 시야를 갖게 되었다. 그리고 2세기 후 빚더미에 눌려 파산한 동인도회사는 네덜란드에 막대한 식민지 재산, 즉 네덜란드령 동인도를 남겨놓았다.

　17-8세기 네덜란드는 국가 개혁교회를 가진 칼빈주의 국가였다. 동인도회사는 이런 칼빈주의 네덜란드가 해외로 연장된 것이었다. 그러나 역사학계에서는 동인도회사 관할 개혁교회의 역사, 발전과 확장, 선교활동 및 아시아 종교 신봉자들과의 관계가 매우 소홀하게 다루어져 왔다. 사용 가능한 얼마 안 되는 문헌조차 시대에 뒤떨어진 가정과 시각에 근거하고 있다. 해외 교회는 전적으로 동인도회사와 이윤 추구에 의존했으며, 교회 직원의 수는 적고 질적 수준은 더 낮았으며, 선교의식은 찾아볼 수 없는 슬픈 분위기에 쌓인 무역 교회였다. 그러나 이런 교회 이미지는 19세기 낡은 교회론적, 선교학적 시각을 반복하고 있어 다시 돌이킬 수 없을 정도로 시대에 뒤떨어져 있다.

　이 책은 동인도회사가 관할한 기독교와 개혁교회의 역사를 새롭게 기술하는 첫 시도이다. 이 책은 새로운 자료에 근거하여 동인도회사 관할 개혁교회인 동인도 시온의 성격, 조직, 활동에 대해, 그리고 동인도회사가 관할한 동인도라는 지역의 다문화 사회에서 개혁교회와 동인도회사와의 관계, 개혁교회의 역할과 의미에 대해, 새로운 연구를 제공한다.

옮긴이 서문

백종구 · 최정섭

이 책[1]은 17-18세기 네덜란드 개혁파 기독교가 동인도회사를 통해 동인도 지역에 전파되는 과정을 다루고 있다. 이제까지 네덜란드 개혁파 기독교의 전파과정은 영미 선교역사서를 통해 국내에 소개되었지만 그 내용이 단편적이거나 간략하여 전체를 파악하는 데 충분하지 않았다.[2] 이 책은 네덜란드 자유대학 기독교회사 학자 스휘터(Gerrit Jan Schutte) 교수가 네덜란드 개혁파 기독교의 전파 과정은 본국 개혁교회로부터 출발해야 한다는 관점 아래, 수 년 동안 네덜란드 기독교역사학회에서 발표된 논문들과 다른 논문들을 수록하여 편찬한 것이다.

17-18세기 네덜란드 개혁파 기독교의 전파 과정은 종교개혁 이후 최초로 수행된 기독교 선교 사역으로, 16세기부터 이 지역의 선교를 시작한 가톨릭 선교 사역에서 없었던 새로운 면, 즉 선교의 주체와 인력 구조, 선교 자금의 조

---

1   G.J. Schutte et al, *Het Indisch Sion: De Gereformeerde Kerk onder de Verenigde Oost-Indische Compagnie* (Uitgeverij Verloren, 2002).

2   라투렛(Kenneth Scott Latourette)의 *A history of the expansion of Christianity*의 5권 *Three centuries of advance: A.D. 1500-A.D. 1800* 제11장은 네덜란드 개혁교회의 동인도의 선교를 다루고 있다. 스티븐 네일(Stephen Neill)의 A *History of Christian Missions*의 제7장(289-315)은 네덜란드 개혁교회의 동인도와 포모사의 선교를 다루었다. Kenneth Scott Latourette, *Three centuries of advance: A.D. 1500-A.D. 1800*, vol. 5 *of A history of the expansion of Christianity* (1935; repr., Grand Rapids, Mich: Zondervan Pub. House, 1970), 300-306; Stephen Neill, *A History of Christian Missions*, rev. 2nd ed.(New York: Penguin Books, 1964), 190-191.

달 방식, 또 현지 선교 사역이 직면한 문제, 특히 성찬분리와 복음 전파 언어에 대한 논의 등을 보여준다. 이 책은 그 동안 국내에 소개되었던 반 덴 엔드(Th. van den End)의 한국어판 『인도네시아 교회사 (상)』의 10-16장과 아리또낭(Jan Sihar Aritonang)과 스테인브링크(Karel Steenbrink)가 공동 편찬한 *A History of Christianity in Indonesia*의 5장의 내용을 보충하여 줄 것이다.[3] 이 책을 편찬자가 의도한 대로 잘 이해하기 위해서는 네덜란드 개혁파 기독교의 전파 과정의 역사적 배경인 네덜란드 연방 공화국의 탄생, 동인도회사의 설립, 네덜란드 개혁 교회의 탄생 과정을 알 필요가 있다.

네덜란드연방공화국의 탄생

현재의 네덜란드, 벨기에, 룩셈부르크의 지역은 16-17세기에 17개 지방으로 구분되어 신성로마제국의 통치 아래 있었다.[4] 이 지역의 17개 지방은 각기 자치권을 가지고 전국 의회를 중심으로 연합되어 있었다. 남쪽 지방은 프랑스어를 사용하고 북쪽 지방은 저지독일의 방언을 사용하였다. 1519년 합스부르크 왕가의 카를로스 5세(Carlos V)가 신성로마제국의 황제가 되었다. 카를로스 5세는 네덜란드 태생으로 네덜란드인을 잘 알고 있어 이 지역의 통치에 문제가 없었다. 그러나 1555년 카를로스 5세가 사망하고 그의 아들 펠리페 2세(Felipe Ⅱ, 1555-1598)가 스페인과 17개 지방을 통치하면서 네덜란드인과 갈등이 생겼

---

3   Th. van den End, 백성영 역, 『인도네시아 교회사 (상)』 (부산: 아누거라, 2004), 99-133; Jan Sihar Aritonang and Karel Steenbrink, eds. *A History of Christianity in Indonesia*(Leiden, Boston: Bril, 2008), 99-133.

4   주경철, 『네덜란드』 (서울: 산처럼, 2002), 195-215; Justo L. Gonzalez, *The Story of Christianity*, 서영일 역, 『종교개혁』(서울: 은성. 1995), 156-166.

다. 펠리페 2세는 스페인 출신으로 네덜란드인을 강압적으로 통제하고 기독교에 종교적 자유를 거부하고 탄압하였다. 1568년 오란여 공 빌럼(Willem van Oranje, 1544-1584)이 스페인에 대항하여 반기를 든 이후, 오란여 가(家)는 대를 이어 독립투쟁을 계속하였다.[5] 독립투쟁 초기에 네덜란드는 군사적으로 열세였으나 북부지역에 '바다거지'라고 부르는 함대의 활약으로 점차 열세를 회복하였다. 1580년을 전후하여 북부 7개 지방과 남부 10개 지방이 분열되었고, 북부 7개 지방이 스페인으로 부터 독립을 선언하여 네덜란드연방공화국을 세웠다.[6] 이 연방공화국은 1609년 휴전협정으로 1621년까지 실질적 독립을 유지하였고, 1648년 '웨스트팔리아조약'에서 공식적 독립을 얻었다. 네덜란드연방공화국은 1795년 프랑스의 공격으로 몰락하고 프랑스의 영향 아래 1795년 바따비아 공화국(1795-1801)이 선포되었다.[7]

동인도회사의 설립

16-17세기 네덜란드 17개 지방은 초기 자본주의가 번성한 지역으로 안트베

5　차남 낫소의 스탓트하우더 마우리츠(Maurits van Nassau)은 1585-1625년까지, 막내 프레더릭 헨드릭(Frederik Hendrik) 1625-1647년 까지, 프레더릭의 아들 빌럼 2세(Willem II van Oranje)는 1647년부터 네덜란드를 이끌었다.

6　네덜란드연방공화국은 1579년 1월 23일 네덜란드 북부 7개 지방의 위트레흐트 동맹으로 시작되어 프랑스 나폴레옹의 침공으로 바타비아 공화국(Bataafse Republiek)이 탄생한 1795년 1월 19일 까지 존재했다. 북부 7개 지방은 홀란트, 제일란트, 위트레흐트, 헬더란트, 오버레이설, 흐로닝언, 프리슬란트.

7　주경철. 『네덜란드』, 296-312. 바따비아 공화국은 루이 나폴레옹(Louis Napoleon Bonaparte)을 군주로 한 왕국(Koninkrijk Holland, 1806-1810)을 거쳐 프랑스의 지배(1810-1813) 아래 들어갔다. 1813년 나폴레옹(Napoleon Bonaparte)이 라이프치히 전투에서 패배하면서 네덜란드는 프랑스로부터 독립하였고, 1815년 빌럼 1세(Willem I)를 군주로 한 네덜란드연합왕국(Verenigd Koninkrijk der Nederlanden, 1815-1830)을 거쳐 입헌군주국가로 발전하였다.

르펀과 암스테르담 등이 주요 상업도시로 발전하였다.[8] 이런 상업 도시들을 중심으로 봉건귀족(토지 소유자)은 몰락하고 새로운 시민층이 성장하였다. 시민층은 일찍부터 어업과 해양업 등을 경영하며 바다로 진출하였다. 16세기 유럽 국가들 가운데 가장 먼저 바다로 눈을 돌려 해상무역을 주도한 국가는 포르투갈이다. 포르투갈은 (아랍인의 중재 없이) 아시아로 부터 직접 후추나 향신료를 수입하기 위해 해상무역로를 개척하기 시작했다. 처음에 바다 서쪽으로 대서양을 횡단하여 신대륙을 발견하였고, 나중에 남아프리카 희망봉을 돌아 인도양에 진출하였다. 포르투갈은 16세기 초 인도양 해역에 동아프리카의 모잠비크(1508), 인도 서해안의 고아(1510), 말레이 반도의 말라까(1511) 등 많은 거점들을 확보하여 인도양 역내 무역을 주도하였다.

그러나 포르투갈은 1581년 스페인 왕 펠리페 2세가 포르투갈 왕을 겸임 한 이후, 유럽 왕가들 사이의 전쟁, 기독교와의 전쟁, 아메리카 대륙 경영 등으로 인도양 해상무역의 주도권을 뒤늦게 바다로 진출한 기독교 국가들 특히 네덜란드에게 넘어 주었다. 당시 스페인 왕의 통치 아래 있던 포르투갈과 전쟁 상태에 있던 네덜란드인들은 포르투갈 상인들로부터 후추와 향신료를 구입할 수 없자 직접 아시아로 진출하기로 결정하였다. 1595년 5월 희망봉을 돌아 동인도로 떠난 네덜란드 선단이 2년 4개월 만에 돌아온 후, 북해연안에서 무역과 금융업으로 부를 축척한 시민 층이 무역 회사를 세워 해상무역에 뛰어들었다. 북해연안 도시와 지방에 위치한 6개 무역회사들은 상호 경쟁을 피하기 위해 합병하여 1602년 연합동인도회사를 설립하였다. 이 회사는 해상무역 전문 주식회사로 이후 동인도 제도로 진출하여 17세기 내내 아시아 역내 해상무역을

---

8   이 시기 자본주의란 상품의 유통과정에서 이득을 남겨 부를 축적하는 것을 이상으로 하는 경제사상을 의미하였다.

주도하였다.[9]

네덜란드 개혁교회의 탄생

1517년 독일 비텐베르크에서 루터(Martin Luther)의 종교개혁이 시작된 이래 루터의 개혁사상과 재세례파 사상이 네덜란드에 소개되었다. 그러나 네덜란드인 다수는 스위스 제네바에서 시작된 칼빈(Jean Calvin)의 개혁사상(이하 칼빈주의)을 선택하였다.[10] 칼빈주의는 1540년대 이후 네덜란드에서 빠르게 유포되었고 특별히 암스테르담과 플랑드르 같은 상업지역이 칼빈주의의 중심 지역이 되었다. 칼빈주의를 따르는 무리들이 많아지자 교회들이 생겨났다. 칼빈주의의 남부 중심지는 안트베르펀이고 북부 중심지는 동부 프리슬란트의 항구 마을인 엠던이었다. 교회들이 증가하자 교회 지도자들은 하나의 개혁교회를 세우기 위해 1568년 베젤, 1571년 엠던에서 전국 총회를 준비했다. 베젤 총회와 엠던 총회는 벨직 신앙고백(Confessio Belgica)을 네덜란드 개혁교회의 신조로 채택하였다.[11] 그리고 네덜란드어를 사용하는 신자들을 위해 하이델베르크 교리문답을, 프랑스어를 사용하는 신자들을 위해 제네바 교리문답을,

---

9   동인도 제도는 인도양과 태평양을 연결하고 아시아대륙을 호주로부터 분리하고 있는 바다 전체에 흩어져있는 섬들을 지칭한다.

10 이성호, 『네덜란드 개혁교회 이야기』(수원: 그책의사람들, 2015), 74-106, 138-53; Carter Lindberg, *The European Reformation*, 조영천 역, 『유럽의 종교개혁』(서울: 기독교문서선교회, 2012), 433-46; John T. McNeill , *The History and charater of Calvinism*, 양낙홍 역, 『칼빈주의 역사와 성격』(서울: 크리스챤다이제스트, 1996), 291-305.

11 벨직 신앙고백은 1559년 드 브레(Guido de Brès, 1523-1567)가 프랑스 개혁교회의 신앙신조를 모델로 하여 작성하였다. 이 신앙고백은 1566년 비밀리 안트베르펀에서 모인 총회에서 채택되고, 베젤 총회와 엠던 총회에서 네덜란드 개혁교회의 신조로 수용되었다. 이후 약간의 수정을 거쳐 1619년 도르트 총회에서 최종 확정되어 네덜란드, 벨기에, 미국 개혁교회의 교리적 신조가 되었다.

사용하도록 결정했다.[12] 교회신조와 교리문답을 확정한 이후 교회조직에 대한 원칙을 제정하고, 당회, 노회, 총회를 조직했다.[13] 엠던 총회의 결정으로 1571년 10월 4일 공식적으로 네덜란드 개혁교회가 탄생했다. 개혁교회의 시작은 공동의 적인 가톨릭 스페인에 대하여 네덜란드의 정치세력(귀족과 신흥 상인 층)과 개혁세력을 연합시키는 계기가 되었다. 정치세력은 스페인으로 부터 독립을 원하였고, 개혁세력은 교황 세력을 대표하는 스페인으로 부터 독립을 원하였다.

1560년대 말 스페인과 독립전쟁을 시작할 무렵 개혁교회의 교인들은 전체 인구의 10%밖에 안 되는 소수였다. 그러나 스페인으로 부터 영구적 독립이 확인되자 시민의 60% 이상이 개혁교회의 교인이 되었다. 이들 가운데 정교일치의 사회에서 교인들에게 주어진 권리에 관심을 가지고 입회한 명목상의 교인들도 많이 있었다. 17세기 네덜란드 개혁교회는 '후속 종교개혁'을 일으켜 개혁사상을 체계화시키는 한편 동시에 개혁사상을 교인들의 삶에 적용시키고 사회 전체를 개혁하는데 관심을 가졌다.[14]

끝으로 이 자리를 빌려 감사해야할 분들이 있다. 먼저 한·중·일 기독교를 넘어 아시아 전체에 대한 시야를 갖게 해 준 서울기독대학교 외국인 학생들과 아시아기독교사학회 회원들에게 감사를 드린다. 이들과의 교제와 소통이 없었

---

12 하이델베르그 교리문답은 위르시누스(Zacharias Ursinus, 1534-1583)에 의해 작성되어 1563년 출판 되었고, 제네바 교리문답은 칼빈에 의해 작성되었다.

13 엠던 총회는 제네바와 프랑스 개혁교회의 교회정치를 참고하여 네덜란드 개혁교회의 교회정치를 작성했다.

14 이성호, 『네덜란드 개혁교회 이야기』(2015), 143-49. '후속 종교개혁'은 16세기 종교개혁을 전통을 계승하고 발전시키는 제2차 개혁운동으로 16세기 종교개혁의 정신을 신자들의 삶 속에서 구체적으로 적용하는데 관심을 가졌다. '후속 종교개혁'은 독일에서는 경건주의운동으로 영국에서는 청교도운동으로 나타났다.

다면 이 책의 번역을 생각하지 못했을 것이다. 특히 목원대학교 김흥수 명예교수는 인도네시아에 관심을 갖게 했고, 장로회신학대학교 안교성 은퇴교수(『아시아 신학 산책』의 저자)는 원고를 세밀히 읽고 유익한 조언을 해주었다. 강재형 선생과 반 덴 엔드(Th. van den End) 박사, 백성영 목사에게 특별한 감사를 드린다. 강재형 선생은 17-18세기 네덜란드어를 읽는데 필요한 자료를 제공해주었고, 반 덴 엔드[*Ragi Carita:Sejar Gereja di Indonesia*(누룩 이야기:인도네시아 교회사)의 저자)는 17-18세기 네덜란드어를 정확히 읽게 도와주었으며, 백성영 목사[*Ragi Carita*의 한글판 『인도네시아 교회사 (상)』의 저자]는 동인도 지명의 현지어 표기를 검토해주었다.

끝으로 인도네시아 기독교와 역사의 연구에 중요한 자료를 소개해 주신 인도네시아 선교사 이규대 박사, 번역에 필요한 편의를 제공해 주신 새생명그리스도의교회 유현목 목사, 그리고 분주한 가운데에도 원고를 끝까지 읽어주신 조기연 집사에게 감사의 말씀을 드린다.

차 례

발간에 즈음하여   4

엮은이 서문   6

옮긴이 서문   8

서론   17

제1편 네덜란드공화국의 개혁교회   24

제2편 교회와 선교명령   35

제3편 동인도회사 관할 교회   60

제4편 동인도 교회의 직원 (정량적 접근)   89

제5편 다양한 형태의 회중   136

　제1장 길 위의 교회 (선상 교회와 흩어져 있는 교회)   136

　제2장 위대한 식민지 도시교회 (바따비아)   149

　제3장 아시아의 기독교화 (말루꾸 제도와 실론)   170

　　제1절 나사렛 예수의 추종자 : 17세기 암본 기독교인   170

　　제2절 동인도회사의 종교? : 떠러나떼와 북-말루꾸 제도와 북-술라 197

　　　　웨시의 기독교화, 1626-1795

　　제3절 포도원의 망대 (개혁파 실론)   238

　제4장 개혁교회 선교의 포모사 실험 무대   253

　제5장 이민 정착촌에 있는 교회 (희망봉)   268

　제6장 무역 교회 (말라까)   293

제6편 민간 주도로 가는 교회의 상황 (동인도 교회와 네덜란드 선교회) 301

제7편 동인도 시온의 재고찰   317

부록 1. 동인도회사 직원의 직위와 월 급료   331

부록 2. 동인도회사 조직도   334

부록 3. 동인도회사 관할 주요 지역과 지명   335

부록 4. 삽화 출처   337

용어 해설   339

용어 색인   345

인명 색인   349

지명 색인   356

참고 문헌   364

서론

헤릿 얀 스휘터(Gerrit Jan Schutte)

　동인도회사 관할 개혁교회는 좋은 평판을 듣지 못한다. 많은 사람들에게 칼빈주의와 동인도회사, 하나님과 돈의 결합은 가장 나쁜 형태의 식민지주의로 보통 좋지 않게 보인다. 다른 사람들은 이 협력관계에서 주로 교회가 맘몬에게 어떻게 영혼을 팔았는지를 본다. 사실 동인도회사는 17세기 냉정한 상인들에 의해 경영된 커다란 해외 무역 회사였다. 그 선장들은 악마도 두려워하지 않았고, 선원들과 군인들은 사회의 찌꺼기였다. 동인도회사는 순박한 아시아 농부들과 소상인들에게 그들의 귀중한 향신료를 헐값에 공급하라고 강요했고, 그들의 지도자들과 추장들의 모든 항의를 총성과 진압으로 맞받았다. 전문이사들[동인도회사 지방 상사들의 대표들]은 노예무역과 마약중독자들에게 아편을 파는 데 전혀 문제가 없다고 보았다. 동인도회사의 관심은 오로지 이윤추구와 힘에 있었고 아시아 주민의 기독교화는 부수적인 목표조차 아니었다.[1] 그리고 개혁교회는 동인도회사에 완전히 의존했기 때문에 그들에 순응했다. 목사들은 동인도회사로부터 급료를 받았고, 교회 당회원들은 줄곧 고위 동인도회사

1　Peter Boomgaard in 'Voorwoord' tot *God in Indië. Bekeringsverhalen uit de negentiende eeuw*(Leiden, 1997), 7.

직원 가운데서 선출되었다. 사실 교회의 활동은 동인도회사의 직원에게만 국한되어 있었다. 개혁교회는 무엇보다 먼저 하나님의 거룩한 이름에 대한 찬양을 확대하고 훌륭한 동인도회사의 전문이사들의 번영을 위해 숨죽여 기도하는 무역 교회였다.[2]

해외 (교회)역사학에서도 동인도회사 관할 개혁교회는 좋은 평판을 듣지 못한다. 18세기 보수적인 로테르담 목사 호프스테더(Petrus Hofstede)는 이미 그의 유명한 연구 『동인도 교회업무』(Oostindische Kerkzaken, 1776)에서 교회는 사실 예수의 선교명령에 순종하지 않았다고 주장했다. 그는 당시 떠오르는 단체 선교[선교사를 파송하는 주체가 선교회]에 대한 반작용으로 교회 선교[선교사를 파송하는 주체가 교회]를 강력히 호소하는 맥락에서 비판을 가했지만, 역사학계가 부정적인 의견을 표명하는 것을 막지 못했고 오히려 그렇게 하도록 격려했을 수도 있다. 동인도 교회는 유럽 동인도회사 직원을 목회하는 사역과 원주민에게 복음을 전하는 임무를 거의 구분하지 않았다. 호프스테더에 의하면, 교회는 수많은 전문 선교사역자들을 양성해서 파송해야 했다.

선교 지지자인 콜스마(S. Coolsma)는 호프스테더가 했던 불평을 125년 후다시 반복했다: '동인도 회사 관할 개혁교회는 교회로서 동인도에서 복음사역에 결코 간여하지 않았다.'[3] 교회는 복음사역을 할 수 없었다. 이유는 '무엇보다도 [동인도회사가] 동인도 교회의 성장을 저지하고, 교회가 단지 동인도회사의 지배욕구와 이윤추구의 정책에 일치하는 한에서, 교회활동을 허락했기 때문이다.'[4] 교회사가 크나퍼르트(L. Knappert)에 의하면, 동인도회사 관할 교회의

---

2 L. Knappert, *Schets van eene geschiedenis onzer handelskerken*(Overdruk uit *Archief voor de Kerkgeschiedenis* XXI(1928) 1-46, 81-148; 's Gravenhage 1928), 129.

3 S. Coolsma, *De zendingseeuw voor Nederlandsch Oost-Indië*(Utrecht, 1901), 50.

4 C.W.Th. van Boetzelaar van Dubbeldam, *De Gereformeerde kerken in Nederland en de zending in Oost-Indië in de dagen der Oost-Indische Compagnie*(Utrecht, 1906), 231.

입장은 '철저하게 거짓'이었고, 결국 자유롭지 못했다. 19세기는 동인도회사가 해체되고 단체 선교가 다시 반향을 얻은 후에, 비로소 선교의 세기가 될 수 있었다. 그제야 비로소 '민족과 민족이 복음의 연결망으로 단단히 연결되었다.'[5]

최근 연구들은 이와 같이 낡은 교회의 이미지를 계속 반복하고 있다.[6] 물론 동인도회사는 특히 설립 후 첫 10년 동안, 선교와 다른 문화들에 대한 연구에 어느 정도 신경을 썼다. '사람들은 동인도회사가 부유한 회사로 그 종교[기독교]를 위해 대강 무엇인가를 바칠 것을 기대했다. 마치 요즘 큰 기업들이 돈을 선한 목적들에 기부하듯이, 그렇게 동인도회사가 신앙의 확장에 자금을 조달하기를 기대했다.'[7] 그러나 무역은 항상 선교보다 우선이었고 동인도회사는 기독교의 확장에 계속 주저함을 드러냈다. 다른 연구들은 기존 어려움들에 새로운 어려움을 추가했다. 교회는 식민지적 압박과 국가건설의 수단이었다. 좋은 기독교인들은 충실한 신민이었고[8] 기독교화는 동인도회사에 동화와 복종을 의미했다. 그래서 교회는 또한 노예제도와 백인우월감 같은 비난받을 만한 일들을 거절하지 못했다. 이와는 반대로 여러 비판자들은 이에 대한 직접 책임을 네덜란드 칼빈주의와 그 신학에 돌린다. 그들은 칼빈주의, 식민주의와 인종차별 사이에 직접적인 인과관계를 보았다.[9]

동인도회사 관할 개혁교회는 나쁜 평판을 받을 일을 했는가? 우리가 이해하

---

5 Coolsma, *De zendingseeuw*, 871.

6 J. van Goor, *De Nederlandse koloniën. Geschiedenis van de Nederlandse expansie 1600-1795*(z.p., z.j.), 157-164.

7 C. van Dijk, 'De VOC en de kennis van de taal- en volkenkunde van insulair Zuidoost-Azië', in J. Bethlehem en A.C. Meijer red., *VOC en cultuur. Wetenschappelijke en culturele relaties tussen Europa en Azië ten tijde van de Verenigde Oostindische Compagnie*(Amsterdanm, 1993), 66.

8 *God in Indië*, 7-8.

9 G.J. Schutte, 'De Gereformeerde kerk onder de VOC', *Documentatieblad voor de geschiedenis van de Nederlandse zending en overzeese kerken* 5 nr.1(1998), 1-39.

는 한, 짧고 바르게 말해 결코 그렇지 않다. 물론 기독교적 시각에서 동인도회사와 그 직원에게 많은 비판을 퍼부을 수 있다. 전문이사들은 하나님의 왕국보다는 그들 자신의 무역왕국을 자주 더 많이 생각했다. 암스테르담 전문이사이며 개혁교회 장로인 빗선(Nicolaas Witsen)은 1712년 쓰기를, '나는 실제로 그들[전문이사들]의 모임이 종교의 증진에 대해 얼마나 무관심했는지 정말 부끄럽다. 그리고 동인도회사의 이름으로던 아니던, 그 직원들에 의해 많은 악행이 저질러졌다.[10] 그럼에도 위에서 잠깐 언급한 동인도회사 관할 개혁교회의 부정적 이미지는 대부분 맞지 않다. 이유는 그것이 근본적으로 잘못된 가정에서 나온 판단을 반영하고 있기 때문이다.

　교회와 선교에 대한 동인도회사의 배려는 문화에 무엇인가 기여하고자 하는 성공한 국제 기업의 기부와 비교할 수는 없다. 교회와 동인도회사의 협력은 기독교 국가와 기독교 사회의 신정(神政) 정치의 개념에서 파생하였다. 동인도회사와 개혁교회의 관계는 사실 당시 정부와 네덜란드의 공적 교회와의 관계를 해외로 연장한 것이었다. 동인도 시온은 조직과 일하는 방식에서도 네덜란드공화국(1579-1795)의 국가 개혁교회를 반영하였다. 그러나 거기에서 우리는 역시 부정적 이미지를 형성한 이유들을 보게 된다. 그 때의 신정 개념은 후에 교회와 국가의 분리에 대한 새로운 규범과 견해에 따라 없어졌다. 비슷한 미미한 지적은 교회와 동인도회사가 선교임무를 소홀히 했다는 비난에도 적용된다. 그러나 먼저 확실한 것은 선교가 수행되었다는 것이다 - 비록 충분하지는 않지만 그 확신은 내내 유효할 것이다. 그러나 더 중요한 것은 선교의식의 부

10　다음 논문에서 인용. K. van Berkel, 'Een onwillige mecenas? De rol van de VOC bij het natuurwetenschappelijk onderzoek in de zeventiende eeuw', in Bethlehem en Meijer, *VOC en cultuur*, 56.

재에 대해 교회와 동인도회사를 불평하는 것은 19세기 체제의 혁명으로 생긴 선교학적 시각과 실천을 반영하는 그래서 높은 수준의 시대착오를 범한다는 사실이다. 위에 언급한 이런 저런 것들은 동인도회사를 단지 인색한 직원을 가진 탐욕스러운 독점회사로 간주하는 현 시대 자유주의적 부정적 이미지에 의해 더욱 강화된다.[11]

2002년, 암스테르담에서 자카르타까지, 모카에서 나가사키까지, 4세기 전 동인도회사의 설립이 유럽에서뿐 아니라 남아프리카와 아시아, 타이완과 스리랑카에서도 기념되고 있다. 그 당시 세계에서 가장 큰 다국적 회사인 동인도회사는 우리의 지구촌에 먼저 과거의 이미지들에 대한 향수를 불러일으킨다. 동인도회사는 과거 동양과 서양의 관계를 대표하고, 이제 특히 다양한 사회들 간 접촉에 대해 많은 것을 가르쳐주고 또한 문화교류의 선례를 제공해준다. 유럽의 (세력) 확장, (생산이나 시장의) 독점, 강요된 문화와 식민지적 국가 형성에 대한 토론들은 더 이상 진정한 뜨거운 열정을 불러일으키지 않는다. 보다 덜 시대착오적인 역사학적 접근이 몇 년 전부터 동인도회사의 역사에 많은 주목을 하고 그것을 여러 가지 면에서 긍정적으로 판단하였다. 물론 동인도회사의 부정적 면들을 부정하지 않으면서 말이다. 그래서 이제 동인도회사 관할 개혁교회를 재해석해야 할 시간이 온 것 같다.

이러한 재해석은 가능하다. 지난 25년 동안 네덜란드공화국의 개혁교회 이미지가 철저히 새로워졌다. 국가 개혁교회로서 교회의 위치, 사회에서 개혁교

---

11   G.J. Schutte, *De Nederlandse Patriotten en de koloniën*(Groningen, 1974).

회의 역할과 기능, 그리고 정부와의 관계에 대한 인식이 개선되었다. 그것은 또한 해외 개혁교회에 대한 새로운 판단을 가능하게 한다.

무엇보다도 네덜란드의 황금 시기에, 특히 해외 정착지들에서도, 네덜란드 문화의 아우라에 대한 새로운 관심이 대두되었다. 네덜란드의 해외 확장의 시기, 선원들과 상인들은 낙원(樂園)을 꿈꾸었던 것이 아니라 무역 상대들과 새로운 시장들을 찾았다. 동쪽과 서쪽에 상관들, 무역거점들, 그리고 본국을 모사한 정착지들을 건설했다. 시장, 창고와 운하 가에 지은 집, 항구, 시청, 프린세스트라트와 헤이런흐라흐트 같은 도로 이름을 가진 바따비아[현재의 자카르타]는 열대지방에 있는 암스테르담이다. 동인도회사는 동쪽으로 무역상품과 다른 물품들뿐 아니라, 당시 네덜란드 사회와 문화의 특질과 특징들(국가 개혁교회의 신앙과 규범과 가치들을 포함하여)도 실어 날랐다.[12] 17-18세기 개혁교인들은 무엇보다 그들 교회의 보편성을 믿었다. 그들은 조금의 거리낌도 없이 해외 교회개척에서 자신의 네덜란드 제도, 교회법, 전례를 전했다. 그들은 언어, 피부색, 그리고 문화적 배경의 차이에 대해 본질적 거부감을 갖지 않았다. 모든 사람들은 하나님의 피조물이며, 모두가 아담으로 인해 타락했고, 모두 예수 그리스도 안에서 화해가 필요하다. 비록 그들이 신자들을 포르투갈어, 말레이어 혹은 다른 아시아 언어들로 가르쳤지만, 동인도회사 관할 개혁교회에는 도르트 교회법과 전례, 하이델베르그 교리문답과 후속 칼빈주의 신앙고백들이 나타난다. 그래서 동인도회사 관할 개혁교회에 대한 모든 이해는 네덜란드를 배경으로 시작되어야 한다.

이 책은 동인도 시온을 소개하는 것이지 동인도 교회의 역사를 완전히 기술

---

12 H.E. Niemeijer, *Calvinisme en koloniale stadscultuur: Batavia 1619-1725*(diss. VU, Amsterdam, 1996); A.W. Biewenga, *Kaap de Goede Hoop. Een Nederlandse vestigingskolonie, 1680-1730*(Amsterdam, 1999).

하는 것은 아니다. 이 책은 개혁교회의 역사의 흐름에 초점을 맞추고 특히 몇 개의 예를 들어 기술한 것이다. 이 책이 관심을 둔 것은 유럽인이나 아시아인, 교인들의 신앙과 체험 혹은 경건 보다는 교회가 개척된 여러 지역에 제도로서의 교회, 교회의 체제와 활동방식, 교회의 외적 현상과 위치이다. 이 책은 주변 종교들과의 상호 관계, 상호 영향 혹은 동인도회사 세계 내 토착 기독교 형태의 존재와 같은 현상에 대해서는 분석하지 않는다. 마찬가지로 실용적 이유로 인해 동인도회사의 서인도 특허지역을 다루지 않는다. 그러나 예를 들면 네덜란드 브라질, 남아프리카 그리고 신-네덜란드[17세기 북미의 네덜란드 정착지]에 있는 개혁교회 자매교회들의 역사에 대한 최근 연구들은 가족적 특징을 분명하게 보여준다.[13]

---

13 F.L. Schalkwijk, *The Reformed Church in Dutch Brazil*(1630-1654)(Zoetermeer, 1998); Willem Frijhoff, *Wegen van Evert Willemsz. Een Hollands weeskind op zoek naar zichzelf, 1607-1647*(Nijmegen, 1995); W.F. Nooter, *Between Heaven and Earth: Church and Society in Pre-Revolutionary Flatbush, Long Island*(diss. VU, Amsterdam, 1994); Janny Venema, *Kinderen van weelde en armoede. Armoede en liefdadigheid in Beverwijck/Albany*(Hilversum, 1993); J.A. Jacobs, *Een zegenrijk gewest. Nieuw-Nederland in de zeventiende eeuw*(Amsterdam, 1999).

제1편 네덜란드공화국의 개혁교회

헤릿 얀 스휘터(Gerrit Jan Schutte)

대략 1540년 이후 네덜란드 교회의 개혁에 대한 논의 가운데 칼빈주의적 견해가 뚜렷하게 나타났다. 1560년대 개혁파 교회의 치리회인 당회는 (스페인에 대한) 반란의 시작에 중요한 역할을 했고, 많은 개혁파 교인들은 박해를 피했다. 개혁파 교회들은 박해, 저항, 추방의 시기에 성장했고, 이는 그들 상호간의 단합을 강하게 하고, 개혁파 교회 생활의 조직화를 촉진했다(베젤 총회와 엠던 총회). 칼빈주의자들은 반란에서 큰 승리를 거두었고, (스페인과의) 80년 전쟁(1568-1648)이 진행되는 동안 개혁파 종교는 (스페인으로 부터) 해방된 지역들 어디에서나 국가 종교로 인정되었다.

이는 네덜란드공화국(이하 공화국)에서는 오직 개혁파 종교만 공개적으로 허용된다는 것을 의미했다.[1] 공화국은 개혁파 신정 국가였고, 1651년 열린 전국 의회의 대회의는 도르트 총회에서 확인된 대로 기독교 개혁파 종교를 공개적으로 유지할 것을 엄숙히 재확인했다. 정부와 교회는 기독교적 교회와 사회

---

1 S. Groenveld en H.L.Ph. Leeuwenbergh, *De bruid in de schuit, De consolidatie van de Republiek 1609-1650*(Zutphen, 1985); S. Groenveld en G.J. Schutte, *Delta. Nederlands verleden in vogelvlucht. Deel 2 De nieuwe tijd: 1500 tot 1813*(Leiden-Antwerpen, 1992); G.J. Schutte, 'Nederland: een calvinistische natie?', *BMGN* 107(1992), 69-702.

의 개념을 유지했고, 이에 대해 교회와 국가는 각자 자신의 역할을 구분했지만, 공동으로 책임을 졌다. 네덜란드의 시온[개혁교회]은 공화국의 정치적 사회적 정체성에서 중심적인 위치를 차지했다. 정부와 교회는 공동으로, 법 집행, 권면, 교회 권징과 함께 입법, 교육, 교리문답, 설교를 통해 규범을 정립하고, 공공 영역에 질서를 주고, 규범을 세웠다. 신정 정치적 공생을 상징하는 것은 정부가 매년 교회와 국민에게 기도와 감사의 편지를 보내는 기도일과 감사일이었다.[2] 또한 네덜란드의 이스라엘인 개혁교회는 원칙적으로 개인의 양심과 신앙의 자유를 인정하고 실제로 비교적 넓은 관용을 허락했다.

개혁교회를 국가 교회로 인정한 것은 정부가 교회건물을 제공하고 목사의 급료를 지불한다는 것을 의미했다. 그리고 정부의 공직은 개혁파에게만 주어져야 했다. 국가 교회는 자연스럽게 세례, 결혼과 장례 같은 공공 사회에 대한 공적 업무를 수행했고, 대중 설교, (교육) 감독, 기도일과 감사일, 수감자와 기결수 지원, 군대와 선대의 영적 돌봄을 제공했다. 그래서 단체 규범과 가치의 보호자요 양육자로서 개혁교회는 말씀과 행동으로(설교와 교육, 권면과 권징으로) 사회에 바람직한 행동을 가르치고 바람직하지 못한 행동과 싸웠다. 또 개혁교회는 궁핍한 교인들과 그 자녀들에게 디아코니[교회의 구제 활동 담당기관]의 지원을 제공하기도 했지만, 때로는 교회 소속과 관계없이 지역 규정이나 정부의 지시에 따라 누구에게나 도움을 주기도 했다. 그리고 정부는 개혁교회의 권위를 인정하고 교회에 반대하는 사람들을 처벌했다.

---

2   P. van Rooden, *Religieuze regimes. Over godsdienst en maatschappij in Nederland, 1570-1990*(Amsterdam, 1996) m.n. 84v, J. van Eijnatten, *God, Nederland en Oranje. Dutch Calvinism and the Search for the Social Centre* (Kampen, 1993).

따라서 공화국의 국가 개혁교회에게는 특권이 주어졌다. 하지만 개혁교회는 모든 사람이 친숙하게 느끼는 곳은 아니었다. 1650년경 개혁교인의 수는 전 국민의 최고 37%로 추산되며, 18세기 말까지 반 이상(55%)으로 증가했는데, 이것은 특별히 복잡한 사회적 그리고 인구통계학적 성장 과정의 결과였다.[3] 그래서 많은 사람들은 여전히 가톨릭 전통에 충실하고, 다른 사람들은 재세례파나 항론파[칼빈주의 교리에서 알미니우스 사상을 추종하는 무리]의 신앙을 선호했다. 무엇보다도 공화국에서는 다른 종교관을 가진 많은 이민자들이 살았다. 이 모든 사람들에게 공화국은 많은 신앙의 자유를 보장했다.

시의원들과 정부위원회의 위원들은 모두를 포용하는 전국적인 국민교회를 선호했다. 그러나 이를 위한 조건인 광범위한 개혁교회의 창립은 17세기 초 항론파와 반-항론파의 논쟁에서 볼 수 있듯이, 뼈아픈 실패로 이어졌다. 개혁교회는 하나의 보편적 기독교회라는 생각에 집착하면서도, 동시에 광범위하고 넓은, 모두를 포용하는 국민교회의 실현을 항상 정면으로 거부했기 때문이다. 또 개혁교회는 국가 교회로 인정받은 후에도, 교리와 생활 규정을 엄격히 지키는 고백하는 교회를 원했기 때문이다. 개혁파 회중은 거룩한 성찬공동체, 그리스도의 몸이 되어야 했고, 때문에 교인들은 세상에 본이 되는 삶을 살고 세상을 거스르지 말아야 했다. 그래서 개혁교회는 단지 흠 없이 살고, 공개적으로 신앙을 고백하고, 교회 권면과 규정에 순종할 것을 서약한 성인 남녀만 허락했다.

---

3   S. Groenveld, *Huisgenoten des geloofs. Was de samenleving in de republiek der Verenigde Nederlanden verzuild?* (Hilversum0, 1995, 19.

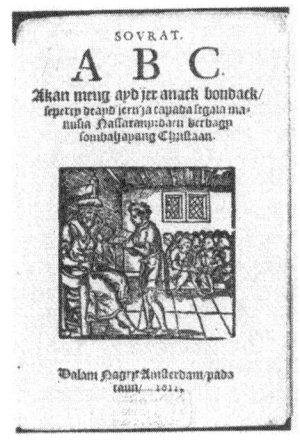

러일(A. C. Ruyll)의 『말레이어 ABC』(Maleise ABC)와

『말레이어의 거울』(Spiegel van de Maleysche Tale), 최초의 교과서

공화국의 종교 상황은 여러 가지 면에서 특이 했다. 개혁파 종교와 교회는 국가의 주도적인 종교였고, 특권을 받고 보호받았다. 사회의 중요한 부분이 개혁교회 교인에게 속했다. 교회와 정부는 많은 영역에서, 특히 사회를 훈련시키는 영역에서, 함께 일했다.[4] 그러나 개혁교회는 독점권을 갖지는 않았다. 공화국은 교회-종교적으로 다양하고 구분되었다. 거기에서는 관용된 교파에게 많은 자유를 주는 삶의 방식이 존재했다. 반대자들과 가톨릭교인들이 비밀리 모인 가정 교회와 창고 교회는 결코 추적이 불가능하거나 위험한 장소가 아니었다. 여행안내서와 시(市)의 편람에는 교회 생활의 센터로 공개적으로 언급되었다. 교파들에게 주어진 많은 실질적 종교의 자유는 여러 종류의 이민자들과 망명자

---

4 P.H.A.M Abels en A.Ph.F. Wouters, *Nieuw en ongezien. Kerk en samenleving in de classis Delft en Delfland 1572-1621*(2dln, Delft 1994) II, 117; cf. J.W. Spaans, *Haarlem na de Reformatie. Stedelijke cultuur en kerkelijke leven, 1577-1620*('s-Gravenhage, 1989).

들을 끌어들였다. 프랑스어를 사용하는 칼빈주의자(위그노)는 왈룬 교회[네덜란드 관할지역의 칼빈파 교회]에서 프랑스어를 사용하는 개혁파 자매교회를 설립했다. 영어를 말하는 장로교인은 모든 공간을 제공받았다. 루터교회는 거의 완전한 자유를 누렸다. 루터 배경을 가진 많은 사람들은 정말 쉽게 개혁교회에서 연결점을 찾았다. 독일어와 포르투갈어를 사용하는 유대인들은 특별하고 인정받는 지위를 누렸다.

다양한 교파의 신자들 간 실제 사회적 관계는 시기와 지역 상황에 따라 달랐다. 1650년경 네덜란드에는 많은 조례와 규정에도 불구하고 많은 비-개혁교인들이 공직에 있었다. 예를 들면 토지관리인, 행정관, 집달리, 교사들이었다. 시의원 위원회에서 반대자들을 모두 그리고 모든 층에서 배제하는 것은 결코 성공하지 못했다. 예를 들어 18세기 후반 재세례파와 개혁파 위원장 가문이 서로 얽혀있었다.[5] 동시에 1750년 경 신학적 흐름 또한 변하기 시작했다. 교회-신학적 다원주의가 지적으로 받아들여졌다.[6] 공적 생활의 청교도화를 시도한 17세기 후속 종교개혁운동은 대부분 실패했다. 이것 역시 예를 들면 정부가 너무나 엄격한 주일엄수와 성탄절축하행사 그리고 다른 행사들을 실속 없이 놀기 좋은 행동으로 여겨 강요하지 않았기 때문이다.[7] 그리고 교회 징계는 교인들에게만 국한되었다! 공화국 시기 네덜란드는 칼빈주의 국민은 아니었다.

일상생활에서 비-기독교인들은 (이미 언급한 자유 공개 예배와 공직 취업 금지를 제외하면) 기독교인들과 동일한 권리와 의무를 가지고 있었다. 그들은

---

5   S. Groenveld, Huisgenoten : G.J. Schutte, *Een Hollandse dorpssamenleving in the late achttiende eeuw. De banne Graft, 1770-1810*(Franeker, 1986), 48-49, 119-120.

6   Van Eijnatten, *God, Neerland en Oranje*; J. van Eijnatten, *Mutua christianorum tolerantia. Irinicism and toleration in the Netherlands: the Stinstra Affair 1740-1745*(Firenze, 1998).

7   F. A. van Lieburg, *De Nadere Reformatie te Utrecht ten tijde van Voetius*(Rotterdam, 1989); Abels en Wouters, *Nieuw en ongezien*, II 167-176, 195-199.

동일한 세금을 지불했고, 동일한 재판권을 가졌고, 시민병과 방어 병력에 소집되었다(재세례파의 무력사용에 대한 원칙적 반대가 인정되었고 돈으로 해결되었다). 그들에게 시민권과 길드가 가능했고, 개혁파 디아코니는 독점권을 가지고 있지 않았다. 개혁교회에서 결혼하고 싶지 않은 사람은 지사 앞에서 할 수 있었다.

사실, 개혁교회의 공적 위치는 교회의 견해와 직원에게 권위를 부여했다. 공공 규범과 가치의 보호자로서 교회 업무와 연결된 교회의 견해에 공개적으로 반대하기는 어려웠다. 종교적 그리고 도덕적 일에서 또 지적 논의에서 교회의 말은 경청되어야 했고, 개혁파 교리에 반대하는 인쇄물은 금지될 수 있었다. 여러 측면에서 사회적으로 기장 저명한 교인들로 구성된 교회 당회의 신망은 두터웠다. 그러나 원치 않는 사람들은 교회로 몰아넣어 지지 않았다. 예배 시간에 장로들이 집집마다 문을 두드려 정당한 사유 없이 결석한 사람이 없는지 확인했던 프랑스의 위그노 공동체의 사례는[8] 공화국에서는 찾아볼 수 없었다.

교회 일치와 신정 정치의 상징:
1669년 희망봉 깝스탓의 성배(聖杯)와
동인도회사의 모노그램

---

8   참고. A. Th. van Deursen, 'Nieuwere Franse geschiedschrijving', in G.J. Schutte, red., *De herroeping van het Edict van Nantes(1685) in de Franse en Nederlandse geschiedschrijving*(Amsterdam, 1987), 22.

거기서는 전에 교회와 정부가 예배 시간 동안 교회 건물 안팎의 평화를 지키기 위해 끊임없이 싸웠다. 그리고 누군가는 강제로 교인이 되어야 했다. 반대로 개혁교회는 스스로 문턱을 높게 설정했다. 교회는 증언하는 진리에 전적으로 동의할 것과 가치와 규범을 개인생활에 철저히 적용할 것을 요구했다. 개혁교회는 지성, 감정, 의지에 강력히 호소하고 흠 없는 행동을 하는 신실한 교인들을 원했다. 단지 교육, 설교, 설득, 교리와 교회 생활의 설득력과 교인들의 경건의 모범만이 교인 수를 증가시킬 수 있었다. 이에 대한 반응은 오랜 동안 비교적 적었는데 17세기 말 경이 되자 성장이 이루어졌다. 개혁교회는 기드온[구약시대의 사사]의 무리였다.

개혁파 종교는 개혁교회 교인들에게만 국한되지 않았다. 개혁파 교단에는 또한 아직 신앙을 고백하지 않은 개혁파 가정과 성인 수세자 자녀들도 포함되었는데, 이는 결혼, 자녀의 세례 혹은 공직이나 사회적 지위를 획득할 때 종종 이루어졌다. 개혁교회에는 교인들 외에 청강자들이 있었다. 이들은 비교적 큰 그룹의 성인 교회 참석자, 교회에 관심을 가진 자로 개혁교회 교인으로 가는 문턱이 (아직) 너무 높다고 여기는 사람들이었다. 이들은 개혁파 교리를 사랑하는 자들이라고 불렸다. 17세기는 신앙고백이 분명한 시대였다, 그러나 사람들은 결정적 선택을 하는데 시간이 걸렸다. 개혁교회는 형식적으로 1618-1619년 도르트의 교리와 교회법을 수용하여 확실한 형태를 갖추었다. 그러나 경건의 규정과 삶 사이의 간격은 컸고, 16세기의 교파적 유동성은 매우 천천히 굳어졌다. 공화국에는 교파를 결정하지 못한 자들이 많았고 세례, 결혼, 장례 외에는 교회를 찾지 않는 무관심한 자들도 많았다. 국민 생활은 결코 온건한 경건의 모범은 아니었다. 개혁교인의 수는 17세기 후반이 되자 매우 천천히 늘어났는데, 이것은 목회적 공세와 엄한 교회 징계의 감소가 합해져 나타난 결과라고 추측된다. 또한 당시 개혁교회는 설교단과 성찬대 중심으로 도시와 마을 곳 곳을 하나로 연합시키는 국민교회는 아니었다. 많은 사람들이 항론파 회중, 재 세례파 교회 혹은 가톨릭 성당을 선택하고 있었다.

공화국에서 실제 교회 생활은 지역에 따라 크게 달랐다. 실제로 일부 지역에 서는 시간이 지남에 따라 개혁교회가 전 주민을 아우르게 되었다. 그러나 보다 일반적으로 개혁교회는 주민의 일부만을 끌어 들였고 공화국의 중요하지 않 은 지역에서는 개혁파가 소수에 불과했다. 특별히 공화국의 동부와 남부에서 그랬는데, 이 지역은 국가의 권위가 늦게 확립되고 기독교화가 그때서야 위로 부터 시행되어진 곳이었다. 그곳에서 개혁교회는 때로 보호받는 공적 지위 덕 분에 살아남는 것처럼 보였고 거의 전적으로 정부 지원에 의존했다.

교회에 대한 정부의 개입은 지역적으로 실질적 차이를 보여주었다. (스페인 에 대한) 반란 기간 동안 정부는 교회 재산을 몰수했다. 따라서 정부는 개혁교 회에 할당할 교회 건물을 결정했고, 관리와 유지는 교회 당회가 아닌 정부가 임명하고 책임을 맡긴 교회 관리인 위원회가 수행했다. 정부는 또한 목사, 교 회 사찰, 학교 교사, 묘를 파는 사람들에게도 급료를 지불했다.

이는 목사를 청빙하려면 교회 당회와 정부 간 협력이 필요하다는 것을 의미 했다. 교회 당회는 (정부가 비용을 부담하기 때문에) 청빙 절차를 시작하고, 후 보자를 임명하기 위해 정부의 허가를 요청해야 했다. 지방 정부뿐 아니라 장인 등과 같은 개인들도 협력자의 역할을 할 수 있었다.

개혁파 디아코니는 또한 보통 정부에 (공동) 책임을 져야 했다. (스페인에 대 한) 반란 이후 많은 성물이나 빈민 물품이 정부의 재산이 되었고, 디아코니 수 입의 일부는 정부의 부가세와 벌금 규정에 의존했다. 때때로 디아코니는 일차적으로 신앙인들을 돌보았고, 다른 곳에서는 모든 지역 빈민을 돌보았으며, 또 다른 곳에서는 시민 빈민구제와 협력하는 형태를 취했다.

동인도에 세워진 고전주의적 교회 건물: 바따비아 소재 네덜란드 교회(1736)

많은 교회 당회에는 장로와 시의원을 겸하면서 교회 당회와 시 정부 사이에 공식 중개자로 활동하는 교회 당회원인 정치위원이 있었다. 사실 교회 당회원은 보통 사회적으로 가장 저명한 교인에 속했으며, 시의원은 관례적으로 교회와 세속 직책을 동시에 또는 교대로 수행하였다. 신정 체제인 네덜란드에서는 이 또한 일상적이었는데, 여기에 교회 당회와 시청 간 긴장이 부수적으로 잠재해 있었다.

개혁교회는 지리적으로 한정되고 한 개의 교회 당회에 의해 치리되는 지역 독립 단위였다. 그러나 이 독립성은, 노회와 주(州) 및 전국 총회와 같은 여러 치리회들을 통해, 동일한 주님과 교리를 중심으로 교회들의 상호 관계 속에서 조직된, 모든 참 신자들의 연합에서 한계에 부딪혔다. 실제에서는 특히 노회가 중요했으며, 모든 회중의 대표들(각 회중의 목사와 장로)로 구성된 노회는 1년에 몇 번씩 해당 지역에서 제일 중요한 도시에서 모였다. 노회는 모든 개 교회들을 감독하고(교회 시찰), 지역 간 분쟁과 의견 차이에서 중재자 역할을 했다. 노회는 또한 개혁교회 목사직에 접근하고 지역 목사를 임명하고 해임하는 데 중심적 역할을 했다.

개혁교회에서는 원칙적으로 모든 신자들의 직분이 가장 높이 평가되고, 모든 특수한 직분들은 구별되지만 동등한 가치가 있다 하더라도, 실제로는 목사가 지배적인 지위를 가졌다.[9] 특별한 소명들이 인정되었지만 실제로 교회는 목사에게도 학문적 교육을 받을 것을 요구했다. 목사는 교육, 출신과 사회적 지위로 교회 당회원/장로와 경쟁했고 또 자주 지방 정부 관리와도 그랬다. 그들은 확실히 거의 항상 나머지 교회 직원, 즉 교리문답과 목회 사역의 핵심을 담당했던 교사, 교회 사찰/성경 낭독자, 교리문답 교사와 병자방문자보다 훨씬 우위에 있었다.

개혁교회는 세례반으로 오게 된 모두에게 세례를 주었다.[10] 신자 혹은 교인의 자녀들뿐 아니라 '호색가, 소외된 자, 교황주의자 등'의 자녀들,[11] 배교자와 무관심한 자의 자녀들 또한 사생아 심지어 세례를 받지 않은 자의 자녀들에게도 세례를 주었다. 이유는 인간의 반항과 약함에도 불구하고 하나님의 측량할 수 없는 은혜에 근거하여, '하나님의 계약은 천대 까지 미치기 때문이다'.[12] 그러나 이런 풍성한 세례는 그냥 일어나지 않았다. 개혁교회는 항상 권한이 부여

---

9   F.A. van Lieburg, *Profeten en hun vaderland. De geografische herkomst van de gereformeerde predikanten in Nederland van 1572 tot 1816*(Zoetermeer, 1996).

10   Breder in Schutte, 'De Gereformeerde kerk onder de VOC', 11-13.

11   Abels en Wouters, *Nieuw en ongezien*, I 200.

12   P. Biesterveld en H.H. Kuyper, *Kerkelijk handboekje bevattende de bepalingen der Nederlandsche synoden en andere stukken van beteekenis voor de regeering der kerken*(Kampen, 1905) 50(synode van Embden, 1571).

된 양육자 - 개혁교인 부모나 조부모, 대부모 혹은 후견인(고아원의 고아원장도 될 수 있다) - 가 세례반에서 세례 받은 자가 성장할 때 기독교(개혁) 교리를 가르치고 또 가르침을 받게 하겠다고 서약하기를 요구했다. 이유는 세례의 성례는 해당된 자가 하나님과의 언약에 들어갔다는 것을 의미했고 또 그/그녀를 문화적 의미에서 기독교인으로 승인했지만 아직 기독교 신자는 아니었기 때문이다. 개혁교회 세례양식은 그 점을 매우 분명히 했다. 즉 하나님의 인간과의 계약에는 두 가지 면, 약속과 요구가 있다. 세례에서 하나님은 세례 받은 자를 그의 자녀로 받아들일 것을 약속한다. 그러나 그 약속을 참 신앙 안에서 자기 것으로 만들고, 계약의 규정을 지키는 삶으로 참 신앙을 실제로 보이는 자가 그 말의 진정한 의미에서 기독교인이다.

이런 방법으로 공화국의 개혁교회는 국가 교회와 개혁파 교회로서의 기능들을 연결했다. [이 개혁교회는] 많이 구부러지고 비뚤어진 세대 한 가운데, 그리고 17세기 초부터는 동인도 무어인과 이교도 사이에 존재하는 신약성경적 시온이었다.

무역 교회 : 마까사르 로테르담 요새에 있는 무역 교회(1667)

- 위층 예배당 아래층 화약고

제2편 교회와 선교명령

레인더르트 J. 요서(Leendert J. Joosse) · A. Th. 보너(A. Th. Boone)

17세기 개혁교회는 기독교 종교를 확장하고 전파하라는 부름을 받았다는 것을 알았다.[1] 개혁교회는 이 임무를 산상수훈과 주기도문 '[하늘에 계신] 우리 아버지'(Onze Vader)에 대한 예수의 가르침에서 끌어냈다. 성경 외에 자연과 역사도 하나님의 책으로 간주하여 그 안에서 명령을 읽었다. 예를 들면 자연에 대한 연구와 원예가 사람들의 교화와 하나님의 영광을 위해 수행된 것처럼,[2] 항해와 무역도 경건을 고취하는 도구로 보여졌고, 얻어진 번영에 대한 감사 옆에 선교에 대한 동기가 있었다. 즉 하나님이 교회에게 다른 민족들로 가는 문을 열어 주었다. 그러나 무엇보다도 성경은 하나님의 왕국을 지상에 세우는 임무에 대한 출처였다. '우리 아버지'의 첫 두 기도들, '이름이 거룩히 여김을 받으

---

1 C.W.Th. van Boetzelaer van Dubbeldam, *De Gereformeerde kerken in Nederland en de Zending in Oost-Indië in de dagen van der Oost-Indische Compagnie*(Utrecht, 1906); A. Th. Boone,'Zending en gereformeerde Piëtisme in Nederland: een historisch overzicht', *Documentatieblad Nadere reformatie* 14(1990), 1-31; Ibid. 17(1993), 1-18. L. J. Joosse, *Scoone dingen sijn swaere dingen. Onderzoek naar motieven en activiteiten tot verbreiding van de gereformeerde religie*(diss. RUG, Leiden 1992); H.E. Niemeijer, *Calvinisme en koloniale stadscltuur, Batavia 1619-1725*(diss. VU, Amsterdam, 1996; F.L. Schalkwijk, *The Reformed Church in Dutch Brazil*(1630-1654) (Zoetermeer, 1998); A.W. Biewenga, *de Kaap de Goede Hoop. Een Nederlandse vestigingskolonie, 1630-1730*(Amsterdam, 1999).

2 Eric Jorink, *Wetenschap en wereldbeeld in de Gouden Eeuw*(Hilversum, 1999).

시오며'와 '나라가 임하옵시며'는 개혁교회에 방향성을 제공했다.

모든 민족을 다스리는 하나님의 권능의 왕국은 개혁교회에 의해 다른 왕국, 즉 인간에 대한 그리스도의 은혜의 통치(신정 정치의 특수한 형태로서 그리스도 정치)와 구별되었다. 후자의 왕국은 전 세계에 개혁파 교회를 개척하여 모든 사람들 사이에 권위를 얻어야 했다. 그리스도는 그 교회의 머리였다. 이 왕국은 각자 경건한 교인의 양심에 자리하고 있었다. 이러한 왕국 개념은 민족들은 교회의 영향 아래 있거나 사탄 왕국 아래 머물러 있다는 그리스도 정치적 세계관에 의거하였다. 로마 교황은 자주 적그리스도로 이슬람교도[3] 보다 더한 사탄 왕국의 대표자로 간주되었다. 세상은 교회와 하나님의 은혜를 통해 바라보았다. 위에 언급된 두 기도는 그리스도의 은혜의 왕국이 보편화될 것이라는 소망과 다가오는 확신을 강하게 하였고 동시에 기독교인들 스스로 과오와 불신앙으로 이 왕국으로부터 멀어지지 않기를 원하는 바램을 표시하였다. 과오와 불신앙을 고집하는 것은 악마의 영향[4] 그래서 파멸의 증거로 이해되었다.

위에 언급된 기도는 모든 민족을 분류하는 결과를 가져왔다. 구원이냐 파멸이냐, 빛이냐 어둠이냐에 따라 그리스도의 왕국에 속하기도 하고 속하지 않기도 했다. 따라서 민족, 국가, 교회는 반드시 일치하지는 않았다. 이교도는 하나님에 대한 바른 지식이나 경건이 없는 사람들로 간주되었다. 계몽주의 시대에 문화나 진보에 대한 믿음으로 인해 이교도에 대한 이해가 바뀌었다. 동시에 이 기도는 기독교를 이분법적으로 명목상의 기독교와 바른 기독교로 양분하고 차별화 시켰다. 바른 기독교의 특징은 참된 신앙, 즉 개혁파 신앙을 경건하게

---

3 Willem Frijhoff en Marijke Spies, *1650 Bevochten eendracht*(Den Haag, 1999), 373v.
4 가톨릭과 개혁파는 여전히 악마적인 용어를 사용했다, 참고 A. Jelsma, 'De duivel in de Reformatie', in Gerard Rooijakkers, Lène Dresen-Coenders en Margreet Geerdes, *Duivelsbeelden*(Baarn, 1994), 198-215.

받아들이는 것이었고, 이 부분의 기독교인이 참된 시온이나 이스라엘로 간주되었다.[5] 따라서 교회와 기독교, 기독교 시민과 출석하여 예배하는 교인 또한 반드시 일치하지는 않았다.

하나님의 이름은 참된 교리를 받아들임으로써만 거룩히 여김을 받을 수 있었다. 그리스도의 왕국은 오류나 다른 종교들이 계속 지배하는 곳에서는 나타날 수 없었다. 거룩하게 하는 것은 순전한 생활을 하는 것이요 무엇보다도 진리를 발견하는 것이었다. 이로 인해 바른 신앙과 신앙의 순수한 체험이 강조되었고, 연합과 공동체를 인정하는 것은 교회 성찬식에 참여할 수 있는 요건으로 간주되었다. 따라서 교회는 주로 이러한 성찬 참여자들과 동일시되었으며, 성찬 참여자들은 그리스도 왕국의 가시적 표현이었다.

그러나 개혁교회는 모든 사람에 대한 경건한 축복에만 관심을 두지는 않았다. '우리 아버지'는 구약성경의 십계명과도 부합하였다. 제3계명(너는 네 하나님 이름을 망령되게 부르지 말라)은 하나님 예배에 대한 포괄적 행위였다. 누구도 하나님 이름을 망령되게 사용해서는 안되었다. 하나님에 대한 어떤 거짓(이단)도, 모든 잘못된 신관도, 어떤 형태의 불신앙도, 미신과 우상도, 이들이 세계 어디에 있던지 반박되어야 하고 가능한 한 박멸되어야 했다.[6]

이러한 선교과제는 개인 교인들의 과제라기보다는 집단적 신앙공동체로서의 교회의 업무였다. 특히 이것은 목사들의 일이었는데, 이들은 교회공동체를 대표했기 때문이다.

---

5 특히 북-홀란트 총회 1692년, 1694년과 1781년; 참고 J. A. Grothe, *Archief voor de Geschiedenis der Oude Hollandse Zending* I (Utrecht, 1884), 198-215.

6 Joosse, *Scoone dingen*, 544; 비교 K. van der Zwaag, *Onverkort of gekortwiekt? Artikel 36 van de Nederlandse Geloofsbelijdenis en de spanningen tussen overheid en religie. Een systematisch-historische interpretatie van een'omstreden geloofsartikel* (Heerenveen, 1999).

그러나 이 선교과제는 정치 당국의 과제이기도 했다. 정부 관리들은 후견인 들로서 이사야 49장 23절에 의거하여 교회 직원에 유리한 업무환경에 필요한 선제 조건들, 즉 정치적 승인, 그들의 업무에 대한 사회적 비호, 재정 수단의 제 공 등을 조성해야 했다. 특허에 따라 동인도회사는 정부 권한들을 가지고 있 었다. 이 회사의 실권자들은 또한 정부관리직책도 수행했는데, 이 직책은 교회 에 대한 업무를 포함하였다. 지역 지사들과 다른 동인도회사 당국자들의 지시 들은 이러한 업무 기준을 반영하여 본국의 교회와 전문이사들 간 조화로운 협 력을 이끌어냈다. 그런데 이러한 규범이 완벽하게 실현된 경우는 거의 없었고, 아마 동부(동인도)에서는 본국에서보다 훨씬 더 적었을 것이다. 사실 두 가지 책임, 즉 회사의 이윤과 교회의 규범 사이에서 너무 쉽게 긴장이 발생할 수 있 었다. 이 신정 정치의 이상과 그리스도 정치의 이상은 미델뷔르흐 목사요 선 교사인 발라우스(Antonius Walaeus)에 의해 이미 1615년 해외 세계에 적용되 었다.[7] 이후의 개혁교인들 역시 그것을 계속 공유했다. 예를 들어, 발다우스 (Philippus Baldaeus)는 1671년 바따비아와 실론에서의 경험 후에 자신의 일에 대해 설명하면서, 정부와 교회의 여러 가지 협조를 칭찬했다. 그는 직무상 수 년간 해외에서 그리스도 왕국을 섬긴 것을 행운이라고 여겼다. 나아가 그는 - 그가 발견이라고 부르는 - 힌두교의 설명에서, 이 왕국의 도래를 촉진하기를 희망했다.[8] 당연히 그는 그의 책 출판에 정부의 지원을 기대했다.

이 개혁파 선교비젼은 위트레흐트 신학자 푸티우스(Gisbertus Voetius)와 호 른베이크(Johannes Hoornbeeck)에 의해 체계화되었고, 교회는 실제로 18세기

---

7   Joosse, *Scoone dingen*, 138-148.

8   Ph. Baldaeus, *Naauwkeurige beschryvinge van Malabar en Choromandel*(Amsterdam, 1672), Voorwoord. 비교. Abraham Gogerius, *Open-Deure tot het Verborgen Heydendom*(Leiden, 1651). 이 두 책은 Van Linschoten-Vereniging, 's-Gravenhage에 의해 1917년과 1915년 각각 재발행 되었다.

말까지 이 선교비전으로 돌아갔다.[9]

방법과 수단들

개혁파는 신앙을 강요하는 것은 부당한 개종 방법이라고 생각했다. 모든 사람은 자발적으로 믿음을 가져야 한다. 그러나 동시에 부족장은 마을 공동체를 대표하고, 왕은 백성을 대표한다고 생각했다. 그래서 개종 시도는 우선적으로 백성에게 권위를 가진 자들을 대상으로 이루어졌는데, 이는 그들의 영역 내에서 복음을 선포하는 것에 대한 승인을 얻을 뿐 아니라 하나님이 그들에게 주신 대표적 지위를 인정하기 위해서였다. 그러나 개인 스스로가 신앙을 원했을 때 비로소 세례가 가능했다. 상층이건 하층이건, 이교도 부인들과 노예들에게는 개인적 신앙고백이 요구되었다. 개혁파는 1618년 국제 도르트 총회에서, 어린 자녀들은 그들이 기독교 교리에 따라 양육되어진다는 조건으로 세례를 받을 수 있도록 결정했는데, 이 결정은 18세기까지 유효했다. 이 과정에서 개혁파는 자연스럽게 '교회는 어느 정도까지 현장의 문화에 적응을 할 수 있는가?'라는 여전히 화두가 되고 있는 질문을 제기했다. 이것은 해외에서는 성찬분리에까지 이르게 되었는데, 여기에 대해서는 나중에 설명할 것이다.

해외 교회의 확장을 위해 가장 확실한 수단들과 방법들에 대해 깊이 생각할 때, 개혁교회는 종종 사도 바울의 서신들, 특히 로마서 10장 14-17절을 언급했

---

9   1701년 북-홀란트 총회는 신학교가 폐지된 것을 안타까워하며 발라우스, 푸티우스와 호른베이크가 보여준 교육의 유용성에 대해 언급했다. 1738년 북-홀란트와 남-홀란트 대표들은 같은 방법으로 교육의 필요성을 주장했다. 바따비아 교회 당회가 예비목사를 심사할 권리에 대해 신학자들은 1752년 북-홀란트와 남-홀란트 총회들에서 이의를 제기했다. 1781년 북-홀란트 총회는 호프스테더의 교육계획을 평가할 때 발라우스의 견해를 반영했다. Grothe, *Archief* I, 118, 153, 212; Grothe, *Archief* II, 63-65.

다. 이 구절에 근거하여 설교, 교리문답, 그리고 다른 가르침이 개혁파 종교의 개척을 위해 가장 좋은 수단들이 되었다. 그 때문에 무엇보다 병자위로자와 학교 교사가 목사의 조사로 파송되었다.[10] 그리고 원주민 목사와 학교 교사로 훈련받은 토착 인력을 배치하는 것도 선호했다. 이들은 모험을 해서는 안 되었다. 취업 허가 또는 당국의 인가 및 정치-군사적 보호는 필요한 사항이었다. 제멋대로 자신을 위험에 빠뜨리는 것은 나쁜 행동의 증거였다.

교회는 식민지 정책에 대한 발언권이 없었지만 해외 식민지 사회를 위한 임무가 있었다. 거기에서도, 시민이건 교인이건, 모든 사람들에게 십계명이 적용되었다. 교회는 신적인 법을 개인적으로 받아들이고 순종할 것을 강요할 수 없지만, 그것을 공적으로 인정할 것을 요구할 수 있었다. 그래서 본국에서처럼, 다른 종교의 공적 활동은 금지되었으나 동시에 예를 들면 공개적으로 일요일에 주중에 하던 일을 하지 않고 휴식을 취하는 것과 같은 개인적 신앙의 자유는 인정되었다. 그러나 무엇보다도 회개를 위한 수단은 정치적 입법이 아닌 복음이었다. 교회는 사회에서 신적 계명을 정치적으로 유지하는 것은 회개를 가능하게 하는 조건으로만 보았다. 무엇보다도 설교와 교인들의 모범적인 삶이 다른 사람들을 건전한 삶에 대한 동경과 개혁 종교로 전환하도록 자극해야 했다.

개혁교회에서는 바른 개종과 거짓 종교와의 대결이 아주 중요하게 생각되었다. 그러므로 언어 연구와 신학 연구는, 해외 문화와 종교에 대한 지식과 함께, 각 민족에게 자신의 도덕과 종교를 호소하고 자신의 기독교 교회 생활을 다른 곳에 이식하는 데, 필요하다고 여겨졌다. 특히 다른 종교들과 논쟁하는 기술

---

10   G.M.J.M. Koolen, *Een seer bequaem middel. Onderwijs en Kerk onder de17e-eeuwse VOC*(Kampen, 1993).

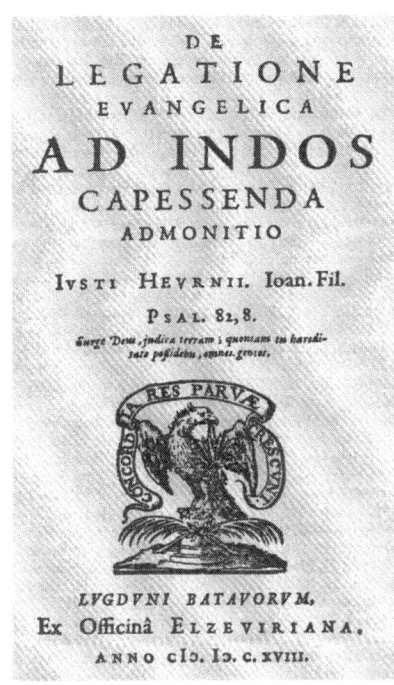

『동인도인을 향한 복음 전파
사명을 급히 시작하라는 권면』
(De Legatione Evagelica Ad
Indos Capessenda Admonito)
회르니우스(Justus Heurnius,
1587-1622)가 저술한 개혁교회
선교활동에 대한 첫 호소,
회르니우스: 1620년 칼스라헌에서,
1623-1639년 동인도회사에서,
1640년 뒤르스테이더의 베이크에서,
목사로 사역

이 프로그램에 포함되었다. 벌써 1601년부터 해외 민족, 이슬람교도와 다른 불
신앙인들에게 개혁파 신앙의 합리성에 대해 설득하기 위해, 플레시스 모르나
이(Philippe du Plessis Mornay)의 번역서, 『자연의 성경』(Bijbel der Natuur)이
교회 직원에게 주어졌다. 푸티우스와 호른베이크 같은 신학자들은 다른 종교
들과의 논쟁에 필요한 자료를 제공했는데, 호른베이크의 『논쟁 대전』(Summa
Controversiarum)은 그 자료 중 인상적인 예라고 할 수 있다.[11]

교회는 학문적 교육을 받은 자들을 찾았다. 이미 1616년 회사 비용으로 당
시 레이던 대학 교수인 발라우스의 교장직 아래 동인도와 서인도에 그리스도

---

11   A. Th. Boone, "Tot verbreydinge van het onses Heeren Jesu Christi'. Eeninleiding tot de
      zendingsgedachten', *Documentatieblad Nadere Reformatie* 1 (1993), 17, 8-18.

왕국의 유익을 위해 동인도신학교를 설립할 생각을 했다. 의도는 신학 이외에 말레이어, 이슬람, 불교를 공부하게 하는 것이었다. 개설된 교육과정은 예수회에서처럼 지리학 수업을 포함하지는 않았는데, 예수회는 (선교사를) 파송할 때 지리적 발견여행과 중국 지식층과의 과학적 논쟁을 중시했다.[12] 이후 신학교수들은 위니우스(Robertus Junius),[13] 로헤리우스(Abraham Rogerius, 1630-1649), 발다우스(1654-1671) 같은 선교사들의 등장과 문서에 보이는 것처럼, 종교-서술 혹은 종교적 '발견들'의 전통을 세웠다. 그런 서술은 단카르츠(Sebastiaen Danckaerts)가 동인도 개혁 기독교의 창시자인 바따비아의 목사 휠세보스(Adriaen Jacobs Hulsebos)와 함께, 암보이나[암본 섬과 그 주변지역]에서 1618년 시작했다.[14]

실제적 선교정책: 조직

1601년부터 홀란트[네덜란드 서부 지방]와 제일란트 항구 도시들의 목사들은 무역 확장을 다른 민족들에게 참된 종교를 전하는 기회로 삼았다. 이는 목사들과 교회 당회들이 직무상 동인도회사 전문이사들과 선원 목회와 해외 복음전파에 대해 협의하면서 시작되었다. 1621년 발헤런 노회는 해외 교회 업무 특히 교회 직원의 파송을 관리하기 위해 회원 중에서 몇 명의 목사를 임명했다. 암스테르담에서는 암스테르담 지역 목사단이 후에 - 1636년 - 암스테르담

---

12 M. Dierickx S. J., De Jesuiten. *Wat zij zijn en hoe zij werken*(Oudenaarde, 1964), 68-71, 97-128.

13 Over Junius' 'Ordinair formulier'에 대해서는 W. A. Ginsel, *De Gereformeerde kerk op Formosa of de lotgevallen eener handelskerk onder de Oost-Indische-Compagnie 1627-1662*(Leiden, 1931), 93-95.

14 Sebastiaen Danckaerts, *Historisch ende Grondich Verhael van den standt des christendoms int quartier van Amboina, mitsgaders van de hoope ende apparentie eenigher reformatie ende beternisse van dien*(Den Haag, 1621).

노회에 의해 동인도 교회 업무를 처리할 몇 명의 대표를 임명하기 위해, 처음으로 이 업무를 맡았다. 북-홀란트와 남-홀란트 총회 또한 동인도를 위해 몇 명의 대표를 임명하였다. 그래도 교회 정책을 수행하는 중심은 여전히 암스테르담과 발헤런 노회에 있었다. 발헤런 노회는 첫 10년 동안 동인도와 서인도 교회 업무를 별도 대표들에게 위임하였다는 점에서 다른 노회들과 구별되었다. 무엇보다도 그 때 발헤런 노회는 자주 (최신 정보를) 암스테르담 노회 보다 더 잘 알고 있었다.

동인도로의 교회 직원의 파송이 증가했을 때, 두 노회의 역할에 대한 논쟁이 있었다. 헬더란트, 오버레이설, 위트레흐트, 남-홀란트에 있는 교회들은 교회 직원의 파송에 대해 알기를 원했다. 그들은 해외로의 교회 확장은 일반적인 교회 관심사라고 판단하였다. 회사의 비용으로 교회 대표단의 공동회의나 모임을 조직하는 것을 제안하였다. 암스테르담과 발헤런 쪽에서 이에 대한 강력한 반대가 일어났다. 이 문제에 대한 주제넘은 행동으로 인하여 북-홀란트 총회는 1642년 전국 의회에서 다른 지방연합회들에 의해 고발되었다. 이로 인해 북-홀란트 총회는 남-홀란트 총회와 타협하게 되었다. 이후 남-홀란트 총회는 편지와 보고서에 완전히 접근할 수 있는 권한을 부여받았고, 암스테르담 노회를 통해 발생하는 모든 분쟁에 직접 개입하게 되었다. 다른 주(州) 총회들은 동인도 교회 업무들에 대해 약식 보고를 받는 것에 만족해야 했다. 위트레흐트 주 총회는 그때 교회 직원을 파송할 권리를 유보하였다.

그러나 1649년, 네덜란드 교회들은 성장한 조직 형태에 직면하게 되었다. 여기에서 바따비아 교회 당회의 의견이 중요한 역할을 했다. 이 당회는 그동안 발헤런과 암스테르담 대표들과 함께 성장해온 협력관계가 중단되어서는 안 되며 다른 국가적 기반 위에 놓여서는 안 된다고 강력히 주장했다. 바따비아 당회에 의하면, 무엇보다도 본국의 교회들은 마치 그들이 영국과 프랑스에 있는 교회들에게 권한을 행사할 수 없듯이, 동부에 있는 교회들에게 그렇게 할 권리가 없었다. 이 당회가 보기에 교회들은 갈라디아서 3장 28절에 따라 서로를 섬기는 것이 아니라 오직 그리스도를 섬겨야 했다.

그래서 조직에서는 본국의 지방주의나 개별주의가 선교 업무에서 계속되었다. 이후 홀란트와 제일란트 두 교회가 선교 업무를 처리했고, 다른 주(州) 총회들은 이들 교회 업무에 대한 보고를 위해 몇 명의 연락원을 임명했다. 헬더란트, 오버레이설, 위트레흐트 주(州) 총회들은 몇 가지 주요 문제에 대해서만 발언했다. 이는 참여를 촉진시키지 못했다. 공식적으로 선교는 줄곧 교회 총회의 의제로 남아 있었고, 1670년 헬더란트와 위트레흐트가 제시한 구체적 선교 활동에 대한 제안들은 선교가 여전히 교회 회의에서 논의되었다는 것을 말해준다. 18세기가 되서야 펠서(Hendrik Velse)와 호프스테더(Petrus Hofstede)의 저술을 통해 그런 제안들이 다시 등장했다.

이렇게 동인도 업무들은 점점 더 암스테르담과 발헤런의 손으로 들어갔고, 암스테르담 사람들은 배후에서 점차 더 강하게 조종했다. 발헤런 노회는 업무를 몇 명의 대표의 손에 두었고, 암스테르담에서는 대표들과 노회가 바따비아와의 통신을 강화했다. 1736년 오버레이설은 홀란트의 강한 입장을 공격했다. 오버레이설 총회, 보다 정확히 말해 오버레이설의 동인도 업무 연락원은 동인도의 교리 문제에 대해 발언권을 갖기를 원했다. 북-홀란트 대표들과 함께 남-홀란트 연락원은 거기에 반대했다. 기꺼이 관련 정치위원들[시의원을 겸한 교회 당회원]은 교회에서 동인도 교회는 북-홀란트와 남-홀란트 총회에 속한다고 선언했다. 1760년 남-홀란트의 노회들은 동인도 업무를 처리하는 데 너무 많은 시간이 든다는 것을 알았다. 이후 일부 대표들이 그 업무를 처리하고 보수를 받았음으로 간단한 보고서면 충분하다고 간주했다. 정치위원들은 이런 상황을 델프트와 스히란트 노회와 희망봉과의 서신을 금지하고, 이것[희망봉과의 서신]을 네덜란드에서는 암스테르담으로 제한하자는 논지로 사용했다.

이러한 제한 과정은 암스테르담과 발헤런 대표들이 동인도 교회 업무들에 대해 가장 잘 알고 있다는 생각으로 강화되었다. 따라서 암스테르담과 발헤런 목사들은 특히 18세기 동인도 교회 업무와 관련하여 암스테르담과 제일란트의 전문이사들 급에 해당하는 고위 성직자로 성장했다. 그들의 성공은 점점 더 주요 동인도회사 전문이사들과의 좋은 관계에 달려 있었다. 그들은 유능한 목사를 파송하고, 해외에서 교육받은 학생들이 본국에서 더 많은 신학 교육을 받도록 끊임없이 요구하고, 동인도의 고등교육과 해외 목사의 임명에 반대함으로써, 영향력을 발휘했다. 무식한 목사들은 해외 기독교에서 가장 해로운 수단이 될 수 있었다. 그들은 총독 반 임호프(G.W. Baron van Imhoff)와 바따비아 신학교의 학생들을 계속 레이던 아카데미로 보내기 위해 상의했다(1742-1746). 바따비아 당회는 본국의 교회, 정치와 무역 당국, 다른 한편 동인도 당국과 해외 교회라는 사각 관계 속에서 능력을 발휘하였다. 바따비아 당회는 동인도에서, 반다에서 페르시아까지, 희망봉에서 일본 데지마까지 뻗어있는 섬들의 왕국에서 노회를 형성하는데 전혀 관심이 없었다. 동인도 최고 회의와 함께 바따비아 당회는 외곽 지역에 목사를 파송하는 것을 통제했다. 본국에서도 암스테르담과 발헤런은 해외 노회의 형성에 호의적이지 않았다. 해외 노회는 단지 그들의 영향을 감소시킬 뿐이었기 때문이다. 그들은 브라질에서 노회가 형성되었다는 소식을 들으며 분개했다(1636-1654).[15] 비록 신-네덜란드는 이미 1664년부터 영국의 통제 아래 있었지만, 이 지역의 교회는 18세기가 되서야 암스테르담 노회로부터 독립되었다.[16]

파송들

개혁교회는 모든 민족에게 참된 신앙의 전파를 도모해야 한다고 알고 있었다. 동시에 해외에 세워진 교회가 스스로 교회를 세우고 확장해 나가야 한다고 생각했다. 무엇보다 먼저 교회 직원의 선발, 심사, 파송은 - 전문이사들의 입장에서 말한다면 - 회사 직원과 회사 정착지의 관리를 우선적으로 고려하여 이루어졌다. 교회와 전문이사들 간 상의를 통해 목사, 병자위로자, 교사의 파송이 이루어졌다. 17-18세기 동안에 약 600명의 목사와 (많은 교사와 별도로) 최소한 2~3배의 병자위로자가 파송되었다.[17] 모집과 교육은 공동 관심사였다. 심사, 질적 판단과 파송은 교회 업무였다. 예외적인 경우에 이와 관련하여 교회와 회사 사이에 언쟁이 발생했다. 파송된 자의 배치에 대하여 본국과 바따비아 당회와 동인도 최고 정부 간 의견 차이는 더 일상적으로 일어났다. 바따비아는 기독교화된 인구의 연속성과 규모를 조사했는데, 여기에서 협력자로서 동인도회사의 영향력은 자주 결정적이었다.

암스테르담 교회와 발헤러 교회는 해외 주요 장소의 현재 목사 인력뿐 아니

---

15 Schalkwijk, *Reformed Church*, 88-94.

16 Jaap Jacobs, *Een zegenrijk gewest. Nieuw-Nederland in de zeventiende eeuw*(Amsterdam, 1999), 275f.

17 F.A. van Lieburg, *Profeten en hun vaderland. De geografische herkomst van de gereformeerde predikanten in Nederland van 1572 tot 1816*(diss. VU, Zoetermeer, 1996), 261-271. 이후에 나오는 4 편과 비교.

라 병자위로자, 학생, 예비목사, 목사의 가용 공급량에 따라 수요를 결정했다. 거기에서 교회는 학습과 생활 역량을 평가하는 자체 기준을 정하는 문제와 씨름했다.

17세기 암스테르담 대표들은 발헤런 대표들과 대조적으로, 병자위로자를 예비목사로 그리고 예비목사를 목사직으로 승진시키는 바따비아의 권리에 이의를 제기했다. 그래도 발헤런은 1639년 암스테르담에게 자신과 바따비아를 명백히 구분하고, 이 권리를 바따비아의 교회적 책임을 고려하여, 바따비아에게 기꺼이 줄 것을 요청했다. 이 문제는, 목사들이 네덜란드에서 신학 교육을 받을 것인지 해외에서 받을 것인지에 대한 문제를 포함하여, 18세기에도 암스테르담과 바따비아 사이에 논쟁점으로 남아있었다.

선교사 교육

1616년부터 발헤런은 델프트와 함께 발라우스의 지시에 따라 레이던에 동인도신학교의 설립을 추진했다. 의도는 결국 말레이어를 사용하는 신학자, 가급적이면 동인도에서 귀국한 목사를 이 네덜란드 교육에 참여시키는 것이었다. 1622년부터 1633년 까지 25명의 학생이 이 신학교를 이용하였다. 1634년 발라우스의 후임으로 바따비아에서 온 회르니우스는 동인도에 신학 훈련 과정을 만들 것을 제안했다. 전문이사들은 동인도에서 일하는 목사들이 충분하다고 주장했고, 해외에서 더 많은 신학자 훈련이 이루어지기를 바랐다. 그래서 동인도신학교의 새로운 5년 임기에 필요한 재원을 제공하지 않았다. 해외로부터 더 유능한 목사의 파송에 대한 요구가 있을 때마다, 교육을 실시할 장소에 대한 논의가 다시 타올랐다.

네덜란드의 교회가 해외에 신학교 설립을 꺼려했던 것은 정통성 상실에 대한 두려움뿐 아니라 해외에 성직자 신학교를 설립하는 것은 예수회의 정책이라는 반교황적 태도 때문이었을 것이다.[18] 예를 들어 실론에서는 신부들이 훈련을 받았다. 어쨌든 예수회는 바따비아에 있는 반 임호프의 신학교에 만족하고 있었는데, 당시 그곳에 루터교회가 자신의 의지와는 달리 생겨났고, 동인도의 가톨릭 신부들이 기독교 신자들 간 분쟁을 이용하여 이슬람교도가 기독교 신앙에서 멀어지도록 만들었기 때문이다. 그래도 바따비아 신학교는 1747년 홀란트 총회가 학문적 교육을 받지 않은 목사를 파송해서는 안된다는 판결을 내리는 것을 막을 수 없었다.

이와 관련하여 처음부터 해외 청소년을 네덜란드로 보내고 싶은 열망이 큰 역할을 했다. 반 스펄트(H. van Speult) 지사와 함께 단카르츠는 암보이나에서 그의 제자들 가운데 4명을 선택했는데, 이들은 1622년 네덜란드에 도착하였고 이후 아메르스포르트의 바센베르흐(Petrus Wassenberg)에게서 교육을 받았다. 그밖에 1625년 브라질로부터 몇 명의 인디언이 레이던과 흐로닝에 도착했다. 그러나 암본인들의 도착은 그들이 돌아간 후 성공적이지 못한 것으로 판명되었다. 이것은 나중에, 비용의 부담과 함께, 위니우스가 포모사[현재의 타이완]로부터, 발다우스가 실론으로부터, 청소년을 보내는 것을 막는 주장으로 사용되었다. 그러나 네덜란드나 해외 둘 중 한 곳에 혹은 두 곳 모두에 별도 신학교에 대한 요구는 줄어들지 않았다. 그 요구에서는 (암본) 교사의 교육과 목사의 교육은 구별되었다.[19]

암스테르담은 실론에 신학교를 세우려는 계획들이 있다는 말을 들었을 때

---

18   M. Trudel, *The Beginnings of New France, 1524-1663*(Toronto, 1973), 232.
19   Niemeijer, *Batavia*, 18f.

(1670년) 당황하여 항의했다. 북-홀란트, 남-홀란트, 위트레흐트 총회는 다시 한 번 해외 교회 확장을 위한 방안을 마련할 것을 제안했다. 발다우스 신학교는 잊혀 지지 않았고 교회 토론에서 본보기로 사용되었다. 그러나 1688년 암스테르담 총회는 동인도회사가 원하는 바를 제대로 파악하지 못한 듯 보였다. 오히려 동인도회사의 계획에 찬사를 보냈다. 그러나 전문이사들은 실론 신학교 설립을 생각했다. 암스테르담 노회는 이러한 동인도회사의 의도를 잘 알았다. 그러나 이제 항의를 하기에는 시간이 너무 늦은 것으로 보였다. 노회는 마침내 기초 교육이어야 한다는 조건으로 실론 신학교를 승낙했다. 청소년을 본국에서 신학적으로 더 교육시켜야 한다는 요구는 여전히 유효했다. 몇 명의 실론 청소년은 실제로 네덜란드에서 훈련되었다.[20] 이것에 대해 교회는 전문이사들의 지원을 받았다. 따라서 최소의 비용이 드는 방식으로 12명의 청소년이 레이던에 수용되었다. 그들은 신학대학에서 사용할 수 있도록 제공된, 또 매년 학생들이 바뀔 때 비어있는 방들을 숙소로 사용했다. 이것은 1738년 엥크하위전 총회에서 보고되었다.

1742년 바따비아에서 교육을 시작하려는 반 임호프는 암스테르담과 같은 불신에 직면했다. 반면 당시 실론의 콜롬보와 자프나에 있는 두 신학교는 원하던 성공을 거두었다.[21]

18세기 중반에는 동인도에 예비목사로 파송되어 가기는 커녕 신학을 공부하려는 청소년조차 상대적으로 많지 않았다. 따라서 동부에 더 많은 교회 직원을 유치하기 위한 계획이 수립되었다. 이미 1737년 재정 개선을 위한 초안이

---

20 J, van Goor, *Jan Kompenie, as Schoolmaster. Dutch Education in Ceylon 1690-1795*(Groninggen 1978) 103f.

21 Van Goor, *Jan Kompenie*, 146f.

동인도회사에 의해 승인되었다. 레이던에 있는 실론 학생들에 대한 호의적인 보고는 상처를 치료하는 데 도움이 되었지만 목사의 부족은 계속되었다. 결국 지속 가능한 해결을 찾기 위해 심지어 현상모집이 이루어져야 했다. 이 문제에 대한 호프스테더의 답(1777)은 갑자기 나오지 않았다. 본국에 신학교를 설립하는 계획은 수없이 나타났다. 호프스테더는 발라우스의 선례와 그 교육의 성공을 지적했다. 그러나 1807년까지 그러한 교육을 시작하려는 시도가 있었지만, 상황은 여전히 불리했다.

해외 회중의 형성

동부(동인도) 교회는 네덜란드 식민지 사회에 있는 저지독일 개혁교회[네덜란드 개혁교회의 이전 명칭]였다. 해외 교회의 조직과 치리는 개략적으로 도르트 교회법을 따랐다. 그러나 이 교회법은, 노회와 총회의 형성, 회중 앞에서 목사의 승인, 교회와 정부의 관계와 같은 몇 가지 점들에서 적용되지 않거나 다르게 적용되었고, 성례전 집행은 해외 상황에 맞게 조정되었다. 네덜란드의 교회는 바따비아 교회법의 제정에 거의 간섭하지 않았다. 단카르츠(Sebastiaen Danckaerts)는 1623년 몇 명의 남-홀란트 목사와 상의하여 작성한 교회법 초안을 가지고 갔다. 총독과 협의하여 이 초안을 결정하고 추진하는 것은 바따비아 교회에 맡겨졌다.

(신앙)고백에서도 바따비아 교회는 네덜란드의 형태를 취했다. 바따비아 교회는 엄격한 경계를 그었고, 시민과 교회에 출석하여 예배하는 사람, 기독교인과 교인을 구분했다. 교인 자격은 단지 교회 교리를 전적으로 수락한 사람들에게만 부여되었고 그래서 개혁 신앙고백은 표준이 되었다. 1621년 1월 3일, 성

찬식이 공동으로 거행되어 바따비아에 개혁교회 공동체가 나타났을 때, 휠세보스 목사는 모든 참가자가 서명해야할 6개 신앙조항을 작성했다. 이 신앙고백에는 약간의 조정이 있었지만 본국에서는 (짧은) 형식도 문구에도 이의를 제기하지 않았다.[22] 동시에 각 참가자는 사전에 '신실한 기독교인으로서 성실

22 이 바따비아 신앙조항들은 다음과 같다.
  1. 나는 유일하시고 본질이 단일하신 하나님, 품위에서 삼위, 곧 성부 성자 성령이 계심을 믿는다. 성부는 그의 유일하고 영구적인 말씀, 곧 성자를 통해, 성령의 힘을 통해, 하늘, 땅, 바다 그리고 물 속에 있는 만물을, 무로부터 창조했고, 창조된 것, 만물을 그의 섭리와 영원한 계획을 통해 보존하고 통치하심을 믿는다. 우리들 가운데 누구도 우연히 된 것이 아니라 만물이 그의 지혜와 손에서 나왔다고 믿는다.
  2. 나는 하나님이 인간을 그의 형상과 모양에 따라, 거룩하고 의롭게, 지으셨다고 믿는다. 인간은 그 상태와 창조에 머물지 못하고, 악마의 암시를 통해, 교만과 불순종을 통해, 그 자신과 모든 후손들의 은사들을 잃었고, 육체적으로 영적으로 영원히 부패하게 되었다고 믿는다. 그래서 우리는 하나님 앞에 지은 원죄로 인하여 지금 완전히 부정하고 진노의 자녀들로 태어난다고 믿는다.
  3. 나는 성부가 그의 유일한 아들, 영원부터 그에게서 나온, 단지 우리에 대한 사랑과 무한한 자비로 마음이 움직여, 시간이 차매, 세상에 보내어, 동정녀 마리아로부터 나서, 우리와 똑같이 되어서, (우리의) 죄를 제거하시고, 품위에서 하나님의 본성과 인간의 본성이 연합되시고, 재판관 본디오 빌라도에게 고난을 당하시고, 십자가 형을 당하서, 죽어서, 장사되어, 지옥으로 가셨다가, 3일만에 다시 죽은 자들 가운데 부활하시고, 전능하신 그의 아버지 하나님 우편에 앉아계시다가, 거기에서 산자와 죽은 자를 심판하러 오실 것을 믿는다. 이분이 세상의 영원한 심판자이고 구원자이심을 믿는다.
  4. 나는 성령이 성부와 성자와 함께 유일한 진정한 하나님으로, 영원부터 성부와 성자로부터 나와, 나에게 주어져, 내가 그리스도를 믿게 하고, 그의 모든 은사들에 참여하게 하고, 강하게 하고, 위로하고, 다스린다고 믿는다. 하나님은 바른 신앙의 일치를 통해 세상의 처음부터 끝까지, 자신과 그의 말씀으로, 전 인류로부터 회중과 기독교인들을 선택하여, 그들을 모으고, 보호하고, 지키며, 그들의 유일한 머리이신 그리스도 아래에서, 서로간의 친교와 죄의 용서, 육체의 부활, 영생을 갖게 한다고 믿는다.
  5. 나는 두 가지 성례, 세례와 성찬이 있다고 믿는다. 첫 번째, 곧 거룩한 세례는 하나님과의 계약의 표시요 인침으로, 우리에게 성령과 예수 그리스도의 피로 죄씻음을 의미하며 보장하는데, 이 표시는 신자뿐 아니라 그의 자손에게도 속한다. 두 번째, 곧 성찬은, 예수 그리스도와 하나가 됨으로서 얻어진 우리 자신의 육체와 영적 생활에 영양을 주고 유지한다.
  6. 나는 거룩한 복음의 전파, 거룩한 성례들의 순결한 사용, 그리고 기독교 훈련에 의해, 모든 다른 사탄의 종파들과 구분된, 바로 그 회중의 살아 있는 회원이며 앞으로도 그럴 것이라고 믿는다.
  G. Baudartius, *Memorien* II, boek 13(Arnhem 1625), 38-41, 이것은 성공한 교회개척의 언급 이상의 것을 준다. 비교. Niemeijer, Batavia, 91.

하고 순결하고 절제하며 정직하게' 살겠다고 선언해야 했다.

문화적 적응은 성례분리의 문제를 일으켰다. 신학적 적응은 이후, 1621년 보다 기존 신앙고백을 보다 포괄적으로 통합하여 적응하게 되었고, 특히 기독교, 개혁파 신앙공동체에 가입하기 위한 시금석으로 하이델베르그 교리문답을 간소화하는 방향으로 진행되었다. 교리문답 소책자들은 주민의 언어, 지식, 이해의 수준에 맞게 조정되었다.

또 다른 종교의 신봉에 반대하여 기독교 신앙, 개혁파 신앙의 합리성이 강조되었다. 포모사에서 위니우스의 추종자들은 그가 문화 적응에서 너무 멀리 나갔다고 보았다. 때문에 1662년 흐라비우스(Daniël Gravius)와 그의 동료들(이 중 나중에 중국인에 의해 살해된 함부룩(Antonius Hambroeck) 목사가 있었다)은 약간 덜 광범위한 『기독교 양식』(Formulier des Christendoms)을 작성했다.[23] 동인도에서는 주민을 위한 광범위한 교리 체계를 구축하는 것이 불가능했다. 그래도 로헤리우스(Rogerius, 빨레아까테의 목사)는 진리의 보편적 교리를 전파하기 위해 『감추어진 이교도에게 열린 문 혹은 종교와 브라만교와 삶과 도덕에 대한 진실한 담화』(Open Deure tot het verborgen heydendom of te waerachtigh vertoogh van het leven en de zeden, mitsgaders de religie en de godsdienst der Bramines, 1643)를 저술했다. 이 저술은 유럽인을 힌두교 세계의 핵심으로 인도하고 주민에게 참된 종교를 확신시키기 위한 것이었다. 실론에서 발다우스는 교리 교육과 힌두교 발견이라는 두 가지 목표를 모두 달성할수 있었다.

본국에서는 교회가 정통교리를 강력히 강조하려고 노력했지만, 교회 자신

---

23 Ginsel, *Formosa*, 93-99.

은 성경(부분)과 교리서의 번역에 거의 투자하지 않았다. 물론 교회는 (네덜란드) 성경, 교리문답 소책자들과 기타 교회 서적을 보내는데 열심히 협조했다. 목사들은 설교문, 성경부분, 교리서의 번역을 위해 본국의 통제를 요청하지 않았다. 처음에 암스테르담은 상인 뤼에일(Ruijll)과 단카르츠 목사와 브라우어르(Brouwer) 목사의 교리문답 소책자들에 관련하여 말레이 번역본들을 평가할 수 없다고 말했다. 포르투갈어에 관해서는 암스테르담에 더 많은 전문 지식이 존재했다. 포르투갈 목사 알메이다(Johannes Ferreira d' Almeida)의 한 교리서가 명시적으로 승인되었다. 그것은 1649년에 나온 교리문답 번역, 말하자면 스페인어를 포르투갈어로 번역한 교리문답이었다. 그러나 포르투갈어 번역본만 필요한 것은 아니었다.

(동인도) 정부는 네덜란드어를 사용했고, 청소년들이 주민을 가르치는 학교 교사로 훈련받으면서 네덜란드어를 매개로 아래로부터 위로 동화가 이루어졌다. 그럼에도 불구하고 머지않아 말레이어와 포르투갈어 등 다른 언어를 사용해야 했다. 이 언어들은 인도 중개업자의 간체 포르투갈어, 홍해에서 광둥(廣東)까지 통용되던 링구아 프랑카처럼 무역 언어로서 그 유용성을 증명하였다. 그래도 목사들은 포모사의 패보랑과 싱캉, 실론의 싱할라어 같은 지역 언어들과 방언들을 습득하였다. 그들은 북-인도에서 널리 퍼져있는 언어인 힌두어/우르두 또는 궁중어인 페르시아어를 사용하는 많은 동인도회사 직원을 따라 그렇게 했다. 회사 직원 케텔라르(Ketelaar)는 1711-1713년 무갈 인도의 궁전으로 여행하고 힌두어-문법을 저술한 첫 외국인이었다. 수랏에 기독교 공동체가 있었고, 회사 직원들은 아르메니아인 기독교 주민그룹과 밀접하게 접촉했다.[24]

---

24 H. W. van Santen, *De VOC in Gujarat en Hindustan, 1620-1660*(Meppel, 1982); *VOC-dienaar in India. Geleynssen de Jongh in het land vn de Groot-Mongol*(Franeker, 2001).

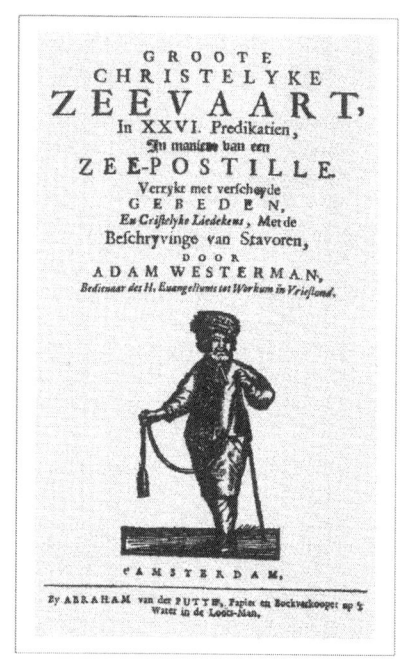

베스테르만(Adam Westerman) 저,
『기독교 항해』(De Christelycke Zee-vaert),
1611, 1635년부터
『26명 목사들의 위대한 기독교 항해』
(Groote Christelycke Zee-vaert,
in XXVI Predicatien)로 부름,
스타보렌과 보르쿰 등에서 개혁교회 목사,
병자위로자에게 의무적으로 책을 읽게 하고
선교사로서의 의무를 상기시켰다.

이런 일은 코로만델 해안에서 소수에게만 성찬을 제공할 수 있었던 엄격한 로헤리우스(Rogerius) 같은 목사들의 종교적 공세에도 불구하고 일어났다.

회사 직원들이 돌아간 뒤에 동인도에 간 사람들은 체계적으로 번역을 하도록 지원받지 못했고, 번역은 해외 목사와 교회 당회에 맡겨졌다. 로헤리우스는 1648년 홀란트 교회들에게, 말레이어를 배운 후가 아니면, 목사들을 파송하지 말라고 제안했다. 이것은 북-홀란트와 남-홀란트의 교회 정책이 되었다. 즉 목사들은 파송되기 5-6달 전에 말레이어를 배워야 했다. 달리 말해서 언어지식은 파송을 기다리는 사이에 네덜란드에서 준비되었다. 위니우스와 로헤리우스는 암스테르담 목사들로서, 몇 명의 학생을 개인적으로 교육하는데, 그들의 언어지식을 사용했다. 무엇보다도 흐라비우스가 포모사 방언으로 번역한 성경 번역들은 검열을 받지 않았다.

네덜란드의 교회는 1677년에 처음 본격적으로 번역에 간여했는데 실패로 끝났다. 암스테르담 노회는 알메이다 목사가 쓴 신약성경의 포르투갈어 번역을 검토하고 싶다고 바따비아에 편지했다. 사실, 당시 바따비아 교회 당회는 번역본을 보냈지만, 번역이 자신들의 업무 중 하나라는 사실을 알렸다. 이에 대한 응답으로 암스테르담 노회는 의회번역본이 사용되지 않은 것을 확인했고, 따라서 2명의 전직 동인도목사들로 하여금 포르투갈어 번역을 개정하게 했다. 이 원고는 다시 바따비아로 보내졌는데, 거기서 포르투갈어 번역은 읽을 수 없는, 즉 사용할 수 없는 상태로 만들어졌다는 실망스러운 결론이 내려졌다. 이 또한 필요한 비용을 부담했던 동인도회사의 불만을 샀다. 그때 바따비아에서 스스로 다시 작업을 시작했다. 이 신약성경-프로젝트는 1691년 완성되었고, 검토를 위해 출판만 남은 상태에서 다시 본국으로 보내졌다. 암스테르담 노회는 이 검토 요청에 거의 반응하지 않았다. 바따비아 당회는 스스로 편집하고 수정하기로 결정했다. 이 신약성경은 1693년에 나타났고 다양하게 사용되었다. 한 세기 이상이 지난 후에 이 번역본은 브라질에서 가톨릭 교인들에 의해 소개되었다.[25]

구약성경의 포르투갈어 번역본은 더 큰 난관을 겪었다. 네덜란드의 교회는 번역에 거의 협조하지 않았다. 이 때문에 이 프로젝트는 바따비아에서 수행되었다. 암스테르담은 이후 출판 요구에 귀를 기울이지 않았다. 결국 1725년 남-홀란트 총회는 출판을 담당하기로 결정하고 바따비아에게 원고를 보내라고 요청했다. 바따비아 교회 당회는 원고 요청에 대한 결단을 내리지 못했고, 원고는 1739년 까지 장농에 보관되어 있었다. 그 원고가 수년 후 다시 드러났고,

---

25   Van Schalkwijk, *The Reformed Church in Dutch Brazil*(*1630-1654*), 8, 15, 167.

1745년 출판되었다.

말레이어 성경번역에서도 소통은 똑같이 충분하지 않았다.[26] 성경 부분의 말레이어 번역본이 이미 유통되고 있었다. 두 목사들이 서로 별도로 성경 전체의 번역을 시작했다. 레이데커르(Melchior Leydekker)는 1678년 시작하였고, 그의 번역은 바따비아에서 그의 사후 1801년 완료되었다. 발렌테인(François Valentijn)은 1688년 암본에서 시작하여, 1706년 바따비아로 다시 돌아가기 전, 본국에서 번역을 마쳤다. 그는 자신의 번역 방식으로 발헤런 노회와 북-홀란트와 남-홀란트 총회의 마음을 사로잡았다. 언어와 글꼴에 대한 논의가 있었다. 그것은 접근하기 쉬운 말레이어 형태 여부와 어떤 글꼴(아라비아 혹은 라틴)로 출판되어야 하는지에 관한 것이었다. 일상에서 사용하는 무역-말레이어와 문학-말레이어 중 하나를 선택해야 했다.

바따비아는 레이데커르 번역을 선택했다. 네덜란드의 교회는, 사실 전에 동인도에 갔던 사람들에게 조언을 구하지 않고, 발렌테인 번역본을 환영하는 것처럼 보였다. 이에 발렌테인은 씁쓸함을 느꼈다. 네덜란드에 있는 동인도회사는 무엇보다도 그렇게 하라는 남-홀란트 총회의 요구에도 불구하고, 발렌테인 버전의 비용을 자신이 부담하려하지 않았다. 바따비아 교회에서는 다수가 레이데커르 번역을 선호했지만, 의견들이 서로 갈라졌다. 이 다수는 마침내 지사가 이 번역본을 아라비아 글꼴로 출판하는 데 드는 비용을 지불하기로 결정하게 했다.

---

26 J. L. Swellengrebel, *In Leijdeckers voetspoor*(Haarlem, 1974).

성례 집전

1621년 성찬식에 참여하기 위한 조건으로 "신실하고, 정직하며, 절제하고, 정숙하게" 살아야 한다는 요구는 세례의 관행으로 인해 압력을 받게 되었다. 본국에서는 모든 종류의 성인이 약간의 신앙교육을 받은 후 자녀들과 함께 개혁파 세례에 관대하게 받아들여졌다. 그런 다음 성인들은 결혼과 성찬에 참여할 권한을 얻었다. 성인들은 세례를 받음으로써 (자녀들의 세례와 함께) 교회에 대한 애착을 키울 수 있었다. 그러나 신앙교육은 개략적이었다.

아시아인들은 교회가 가르치는 규범과 가치에 따라 살기를 기대하기 어려웠다. 때문에 성례분리가 도입되었다. 즉 세례는 가능하나 성찬에 참여는 불가함.[27] 성인 세례는 인도유럽인들과 아시아인들에게 결혼할 권리와 자녀가 세례 받을 수 있는 권리를 지켜주었다. 교리 교육을 계속 받은 후에는 성찬식에 참여할 수 있었다. 그래서 교회와의 유대를 구현할 수 있었고 동시에 엄격한 성찬식을 보장할 수 있었다.

유아 세례에 관해서는 1618년 암본의 요청에 따라 도르트 총회에서 기독교 양육이 보장되는 조건으로 어린이들에게 세례를 줄 수 있다고 결정했다. 그렇지 않은 경우, 어린 이교도나 사생아들은 먼저 신앙교육을 받아야 했다. 세례와 입양은 인종이 아닌 종교적 기원에 근거한 것이었다. 이로 인해 기독교인보다 상대적으로 적은 수의 교인이 교회에 출석하게 되었다.

본국의 교회는 해외 문화에 적응한 이러한 세례 관행에 대해 항의했다. 비

---

27   Niemeijer, Batavia, 171-178; G. J. Schutte, 'De Gereformeerde kerk onder de Verenigde Oost-indische Compagnie', *Documentatieblad voor de Geschiedenis van de Nederlandse Zending en Overzeese Kerken* 5 nr.1(1998), 11-26.

록 하이델베르그(고백)에 접목된 간소화된 신앙고백을 받아들이는 것에 만족했지만, 계약신학의 기초 아래 세례의 문턱이 높기를 원했다. 이 때문에 1648년 바따비아에서는 소란이 일어났고, 무엇보다 신앙교육이 다시 주로 세례식 전에, 그리고 보다 포괄적인 교리 교육을 바탕으로 이루어졌다. 이것은 강한 교육 체계를 요구했다. 그러나 암본과 말루꾸 제도에서는 실론에서와 같이 성례분리가 여전히 시행되고 있었다. 이는 해외에서 주로 검열로 간주된 제일란트의 압력에도 불구하고 그랬다. 바따비아는 성례분리를 받아들이기로 하였다. 후에 본국의 교회는 이 일에 더 이상 간여하지 않았다.

18세기가 되자 이 갈등이 다시 일어났다. 당시 바따비아 교회 당회는 성례 집전을 둘러싼 내부 분쟁에 대해 네덜란드의 교회와 상의하려는 의도가 없었다. 성례 집전에 대한 바따비아의 의견 불일치가 바따비아의 르 바우크(E.F. le Bouck) 목사를 통해 유출되었다. 델프트(남-홀란트의 도시)에서 휴가를 보내는 동안 이 목사는 남-홀란트 대표들이 그의 입장을 지지하게 만들었다. 그는 발혜런 노회를 여기에 개입시켰다. 그가 그곳에 있는 형제들과 이야기를 나눈 후에도 암스테르담은 여전히 그를 불신했다. 그의 행동으로 북-홀란트와 남-홀란트 총회들은 성례분리가 동인도 '외각 식민 지역'뿐만 아니라 바따비아 자체에서도 적용될 수 있다는 판결을 내렸다. 따라서 이 총회들은 처음에 불평자를 전적으로 지지했다.

바따비아 교회 당회는 1727년 본국의 이 결정을 들었을 때 격노하였고, 이 결정을 무시하기로 결정했다. 그것은 발혜런 대표들을 다시 한 번 자극하여 홀란트 교회들과의 협력과 정책 통합을 모색하게 했다. 결국 발혜런과 암스테르담은 함께 입장을 바꾸고 델프트에 반대했다. 그들은 성례분리는 예외 없이 불법이라고 선언했다.

발혜런과 암스테르담 교회들의 요청으로 (동인도회사의) 17인위원회도 이 문제에 대해 말했다. 이들은 인도 '외각 식민지역'의 상황과 바따비아의 상황을 구분했다. 바따비아에서는 성례적용의 통일이 지향되어야하며, 외각 식민지역에서는 예외가 있을 수 있어야 한다. 동인도의 관리들도 1736년에 교회 당회와 함께 이전에 결정한 것과 같은 맥락에서 판결을 내렸다.

한편으로 (인도유럽인과 아시아인) 기독교인과 교인 사이의 구분은 여전히 유효했다. 이 구분은 교회가 식민 사회에 미치는 영향력을 억제했지만 동시에 교회의 도덕적 권위에 상당한 개방성을 부여했다.

제3편 동인도회사 관할 교회

헤릿 얀 스휘터(Gerrit Jan Schutte)

1602년 3월 20일 네덜란드공화국 의회는 희망봉에서 마젤란 해협에 이르는 모든 나라들에 대한 항해와 무역의 독점권을 동인도회사에 부여했다.[1] 동인도회사에서는 오랜 협상 끝에 그리고 정치적 압박이 심한 상황에서 여러 원거리 무역 회사들이 합병했다. 특허는 동인도회사를 네덜란드 경쟁사로부터 보호하고, 네덜란드에서 동인도회사의 설립과 조직을 개략적으로 규정했다. 무엇보다 동인도회사는 특허 지역에서 의회의 이름으로 재판을 하고, 요새를 건설하고, 지사를 임명하고, 군인을 주둔시키며, 전쟁을 수행하고, 조약을 체결하는 등 여러 가지 주권적 권리를 부여받았다. 이유는 이 회사는 스페인에 대항하는 네덜란드 여러 지방의 계속된 투쟁을 배경으로 설립되었기 때문이다. 제일란트와 홀란트 출신 상인들은 지난 수십 년 동안, 그때까지 포르투갈인과 스페인인이 독점했던, 유럽 역외의 항로, 항구와 무역을 탐사했다. 동인도회사는 하나로 뭉쳐 해외 투쟁을 계속하고 적의 무역에 손상을 입히기 위해 설립되었다. 이 회사는 영리를 목적으로 하는 회사일 뿐 아니라 정치적 창조물로 해

---

1   F. S. Gaastra, *De geschiedenis van de VOC*(Zutphen, 1991), hoofdstuk 3.

외에서 공화국을 대표해야 했다.

따라서 동인도회사는 외부적으로 하나의 단위로 행동해야 했지만, 내부적으로 여러 지역 무역 회사들의 연합체로서 이 회사의 배경에 충실했다. (암스테르담, 미델뷔르흐, 로테르담, 델프트, 엥크하위전, 호른에) 여섯 개의 상사들이 있었는데, 각 상사는 몇 명의 지역 전문이사/주주의 지도 아래 자체 선박으로 물건을 실어 나르고, 자체 창고와 조선사를 소유하였다. 각 상사는 직원의 채용과 파견을 관리하였고, 회사의 전반적 관리는 지역 전문이사의 대표들로 구성된 17인위원회에 맡겨졌다. 17인위원회는 암스테르담에서 4년, 미델뷔르흐에서 2년씩 번갈아 가며 1년에 여러 차례 모임을 가졌다. 그들은 헤이그 회의 같은 특정 위원회 그리고 일급 변호사와 그 임원의 지원을 받았다.

처음에는 무역 선대만 파견되었다 그러나 바로 아시아의 여러 장소들에 무역거점들 혹은 상관들이 설치되었다. 또 동인도회사는 여기저기에서 포르투갈과 스페인의 적을 몰아냈다. 이들의 정당한 후임자로서 동인도회사는 식민지인 네덜란드 동인도의 소유주가 되었다. 이로 인하여 동인도를 조정하고 전체가 만날 장소가 필요했다. 1619년 이후, 총독과 동인도 최고 회의 그리고 급속히 증가하는 공직자 직원이 정착한 자바의 바따비아는, 상품 무역을 포함하여, 동인도회사 아시아 활동의 중심지가 되었다.

동인도회사가 동부에서 처음으로 영구적으로 소유한 곳은 1605년 포르투갈로부터 점령하여 얻은 암본의 빅토리아 요새였다. 그곳으로부터 동인도회사는 말루꾸 제도를 지배하고 정향과 육두구의 재배를 독점하려고 했다. 1621년 반다 섬들을 굴복시킨 후에, 부분적으로 기독교인이 된 인구가 있는 암본의 주권을 소유했다. 반면 1677년 떠러나떼의 술탄은 동인도회사에 복종했다. 전략적으로 위치한 항구 도시 남-쩰레베스(남-술라웨시의 이전 명칭)의 마까사르는 1667년, 동인도회사가 인근 보니의 통치자와 맺은 동맹 덕분에 이 회사에 항복해야 했다. 자바에서 동인도회사는 바따비아 외부, 인근 지역, 수라바야와 그리씨 같은 항구 도시에 있는 몇몇 상관들에 단지 간접적인 권한을 행사했다. 당시 동인도회사의 최고 권위는 1677년부터 자바 전체에서 인정되었다. 말루꾸 제도의 다른 곳(수마뜨라, 보르네오)에서 동인도회사는 요새화된 해상 거점들과 상관들만 가지고 있었다.

그러나 동인도회사의 무역은 남아시아, 동남아시아, 동아시아 전체를 망라하였다. 1641년 포르투갈로부터 점령하여 얻은 말라까는 이 지역의 중심지였다. 중국 내륙에 상륙하기 위한 다양한 시도들이 실패한 후, 동인도회사는 중국의 내륙 앞 몇몇 섬들과 포모사에 자리를 잡았고, 1662년까지 40년 동안 지배했다. 일본에서 동인도회사는 독특한 위치를 가졌다. 즉 유일한 서구 강국으로서 1639년에서 1854년 까지 나가사키 만 데지마 섬에 무역사무실을 가졌다. 후-인도(버마, 캄보디아, 퀴남, 시암)에서는 동인도회사가 여러 가지 의미의 다양한 무역관을 소유하였다. (네덜란드) 동인도는 아시아 내부 무역에서 그리고 유럽 시장을 향한 물품, 특히 면직, 설탕, 후추, 계피의 생산자로서 동인도회사에 중요하였다. 동인도회사는 코로만델 해변과 말라바 해변을 따라, 벵갈과 구자랏 나아가 페르시아와 아라비아에 수십 개의 무역관을 가졌다. 실론과 그 맞은편 본토(코친, 마두라이)에서 동인도회사는 1637년과 1663년 사이에 포르투갈인을 몰아냈다. 1656년 반 훈스(R. van Goens)가 콜롬보와 자프나를 점령했을 때, (실론과 어려운 우호관계를 유지했던 내륙의 칸디 왕국을 제외하고) 실론 전체가 동인도회사 영토가 되었다.

동인도회사의 무역제국은 당시 희망봉에서 데지마, 모카에서 뉴기니아에 이르렀다. 회사의 깃발이 다양한 수의 회사 직원이 (때때로 부인과 자녀들과 함께) 거주하는 수백 개의 요새, 상관, 숙소 위에서 펄럭였다. 그 외에 많은 숙소는 할당된 거주지로 소수의 직원이 배치되었다. 예를 들면 아모이에 유럽인 직원 4명, 톤킨에 7명, 데지마에 27명이 있었다(1688년). 직원 숫자는 다른 곳에서도 비슷했다. 당시 실론 정부에서 활동했던 직원 2,700명은 많게 보이지만, 그 섬과 인도의 반대편 해변 수십 곳에 흩어져 있었다. 단지 몇 개의 중요한 장소(콜롬보, 갈리, 자프나)에만 수백 명의 직원이 있었다. 그들(자주 유라시아인)의 부인과 자녀, 자유민 집단과 이들의 노예인력을 합치면 그곳의 '유럽인' 구역은 본국의 도시 공동체 규모에 가까웠다.

희망봉을 제외한 식민지 동인도-사회는 실론, 말라까, 암본은 물론 바따비아 같은 항구 도시가 대부분이었다. 동인도회사는 여러 지역에서 주권적 권리를 소유하고 있었기 때문에 자체 직원 외에 아시아와 및 유라시아 주민들 까지 통치했다. 그러나 이들은 실론과 말루꾸 제도에서처럼, 원주민이 (부분적으로) 기독교화가 되었을 때에도, 대부분 간접적으로 통치되었다.

동인도회사의 직원은 시간이 지나면서 상당히 증가했다. 1625년 이 회사는 항해 중인 배에 승선한 약 2,200명 외에도 4,500명의 해외 직원을 고용했다. 공교롭게도 그들 중 거의 반이 당시 그리고 후에 선원이 되었다. 1688년 총 직원 수는 22,000명으로 증가했다. 유럽 출신 직원은 약 16,000명에 달했다. 1750년 경 이 회사는 23,000명(전체 35,000명)의 유럽인 직원을 가졌고, 1780년에는 18,550명(전체 27,000명)의 유럽인 직원을 가졌다.

네덜란드공화국 외부에서 온 유럽인 직원은 점점 더 많아졌다. 1660년경 동인도회사의 군인 중 65% 그리고 선원 중 35%가 외국인이었다. 1세기 후(1770년) 그 비율은 각각 80%와 50%였다. 상급 직원 가운데 그 비율은 더 낮지만 거기에서도 비-네덜란드인이 많았다.

마르데이커르 가족

동인도회사의 특허에는 직원의 목회적 돌봄, 교회설립 혹은 선교에 대한 조항들이 없었다. 그 침묵은 시간이 지나면서 많은 역사가들을 자극하여 이 새로운 비즈니스 기업의 목적과 성격에 대해 여러 가지로 깊이 생각하게 하였다.[2] 그 당시에는 누구도 자명한 것을 명시적으로 표현할 생각을 하지 않았기 때문에 수고를 덜 수 있었을 것이다. 특허는 동인도회사 자신의 직원을 고려하고 공화국의 숙적인 스페인에 전쟁을 수행하기위해, 얼마간의 정부 권한을 동인도회사에 양도했다. 올덴바르네벌트(Johan van Oldenbarnevelt, 동인도회사의 설립을 추진한 세력 가운데 한 사람)와 같은 사람들에게는 종교-교회 상황에 간여는 정부의 고유한 업무였다. 동인도회사는 정치적인 창조물, 공화국의 해

---

2   C. W. Th. Van Boetzelaer van Dubbeldam, *De Gereformeerde kerken in Nederland en zending in Oost-Indië in de dagen der Oost-Indische Compagnie*(Utrecht, 1906), 16-19; 비교. G. M. J. M. Koolen, *Een seer bequaem middel. Onderwijs en kerk onder de 17e-eeuwse VOC* (Kampen 1993), 23.

외 지부였고, 이 공화국은 칼빈주의적 정체성을 가졌다.[3] 네덜란드 동인도 정부는 「보편적 사명」(Generale Missiven)에서 매년 3가지 업무에 대해 자세하게 보고해야했다. '무역과 전쟁 모두, 특히 기독교 종교와 학교의 보급, 그 밖의 문제에서 일들이 어떻게 그리고 어떻게 성공할 것인가 하는 것은 어디서나 추진되고 지시되고 있다'.[4] 정부, 전문이사들 그리고 교회는 처음부터 '선대(船隊)에서 하나님의 말씀을 설교하고 다른 교회 업무를 수행할 유능한 사람들을 파송하기 위해' 각자 혹은 함께 활동하였다.[5] 그들 가운데 '[네덜란드] 동인도 사람들에게 하나님의 말씀을 읽어주고 이슬람교도와 무신론자의 모든 미신과 유혹에 대항하여 성경으로 그들을 권면하는 유능한 사람들'이 있었다.[6]

동인도회사의 성장과 아시아 무역거점과 정착지 네트워크의 구축은 실제로 교회개척과 선교활동을 가져왔다. 1622/23년의 두 번째 특허는 동인도회사의 독점을 계속하게 하는 이유 중 하나로 '공적 개혁과 신앙의 보존'을 언급했다. 그래서 이 규정은 그동안 성장한 상황을 확인시켜 주었다. 또한 스페인에 대한 투쟁의 지속에 대한 공개 토론의 일부가 된 해외 선교에 대한 관심이 높아지면서 해외 선교에 대한 명확한 설명이 요구되었다.[7]

---

3   G.J. Schutte, 'Neerlands India. De wereld van de VOC: calvinistisch en multicultureel', *Historia* 47(2002).

4   W. Ph. Coolhaas, ed., *Generale Missiven van Gouverneurs- Generaal en Raden aan Heren XVII der Verenigde Ostindische Compagnie* (Den Haag, 1960-1985, 8 delen) I, vii.

5   Acta classis Walcheren, I sept. 1603, in Van Boetzelaer, *Gereformeerde kerken in Oost-Indië*, 253.

6   Pieter van Dam, *Beschryvinge van de Oostindische Compagnie*(C.W.Th. Baron van Boetzelaer van Asperen en Dubbeldam ed.; 's-Gravenhage, 1954), IV 4.

7   H.A. van Andel, *De zendingsleer van Gisbertius Voetius*(Kampen, 1912); W. Teelinck, *Ecce Homo, ofte Ooghen-salve*(Middelburg, 1622); W,J, van Hoboken, 'The Dutch West India-Company. The political background of its rise and decline', in J.S. Bromley and E.H. Kossmann eds., *Britain and the Netherlands* I(London, 1960) 41-62; J.G. van Dillen, 'De West-Indische Compagnie, het calvinisme en de politiek', *Tijdschrift voor Geschiedenis* 74(1961), 145-171; W.J. van Hoboken, 'Een wederwoord inzake de WIC', *Tijdschrift voor Geschiedenis* 75(1962), 49-56.

동인도회사는 '개혁파 종교의 보존'에 관한 특허 규정을 여러 가지 조처들로 바꾸었다. 동인도회사 노동계약서는 직원이 기독교적으로 처신할 것을 규정했다. 저주, 술 취함, 싸움이 금지되었고 교회 출석은 의무였다. 모든 동인도회사 선박의 선상에서 매일 공적으로 아침과 저녁 기도가 드려졌고, 주일마다 설교문이 읽혔다. 전문이사들은 1602년부터, 성경, 교리문답서 교재, 설교집, 경건 서적과 같은 문헌을 구비한 병자위로자도 함께 파송했다. 교회와 긴밀한 협력으로 목사의 파송이 곧 뒤따랐다. 곧바로 해외 교회개척이 일어났고, 성장하는 몇몇 회중들은 병자위로자, 교사, 목사에게 일감을 주었다.

역사학계에서는 일반적으로 '개혁파 종교의 보존'을 위한 동인도회사의 활동이 매우 미미한 수준에 그쳤다는 점을 분명히 하고 있다. 대부분의 저자들은 이점을 또한 당연하게 여겼다. 이유는 그들이 콜렌브란더르(Colenbrander)가 75년 전 그의 『식민지 역사』(Koloniale Geschiedenis)에서 말한 '어떤 식민지 국가도 우리처럼 그렇게 관대하지 않았다'라는 주장에 동의해서가 아니라,[8] 언급한 (특허) 규정이 동인도회사의 이윤 추구와 맞지 않았기 때문이다.

하지만 이 판단은 동인도회사의 세계에 대해 거의 알려주지 않는다. 우선 종교와 이윤 추구는 당시 서로 대립되는 것으로 간주되지 않았다. 해외 시의회 회의들을 위해 규정된 공식기도문은 '주(主)의 지극히 거룩한 이름을 높이고 찬양하는 것, 우리의 주(主)요 주인이신 이를 크게 섬기는 것'과 다른 어떤 것을 계획하거나 결정하지 않도록' 하나님의 필수불가결한 축복을 구하였다.[9] 무엇보다도 사람들은 네덜란드 개혁파 신정 정치의 개념에 따라 교회와 국가 간

8   H.A. Colenbrander, *Koloniale geschiedenis* ('s -Gravenhage, 1925), II, 240.
9   A.J. Böeseken, *Jan van Riebeeck en sy gesin* (Kaapstad, 1974), 251.

협력에 익숙해져 있었다. 기존 역사학적 이미지를 검증하기 위해서는 먼저 동인도회사가 종교와 교회예배를 위하여 기울인 실제적 노력을 알아야 한다. 예를 들면 동인도회사가 얼마나 많은 목사, 병자방문자나 병자위로자 그리고 다른 교회 직원을 고용했는가?

이 질문에 답하기 위해서는 동인도회사 세계에 교회 직원에 대한 필요성이 실제로 얼마나 컸는지를 아는 것이 유익할 것이다. 본국에서 국가 개혁교회는 약 1,500개의 목사 근무처를 가졌다. 공화국은 17세기 말 200만 명 정도의 주민이었고 이 중 약 반이 개혁교인이었다. 네덜란드 동인도 교회의 범위는 실제로 얼마나 컸을까?

동인도회사-직원의 임명과 구성은 당연히 동인도회사 산하 개혁교회의 지위에 큰 의미를 주었다. 동인도회사 직원 가운데 개혁파 교인은 소수집단을 형성하였다고 가정할 수 있다. 대부분의 유럽인 직원은 개혁교회가 알려지지 않은 지역과 나라 출신이었다. 많은 사람들이 루터교인이었지만 가톨릭교인도 적지 않았다. 그들은 모두 기독교인이었지만 신실한 교회출석자와 경건한 교인은 군인, 선원, 회사에 근무하는 청년 가운데 드물었다. 많은 이들이 여러 가지 이유로 동부로 떠났지만 덕 있는 자는 드물었다고 더 흐라프(Nicolaas de Graff)는 그의 『여행과 동인도 거울』(Reisen en Oost-Indise Spiegel, 1701)에 기록하였다.[10] 동부에서 그들의 일상생활은, 사무실, 창고, 요새, 회사의 선박에서 근무활동을 제외하면, 항구 도시와 생소한 비-기독교적 세계에서 일어났다. 술집은 그들의 매일의 목적지였다. 그들은 여자 노예 혹은 첩과 살았다. 단지 약간 큰 정착지들에서만 정규 교회 생활이 있었지만 거기에서도 자격을 갖춘

---

10 Marijke Barend-van Haeften, *Oost-Inndië gespiegeld, Nicolass de Graaff, een schrijvend chirurgijn in dienst van de VOC*(Zutphen 1992), 184.

직원에 의한 정기적 영적 돌봄은 없었다. 동인도회사-직원의 사망은 악명이 높았고 병자위로자, 교사, 목사는 모든 다른 동인도회사 직원과 똑같이 죽음에서 벗어날 수 없었다. 바따비아 당회가 고국에 보낸 서한에는 슬픈 구절이 있었다. '여기[동부]에서는 여러 명의 병자방문자가 사망했다.'[11]

종교는 17세기에 공적 이슈였다. 종교행사를 가급적이면 교회 당회와 협력하여 수행하는 것은 정부의 당연한 업무에 속했다. 그러나 개혁파 회중을 세우려면 장로 직분을 맡을 적합한 후보자가 최소한 몇 명은 있어야 했다. 그러한 직분을 감당할 사람이 없는 곳에서는 병자방문자, 교사 혹은 평교인이 설교를 읽고 기도를 인도하는 모임을 소집할 수 있었다. 사실 개혁교회는 모든 신자들에게 직분을 수행할 권한을 인정하였다. 좋은 가장으로서 동인도회사는 그러한 모임을 소집하였고, 공간과 시간, 설교집과 시편집을 제공했고, 직원이 그 모임에 참여하기를 기대했다. 회사 선박의 선상에서는 앞서 언급한 대로 이것이 의무였다.

이러한 모임은 대외적으로도 중요한 의미를 가졌다. 동인도회사는 자신의 기독교적 정체성을 수치로 생각하지 않았다. 동인도회사의 정착지와 지역에서 회사는 직원에게 법이 규정한대로 기독교적 행동, 특히 주일 예배, 기독교식 결혼과 기독교 노예에 대한 대우를 기대했다. 회사가 아시아 권력자들과 체결한 계약들은 회사 직원의 기독교 활동의 자유에 대한 다양한 규칙들을 포함하였고, 회사의 역할을 아시아 기독교인의 보호자로 규정하였다.[12]

---

11   Kerkenraad Batavia aan Heren XVII, 2 januari 1641, in Pieter van Dam, *Bescryvinge*, IV, 88.
12   비교. J.E. Heeres, *Corpsu diplomaticum Neerlandico-Indicum, Verzameling van politieke contracten en verdere verdragen door de Nederlanders in de Oosten gesloten* ('s-Gravenhage, 1905-1955, 6 delen).

그럼에도 이 정책과 조치가 당시 시대와 상황에서 분명한 한계를 가졌으며, 직원의 구원에 대한 열망도 적었음은 말할 것도 없다. 동인도회사는 사실 오랫동안 어디에서나 그런 규정을 정하거나 지키게 할 충분한 영향력을 가지지 못했다. 신앙의 활동이 허가되지 않았던 일본이 가장 좋은 예이지만 일본이 유일한 예는 아니다. 계속 생각되어야 할 것은 동인도회사는 자신이 영향력과 권위를 가졌던 곳에서도, 예를 들면 18세기 자바의 큰 부분에 대한 실질적 주권을 얻었을 때에도 단지 간접적으로만 영향을 미쳤다는 것이다. 형식적으로도 실질적으로도 이 회사는 자바에서 기독교를 직접 적극적으로 증진하는 일을 하지 않았다.

전술한 것은 다양한 그룹의 사람들이 동인도회사 산하 개혁교회의 범위에 속했다는 것을 말해준다. 더 분명하게 말하자면, 동인도 교회의 범위는 교인에만 한정된 것이 아니라 원칙적으로 모든 기독교인, 즉 기독교 전체를 포함했다. 그래서 우선 유럽 기독교 배경을 가진 모든 1-2만 명의 회사 직원, 그리고 그들의 가족, 부인이나 첩, 자녀, 하인과 노예인력을 포함했다. 물론 말루꾸 제도, 실론, 다른 곳에 살면서 기독교인이 된 거주자도 50만 명 이상이 있었다. 그들은 모두 개혁파 교리에 대한 교육을 받아야 했고 목회적 돌봄이 필요했다. 결국 동인도회사의 정착지와 지역에 거주하는 '이교도의 어둠 속에 있는' 주민들과 '모하멧의 이단에 빠진 다른 사람들은 개화되고 예수 그리스도에 대해 알게 되었다'.[13] 이제 동인도회사가 교회를 어떻게 돌보았는가에 대해 좀 더 알

---

13 Brief van Casparus Wiltens en Mathias Paludanus aan Heren XVII, Makian 29 juli 1612, in H.E. Niemeijer ed., *Bronnen betreffende de geschiedenis van de Protestantse Kerk in de Molukken in de zeventiende en achttiende eeuw* (개정 중).

아보자.

1688년 동인도회사의 동인도 직원의 전체 선원 명단에는 14,800명의 이름이 기록되어 있었다. 그들 가운데 108명은 '교회와 교회 관련 업무' 부서에 임명되었다. 구체적으로 말하면 목사 34명, 병자위로자 40명, 낭독자와 교사 23명 그리고 사찰 11명이었다.[14] 이러한 범주의 직원은 비율에서도 그 후 몇 년 동안 뚜렷하게 증가했다. 18세기 교회 업무에 종사한 평균 인원은 240명에 달했다.[15] 실제 인원은 315명과 120명 사이에 머물렀다. 이 숫자들은 교회와 동인도회사가 원하는 교회 직원의 수준을 보여 준다. 즉 전체 직원의 약 1.5퍼센트인 240명은 영적 돌봄을 위한 교회 직원이었다.[16] 그러나 동시에 이 숫자들은 교회 직원의 부족에 대해 불평이 계속 나온 이유를 설명해준다. 315명의 직원이 교회업무에 쉽게 배치될 수 있는 곳에 평균 240명의 직원이 있을 경우 인원 부족에 대해 가히 불평할 수 있다. 사실 최소 직원이 120명이 될 때도 자주 있지 않았을까? 덧붙여, 교회 직원의 수를 건강관리나 외과의술에 종사하는 직원의 수와 비교하는 것이 통찰력을 줄 수 있다. 거기에서도 매년 평균 거의 280명 내외로 커다란 등락폭이 있지만, 그들은 사실상 모두 유럽인이었다.[17]

1688년 108명의 교회 직원은 모두 유럽인이었다. 그러나 개혁교회는 많은 아시아인 교인을 가진 만큼, 많은 아시아인 교회 직원을 가졌다. 18세기에는

---

14 Gaastra, *Geschiedenis van de VOC*, 85, 92.

15 F. Lequin, *Het personeel van de VOC in Azië in de achttiende eeuw*(Leiden, 1982), 74; tabel 23-25; tabel 43.

16 Gaastra, *Geschiedenis*, 87쪽이 제시한 직원 범주 종교에 해당하는 직원 수(1700년 95명, 1753년 172명, 1780년 148명)는 그래서 평균이 아닌 무작위로 산정한 예들이다.

17 Lequin, *Het personeel van de VOC*, tabel A 20, A21.

교회 직원 가운데 아시아인만큼 많은 유럽인이 있었다.[18] 아시아인은 특히 (학교) 교사나 교리문답 교사에 많았다. 교회는 동인도회사 산하에 단지 15명의 아시아 출신 목사를 가졌다.[19]

1688년의 배정표에서 알 수 있듯이 '성직자'라는 직원 범주에는 매우 다양한 직무가 있었다. 특히 목사, 병자위로자와 교사의 직무에 주목해야 한다.

1647년 17인위원회에 의해 확정된 목사 근무처 수는 28 곳, 1661년 32 곳이었다. 1679년 그 수는 42 곳이고 1740년 44 곳이었다. 그 수는 결코 이보다 더 많은 적은 없었던 것 같다.[20] 시간이 지나면서 새로운 근무처가 생겨나고 다른 것들은 폐쇄되었다. 아래에서 1648년, 1679년, 1740년의 근무처의 상황을 보완하고 개정하여 제시한다.

근무처	1648	1679	1740	
암보이나	5	5	6	1(1775)
암본			4	
호니모아			1	
하루꾸			1	
반다	5	3(1668)	3	1(1737)
네이라			1	
론토이르			1	
뿔루 아이			1	
떠러나떼	3	4(1679)	3	1(1775)
마까사르		1(1656)	1	
바따비아	3	8(1669)	12	

---

18 Lequin, *Het personeel van de VOC*, 376쪽에는 원주민 교회 직원 수가 나와 있는데, 이는 분명히 불완전한 수치이며 평균 120~140명이 현실적인 수치라고 추정할 수 있다.

19 이 책 제4편 반 리뷔르흐(Fred A. Van Lieburg)의 연구를 보라.

20 Pieter van Dam, *Beschryvinge*, 60; A. Algra, *De kerke Christi te Batavia*(Franeker, 1946), 178; Koolen, *Bequaem middel*, 186; Robert Millar, *Voortplanting van den kristelijken godsdienst door de Hollanders*(Amsterdam, 1742), 871-878; 이 책 4편과 비교.

	네덜란드어 회중		5	5	
	포르투갈어 회중		2	4	
	말레이어 회중		1	2	
	온루스뜨			1	
말라까		2	2	1	
포모사		7	-(1665)	-	
코로만델		1	2	1	
	네가파트남		1	1	
	빨레아까테	1	1		
말라바				1	
	코친			1	
실론		2	13	12	
	콜롬보			5	
	갈리			3	
	자프나			3	
	네곰보			1	
희망봉			1(1665)	3(1688)	6(1790)
띠모르				1(1670-87)	1(1753-75)
서마랑					1(1775)
수라바야					1(1785)
총계		1648:28	1679:42	1740:44	(1795:42)

40명이 조금 넘는 목사(이런 숫자는 어디에서도 거의 도달하지 못했다)는 네덜란드 동인도의 기독교인과 회중 수에 비해 많지 않은 것 같다. 본국의 개혁교회도 회중의 규모와 목사 수 사이에 고정된 비율이 없었다. 그러나 그 비율은 다소 달랐다. 1730년경 바따비아에 약 10만 명의 기독교인에 12명의 목사가 배치되었고, 암스테르담에 약 20만 명의 주민(이들은 모두 개혁파 교인은 아니었다)에 29명 이상의 목사가 배치되었다. 실론의 20만 명의 기독교인에게 13명의 목사는 실론 기독교인이 넓은 지역에 흩어져 사는 것을 생각하면, 적은 것같이 보인다. 공화국과의 차이는 암보이나 시골의 교구와 목사의 수를 보면, 정말 분명해진다. 즉 1727년 5-6 개 섬에 흩어져 있는 원주민촌에 52개 회중과

35,000명의 기독교인에 대해 6개의 목사 근무처가 있었다.[21]

따라서 이러한 수치와 비율은 동인도회사 산하 교회에 대해 좋은 느낌을 주지 않는다. 그러나 이러한 상황의 개략적 진술과 본국과의 비교가 전적으로 공정한 것일까? 동인도 시온(동인도회사 관할 교회)에서 활동하는 목사는 정말 거의 없었다. 그러나 1740년경 네덜란드 동인도에 있는 240개 회중(기독교인 총수는 50만 명)을 위해 목사 44명 외에 35명의 네덜란드 병자방문자와 300명의 원주민 병자위로자/학교 교사가 활동하였다.[22] 여기에 더하여 얼마간의 사찰, 오르간 연주자와 전령이 있었다. 이 구성을 좀 더 자세히 살펴보면 도움이 될 것 같다.

목사 수가 적고 근무처가 분산된 데에는 적어도 두 가지 이유가 있었다. 첫째는 실제로 동부에 구조적인 목사 부족이었다. 목사 근무처가 28개든 48개든 근무처에 조차 충분한 후보자를 찾는 데 항상 성공하지 못했다.

콜롬보에서 교회 참석자

21   Millar, *Voortplanting*, 871.
22   Millar, *Voortplanting*, 882-883.

동인도 회중들을 위해 동인도회사는 650명의 목사를 채용했다. 동인도회사는 2세기 동안 매년 평균 3-4명의 목사를 파송했다. 그래도 계속 빈자리가 있었다. 이유는 모든 목사의 거의 반이 그들이 첫 (5년의) 계약 기간을 마치기도 전에 사망했기 때문이다.[23] 동인도회사는 또한 자신이 지불하는 높은 임금 때문에 대부분 더 많은 목사를 임명할 수 없었다. 당시 첫 임금은 예비목사는 월 90 플로린, 목사는 월 100 플로린이었다. 이 금액은 본국의 시골 목사 임금의 2배에 해당하였다. 공화국 역시 1650년까지 목사가 부족했고 이런 현상은 18세기에 다시 나타났다. 위험한 항해, 사망률이 높은 동부에서의 체류, 새로운 언어들과 문화들과 대치하는 등 업무가 많고 힘든데 무엇 때문에 동인도회사에 취직을 하는가?

동인도회사는 다양한 방법으로 더 많은 목사들을 끌어들이려고 했다. 첫째로 이 회사는 레이던 대학교에 설립된 (발라우스의 신학교로 더 잘 알려진) 동인도대학의 재정을 지불하였다. 후에는 정기적으로 미래 동인도 목사들에게 장학금을 주었다. 그리고 속히 아시아인들을 교육시키고자 하였다. 1621년 암스테르담 교회 당회 회의록은 다음과 같이 언급하였다. '동인도에 있는 교회들을 섬기는 제도를 만들고자, 동인도로부터 왕의 자녀 2명, 고관 자녀들 그리고 네덜란드 아버지와 암본 어머니 사이에 태어난 다섯째 자녀가 왔다.'[24] 그들은 아시아로부터 보내온 학생들 중 첫 번째도 아니고 마지막도 아니었지만, 의도한 목표는 거의 달성되지 못했다.[25] 17세기 말 실론에 몇 개의 신학교를 설립한

---

23 이 책 제4편을 보라.

24 L.H. van Eeghen, "Indische prinsen op een Hollandse school in 1621", *Amstelodamum* 39(1952), 413.

25 W. Ph. Coolhaas, "Indische prinsen op een Hollandse school in 1621", *Amstelodamum* 39(1952), 41-44.

정치위원장 반 드라컨스테인(Van Reede van Drakenstein)의 계획들이 자프나(1690-1723), 콜롬보(1696-1796)에서 더 많은 성공들을 거두었다. 토착 지도자들의 아들들과 다른 사람들이 통역자, 교리문답 교사 혹은 목사로 교육되었다 (후자는 약 20명으로 네덜란드에서 대학 교육을 마치기 위해 그 신학교에서 예비교육을 받았다). 바따비아에도 그런 신학교가 1745년부터 약 10년 동안 존재했다.

그래서 때때로 본국에서도 예비목사들, 즉 신학을 공부하고 목사 자격을 주는 교회 시험을 치르고 그래서 목회에 접근할 수 있는 사람들을 아시아로 보냈다. 그들이 아시아로 가는 이유는 여기서 더 연구될 필요는 없다. 아시아에서 그들은 자주 보조목사로, 특히 멀리 떨어진 곳에 배치되었는데, 그들에게는 설교 이외에 세례 거행과 결혼 승인이 맡겨졌다. 때때로 그들은 성공적인 수습기간을 거친 후에 완전한 권한을 가진 목사로 승진했다. 그들은 정기적으로 병자방문자로 보충되었는데, 병자방문자는 특별한 재능을 보였고, 어려운 시험을 치러야했기에 특히 학구적이었다. 그러나 이들은 목사 부족을 채울 수 없었다.

그런데 이 예비목사는 네덜란드 동인도에서 적은 수의 목사 근무처를 이해하는데 도움을 준다. 즉 목사 부족은 네덜란드 동인도에서 목사 근무처가 적은 유일한 이유도 아니고 아마 가장 중요한 이유도 아니다. 결정적인 것은 당시 개혁교회에서 목사의 역할, 당시 개혁교회의 직무 구조와 운영이었다. 목사의 참석은 세례와 성찬의 성례를 집행하는 데 필수적이었고 결혼식에는 매우 바람직했다. 그들은 말씀의 종이었고 설교는 그들(과 예비목사)에게만 허용되었다. 그러나 개혁파 예배는 교회 당회 회의와 같이, 목사 없이 가능했다. 병자방문자, 장로와 심지어 평신도도 성경의 일부, 목사의 설교 혹은 기도문을 읽고 그것으로 사람들을 가르치고 교화할 수 있었다. 또한 많은 목회적 업무는 본국의 더 큰 회중들에서는 병자방문자에 의해 수행되었다. 어느 곳에서나 교리문답 교육은 주로 정규 교육이나 특별 교리문답 교사에 의해 제공되었다. 따라서 실제로 완전한 권한을 가진 목사의 수는 제한적이었다.

동부의 교회는 직위 서열에서 하위의 교회 직원, 즉 예비목사와 특히 많은 병자방문자와 병자위로자를 광범위하게 활용했다. 동인도회사는 2세기 동안 언급한 하위 직원 2,000명을 고용했는데 이들은 목사의 수보다 3배 더 많았다. 병자위로자는 더 쌀 뿐 아니라 쉽게 구할 수도 있었다. 교회와 목회적 경력을 소명으로 느꼈던 많은 사람들은 개혁교회가 목사에게 내건 요구들, 특히 길고 비싼 학문적 교육의 요구를 충족시킬 수 없었다. 병자위로자에 대한 요구들은 훨씬 적었다. 후보자는 글을 읽을 수 있어야 했고, 성경과 개혁파 교리에 대해 얼마간의 지식을 가져야 했다. 원래는 교인이어야 했으나 아시아에서는 '아직 교인은 아니지만 건전하게 사는 자'면 충분했다.[26]

규정상 1625년부터 동인도회사의 각 선박에는 영적 관리자가 있어야 했다. 그 관리자는 주로 병자위로자였다. 그들에게는 많지 않은 양의 교화 서적, 기도와 설교의 모음집, 그리고 표준서류양식도 제공되었다. 이유는 병자위로자는 보통 죽어가는 선원들을 위한 이별 편지와 유언장을 작성하던 자였기 때문이다. 그러나 많은 동인도회사 정착지에서도 병자방문자는 영적 인도자였다. 목사가 활동하는 더 큰 정착지에서 그들은 보통 병원, 나병원, 구빈원 혹은 감화원 같은 기관에서 일상적인 목사/목회 보좌의 기능을 수행했다.[27]

---

26 Brief van de kerkenraad van Banda aan de classis Amsterdam, 20 augustus 1624(Niemeijer, *Bronnen*).
27 예를 들면 19세기 초 바따비아에는 수공업장, 병원과 감화원에서 활동하는 단지 3명의 네덜란드어 사용 병자방문자가 있었다. Millar, *Voortplanting*, 876.

많은 장소에서 학교 교사는 목사이기도 했다. 이는 당연한 것이었다. 본국에서도 그들은 교회에서 성경해설자와 찬양자였고 청년의 교리문답 교사였다. 말루꾸 제도와 실론과 다른 장소에 있는 원주민촌과 마을에서 그들은 교회 생활과 마을공동체 전체에서 정말 중심적 역할을 수행했다. 그들은 주로 목사관에서 체류하는 몇 년 동안 잘 훈련받은 타고난 아시아인이었다. 동인도회사로부터 급료를 받았고 3년 계약을 맺었다. 정부와 목사는 그들을 다른 사역지로 이동시킬 수 있었고 하위 교사에서 교사로 혹은 최고 교사로 승진시킬 수 있었다. 그들은 아이들에게 주기도문, 사도신경, (교리)요약, 하이델베르그 교리문답을 가르쳤다. 또 몇 개의 기도 낭송과 시편 찬양을 가르쳤다. 부모들에게는 기독교 신앙의 원리들을 가르쳤고, 주일에는 설교의 낭독, 주중에는 성경읽기와 기도로 예배를 인도하였다. 그들은 동인도회사의 규정과 교회의 규범에 따라 마을을 지켰다. 실론에서는 세금 징수인으로 토지의 시세를 정하기도 했다.

마지막으로 언급할 범주의 교회 실무자는 순회하는 교리문답 교사였다. 1706년 바따비아 개혁교회는 그들 중 34명 이상을 알고 있었다. 원주민 교리교사는 많은 교리문답 학습자들이 신앙을 고백하고 세례를 받을 수 있게 준비시켰다.[28] 다른 곳에서처럼 그들은 특별히 노예, 여성 노예와 첩을 가르치기 위해 가가호호를 순회하였다.

따라서 교회 직원 전체의 시스템이 있었다. 중앙에 목사가 있었다. 도르트 교회법에 따라 그들은 교회 당회와 함께 그들의 회중을 감독했다.[29] 사실 모든 지역 회중에 자체 교회 당회가 있지는 않았다. 회중들은 너무 작아서 충분

---

28 바따비아에도 집에서 유럽어를 배우려고 하는 '2명의 순회하는 교리문답 교사가 있었다'. Millar, *Voortplanting,* 876.

29 Dordtse Kerkeordening, art. XVI: P. Biesterveld en H.H. Kuiper ed., *Kerkelijke handboekje* (Kampen, 1905), 230.

한 임직원들을 세울 수 없었다. 교회 당회의 수는 점점 적어져 다양한 회중과 그들의 인도자들이 한 개의 중앙 교회 당회에 속했다. 예를 들면 실론에는 단지 3개의 교회 당회가 콜롬보, 자프나, 그리고 갈리에 있었다. 또한 암본, 떠러나떼, 그리고 반다의 교회 당회의 관할 아래 많은 지역 회중들이 속했다. 그래서 완전한 권한을 가진 목사는 자동적으로 지역 내에서 지도적 기능을 수행했다. 그들은 예배를 인도했고 모든 종류의 목사를 가르쳤다. 교회 당회원, 학교 교사, 그리고 교리문답 교사를 격려하고 교정했다. 어떤 학교 교사 혹은 교리문답 교사도 시험 없이 임명되지 않았고, 그들은 정기적으로 계속 보충 교육을 받았다. 예를 들면 매월 암본 학교 교사/목사는 교육을 위해 하루는 도시로 가야했다. 18세기 초 바따비아 목사는 이렇게 기록하였다. '이곳의 목사는 매일 여러 원주민 제자들에게 기독교의 기본을 가르치고, 그들을 시간 내에 교사로 만들어 여기 혹은 다른 장소에 배치하도록 하고 있다.'[30] 실론에서, 말루꾸 제도와 다른 곳에서 목사는 정기적으로 그들의 관할 구역, 보통 광범위한 지역에 있는 모든 교회를 방문했다. 방문 때마다 교회와 학교의 상황을 물어보고, 교회 참석자, 성찬 참가자, 학생의 수를 세고, 그들의 일거일동을 조사하고, 교육의 진행에 대해 물었다. 결혼을 승인하고, 설교하고, 세례와 성찬을 거행했다. 그들은 순종하지 않는 자들을 훈련했고, 필요하면 동인도회사의 세상적 권위의 도움으로 폐해를 교정했다. 이런 시스템의 도움을 받아 개혁교회는, 정말 상대적으로 적은 수의 높은 교육을 받은 유럽인 직원과 큰 수의 다른 더 낮은 교육을 받은 사람 - 그 중에는 많은 원주민이 있었는데 - 을 사용하여, 폭넓은 선교 활동을 시작했다. 이로 인해 복음 선포에 방해되는 두 가지 장애물(언

---

30 Millar, *Voortplanting*, 872.

어와 문화의 차이들) 또한 경감되었다.

그런데 본질적으로 동인도 교회는 그 모든 면에서 본국과 다르지 않았다. 차이점은 부분에 있었다. 본국에서도 정부와 교회는 공동으로 대중의 훈련과 기독교화를 위해 지속적 활동을 유지했다. 거기서도 정부가 교회 비용을 지불하고 교회 직원의 임명에 대해 정부의 승인을 구해야 했다. 그러나 동인도 교회의 경우 정부는 지역 정부였고, 목사를 임명하고 나머지 교회 직원을 모집하는데 일차적인 책임은 지역 교회 당회였다. 동부에서는 모든 목사, 병자방문자, 학교 교사와 교리문답 교사는 동인도회사의 직원이었고, 동인도의 최고 정부에 종속되었는데, 최고 정부는 그들의 급료를 지불했고 그들의 근무처를 배정할 수 있었다. 그들이 사역을 잘 하지 못했다면 동인도회사는 그들을 해고하거나 본국으로 돌려보낼 수 있었다.

전통적 교회역사학계는 동인도 교회가 동인도회사에 의해 지배되었다는 것을 증명하기 위해 바로 이 점을 지적하였다. 교회는 동인도회사에 완전히 종속되어 총독과 최고 정부 앞에 굽실거려야 했다. 목사는 교회 당회원의 절반과 마찬가지로, 동인도회사에서 근무하고 있었고, 각 교회 당회에는 당회원 중 한 회원이 장로직과 정치위원의 기능을 겸하였다. 그러므로 국가가 동부의 교회를 완전히 통제했다는 것은 날카로운 어조로 들린다.[31]

당시 발헤런 노회도, 1643년 바따비아 교회법이 도입된 이후, 동부의 교회가 바람직하지 않게 회사에 지나치게 의존하고 있다고 판단했다. (1618-19년의 도르트 교회법의 개요를 따른) 이 교회법은, 제일란트 개혁교인의 판단에

---

31 C.A.L. van Troostenburg de Bruyn, *De Hervormde kerk in Nederlandsch Oost-Indië onder de Oost-Indische Compagnie*(Arnhem,1884) hfk IV; L. Knappert, *Schets van eene geschiedenis onzer handelkerken*('s-Gravenhage, 1928); C.W.Th. van Boetzelaer, *De protetantsche kerk in Nederlandsch-Indië. Haar ontwikkeling van 1620-1939*('s-Gravenhage, 1947) hfk 3.

따르면, 동인도회사-정부가 목사의 임명과 배치, 교회 당회원의 선택, 동인도와 본국 교회 간 소통의 감독에 너무나 많은 영향을 주었다. 또 은연중에 교리의 유지, 교회 규율의 처리, 성례의 거행 같은 진짜 교회 관련 업무에도 영향을 주었다.[32]

제일란트 개혁교인의 반응은 동인도 (바따비아) 교회법의 본문뿐 아니라 역사에서도 촉발된 것으로 보인다. 처음 몇 년 동안 동부에서는 교회와 동인도회사가 서로의 역할과 한계를 정하느라 어느 정도 어려움을 겪었다. 동인도회사 고위 직원은 당시 네덜란드 동인도의 건설로 분주했고 당연히 그러한 맥락에서 교회를 시작했다. 결국 공통의 종교는 정부와 신민을 연결한다. 그래서 그들(동인도회사 고위 직원)은 교회 직원의 활동 분야를 지정하였다. 총독 쿤(Jan Pieterszoon Coen)은 교인이었고, 바따비아 회중의 설립을 강하게 지원했는데, 동부에서 교회법은 단지 재앙만을 초래할 뿐이라고 믿었다. 목사와 병자 방문자에 대한 지침은 충분했으며, 최고 정부만이 그들의 사역지를 배정할 수 있고, 필요하다면 재정을 통해서라도 그들을 교정할 수 있었다. 그는 당연히 교회 당회들로부터 협조를 기대했다.[33] 그의 후임자 브라우어르(Brouwer)는 각 교회 당회에 1-2명의 정치위원을 원했고 회의록의 열람을 요구했다. 암본의 지사는 그의 재임 시기에 교회 당회의 회의를 허용하거나 허용하지 않을 권한을 가졌다. 이 모든 것은 선한 의도로 시작되었지만 교회의 자유를 지나치게

---

32 1643년 바따비아 교회법에 대해서는 J.A. van der Chijs ed., *Nederlandsch Indisch Plakkaatboek*(Batavia, 1886) II, 31-57 혹은 Van Boetzelaer, *De Gereformeerde kerken in Oost-Indië*, 397-329; 1643년 바따비아 교회법은 1623년 교회법을 대신했다; 발헤런 노회의 반응: Pieter van Dam, Beschryvinge, 91-96; 비교 Van Boezelaer, *Protestantse kerk*, 29-49.

33 Brief van ds. Justus Heurnius aan A. Walaeus, Batavia 8 maart 1631(Niemeijer, *Bronnen*).

제한했다. 그래서 관련 교회 단체들이 본국에까지 항의했다.[34]

동부에서 교회 직원의 경력은 최종적으로 동인도회사에 의해 결정되었다.[35] 따라서 그들은 비공식적 압력에 취약했고, 개인적 관계가 소규모 식민지 공동체의 교회 분쟁과 검열 관행에 영향을 미칠 수 있었다. 그래서 역사에는 특히 인물들 간 충돌과 개인적 다툼으로 인해 발생한 갈등과 마찰이 많다.[36] 무엇보다도 동인도 교회는 본국 교회가 알고 있던 수단, 즉 노회 회의가 없었다. 노회 회의는 자신을 통제하고 내·외 갈등을 억제하는데 공헌할 수 있었다. 그러나 동인도 교회는 그러한 지역 이상의 상위 (치리)기관을 조직하도록 결코 허가되지 않았다. 또 본국에 있는 교회와의 접촉도 바따비아 교회 당회와 암스테르담과 미델뷔르흐에 있는 동인도 업무 대표들과의 통제된 서신교환으로 제한되어 있었다. 그러나 이런 제한들을 희망봉, 실론, 바따비아의 연합교회 모임을 허용했던 동인도회사만의 탓으로 돌릴 수는 없다.[37] 무엇보다도 해외 교회의 자치에 대해 아무것도 기대하지 않았던 노회는 암스테르담 노회였다.[38]

그래서 동인도회사 산하 교회는 자유롭지 못했지만 본국의 교회 역시 자유

---

34 Brief kerkenraad Ambon aan kerkenraad Batavia, Batavia 8 september 1628; brief Wessel Woutersz, Ambon 1 juni 1629; brief kerkenraad Ambon, 4 september 1630; brief ds. Justus Heurnius aan A. Walaeus), Batavia 8 mart 1631; resolutie kerkenraad Banda, 21 maart 1633(Niemeijer, *Bronnen*).

35 실제로는 교회 당회들이, 최고 정부의 찬성 아래, 정치위원을 매개로 하여, 목사와 병자방문자의 배치를 결정했다. 참고. Coolhaas, *Generale Missiven*, VIII 151-152.

36 Pieter van Dam, *Beschryvinge*, 27-54.

37 동인도회사 변호사 반 담(Pieter van Dam)은 동인도 교회가 본국에 있는 교회로부터 더 자립하기를 원했다. Pieter van Dam, *Beschryvinge*, 35; 희망봉 연합교회 모임에 대해서는 C. Speolstra, *Bouwstoffen voor de geschiedenis der Nederduitsch-Gereformerde Kerken in Zuid-Africa*(Amsterdam, 1906) I, 212.

38 신-네덜란드에 있는 교회들을 거부하는 암스테르담 노회의 입장에 대해서는 Eric Nooter, *Between Heaven and Earth: Church and Society in Pre-Revolutionary Flatbush, Long Island*(diss. VU, Amsterdam, 1994), 83-87.

롭지 못했다. 그러나 '동인도 교회의 완전한 종속'을[39] 말하는 것은 심한 과장이며 무엇보다 공적 교회의 위치에 대해 무지를 드러낸다.

사실 이 신정 정치적 구조는 18세기 중반 이후 점점 더 많은 비판을 받게 되었다. 다른 교파 교회에 대한 이해와 관용이 늘어났다. 루터파 교인은 자신들의 예배를 드려도 되었고(바따비아 1743년, 희망봉 1780년), 희망봉에서는 모라비아 선교사들이 환영을 받았다.[40] 특히 복음주의 진영은 정부의 역할을 비판했다. 동인도회사가 교회에 미온적이고 선교 사업에 대해 전적으로 미온적이라는 비판이었다. 특히 바따비아에서 더 멀리 떨어진 근무처들에서 목사의 부족은 최고 정부가 교회 직원의 배치 권한을 빼앗았기 때문이라는 비난을 받았다.[41] 그리고 전문이사들은 이슬람교도와 이교도를 개종시키는 일을 염두에 두고 있었다는 것을 그 어떤 것에서도 보여주지 않았다.[42]

그러나 실제로 교회와 동인도회사는 대개 하나가 되어 함께 일했다. 동부에서 기독교는 '정치적 권력에 대한 두려움과 교회의 보살핌을 통해서만 번성할 수 있다'고 알려져 있었다.[43] 본국에서처럼, 동부의 교회와 정부는 17세기 동안 공동으로 작성된 바따비아의 교회법(1643)과 암본의 교회 당회 규정(1673)에서 생활방식을 찾았다.[44] 어느 경우이건 1727년 이후 교회는, 최고 정부의 추

---

39 Van Boezelaer, *Protestantse kerk*, hfk. 3.

40 Max de Bruijn, 'The Lutheran congregation at Batavia, 1743-1800', *Documentatieblad voor de geschiedenis van de Nederlandse zending en overzeese kerken* 2 nr. 1(1995), 1-26.

41 Millar, *Voortplanting*, 877.

42 앞의 책.

43 Bericht over de kerk op Pulu Ai van ds. Michael Clarenbeeck, Banda-Neira, 8 April 1633(Niemeijer, *Bronnen*).

44 '암보이나의 교회법'(Kerken-Orde van Amboina)은 '암보이나 교회 당회의 회의 규정을 위한 법'(ordre tot reglement harer [kerkenraads] vergaderinge) 서문에 의하면, 1673년 4월 4일 암본의 정치회의의 결정으로 확정되었다(Niemeijer, *Bronnen*).

가 승인을 조건으로, 목사와 병자방문자의 근무처를 배정했는데, 최고 정부는 가끔 분열된 교회가 결정하지 못한 문제를 해결했다.[45] 동인도회사는 동인도 교회가 가져온 문제들에 대한 해결책도 지원했는데, 이 문제들은 본국에서는 알려지지 않았거나 심지어 거절된 것 들이었다. 예를 들면 이미 최초의 병자방문자는 동부에서 세례와 성찬을 거행했는데, 이들에게는 이것들을 거행할 권한이 없었다. 당시 동인도 교회에는 목사가 되고자 하는 수많은 병자위로자, 교사, 예비목사가 있었고, 비슷한 소망을 가진 다양한 자질을 가진 수많은 가톨릭 성직자들도 있었다. 이런 저런 문제들에서 동인도회사와 동인도 교회는 종종 본국의 교회 보다 새로운 규정과 관습에 대해 더 자유로웠다.

동인도 교회에 의하면, 이 교회는 '큰 바다 위에 있고, 다른 세계에서 모이는 것처럼, 멀리 떨어져 있는 회원[교인]들로 구성되어, 상황에 따라 총회의 모든 규정과 네덜란드 교회법을 정확히 따를 수 없다.' 결국 '여기 육지에서는, 노회와 총회를 소집할 기회가 없고, [그 때문에 동인도 교회는] 언급한 사역을 위해, 네덜란드에서 오는 형제들이 부족한 상황에서, 교리와 선한 삶을 추구하기 위해, 최고 정부의 승인을 받아 예비목사와 목사를 고용할 권한과 권한을 가지고 있다'는 것이 분명하다.[46] 본국의 반대에도 불구하고 그들은 그 입장을 여전히 고수했다. 그래서 예를 들면 1689년 병자방문자 겸 예비목사인 호덴페일(N. Hodenpijl)은 먼저 특별 교회 당회 회의에서 심사를 받은 후, 최고 정부의 승인을 받아 목사로 임명되었는데, 특별 교회 당회 회의에는 최고 정부의 회원 2명(최고 관리와 서기관)과 법무 위원 2명이 배석하였다.[47] 그 심사는 그 권한을

---

45 Coolhaas, *Generale Missiven*, VIII 152(1727); VII, 692(1724).

46 Kerkenraad Ambon aan kerkenraad Batavia, Ambon 19 september 1672(Niemeijer, *Bronnen*).

47 J. Mooij red., *Bouwstoffen voor de geschiedenis der Protestantsche kerk in Nederlandsch-Indië*(Weltvreden 1930) III, 773-779. 호덴페일은 계속해서 떠러나떼에서 목사가 되었다.

노회 회의에게만 부여하는 도르트 교회법과 상충되었다.

아마 동인도 교회의 고집을 보여주는 가장 유명하고 중요한 예들은 비-기독교인 부모의 자녀들의 세례를 둘러싼 관행들과 성례분리였다. 처음부터 세례는 이교도 어머니의 자녀들(유럽인 남자들에 의해 사생아로 태어난)과 기독교 가정에 입양된 (노예) 자녀들에게 베풀어졌다. 비-기독교인 부모로부터 기독교 교육을 받도록 허락받은 자녀들에게조차 세례가 베풀어졌다.[48] 그러나 그것은 원래 가능했던가? 개혁교회는 본국에서도 관대하게 세례를 베풀었는데, 사생아로 태어난 자녀들을 포함한 모든 자녀들이 세례를 받았다 - 그러나 그들은 항상 기독교인의 자녀들이었다. 도르트 총회는 이 규칙을 승인했지만 다수의 투표로 두 이교도 부모를 가진 자녀들에게는 세례를 거절했다. 그들은 먼저 기독교 교육을 받아야했다. 이 마지막 결정은 '큰 어려움 없이 .... 여기에서 받아들여질 수 없다'라고 1625년 반다 교회 당회는 간결하게 답변했다. 반다 당회는 조금 나이가 많은 아이들에 대해서는 도르트를 따르기를 원했지만, 마태복음 19장 14절 '어린아이들을 용납하고 내게 오는 것을 금하지 말라'는 말씀을 전거로 '회중의 회원(교인) 중 세례를 받고자하거나 주인들로부터 자유가 주어지고 이들을 자신의 자녀들로 양육할거라고 서약한 그런 어린 아이들에게 세례를 줄 것'을 주지시켰다.[49] 기독교 양육을 서약한 선한 증인들이 있을 경우 그런 이교도 자녀들의 세례에 반대할 수 없다고 바따비아 디륵스(Dirckx) 목사는 썼다. '이유는 우리는 은혜와 축복의 문이 구약시대 보다 지금 더 활짝 열려 있다는 것을 알아야하기 때문이다. 그때는 단지 유대인들에게만 열려있

---

48 Resolutie van de kerkenraad van de Banda-Neira betreffende de doop van schoolkinderen op Plau Ai, 6 september 1623(Niemeijer, *Bronnen*).

49 Brief kerkenraad Banda aan kerkenraad van Batavia, Banda-Neira 12 mei 1625(Niemeijer, *Bronnen*).

었는데 지금은 모든 종족, 언어, 민족에 열려있기 때문이다.'[50]

	Op Retour-Schepen. Per	Op Fluyten en Jagten Maand.
1 Capitein ter Zee	f. 70 tot 80	f. 60 tot 66
1 Onder Koopman	40	
1 Assistent	48	f. 24
1 Capitein Lieutenant	32	
1 Lieutenant	20	
1 Sous-Lieutenant	f. 12	
1 Cadet		
1 Predikant die in een actuele bedieninge is geweest	f. 100	
Die van Proponent tot Predikant eerst is gevordert	f. 90	
1 Sieken-trooster: op Schepen daar een Predikant op gaat, word de Sieken-trooster geëxcuseert, en mogen buiten des geen Sieken-troosters worden gestelt als op Schepen van 150 koppen en daar boven.	f. 24	
1 Hoog-Bootsman	22	
1 Hoog-Bootsmans Maat	17	
1 Schieman	20	
1 Schiemans Maat	17	
1 Bottelier	20	
1 Botteliers-Maat	14	
1 Constapel	22	
3 Constapels Maats	14	
Op Schepen van 140 voeten en daar boven 3 Maats, op die van 130 voeten 2 Maats, op kleinder Schepen 1 Maat.		
1 Kok	20	
1 Koks Maat	17	
4 Quartiermeesters	17	
Op de Retour-Schepen, en op kleinder Schepen 2 à 3.		
1 Opper-Seylmaker uitterlyk	24	
1 Onder-Seylmaker na bequaamheid	14	
1 Opper-Chirurgyn na bequaamheid	36 tot 50	
1 Onder-Chirurgyn op groote Schepen van 120 voeten en daar boven, en dat gedurende den Oorlog	22	
Op Schepen beneden de 140 voeten tot 130 voeten		
1 Opper-Chirurgyn		
1 Onder-Chirurgyn		
1 Derde tot	14	
Beneden de 120 tot 100 voeten.		
1 Opper Chirurgyn		
1 Tweede		
2 Opper-Kuyper	16	
Onder-Kuyper na bequaamheid Op groote Schepen van 140 voeten en daar boven 2, en op kleinder 1.		
1 Provoost	12	
1 Scheeps-Corporaal	14	
1 Trompetter	14	
2 Opper-Timmerman uitterlyk	44 tot 48	
Onder-Timmerluiden na bequaamheid Op groote Schepen van 140 voeten en voort zo veel na bequaamheid te bekomen zullen wezen, op kleinder Schepen 2 à 2 na gelegentheid		

동인도회사 직원 월 급료, 1692

'네덜란드 교회의 모든 반대에도 불구하고 기독교인이 아닌 부모의 자녀들'
의 세례는 동부에서 널리 시행되는 관행이었다. 이런 아이들 중 많은 이들이
실제로 공증인이 작성한 계약으로 입양되었고, 이것은 교회와 정부에 의해 인

---

50 Brief ds. Anthony Dirckx aan de kerkenraad van Banda, Batavia 12 October 1623(Niemeijer, *Bronnen*).

정된 제도였다.[51]

동부에 있는 교회는 많은 아이들뿐 아니라 많은 성인 (유라시아인과) 아시아인, 자유인과 자유가 없는 자에게도 세례를 주었다. 회중에 가입하는데 요건들이 정해져 있었다. 개혁교인은 가톨릭교인이 '큰 기대 가운데 가까이 불만족하게 서있는 이교도에게 세례를 주었고, 파래박, 물뿌리개 혹은 붓으로, 조잡한 것을 붓고 뿌렸다'고 조롱했다.[52] '예수회는 교인에게 세례를 주고, 사전에 어떤 가르침도 없이 수세자를 베드로(Pedro), 요안(Joan), 프란치스코(Francisco), 도밍고(Domingos) 등으로 부르는 것 외에는 다른 것을 하지 않았다'.[53] 때문에 개혁교회는 아이와 성인을 위한 전체 교육 시스템을 갖추었다. 그들은 세례후보자에게 전체 성경 또는 삼위일체에 대해 알기를 요구했던 것은 아니다. 신앙은 신앙지식보다 더 중요했다. 바따비아에서 10주간 과정은 주기도문, 신앙의 12조항, 십계명 그리고 14개 교리문답 문제들을 암기하는데 충분했다.[54]

그러나 그런 교인에게 무엇을 기대할 수 있었는가? 교리와 행동에 흠 없는 기독교인 생활? 염두에 두어야 할 것은 그들은 '무지하고 약한 기독교인'이라는 사실이다. '단계적으로 영입의 성례에서부터 양육이 될 때까지 훈련하고 그리고 동시에 약한 야만인들을 더 많이 만나는 것이 더 낫지 않았을까?[55] 이에 대한 답은 성례분리에서 찾아졌다. 즉 신앙고백으로 성인 세례를 받은 자는 자

51 Breder G.J. Schutte, 'De Gereformeerde kerk onder de Verenigde Oost-Indische Compagnie', in dezelfde, *Het Calvinistisch Nederland. Mythe en werkelijkheid*(Hilversum, 2000), 63-67.

52 G. Baudartius, *Memoryen*(1624). H.E. Niemeijer, *Calvinisme en koloniale stadscultuur. Batavia 1619-1725*(Amsterdam, 1996), 91쪽에 인용.

53 Brief ds. Casparus Wiltens aan de classis Amsterdam, Ambon 31 mei 1615(Niemeijer, *Bronnen*).

54 Niemeijer, *Batavia*, 171-200.

55 Brief kerkenraad van Ambon aan de classis Amsterdam, 20 september 1670(Niemeijer, *Bronnen*).

동적으로 성찬식에 참여하지 않고 시험기간을 거친 후 참여하였다.[56] 그래서 그런 수세자는 기독교인이었다. 그들은 기독교 결혼을 하고, 자녀들로 세례를 받게 하고, 동인도회사와 그들 법의 보호를 받을 권리가 있었다. 그것은 사회적으로 아주 중요하고 당사자와 동인도회사 모두가 추구했던 것이고, 그 후 신앙의 성장은 교회의 정회원으로 이어질 수 있었다. 성례분리는 그래서 본국의 '준교인'과 비교할 수 있는 그룹의 사람들을 만들어냈다. 이들은 세례를 받은 기독교인이나 아직 완전한 권리를 가진 정회원이 되지 못한 교회 참석자였다.

그러나 신학적으로 교회적으로 이 성례분리는 물론 기형적 산물이었다. 결국 성인 세례는 공개적인 신앙고백을 바탕으로 이루어지며, 이 두 가지를 합치면 사실상 교회 공동체에 입교와 성찬식 참여를 포함한 정회원 자격이 주어지기 때문이다. 성찬식에 참여할 가치가 없는 자에게는 세례도 베풀어져서는 안 된다. 그래서 성례분리는 본질적으로 하나여야 할 일들을 분리한 것이다. 여기에 대해 여러 가지 신학적 질문들이 나왔고, 본국에서는 다양한 교회 모임들이 그것(성례분리)을 거절했다. 1648년이 되어서야 바따비아 교회 당회는 그 거절 압력에 굴복하였다. 시험기간이 교리문답 교육의 강화와 함께 세례 전 시간에 배치되었다. 그러나 네덜란드 동인도에 있는 모든 회중에게 성례분리의 종결은 장구한 시간을 필요로 했다.

성례분리는 분명히 수요를 충족시켰다. 성례분리는 교회에게 성찬식 참여의 엄한 규범을 유지하고, 동시에 사람들을 세례를 통해 교회에 그리고 후속 교육과 신앙성장에 묶어두는 기회를 주었다. 그것은 무엇보다도 세례를 받은 자는 기독교인이고 교회와 동인도회사의 권위 아래 있다는 것을 분명히 해주었다.

---

56 성례분리에 대해서는 I.H. Enklaar, *De scheiding der sacramenten op het zendingsveld*(Amsterdam 1947); Niemeijer, Batavia, 171-178; Schutte, 'De Gereformeerde kerk', 61-63.

어떻든 성인 세례를 통해 교회 회원 수는 1648년 이후에도 계속 늘어났다.

제4편 동인도 교회의 직원 (정량적 접근)

프렛 A. 반 리뷔르흐(Fred A. Van Lieburg)

서론

지난 몇 십년간 이루어진 사회-역사적 연구 덕분에 동인도회사 직원의 규모와 구성에 대한 좋은 지식을 얻었다. 1602년에서 1795년까지의 시기에 동인도회사의 선박을 타고 (네덜란드) 공화국에서 동부로 떠난 사람들의 숫자는 어림잡아 백만 명에 달하며, 그 중에 약 절반은 아시아의 항구에서 다시 본국으로 돌아왔다.[1] 이 방대한 인력 중에는 '교회 사역', '성직자', '교회와 학교', 즉 목회와 (종교) 교육을 위한 모든 기능을 일컫는 '종교' 부문도 포함되어 있었다. 총 선원명부에 근거한 일부 기록에 따르면, 아시아에 있는 총 직원 대비이 부문의 비율은 1700년 18,117명 중 95명, 1753년 24,879명 중 172명, 1780년 18,452명 중 148명이었다. 그런데 언급된 수치는 교회 업무를 맡은 아시아인 직원과 선상 직원을 제외한 것으로, 실제로 '영적' 직원 수는 더 많았다.[2]

---

1   J.R. Bruijn, 'De personeelsbehoefte van de VOC en aan boord, bezien in Aziatisch en Nederlands perspectief', *Bijdragen en mededelingen tot de geschiedenis der Nederalnden*(1976), 218-249.

2   F.S. Gaastra, 'De VOC in Azië 1680-1795', In *Algemene Geschiedenis der Nederlanden*, deel 9(Haarlm 1980), 427-464; 443쪽에 나오는 표.

비율로만 보면 동인도회사 직원 중 종교적 요소는 적은 비중을 차지했다. 18세기 선원명부에 대한 통계연구를 한 역사가 르퀸(Frank Lequin)은 종교 직원을 전체 인력의 평균 1.29%로 계산했다. 그는 남아프리카 희망봉 식민지뿐 아니라 아시아에 있는 육지 직원을 언급하고 있었으며 해상 직원을 제외했다.[3] '교회와 학교' 부서의 노동력에 관해서 르퀸은 그들 가운데 비교적 많은 원주민 직원이 있었다는 흥미로운 점을 지적했다. 18세기에 평균적으로 원주민 73명에 대해 유럽인 198명이 있었다. 그러나 때때로 전체 동인도회사 정착지에서 원주민 직원 그룹은 유럽인 직원 수 보다 더 많았다.[4] 그래서 무역 회사의 영적 직원을 작지만 좋다고 말할 수 있었다. 이 원주민 직원 그룹은 그들의 종교적 그리고 문화적 의미뿐 아니라 원주민이 '식민화 과정'에 관여한 정도를 고려할 때 중요했다.

그러나 이런 직원 부서는 정확히 무엇으로 구성되어 있을까? 해상 직원에 관해서는 일반적으로 다음과 같이 알려졌다. 즉 동인도회사는 선상에서 영적 돌봄을 제공하기 위해 선박에 목사와 병자위로자를 배치했다. 육지 직원은 더 다양했는데 이유는 이 안에는 동인도회사 직원의 목회뿐 아니라 원주민의 목회 사역 그리고 양 그룹의 청년 교육도 계산되어야 했기 때문이다. 아시아와 남아프리카의 영토와 교회 존재의 절정기와 관계가 있는 (이미 간략히 언급한) 1753년의 총 선원명부에 대한 추가 명세서에 가장 잘 설명되어 있듯이, 여기에 다양한 기능이 관련되어 있었다. 지리적 분포를 배제하면 직원명단에서

---

3 F. Lequin, *Het personeel van de Verenigde Oost-Indische Compagnie in Azië in de acttiende eeuw, meer in het bijzonder in de vestiging Bengalen*(Leiden, 1982), tabel blz. 419.

4 Lequin, *Het personeel*, 73-75; tabellen in bijlage 4, 374-377, 그곳에 연간 숫자들과 5년과 10년 평균치들.

'종교' 부문은 다음과 같이 세분화 된다.[5]

[표1] 동인도회사 교회 관련 직원, 1753.

직종	유럽인	원주민	총계
목사-교장(신학교)	1	-	1
목사	37	-	37
교감(신학교)	1	-	1
중고등학교 교사(고전어)	1	-	1
예비목사	4	-	4
병자방문자	67	-	67
낭독자	17	1	18
학교 교사	19	58	77
사찰	19	-	19
오르간 반주자	6	-	6
교리 교사	-	82	82
총계	172	141	313

이 글에서 나는 동인도회사의 교회 직원, 다르게 말하면 동인도 교회의 직원을 자세히 연구할 것이다. 내가 이론적으로 실제적으로 근거할 자료에 대해 몇 가지를 언급한 후에 가장 잘 문서화된 그룹인 목사 그룹에 주목할 것이다. 이

---

5 1753년 연결된 2개의 선원명부에 나오는 숫자를 합산했다. Nationaal Archief, archief VOC, inv.nrs. 11639, 11640. 한 명부(1753년 6월 말)는 선원명부 뒷면 '축약'에 총 7,214명을 언급하는데, 그 중 7,074명은 유럽인이고 140명은 원주민 동인도회사 직원. 유럽인 그룹 중 81명은 '성직자', 즉 신학교 목사교장 1명, 목사 17명, 신학교 교감 1명, 병자방문자 42명, 중ㆍ고등학교 고전어 교사 1명, 낭독자 2명, 학교 교사 9명, (교회) 사찰 8명. 원주민 그룹 중 '영적 그룹'은 79명의 교리 교사로 구성되어 있다. 다른 명부(1753년 6월 말 남아있는)도 마찬가지로 '축약'에 총 14,611명을 언급하는데, 그 중 13,027명은 유럽인이고 1,584명은 원주민 동인도회사 직원. 유럽인 그룹 중 91명은 '교회와 학교' 직원, 즉 목사 20명, 예비목사 4명. 병자방문자 25명, 낭독자 15명, 학교 교사 10명, 상급 사찰 3명, 하급 사찰 8명, 오르간 반주자 6명. 원주민 그룹 중 62명은 학교 교사 58명, 교리 교사 3명 그리고 포르투갈인 낭독자 1명.

그룹은 어떻든 조사한 해인 1753년 전체의 12%를 대표하였고(313명 가운데 38명, 아마 르퀸이 언급한 평균보다 훨씬 많음!), 교회 생활에서 성직자의 중요성은 분명하다. 안타깝게도 다른 직책들은 사실상 무시되어야 하며 대부분 연구되지 않은 분야로, 아시아에서 이루어진 교육에 관한 문헌만 일부 존재할 뿐이다.[6] '교회 직원'의 인종적 배경에 대해서 위의 표에서는 아시아인 직원이 특히 학교 교사와 교리 교사에서 발견되었다. 나는 (이 연구를) 목사에게만 한정해서, 아시아인이 목사와 예비목사 가운데 있었다고 보여도, 르퀸이 지적한 원주민 사역자의 높은 비율에 대해서는 자세히 다루지 않을 것이다.

자료와 자료 목록

동인도 교회의 직원 수는 동인도회사 자체의 아카이브(기록문서)에 있는 자료에 근거하여 재구성되어야 하는 것이 이상적일 것이다. 총 선원명부는 이미 논의되었지만 실제로 보존되어 있는 것은 18세기뿐이다. 무엇보다도 그 명부는 매우 다루기 힘들었는데, 이유는 목사들과 관련 실무자들이 한 곳에 언급되지 않고, 아시아에 있는 정착지 마다 별도로 언급되었기 때문이다. 공화국에 있는 개별 동인도회사 상사들과 아시아에 있는 많은 무역거점들의 문서 연구 역시 힘이 들고 시간이 많이 걸린다. 더 접근하기 쉬운 것은, 바따비아에 있는 최고 정부의 결정과 같은 아시아에 있는 동인도회사의 인쇄물이다.[7] 그러나

---

6 J. van Goor, *Jan Komepnie as schoolmaster. Dutch education in Ceylon 169-1795*(Groningen, 1974); G. M. J. M. Koolen, *Een seer bequaem middel. Onderwijs en kerk onder de zeventiende-eeuwse VOC*(Kampen, 1993).

7 국립 기록보관소에 있는 네덜란드 동인도회사 아카이브의 목록과 그 안에 있는 자료 간행물과 다른 문헌에 대한 자세한 참조를 보라.

다행히 적어도 '영적 부분'의 상당 부분을, 동인도회사가 함께 일한 국가 교회인 '저지독일' 개혁교회[네덜란드 개혁교회]의 아카이브를 통해, 조사할 수 있는 또 다른 방법이 있다.

동인도로 보내졌던 목사와 병자위로자는 먼저 교회 심사를 받아야 했던 것을 보면, 교회 기관의 문서들은 많은 정보를 제공한다. 교회 기관은 특히 동인도회사 상사들이 있던 도시들, 즉 암스테르담, 호른, 엥크하위전, 로테르담, 델프트와 미델뷔르흐에 있는 교회 당회들과 노회들, 그로부터 형성된 특별 위원회들이다. 북-홀란트와 남-홀란트의 총회 문서들 - 제일란트 총회는 1638년 이후부터 더 이상 열리지 않았다 - 에서 많은 자료, 특히 바따비아와 콜롬보에 있는 교회 당회들과의 서신과 그 안에 포함된 연례보고서들이 발견될 수 있다.[8] 그밖에 아시아 자체에도 풍부한 교회 아카이브 자료가 남아있다. 지금까지는 단지 바따비아 교회 당회 아카이브만 어느 정도 인쇄 형태로 개방되었다. 그러나 멀지않은 장래에 말루꾸 제도의 교회들에 대한 중요한 자료의 간행을 기대해 볼 수 있다.[9]

언급한 자료와 일부 더 오래된 인쇄물에 근거하여 19세기 중반 이후 동인도 목사들의 다양한 목록과 전기적 참고서가 출판되었다. 바따비아의 목사요 1852-1857년 네덜란드 동인도에 있는 기독교회와 학교에 대한 총 감독을 맡은 뷔딩(Steven Adriaan Buddingh, 1811-1869)은 이 일을 담당했다. 결과적으로 그는 1615년부터 오래된 동인도회사 지역에 있는 각 회중의 간단한 목사명

---

8 국립 기록보관소에 있는 네덜란드 개혁교회의 '구 총회 아카이브'의 목록 외에 다음 논문의 개요를 보라. J.G.J. van Booma, 'Bronnen voor de geschiedschrijving van Indonesië in de archieven van de Nederlandse Hervormde Kerk', *Gens nostra* 18(1873), 362-365; 29(1974), 23-24.

9 J. Mooij, *Bouwstoffen voor de geschiedenis der protestansche kerken in Nederlandsch-Indië,* 3 delen(Batavia, 1927-1931).

단들이 담긴 소책자를 발간했는데, 이 책자에는 동인도 제도에 있는 목사들의 교회 순방여행이 포함되었다.[10] 그동안 네덜란드에서는 동양학자로 외국 종교에 큰 관심을 키웠던 루터파 교수 밀리에스(Henricus Christiaan Milliës, 1810-1868)가 동인도 교회의 사료를 편찬하고 있었다. 그는 자세한 목사명단들을 포함하여 많은 자료를 모았지만 그의 작업을 단행본으로 완성할 수 없었다. 그러나 그의 메모들은 그의 부인에 의해 바로 아래에서 언급할 동인도 교회의 역사학자가 사용하도록 하였다.[11]

반 트로스텐뷔르흐 더 브라윈(Casper Adam Laurens van Troostenburg de Bruin, 1829-1903)은 1857년부터 1882년 까지 다양한 동인도 회중에서 일했다. 거기에서 그는 여러 가지 교회사적 자료를 모았다. 그는 이미 네덜란드에서의 휴가 기간인 1874년 목사들의 인명록 초안을 발간했다.[12] 1878년 이 초안을 바따비아학술과학협회의 기념판으로 제공했지만 이 협회는 이를 거절했다. 그는 1884년 영구적으로 본국에 돌아온 후, 평온한 마을 목사관에서 네덜란드 동인도의 개신교회사에 대한 개요를 완성했다.[13] 약 900명의 목사 이름을 포함한 그의 인명사전은 결국 1893년에 나타났다.[14] 비극적 특이점은 저자가 그동안 눈이 멀었던 것으로 보아, 인쇄초본을 귀동냥으로 교정했다는 것이다. 이것이

---

10 S.A. Buddingh, *Naamlijst der predikanten in Nederlands Oost-Indië van 1615 tot 1857(...)* (Arnhem, 1857); 동 저자의 *Proeve eener chronologisch historische schets van de lotgevallen der protestantische kerk in Nederlands Oost-Indië*(Arnhem, 1857)과 비교.

11 H.C. Milliës의 메모 컬렉션은 현재 위트레흐트 내학교 도시관에 있다.

12 C.A.L. van Troostenburg de Bruyn, *Proeve van eem biographisch woordenboek van Oost-Indische predikanten*(Utrecht, 1874년 'de Industrie' 출판사에서 출판되었다), 16쪽, 비매품. 한권도 발견되지 않음.

13 C.A.L. van Troostenburg de Bruyn, *De Hervormde kerk in Nederlandsch Oost-indië 1602-1795*(Arnhem, 1884).

14 C.A.L. van Troostenburg de Bruyn, *Biographisch Woordenboek van Oost-Indische predikanten*(Nijmegen, 1893).

이 참고서가 여러 가지.면에서 결함이 있는 이유 중 하나이다. 다른 이유는 거의 전문성이 없는 접근인데, 이 접근은 오늘 날 관점에서 보면 경미한 것으로 판단되어야 한다. 섬이나 지역의 개별 회중을 위한 개정판이나 이 사전을 대체할 연구는 어떻든 동인도회사 시기에는 결코 나타나지 않았다.[15] 단지 1800년 전 희망봉에서 일했던 45명의 목사에 대한 현대 참고서가 이용 가능하다.[16]

나 역시, 15년 전 역사 연구를 위한 축복과 판단을 수반하는 컴퓨터 시대가 열리면서, 1816년까지 모든 네덜란드 개혁파 목사의 데이터베이스를 구축하기 시작했다. 이 중 1996년 임시 '출력본'이 나왔으나, 이 출력본에는 군대, 선단, 대사관 혹은 외국 주둔지에서 섬겼던 목사, 무엇보다도 동인도회사와 서인도회사에서 근무했던 목사 같은 소수의 특별한 그룹들이 빠져있었다.[17] 그러나 나는, 언젠가 완전한 목사파일을 개정출판하고 분석하려는 의도로, 이 소수 그룹들에 대해 필요한 정보를 체계적으로 수집하였다. '동인도 목사'를 이 전체 모집단에 통합하므로써, 하위 그룹들의 인명록에서는 쉽게 관심을 끌지 못했던 많은 데이터를 사용할 수 있게 된다. 즉 어떤 목사들은 네덜란드 정착지들이 있는 세계의 여러 지역에서 교회 관련 업무를 수행한 진정한 세계 여행자였다.

---

15 *De Indische Navorscher*(1934-1938)의 첫 4년 동안 P. C. Bolys van Treslong Prins는 C.A.L. van Troostenburg de Bruyn의 *Biographisch Woordenboek van Oost-Indische predikanten*에 '추가' 칼럼을 다수 게재했다. 인명사전의 Treslong 판은 헤이그의 중앙계보국의 도서관에 있음. 마찬가지로 손 글씨가 추가되어 있는 W. M. C. Regt의 판도 1938년 그의 사망까지 보전됨. 나아가 등사판이 나왔다: M.H. Dirkzwager, *Predikanten en hulppredikers van de Indische kerk in funktie tussen 1795 en 1952*(Oegstgeest, 1993).

16 S.P. Engelbrecht, *Die Kaapse predikante van die sewentiende en agtiende eeu*(Kaapstad/Pretoria, 1952). 전에 출판된 것은 H.D. van Broekhuizen, *Die wordingsgeschiedenis van die Hollandse kerke in Suis-Afrika 1652-1804*(Pretoria, 1922); 이 안(181-200쪽)에 남아프리카 목사들의 전기목록(1652-1804)이 들어 있다.

17 F.A. van Lieburg, *Repertorium van Nederlandse hervormde predikanten tot 1816*, 2 delen(Dordrecht, 1996).

병자위로자에 대해서 언급한 것과 같은 이야기를 할 수 있다. 1902년 반 트로스텐뷔르흐 더 브라윈은 흩어져있는 자료들, 특히 암스테르담 노회의 아카이브로부터 수집한 약 800명의 병자위로자의 전기 목록을 발간했다.[18] 목사 명부와 마찬가지로, 이 목록은 18세기 전반 로테르담 동인도 항해선박에 탑승한 병자위로자에 대한 자세한 연구에서도 드러났듯이, 어수선하고 약술한 저작물이다.[19] 계보학자 릿세마(P. J. Ritsema)는 1971-1974년에, 1644년부터 1795년까지 파송된 총 1,770명의 그러한 병자위로자의 등사된 명부 몇 개를 발간했다.[20] 희망봉 식민지에 대해서는 거기에서 활동하는 병자위로자에 대한 별도의 연구가 나타났다.[21] 서인도회사 관할 지역에 대해서는 다양한 별도의 명부들이 이용 가능하지만, 그것은 이 지역 목사들과 똑 같이 별도로 다루어야할 이야기이다.[22] 목회적 직업에 대한 자유대학-프로젝트의 일환으로 나는 그동안 공화국 시대 선박들, 식민지로 가는 선박들뿐 아니라 전함들에 탑승한 병자위로자에 대한 데이터베이스를 제작했다. 여기에 기초하여 아래에서, 특히 이 병자위로자에 대한 향후 연구들을 기대하며, 동인도 데이터에 관한 첫 정량적 조사를

---

18 C.A.L. van Troostenburg de Bruyn, *Krankenbezoekers in Nederlandsch Oost-Indië*(Amsterdam, 1920).

19 P.J. Moree, 'Gods Woord aan boord. Predikanten en ziekentroosters aan boord van Rotterdamse **Oostindiëvaarders** in de eerste helft van de achttiende eeuw', *Rotterdams Jaarboekje* 10e reeks, (1993), 228-262.

20 P.J. Ritsema, *Krankenbezoekers ofwel ziekentroosters*(개인 등사본, 1971) 남-홀란트 총회 법(1723-1795)에 있는 병자위로자에 관한 것이다; 동일한 책 2부(1974)는 북-홀란트 총회 법(1644-1795)에 있는 병자위로자에 관한 것이다; 몇 부가 여러 공문서관뿐 아니라 헤이그의 중앙계보국에 있다.

21 J.P. Claasen, *Die sieketroosters in Suid-Afrika, 1652-1866*(Pretoria, 1977).

22 L.P. 'De Westindische vaart en de kerk in West-Afrika en de Caraibien(1594-1674): de positie van predikanten overzee en hun werk', *Documentatieblad Werkgroep Overzeese Kerken* 3(1996), 2-37(서인도의 병자위로자와 목사의 부록을 포함하고 있다).

시작할 것이다.[23]

선상에서의 영적 관리[24]

1595-1597년 더 하우트만(Cornelis de Houtman)의 지휘와 (동인도회사가 설립되기 전) 소위 암스테르담 '구(舊) 회사'의 권위 아래 첫 선단이 동인도로 향했다. 이미 이 항해를 위한 규정에서 스탓하우더[네덜란드공화국을 구성하는 지방의 통치자] 마우리츠(Maurits van Nassau, 통치 1585-1625)는 각 선박에는 선원의 기도와 성경읽기를 인도하기 위해, '낭독자'가 함께 항해해야 한다고 정했다. 실제로 영적 관리자들이 함께 보내졌는지는 밝혀지지 않았다. 이 규정은 1598-1599년 반 넥(Jacob van Neck)의 지휘 아래 암스테르담에서 떠나는 두 번째 항해에서도 나타난다. 처음에 선주들은 시 장학금을 받은 3명의 신학생을 선박에 보내달라고 요청하기 위해, 시장들에게 향했다. 교회 당회를 대신하여 2명의 목사가 신학생들을 데려오려고 시도했으나 신학생들은 이를 원치 않았다. 선주들은 그때 교회에서 '목사'나 '병자위로자'로 함께 가겠다

---

23 1620년 까지의 시기에 대해 이 데이터는, L. J. Joosse의 학위논문에 나온 (1650년까지의 시기에 대해 덜 체계적인) 인명록 덕분에 상당히 완전하다. 그 후 그것은 특히 Van Troostenburg de Bruyn과 P. J. Ritsema의 명부들에 기반을 두었는데, 이 명부들에는 제일란트 자료가 없다. 스히란트 노회는 자체의 아카이브 연구(1700-1750의 시기에 대해서는 P. J. Moree의 위에서 언급한 논문과 일치함)에 기초하여 1639년부터 바르게 처리되었다. 이 항목이 완성된 후에야 나는 배를 타고 떠나는 목사와 병자위로자의 다양한 데이터베이스를 입수했다: 1700년부터 다양한 동인도회사상사들에 관한 국립 기록보관소의 '웹실론'(websilon) 프로젝트 이외에도 덴 헬더에 제일란트 동인도회사상사에 대한 P. E. Poortvliet의 개인 컬렉션과 스호르에 엥크하위전 동인도회사상사에 대한 H. de Vos의 개인 컬렉션이 있다.

24 이 항은 특히 상시 사용 가능한 C. W. Th. van Boetzelaer, *De Protestantsche Kerk in Nederlandsch-Indie haar ontwikkeling van 1620-1939*('s-Gravenhage, 1947)의 개요와 L.J. Josse, *'Scoone dingen sijn swaere dingen'. Een onderzoek naar de motieven en activiteiten in de Nederlanden tot verbreiding van de gereformeede religie gedurende de eerst helft van de zeventiende eeuw*(Leiden, 1992)에 근거하였다.

는 활동적인 평신도 2명을 발견했다. 이들은 스로턴 출신 장로 마테우스(Jacob Mattheus)와 델프트 출신 피테르선(Philip Pietersen)이었다.

동인도 항해에 교회 직원을 파송한 이 첫 번째 사례는 그 후 수년간 네덜란드 상인들의 무역 여행이 증가함에 따라, 반복될 수 있는 문제를 보여 준다. 몇 번이고 함께 항해할 수 있는 충분한 수의 사람을 찾는 것은 항상 어려웠고, 전함에서 영적 돌봄을 제공할 사람을 찾을 때도 그랬다. 사실 이 일은 목사가 해야 할 업무였다 그러나 이들은 대개 아시아로 가는 불확실하고 위험한 여행을 피해 공화국의 도시나 마을의 회중을 위한 사역을 선택했다. 무엇보다도 이 시대 네덜란드에는 목사가 크게 부족했고, 심지어 학문적 교육을 받지 않은 유능한 평신도들이 목사로 승진되었다. 그래서 선상의 영적 관리를 위해, 주로 회중 가운데 어느 정도 경건하고 교육받은 남성을 찾거나 자원자 중 대략 적당한 사람을 사용해야 했다. 어느 경우에나 암스테르담 '구 회사'는 1599-1601년 두 번째 항해를 위해 언급한 개척자 2명을 얻었을 뿐 아니라 암스테르담과 일펜담, 나르덴, 베이스프 주변 지역 출신 남성 12명과 레이던 출신 약간 명을 고용했다.

영적 관리자에 관한 두 번째 문제는, 적당한 후보자를 찾는 것 외에, 받아들여진 병자위로자의 공식 권한에 관한 것이었다. 이 문제는 첫 2명의 병자위로자 마테우스와 피테르선이 돌아왔을 때 일어났다. 그들은 마다하스카에서 설교하고 세례를 베푼 것 같았다 그리고 이러한 성스러운 행위를 수행한 것으로 인해 암스테르담 노회에 출두해야 했다. 두 번째 항해인 1599년, 그들은 이런 직무를 수행할 수 있는 권한을 부여받았고 '권면자'라는 칭호도 받았다. 목사로 승인하는 것은 확실히 노회의 한계를 넘어서는 일이었는데, 이유는 목사 승인에는 신학 교육이 필요하다고 여겨졌기 때문이다. 목사로 승인하는 대신에 세례를 베풀 수 있는 임시 허가가 주어졌는데, 이 허가는 이후에 더 자주 병자위로자에게 주어졌다. 후에 말할 것인데, 이 문제에 대한 영구적 해결은 동인도 자체에서 예비목사나 목사로 승진되는 형태에서 찾아졌다. 하지만 이글에서는 네덜란드에서 동인도회사 선박들의 영적 관리자들의 파송에 관한 것을 다루고 아시아에서 계속 일어났던 일에 대한 것은 다루지 않을 것이다.

주목해야할 초기에 생긴 세 번째 문제는 교회와 동인도회사의 관계이다. 첫 병자위로자는 암스테르담 교회 당회나 노회로부터 어떠한 심사나 허가도 없이, 1598년 '구 회사'에 의해 파송되었다. 1599년부터 교회 당회나 노회가 정기적으로 예를 들면 병자위로자의 공식 권한의 문제에 관여하였다. 교회도 직원 채용에서 목사들 간 접촉을 통해 적합한 후보를 찾는데 역할을 했다. 그동안 암스테르담 외에 미델뷔르흐, 페러, 로테르담, 델프트 도시들에서 동인도 항해를 위해 '원거리 회사들'이 설립되었다. 서로 경쟁하는 이 모든 '선(先)회사'들이 1602년 암스테르담, 엥크하위전, 호른, 미델뷔르흐, 델프트, 로테르담에 각기 별도 지역 상사를 둔 연합동인도회사로 통합되었다. 이 상사들은 모두 목사와 병자위로자를 파송할 수 있었고 원칙적으로 교회 밖에서도 파송할 수 있었다. 처음 수십 년 동안 이런 일이 실제로 일어났다.

그러나 동인도회사가 국가적이고 번영하는 조직으로 성장하고 또 1621년 서인도회사도 설립되어진 이후, 국가 개혁교회와 영구적이고 자명한 관계가 형성되었다. 즉, 동인도회사의 전문이사들이 영적 관리인들을 임명하는데 지역 교회 당회나 동인도회사 지역 상사가 위치한 도시에 본부를 둔 노회와 협력했다. 위촉장을 가진 후보들은 교회 회의에서 자신을 신고해야했으며, 승선하기 전에 심사를 받아야했다. 암스테르담에서는 교회 당회가 동인도 업무를 다루었고, 미델뷔르흐에서는 발헤런 노회가 그 일을 했다. 발헤런 노회는 1607년 첫 병자위로자 2명, 1609년 처음으로 목사 2명을 파송하였다. 암스테르담 노회는 1610년에야 첫 목사를 파송했는데, 여기에 대해서는 후에 더 말할 것이다. 엥크하위전과 델프트에 있는 동인도회사-상사들은 항상 노회와 함께 일했고, 호른과 로테르담에 있는 상사들은 당연히 그 지역 교회 당회와 그렇게 했다. 마지막으로 언급한 4개 도시들에서는 1620년경이 되어서야 첫 교회 파송 병자위로자에 대한 말이 있었고, 목사들에 대한 말은 더 후에(1627년과 1654년 사이에) 있었다.[25]

발헤런 노회는 1620년 동인도 교회의 업무를 다루는 별도 위원회로 '동인도 업무대표'를 지정했다. 암스테르담 교회 당회는 1년 후 이 사례를 따랐다. 암스테르담 위원회는 1636년 그 지역 목사들에 의해 확대되어 노회의 감독을 받게 되었다.[26] 또한 여러 도시에서 상사들로 대표되는 서인도회사들이 설립된 이후, 몇몇 노회들은 해외 활동에 대한 교회의 관여, 특히 목사와 병자위로자의 파송 업무를 지역 위원회에 위임하려고 시도하였다. 그러나 이것은 실패했다. 실제로 이 파송 업무는 암스테르담과 미델뷔르흐의 업무로 남았다. 발헤런 노회는 1675년 서신업무를 홀란트 총회에 넘겼지만 영적 관리자의 파송에 대한 명부를 보존했다. 남-홀란트 총회는 1679년 동인도회사-상사들이 있었던 지역의 노회들, 이 경우 델프란트 노회와 스히란드 노회가 별도 위원회를 만들 것을 결정했는데, 이 별도 위원회는 1681년 실제로 설립되어 북-홀란트 형제들과

---

25 엥크하위전 기록보관소에 1620년까지 파송된 목사와 병자위로자의 인명부(날짜가 적혀있지 않은)가 있다; Joosse, *'Scoone dingen',* 605쪽 인명부 복사본을 보라. 나의 자료에 의하면 로테르담은 1627년(Robertus Junius), 델프트는 1633년(Assuerus Hoghesteyn), 엥크하위전은 1635년(Jan Janse), 호른은 1654년(Abraham de Leonardis), 처음으로 목사를 파송했다.

26 1650년까지 다양한 위원회의 업무에 대해서는 Joosse의 학위논문을 보라. 암스테르담 노회에 대해서는 G.J. Vos Az., *Amstels kerkelijk leven van de eerste zestig jaren der vrijheid*(Amsterdam, 1903)와 이 책 본문에 삽입된 파송된 목사의 명단.

밀접히 협력하여 일했다.[27]

목사와 병자위로자의 수

레이던 역사학자들에 의해 편집된 아시아로 가는 항해와 네덜란드로 돌아오는 항해의 색인 덕분에 우리는 공화국 시대 얼마나 많은 선박이 동인도회사를 위해 출항했는지 정확히 알고 있다. 1602년에서 1795년까지의 시기에 총 4,720척 이었다(17세기에는 1,770척이었고 18세기에는 2,950척).[28] 원칙적으로 이 선박들은 모두 목사나 병자위로자를 갖추어야 했다. 하지만 동인도 선원들은 가끔은 선상에 영적 관리자 없이도 항해를 해야 했을 것이다. 이제 이 선박의 숫자를 내가 이용할 수 있는 교회 선박직원의 잠정 숫자와 비교하는데, 특히 그것의 기간 별 상황, 그래서 시간의 흐름에 따른 변화를 보는 것은 흥미롭다. 이를 위해 [표 2]는 출항한 선박의 숫자, 목사와 병자위로자 각각의 숫자 그리고 마지막 두 그룹의 합계를 전체적으로 보여준다. 이를 위한 자료는 위에 언급한 나의 컴퓨터 파일들에서 왔다. 병자위로자의 자료는 아마 상당히 불완전하다 그래서 그 숫자들은 최소한의 숫자들이다. 그런데도 특히 도표의 도움으로, 몇 가지 점을 분명하게 관찰할 수 있다.

---

27 이 위원회에 대해서는 A.J. Lamping, 'Indische zaken(1681-1816)', in H. ten Boom, G.H. van de Graaf, A.J. Lamping, J.C. Okkema red., *Geloof, opbouw en strijd. De geschiedenis van de classis Rotterdam*[Werken van de VNK nr.3](Delft, 2001), 71-82.

28 J.R. Bruin, F.S. Gaastra en Schoffer eds., *Dutch-Asiatic shipping in the 17th and 18th centuries*, RGB Grote serie 165-167(Den Haag, 1979-1987). 비교. *Algemene Geschiedenis der Nederlanden*, 460쪽에 나오는 표(참고. 각주 2).

시기	병자위로자 (최소한)	목사 (실질적)	총계 (최소한)	선박
1600-09	39	2 (1609)	41	76 (1602년부터)
1610-19	40	7	47	117
1620-29	66	24	90	141
1630-39	62	15	177	157
1640-49	84	44	128	164
1650-59	112	37	149	206
1660-69	112	46	158	238
167-79	98	28	126	232
1680-89	107	40	147	204
1690-99	122	38	160	235
1700-09	232	26	258	280
1710-19	250	45	295	311
1720-29	289	44	333	382
1730-39	281	30	311	375
1740-49	157	40	197	314
1750-59	163	57	220	291
1760-69	169	30	199	292
1770-79	163	32	195	290
1780-89	98	35	133	297
1790-99	24 (1794년까지)	15 (1794년까지)	39	118 (1794년까지)
총계	2,668	635	3,303	4,720

[표2] 동인도회사 선박으로 파송된 목사와 병자위로자 1602-1795

첫쌔로 일련의 출항 선박과 파송된 영적 관리자는 대략 대등하게 증가하고 있는 것 같다. 이는 전체 기간 동안의 내 컴퓨터 파일이 상당한 대표성을 가졌다고 할 수 있다. 두 선들 간 차이는 병자위로자와 관련하여 아직 누락된 아카이브 데이터의 양과 영적 관리자 없이 항해한 선박의 몫이다. 전체로 보면 4,720척 선박에 3,303회의 파송으로 선박에 대한 파송 비율은 70%이다. 18세

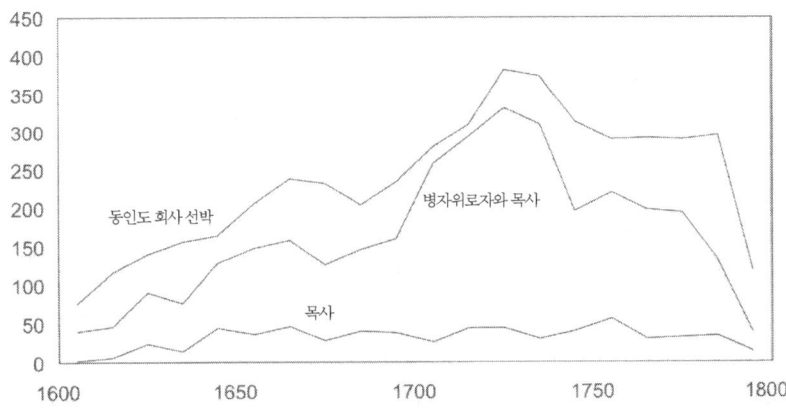

동인도 회사 선박

병자위로자와 목사

목사

발다우스(Philippus Baldaeus)

(1632-1671),

동인도회사 목사 1655-1666

기 후반에 들어서 격차가 커지고 있다. 항해 숫자와 교회 직원의 파송 숫자는
절대적 의미에서 하락했을 뿐 아니라 하락폭은 더 심해졌다. 이 기간(1770년
과 1786년)에 네덜란드의 다양한 단체들이 특정인을 목표로한 모집을 통해 목
사와 병자위로자의 숫자를 늘릴 뿐 아니라, 양성학교를 세워 자질을 향상시키
기 위해 현상모집을 개최한 것에서 알 수 있듯이, 목회 사역에 대한 적합성의

문제 또한 소수의 사람들 사이에 우려를 불러 일으켰다.[29]

두 번째 확실한 것은 목사의 원활한 공급은 교회 직원 가운데 주로 목사에 비해 월등히 많은 비율(약 80%)을 차지한 병자위로자 덕분이었다. 그러나 병자위로자는 18세기 동안 특히 1730-1750년 기간에 하락폭이 가장 컸다. 처음에 이 부족분은 목사의 증가로 보충되었으나, 1750년 목사가 차지하는 몫이 다시 감소했을 때는 병자위로자의 보상을 기대했을 것이다. 하지만 이제는 더 이상 가능하지 않았다. 2세기 동안 대체적으로 병자위로자가 충분했던 이유는 이 그룹이 쉽게 만들어지고 채워질 수 있었기 때문이다. 그들은 장기간 교육은 커녕, 특별 교육을 받지 않은 사람들이었고, 병자위로직을 단지 임시직으로 여길 수 있었으며, 넓은 사회 계층으로부터 모집될 수 있었다. 목사에게는 그것이 달랐다. 동인도 교회의 경우 이 전문적 그룹은 졸업한 신학생 혹은 기존 목사, 잠재적 병자위로자 보다 훨씬 적은 그룹에서 보충되어야 했다. 동인도에서의 목사직은 종신직이 아니었지만 목사직 그 자체는 종신직이었다.

세 번째 주목할 점은 일련의 목사 숫자가 병자위로자의 것과 달리, 항구적인 등락을 보여주는 사실과 관련되어 있다. 신학생 중 대부분은 '일반 회중'에서 사역하는 목사직을 지망했다. 해외 근무는 소수 이상주의자들의 소명이었다. 본국에 일자리가 있는 한 대부분의 목사들은 그것을 선호했을 것이다. 동인도로의 여행은 너무 오랜 동안 직업을 기다렸거나 개인적 문제들이 일어났을 때에나 고려되었다. 그래서 그들이 파송을 갈지 안 갈지는 공화국 자체 내 교회 관련 노동시장에 훨씬 더 많이 의존되었다. 때문에, 개략적으로 말하면, 목사

---

29   1770년 *De Propaganda Fide*라는 단체의 해외 복음전파에 대한 현상모집이 유명하다. 1786년 제일란트 과학연구회(Zeeuwsche Genootschap der Wetenschappen)에 의해 시행된 동인도 병자위로자에 대한 현상모집은 알려져 있지 않다.

파송 곡선의 '하강'은 네덜란드 내 목사 수요의 증가와 비례하고 반면 고점은 1660-1670년, 1710-1730년 그리고 1740-1760년의 기간 내 공화국 내 졸업한 신학자들의 잉여와 일치한다. 반 로던(Peter Van Rooden)은 이 과정을 '돼지주기'로 묘사했는데, 이 '돼지주기'는 18세기 말 부분적으로 사회-문화적 요인들에 의해 결정되는 목사의 구조적 부족현상에 나타났다.[30]

말 한대로, 파송의 총계는 항해의 총계와 크게 벗어나지 않는다. 그러나 파송 수는 파송된 사람들의 수와 동일하지 않는데, 이유는 일부 목사들과 병자위로자들은 한번 이상 파송되었기 때문이다. 또한 군인이나 해군 간부후보생으로 파송되었다가 동인도에서 병자위로자가 된 사람들도 있었다. 특히 병자위로자 중에는 반복된 파송이 정기적으로 이루어졌다. 일부 병자위로자는 3회, 4회 혹은 5회 아시아로 갔다가 돌아오는 여행을 했다. 내가 기록한 2,668명의 병자위로자의 파송은 어떻든 '단지' 2,022명의 사람과만 관계가 있다. 목사 중 18명은 네덜란드에서 동인도로 가는 배를 2회 탔었다. 그것은 635명의 목사 파송은 실제로 617명의 목사를 표시한다는 것을 의미한다. 곧 보겠지만, 이 두 그룹 중에는 나중에 목사가 된 병자위로자의 숫자와 겹침도 일어난다. 이제부터는 전적으로 동인도 시온의 목사단에 집중해보자.

동인도 목사단

전통적으로 빌턴스(Caspar Wiltens)는 동인도에 첫 목사로 간주된다. 그는

---

30 Peter van Rooden, 'Van geestelijke stand naar beroepsgroep. De professionalisering van de Nederlandse predikant', *Tijdschrift voor sociale geschiedenis* 17(1991), 361-393; Peter van Rooden, *Religieuze regimes. Over godsdienst en maatschappij in Nederland, 1570-1990*(Amsterdam, 1996), 46-77.

1610년 암스테르담 노회에 의해 목사로 파송되어 1611년부터 1619년 사망할 때 까지, 말루꾸 제도에서 사역했다. 선교역사학자 요서(Leendert J. Joosse)는 어느 경우든 반 덴 브루커(Matthias van den Broecke)와 헤이닝이우스(Zacharias Heyningius)가 발헤런 노회로부터 1609년 그보다 먼저 갔다고 주장했다. 그러나 2명의 다른 사람들이 심지어 그전에 동인도에 있었을 수도 있다. 아우더 통허 회중의 목사 호르스티우스(Joachim Horstius, 사역 1585-1601년)는 사역 기간인 1599년 동부로 가는 배를 탔지만 이것은 완전히 확실하지 않다. 학문적 교육을 받은 또 다른 인물인 스톨렌벡커(Johannes Stollenbecker)는 1603년 파송되어 암본에서 사역한 후 1610년 네덜란드로 돌아갔다고 알려져 있다. 그 후 그는 베스트팔렌에 있는 고향으로 떠났다. 그는 가끔 목사로 불렸고 세례도 주었지만 병자위로자에게 속한 일도 좀 했었다. 호르스티우스와 스톨렌벡커의 공식적 목사 위치가 여전히 조금 희미하여, 나는 나의 동인도 목사단을 1609년 반 덴 반 덴 브루커에서 시작했다.[31]

나의 데이터베이스에 의하면, 위에 언급한 1609년 이후 네덜란드로 부터 총 670명의 목사가 동인도로 파송되었다. 내가 여기서 바로 언급할 것은 이 중 바따비아에서 1746년부터, 희망봉에서 1780년부터, 사역했던 12명의 루터파 목사가 포함되었다는 것이다.[32] 다른 모든 목사들은 1795년 불명예스러운 종말을

---

31 Horstius와 Stollenbecker에 대해서는 Joosse, *'Scone dingen'*, 237-245. Stollenbecker는 사실 전에(1595-1596) 백작령 벤트하임에 있는 도시 쉬트토르프에서 교장을 지냈다. *Reformiertes Bekenntnis in der Grafschaft Benthiem 1588-1988*(Bentheim, 1988), 261.

32 바따비아의 루터파 목사는 Van Troostenburg de Bruyn의 인명사전에 실려 있지만, (그들 모두가 전에 본국에서 일한 적이 있었던 것으로 보아) 다음 책에 자세하게 다루어진다. J. Loosjes, *Naamlijst van predikanten, hoogleeraren en proponenten der Lutherse kerk in Nederland*('Gravenhage, 1925). 동인도회사시기 희망봉에 사역한 유일한 루터파 목사에 대해서는, Andreas Luitgerus Kolver, het lemma in *Suid-Afrikaanse Biografiese Woordeboek*, deel III(Kaapstad, 1977).

맞을 때까지, 다른 고백 교파들에 대한 관용적 입장에도 불구하고 특권을 유지한 교회를 대표했던 개혁파 목사들이었다. 그 마지막까지 개혁교회 또한 동인도회사 직원의 파송에 대한 독점권을 행사했다. 나의 데이터베이스에 보면, 마지막 사람들은 1794년 그들의 목적지에 도착하였는데, 그들 가운데 탁월한 목사 포스(Michiel Christiaan Vos)는 희망봉에서 태어나 자라고, 네덜란드에서 교육을 받고, 또 이 곳에서 아프리카 선교사로 소명을 수행하기 전, 몇몇 회중들을 섬겼다. 실제로 마지막으로 동인도회사를 위해 파송되었던 목사는 1794년 9월 스히란트 노회에서 승인된 드 렌스벨트(Godefridus Lehman de Lehnsveld)였다. 그는 1795년 초 출발하였으나 영국의 전시 작전으로 플리머스를 넘지 못했다. 그는 바로 네덜란드로 돌아와서 훅서바르트에 있는 베스트마스 마을에서 직장을 구했다.

동인도 목사단은 네덜란드로부터 파송된 617명뿐 아니라 동부에서 목사로 승인된, 그래서 네덜란드 노회의 승인이 없이 목사가 된, 33명도 포함했다. 여기서도 초기의 사례들은 이후 계속된 패턴에 대해 알게 해준다. 이후 바따비아라고 불리게 된 자카트라 시의 병자위로자 뒤벨트레익(Jacob Anthonis Dubbeltrijck)는 거기에서 협력하는 교회 당회에 의해 1620년 목사로 임명되었다. 말루꾸 제도에서 활동하던 그의 동료 피트리아리우스(Wouter Mechiorsz Vitriarius)는 동일한 승진을 얻으려고 바로 암스테르담에 편지를 썼지만, 헛수고였다. 이후 얼마 안 되어 그는 반다에서 처음으로 목사후보자가 되었고, 1622년에 목사로 승진했다. 그리고 같은 해 암본의 교회 당회는 바따비아 교회 당회의 추천으로, 1명의 재능있는 평신도 반 수스트(Heyndrik van Soest)를 목사로 승인했는데, 이 사람은 1614년 병자위로자로 동인도에 왔다가 몇 년 동안 반다에서 학교 교사로 일했다. 그러나 그의 목사직은 시간제 성격으로 보이는

데, 이유는 그는 1623년 목사로 임명되지 않은 채 암스테르담으로 돌아왔기 때문이다.

교회법적으로 동부에서 교회 당회가 단독으로 사람들을 목사직에 승인할 수 있는가? 하는 것은 당연히 제기될 수 있는 문제이다. 본국에서 이것은 확실히 노회의 권한이었다. 같은 것이 목사후보로의 승진, 즉 성례를 집행할 권한 없이 설교 자격을 주는 경우에도 해당되었다. 1623년과 1643년 받아들여진 동인도의 교회법은 가까이 있는 교회 당회와 협의하는 조건으로 몇 가지를 허가하였지만, 실제로는 목사후보로 승진하는데 어려움이 없었고 네덜란드의 개혁파 비평가들은 점차 그 일의 진행 과정을 묵인했다(이 책의 다른 곳에서 설명한대로). 어떻든 1620-1693년 기간에 동인도에서는 26명의 남성이 네덜란드 노회의 직접적인 책임 밖에서 목사로 승인되었다. 대부분의 경우 그것은 바따비아에서 일어났으며, 1638년 반다에서 1건, 1641년과 1643년 포모사에서, 그리고 1666년, 1676년과 1677년 말루꾸 제도에서 일어났다. 8건의 경우, 이러한 승진에는 선상에서 혼자 근무했거나 이후 회중 목회를 했던 전직 병자위로자가 포함되었다. 예비목사의 승진은 7건, 이전에 병자위로자였던 예비목사의 승진은 11건이었다.

내 컴퓨터에 의하면, 17세기에 있었던 이 26건의 경우 외에 18세기에 7명의 목사가 네덜란드가 아닌 동인도에서 목사의 지위를 취득했다. 교회 관련 직원의 범주를 그렇게 구별하는 경우 가끔 의외의 인물과 예상치 못한 이력이 숨겨져 있다. 전직 포르투갈 예수회 신부 아우구이아르(Emanuel Auguiar)는 처음에는 성가대원-교리문답 교사였다가, 그 후 예비목사, 그리고 1744년 바따비아의 목사가 되었고, 1년 후 예비목사로 콜롬보에서 생을 마감했다. 다른 예를 들어보면, 독일 홀스타인 출신인 루터파 목사 드 용(Christoffel de Jong)은 동인도회사에서 군인으로 근무했고, 1749년 바따비아 부목사로 부임하여 예비목사로 호칭되었다. 그러나 훨씬 더 재미있는 것은 동부에서 전문학교들을 설립한 결과 나타난 예비목사 그룹인데, 여기에 대해서는 곧 좀 더 설명할 것이다. 이 신학교들은 학교 교사, 통역과 직원 외에, 유럽 혹은 (동시에) 아시아 출신인 소위 '원주민 설교자'를 배출하였다. 그 중 일부는 후에 정규 목사로 승진되었다. 그 중 2명은 곧 다룰 것이다. 그러나 이 예비목사들은 매우 독특한 그룹을 형성하는데, 나는 이 그룹을 더 다루지는 않을 것이다.

그래서 나의 동인도회사-목사의 데이터베이스는 총 650명을 포함하고 있는데, 그들의 다양한 특징들을 우리는 더 자세하게 기술할 수 있다. 다음 항들에서 그들의 교육, 네덜란드에서의 그들의 경력, 동부에서의 그들의 이력에 들어가기 전에, 이 전체 그룹의 지리적, 사회적, 인종적 출처에 대해 조금 더 말해볼 필요가 있다. 물론 그들은 대부분 네덜란드에서 온 사람들이었고(523명=80%), 독일인(82명=13%)과 공화국 밖이나 동부에서 태어났지만 (부분적으로) 네덜란드 부모로부터 태어난 그룹(30명=5%)으로 보충되었다.[33] 이 모습은 일반적으로 본국에 있는 목사단의 지리적 출처의 모습과 다르지 않다. 즉 본국에서도 크게는 네덜란드인들이지만, 여기에 경시해서는 안 되는 독일 (경계) 지방에서 들어온 사람들이 있다. 사회적으로 보면 본국의 목사들은 특히 도시 시민 출신이었고, 4분의 1은 목사의 아들이었다. 내가 세어보니 650명의 동인도 목사 그룹에서 79명이 목사의 아들, 그래서 상대적으로 더 적은 12%였다. 동인도 목사단은 인종별로는 유럽인 635명, 믹스티스 4명, 캐스티스 2명, 싱할라족 3명, 타밀족 5명, 말라바인 1명으로 구성되었다. (혼혈) 아시아 배경을 가진 이

---

33 구체적으로 브라반트 2명, 플란데런 3명, 프랑스 2명, 서인도 2명, 동인도 13명, 스위스 1명, 오스트리아 1명, 포르투갈 3명, 러시아 1명, 스미르나 1명.

15명의 목사 그룹에 유럽 식민자들의 결혼으로 태어난 13명의 목사를 추가하면 동인도회사-지역에서 태어난 목사는 총 28명에 이른다.[34]

교육

공화국 시대 개혁교회 목사의 정규 교육은 학문적 신학 공부였다. 소년들은 먼저 라틴어 학교를 다니다가 그 후 네덜란드나 독일 경계 지역에 있는 1개 이상의 대학교나 전문대학을 찾았다. 종교개혁 이후 1572년부터 학문적 훈련은 받지 않았지만 특별한 재능이 있는 남성을 강단에 세우는 예외가 정기적으로 적용되었다는 사실은 이미 위에서 언급한 바 있다. 이러한 임시방편은 가능한 빠르게 줄어들었고 본국에서는 1600년경 대략 과거의 일이 되었다. 그러나 동인도와 서인도에 있는 네덜란드 정착지들은 수십 년 동안 목사를 원하는 '평신도'를 위한 노동시장으로 사용되어 온 것 같다. 1613-1655년 기간에 10명의 '독일 성직자'가 동인도회사에서 사역했다. 동인도에서 목사로 승진된 전항에서 언급한 그룹의 사람들 23명(대부분 전직 병자위로자 혹은 예비목사)을 이 성직자에 추가하면, 650명의 목사 중 33명이 대학교육을 받지 못했음을 알 수 있다.

그러나 대다수 (총 615명, 남은 2명에대해서는 곧 언급할 것이다)가 네덜란드에서 학문적 교육을 받았다. 정확히 어느 대학인지 명시하지 않았는데 모두 5개 대학이었다. 뜻있는 많은 목사가 주(州) 혹은 도시 정부에 의해 제공된 장학금으로 공부했다. 1605년부터 동인도회사도 신학생들에게 장학금을 마련해

---

34 비교. F.A. van Lieburg, *Profeten en hun vaderland. De geografische herkomst van de gereformeerde predikanten in Nederland van 1572 tot 1816*(Zoetermeer, 1996). 아시아와 남아프리카에서 태어난 23명의 목사(이들 중 대부분은 동인도회사-지역에서 일한 적이 없다)에 대한 별도 사항은 이 책의 261-271쪽.

주었는데, 이 경우 특히 동부의 목사직을 염두에 두고 있었지만, 실제로는 항상 잘 이행되지 않았다.[35] 학문적으로 훈련받은 사람 중에는 전직 가톨릭 성직자 5명도 포함되었는데, 이유는 그들이 전형적인 신학교육과 일치하는 성직교육을 이수하였기 때문이다. 보다 흥미로운 것은 학생일 때 정규 대학과정 외에 특별히 동인도 목회를 겨냥한 추가 교육을 받았던 21명의 목사였다. 여기서 네덜란드에 있는 두 학교, 발라우스 신학교(학생 12명)와 위니우스 사립학교(학생 8명), 그리고 바따비아에 있는 몰리나우스 '대학'(학생 12명, 이중 1명은 전에 발라우스 신학교에 다녔다)을 언급하고, 이 과정을 간략히 상기할 필요가 있다.

동인도신학교는 1622년 레이던 대학교에 설립되었다. 이 신학교는 정교수 발라우스(Antonius Walaeus)의 지도 아래 있었는데, 그는 자신이 아시아에서 복음전파를 목표로 몇 개의 특별한 과목을 강의했던 6명의 학생을 자기 집에서 살게 했다. 1633년 그 신학교는 중단되었다. 수많은 격려에도 불구하고 그것은 결코 재개되지 않았다. 고비용과 저효율을 중단 이유로 들지만 아마 예비목사와 목사의 공급에 대한 외부 자극이 감소하고 또 식민지 자체에서 후보자를 양성하는 데 더 중점을 두었다는 사실도 영향을 미쳤을 것이다. 콜런(G. M. J. M. Koolen)의 계산에 의하면 발라우스 신학교에서는 최소한 25명이 공부했는데, 그 중 6명은 공부를 끝내지 않았다. 14명은 목사가 되었는데 그 중 12명은 동인도회사에서 근무했다.[36]

발라우스 기관보다 덜 알려진 것으로 포모사 선교를 목적으로 위니우스(Robertus Junius)가 설립한 사립 신학교가 있다. 위니우스 자신은 1620년에서 1643년까

---

35   Koolen, *Een seer bequaem middel*, 25, 더 자세하게는 93-95쪽.
36   Koolen, *Een seer bequaem middel*, 97-135.

지 이 섬 주민들에 사역하여 큰 성공을 거두었는데, 그때 벌써 포모사 제자들을 네덜란드로 보내어 목사가 되는 공부를 시키려고 했으나 헛수고였다. 네덜란드에 돌아온 그는 1645년 자발적으로 무엇인가를 시작했다. 델프트에 있는 그의 거처에서 예비목사를 위한 과정을 개설하고, 1653년 암스테르담으로 떠난 후에 거기서 이 과정을 1655년 사망할 때까지 계속했다. 그의 신학교의 수확에 대해서는 나의 데이터베이스에 그의 제자로 8명의 목사가 언급된다.[37] 그의 학교가 사라지면서, 본국에서 동인도의 목사 사역을 위해 신학생을 준비시키려고 수행한 특정한 시도들도 끝이 났다. 물론 다른 방법, 즉 동인도 교회의 목회 사역을 위해 아시아 자체에서 교육하는 방법도 있었다.

나는 먼저 동부에 정착한 네덜란드 (목사)후보자의 교육과 관련된 다른 형태의 교육을 말할 것이다. 예를 들면 바따비아에는 1633-1637년 목사직과 다른 교회 직책들, 즉 병자위로자, 낭독자, 교리문답사 그리고 예비목사를 위한 교육이 있었다. 몰리나우스(Nicolaus Molinaeus)는 처음에는 시립병원에서, 후에는 자신의 집에서, 모든 것을 교회 당회의 비용으로, 수업을 제공하는 교사로 봉사했다. 알려지기로는 2명의 목사가 이 '대학'의 학생이었는데, 이 중 반 덴 하우터(Marius Gideonsz van den Houte)는 동인도로 가기위해 조기에 발라우스 신학교를 떠났고, 몰리나우스에서 교육을 끝마쳤다.[38] 이런 어느 정도 제도화된 교육 외에 아시아에 있는 여러 목사는 가끔 신학과 신성한 언어(성경원어)에 대한 개인-수업을 했다. 그것은 유럽인과 아시아인 청년들에게 제공되었는데, 이것으로 동인도의 교육 부문에서 시작된 혼합된 형태의 교육을 보게 된다.

---

37 Koolen, *Een seer bequaem middel*, 139-146.
38 Koolen, *Een seer bequaem middel*, 179-180.

콜런은 17세기 바따비아와 외부 지역[자바와 마두라 밖의 지역]에서 몇몇 중등교육 혹은 대학예비교육 부문에서 일어난 다양한 시도들의 역사를 정리하였고, 반 호르(Van Goor)는 17세기 말과 18세기 실론의 교육에 대해 기술했다. 바따비아에는 몇몇 짧은 기간 동안(1642-1655, 1666-1670, 1745-1757) 존재한 라틴어 학교가 있었다. 희망봉 식민지에서는 1791년에야 희망봉의 한 목사에 의해 라틴어 교육실험이 이루어졌지만 이 학교는 1795년 식민지가 영국에 항복한 이후 문을 닫았다.[39] 1690년부터 실론에 설립된 중등교육, 즉 나루르에 설립되었다가 후에 자프나로 옮긴 말라바 신학교와 콜롬보에 설립된 싱할라신학교는 더 성공적이었다. 싱할라신학교는 1737년부터 1757년까지 장래 목사를 위한 예비교육으로 기능하였는데, 총 23명의 목사가 콜롬보 신학교를 다녔고 이후 공화국에서 대학교에 진학했다.[40]

네덜란드에서 경력

1598년 '스-흐라번데일의 개혁교회 목사 블록크비우스(Johannes Blocquius)는 도르트레흐트 노회에 두 아들과 함께 동인도에 복음을 전하러 갈 수 있는지 물었다. 이것은 수포로 돌아갔는데, 이유는 그의 교회 직원의 이력이 백지상태가 아니었기 때문이다. 그는 군종 목사로 비난을 받았고, 위에 언급한 제안 후 바로 그의 회중과 배우자를 곤궁에 빠뜨려서,[41] 동인도 최초의 목사가 될 수도 있었지만 그렇게 되지 못했다. 그래도 그가 경력을 쌓는 과정에서 동인도에서

---

39   Engelbrecht, *Die Kaapse predikante*, 83.
40   비교. Van Goor, *Jan Kompenie as schoolmaster*. 이 책 149-158쪽에 있는 명단.
41   Joosse, '*Scoone dingen*', 96, 231.

목사가 되는 것과는 다소 상반되는 두 가지 동기를 결합하여 이중 결과를 얻었다. 그에게는 한편으로 말씀의 사역자가 해외 민족들을 찾도록 동기를 부여할 수 있는 선교적 이상이 있었다. 다른 한편 1678년 엄격한 교회 조치로 사역을 포기한 쿨만(Jacobus Koelman)이 표현한 도피의 동기가 있었다. 그는 동인도로 보내진 목사는 대부분 "여기 생활을 지긋지긋하게 여기거나 너무 나쁘고 무능해 어디에서도 직업을 구할 수 없기 때문에, 그 지역[동인도]에서 하는 사역이 나쁘다는 이야기를 거의 하지 않는다"고 썼다.[42]

원칙적으로 그런 판단이 나의 데이터베이스에 있는 숫자상의 자료와 맞는지 조사하는 것은 불가능하다. 617명의 파송 목사 중 얼마나 많은 사람이 이미 다른 곳에서 그렇게 활동했는지 보여줄 수 있다. 이것은 총 160명의 목사로 최소한 4분지 1에 해당했다. 그들 중 대부분, 즉 117명의 목사는 네덜란드에 있는 '정규' 개혁파 회중에서 사역했으며, 12명은 바따비아 혹은 (어느 경우에나) 희망봉의 루터교회에 근무하기 전 루터파 회중에서 사역했다. 15명은 독일에서 활동했으며, 2명의 개인은 프랑스와 스위스에서 활동했다. 위그노 피난민 시몽(Pierre Simond)은 1688-1702년간 희망봉 식민지 드라컨스테인의 목사였고, 스위스 목사였던 해페레이(Johan Hendrik Häferij)는 1779년부터 마까사르에서, 그리고 1896년 사망까지 바따비아에서 활동했다. 나머지 사람들은 특별한 네덜란드 거점들에서, 7명은 서인도에서, 1명은 영국에 있는 피난민 회중에서, 7명은 선박, 군대 혹은 요새에서 사역했다.

이 '경험' 있는 목사 중 15명만이 사역 성과에 대해 부정적인 평가를 받았는데, 그들은 내 목록에 '탈락'으로 표시되어 있었기 때문이다. 그렇다고 해서 나

---

42 Jacobus Koelman, *De pointen van nodige reformatie*(Vlissingen, 1678), 39.

머지 목사들이 반드시 흠잡을 데 없는 과거를 살았다는 의미는 아니다. 엘더르 캄프(Andreas Elderkamp) 목사는 그가 전한 경건서들에 보면, 1673년 뤼처하 스트에서 동인도로 떠날 때 큰 재능과 학식, 그리고 역량있는 사람으로 인정받 았다. 그러나 기록에 의하면 그는 상당히 독한 술을 너무 많이 마셨고, 또한 그 의 하녀를 범했다는 것이 세간의 추측이었다.[43] 정부나 교회 당회가 목자와 교 사를 쫓아낼 때는 급료를 주고 해고하는 것이 아니라 칭찬할 만한 증서를 주어 먼 동쪽으로 배에 태워 떠나보내는 것이 더 일반적이었을 것이다. 이렇게 보면 수많은 다른 '경험 많은 목사들' 뒤에 그런 검은 양[예상치 못한 이력을 가진 목 사]들이 숨어 있을 수 있었다.

그것은 예비목사에게도 마찬가지였다. 자신을 동인도로 신청했던 대부분 예비목사는 목사직에 승인되어야 했다. 일부 예비목사들은 타민족을 위해 선 교사역을 하리라는 바른 동기를 품었고, 다른 사람들은 추측건데 헛되이 본국 에서의 부름을 기다렸음에 틀림없다. 카스텔레인(Johannes Castelein)은 소멜 스데이크 마을 외과의사의 아들이었지만, 신분의식이 강한 목사 세계에서는 열외였는데, 그가 1718년 마침내 발헤런 노회에 의해 바따비아 목사로 승인되 었을 때, 그는 이미 최소한 16년간 예비목사를 한 후였다. 어떻든 그는 "하나님 을 잊은 채 불결하게 살았다"는 나쁜 평판을 받았다.[44] 또 다른 경우를 들어보 면, 크반트(Gerardus Quant)는 로테르담 설탕정제자의 아들로 1745년 레이던 에서 신학 공부를 끝냈다. 그는 예비목사로 여기저기서 목사 대리(代理)로 일 했으나 1762년까지 정규적으로 할 일이 없었다. 그 후 그는 동인도회사의 병자

---

43 G.A. Wumkes, *De gereformeerde kerk in de Ommelanden tussen Eems en Lauwers(1595-1796)* (Groningen, 1904), 75.
44 델프트의 K. Kastelein이 제공한 계보와 문서 데이터.

위로자로 바따비아에 갔다. 추측컨대 여기서 문제가 된 것은 나쁜 생활이 아니라 개인적인 부적응이었을 것이다.[45]

[표3] 동인도로 파송된 초보 목사들과 경험 있는 목사들의 수

시기	초보자	경험자	시기	초보자	경험자
1600-09	2	-	1700-09	18	3
1610-19	3	2	1710-19	28	13
1620-29	12	4	1720-29	28	3
1630-39	11	2	1730-39	22	8
1640-49	25	13	1740-49	29	8
1650-59	21	14	1750-59	47	5
1660-69	24	15	1760-69	20	3
1670-79	12	20	1770-79	19	9
1680-89	22	13	1780-89	26	7
1690-99	31	5	1790-99	12	2

[표3]에서 동인도로 파송된 자들의 다수는 단기 혹은 장기 간 예비목사로 일했던 갓 졸업한 젊은 신학자들로 구성된 것으로 보인다. 또한 경험 있는 목사들이 18세기 보다는 17세기에 상대적으로 더 자주 동인도로 갔다는 것이 분명하다. 1750년대에는 '오래된' 목사들이 일시적으로 해고되기도 했던 것으로 보인다. 149명의 경험자에 대해 총 422명의 초보자가 동부로 갔다. 그러나 12명의 루터파 목사는 이 시점에서 18세기의 모습을 다소 희석시킬 수 있기 때문에, 경험자 수에 포함시키지 않았다. 그래도 역시 신중한 계산가는 전체 617명 파송 목사 가운데 나머지 그룹 34명이 남아있다고 알아낼 것이다. 이 그룹은 나의 인명부와 보충 데이터에 교육과 파송 사이 네덜란드에서 직업이 언급되

---

45   로테르담 출신 신학생들에 대한 자신의 데이터 컬렉션.

었던 목사들로 구성되며, 이 직업은 사실 항상 분명하지는 않다. 3명이 의사, 5명은 라틴어학교에서 강의한 사람, 3명은 '독일 성직자' 그룹에 속했던 학교 교사이다.

이 나머지 그룹에서 관심을 끄는 것은 전에 준목회 사역을 수행했던 사람들이다. 최소한 17명이 병자위로자로 이미 동인도회사에서 근무했고 귀환 후 그리고 때로는 학문적 훈련을 받은 후 목사가 되었다. 아우데바터르 출신 본테쿠(Didericus Bontekoe)는 1722년, 대학 신학 공부 후 예비목사로 승인된 후, 목사직을 기다리는 동안, 그의 고향에서 병자위로자와 교리문답 교사로 임명되었다. 약 1년 후 동인도회사에서 근무하게 되었고 1725-1739년 암본에서 사역했다. 그리고 교리문답 교사와 교사, 동시에 집사 나중에 스혼호번에서 장로가 된 사람의 아들인 얀 뉘포르트(Jan Nupoort)도 있다. 얀은 아버지를 계승하여 교리문답 교사, 후에 집사가 되었고, 심지어 저술과 신학공부를 시작하였다. 1777년 그는 베르흐암바흐트에서 예비목사와 보조설교자가 되었다. 정규 교회에서 직업을 구하지 못하자 뉘포르트는 1781년 담대하게 바따비아로 갔는데, 그의 사망으로 인하여 그곳에서 1년 동안만 사역할 수 있었다.[46]

목사 근무처의 연결망

17-18세기 동인도 시온의 목사는 공화국에서 파송되었던지 혹은 아시아에서 그 직책에 승인되었지 간에, 총 650명이었다. 아래 단락에서 이들 목사의 경력이 어떻게 진행되었는지 알아보고자 한다. 이 과정에서 많은 질문이 제기

---

46   G.H. Leurdijk, *Jan Nupoort: zijn leven en arbeid en betekenis voor de cat echese*(Veenendaal, 1981).

될 수 있는데, 나는 다시 정량적 방식으로 대답해 보려고 한다. 목사들은 어디에서 일하게 되었는가? 바따비아의 도시 교회와 외딴 반다 제도의 회중들은 분리된 구획에 속했는가 아니면 근무처 간 일정한 흐름이나 위계질서가 있었는가? 동인도에서 목사들은 얼마 동안 머물렀는가, 그리고 그들의 체류는 사망으로 끝났는가 아니면 본국으로 돌아왔는가? 그러나 이런 종류의 질문에 또 다른 문제가 앞서는데, 즉, 목사의 필요성이 어느 정도인가에 대한 질문이다. 본국 신학자들의 잠재적 역량과 원주민 노동력으로 채워야 했던 동인도 교회의 목회적 용량은 실제로 얼마나 컸을까?

동인도의 첫 총독 쿤(Jan Pietersz Coen)은 1620년경 암스테르담에 있는 전문 이사들에게 그의 추산에 따르면 동인도에 20명 이상의 목사가 필요하다고 알렸다.[47] 실제로 본국에서 공급받은 목사의 질은 말할 것도 없고 그 수는 절반에도 미치지 못했는데, 그것에 대해 쿤은 그다지 듣기 좋은 말을 하지 않았다. 어떤 시각에서 정부와 교회에 필요한 목사의 수가 계산되었는가를 결정하는 것은 쉬운 일이 아니다. 네덜란드 동인도회사 직원과 그들 가족들에게만 맞추어야 하는가 혹은 대규모의 원주민에 대한 선교의 이상도 고려해야하는가? 쿤을 시작으로 선교의 이상을 확실히 항상 염두에 두었지만, 실제로는 제한된 목사 공급으로 처음에 '자신의' 수요를 충족시키는 것에서 크게 벗어나지 못했다. 이하의 글에서 그리고 이 책 다른 곳에서 18세기 동안 이 문제는 점점 더 심각하게 인식되었다는 것이 분명해진 것이다.

---

47   Koolen, *Een seer bequaem middel*, 28-29.

[표4] 목사 근무처의 설립에 대한 연대순 개요

설립	근무처	비고
1611	암본(빅토리아 성)	
1615	떠러나떼	
1621	바따비아(네덜란드 교회)	참고를 보라
1622	반다(전체)	
1625	코로만델: 빨레아까테	1690년 폐쇄
1625	암본(사파루아 혹은 호니모아)	
1625	반다(론토이르)	1737년 폐쇄
1626	반다(네이라)	1734년 폐쇄
1627	포모사	1668년 폐쇄
1629	반다(뿔루 아이)	1718년 폐쇄
1633	바따비아(포르투갈 교회)	참고를 보라
1641	말라까	
1643	실론(갈리)	
1649	실론(네곰보)	1691년 폐쇄
1655	실론(콜롬보)	
1658	실론(자프나파트남)	
1662	암본(하라꾸 혹은 오마)	1700년 폐쇄
1662	코로만델: 네가파트남	1784년 폐쇄
1663	코친(쿠치엔)	
1665	희망봉 식민지: 희망봉 도시	
1670	마까사르	
1670	띠모르	곧 폐쇄
1671	온루스뜨	
1678	바따비아(말레이 교회)	참고를 보라
1685	실론(마타라)	1713년 폐쇄
1687	띠모르	곧 폐쇄
1688	희망봉 식민지: 스텔렌보시	
1688	희망봉 식민지: 드라컨스테인	
1743	희망봉 식민지: 란드 반 바버런 = 툴바	
1745	희망봉 식민지: 쯔바르트란드	
1745	바따비아(루터교회)	두번째 목사 1748년
1753	띠모르	1775년 폐쇄
1755	실론(트린코노말레)	
1755	서마랑	
1780	희망봉 식민지: 깝스탓(루터교회)	

| 1790 | 희망봉 식민지: 흐라프-라이넷 |
| 1793 | 투티코린 |

참고: 다양한 목사가 설교할 것으로 예상되는 언어 또는 도시 회중 내 특정 교회에 속한
언어 그룹에 따라 목사를 명시하기는 커녕, (근무처의 실제 근무를 제외하고는)
바따비아에 있는 공식 목사 근무처의 수를 파악하지 못했다.

[표 4]는 실제 목사 근무처 수의 추이를 살펴보기 위해 동인도회사-지역의 새
로운 목사 근무처의 설립을 연대순으로 개관하고, 가능하면 동일한 회중 내 목
사 근무처의 수를 제시한다. 다음에서 데이터를 지리적으로 어느 정도 관리하
기 쉽게 정량화하기 위해 동인도회사-지역을 임시방편으로 5개 지역으로 구분
하였다. 다음과 같은 일부 지역은 명확하게 구분되었다. 다양한 교회를 가진
바따비아-도시, 네덜란드인이 단지 짧게 머물렀던 포모사, 자신의 교회 발전을
이루었던 희망봉 식민지. 그리고 암본, 띠모르와 떠러나떼는 말루꾸 제도에 들
어간다. 또한 반다 제도는 자체 그룹을 형성한다. '인도반도'라는 용어는 실론
에 있는 회중들뿐 아니라 코로만델의 해변에 있는 2개 교회(빨레아까테와 네
가파트남), 말라바 해변에 있는 교회(쿠친과 투티코린)를 가르킨다. 그러면 잔
여 지역의 범주로 밖에 취급할 수 없는 5곳, 온루스뜨 섬(바따비아를 지향하는
성향이 강함), 말라까, 마까사르, 서마랑, 수라바야가 남게 되어 집계가 완성된
다.[48]

그럼에도 불구하고 아시아에 있는 동인도회사의 많은 무역거점들에는 목
사가 한 사람도 배치되어 있지 않았다. 기독교가 금지된 일본의 상황이 가장
유명하다. 네덜란드인은 어떻든 데지마에 교회를 설립하지 않았다. 벵골에서
도, 1767년부터 친수라에 회중이 있었다 해도, 상임 목사가 사역하지는 않았

---

48 교회-지리적 개요에 대해서는 L. Knappert, *De handelskerken der Nederlanders tijdens de
Republiek*('s Gravenhage, 1930), 설명은 *Geschiedkundige Atlas van Nederland*, deel 19.

다. 칸터르 피스허르(Jacobus Canter Visscher) 목사는 1743년 그의 '말라바 서간'(Mallabaarse brieven)에서 다음과 같이 썼다. 거기에서 유럽인의 생활은 느슨했고 방종했으며 매춘이 일상적이고 지나쳤는데, 아마도 사람들이 그 때문에 교사를 보내지 않을 정도였다. 거기에 병자위로자가 있었지만 그는 성례를 거행하는 것이 허락되지 않았다. 따라서 아이들은 가톨릭 혹은 성공회 성직자들에게 세례를 받았다.[49] 동인도회사-시대에 다른 거점들에서도 병자위로자나 학교 교사만이 일했는데, 이들은 목회와 종교교육을 수행했다. 그러나 목사의 시찰여행은 정기적으로 이루어졌으며, 그들은 방문 시 성례를 거행하고, 결혼을 승인했으며, 신앙고백을 받았다.

이 책 다른 곳(72-73쪽)에서 동인도회사-지역에는 최대 44개의 상임 목사 근무처가 있었다고 언급되었다. 원래의 진술과 나중에 재구성된 내용을 통해 근무처의 실제 근무 현황을 측정할 수 있다. 1624년 8월 6일 바따비아에서 열린 교회 회의는 첫 현황을 보여주었다. 그 도시 자체에는 당시 목사 4명과 병자위로자 1명이 활동했고, 다른 지역에서는 목사 3명, 예비 목사 11명, 병자위로자 9명, 학교 교사 4명이 대표로 참여하였다.[50]

콜런은 17세기 일련의 표준 년도를 두어 목사의 수를 산정했는데, 여기서는 희망봉 식민지의 목사를 배제하였지만 바따비아에서 목사직 임명을 기다렸던 사람들을 포함했다. 그는 숫자가 1632년 12명, 1656년 20명을 거쳐, 1679년 33

---

49 Lequin, *Het Personeel*, 169-171.
50 비교. Van den Boetzelaer, *De Protestantsche Kerk*, 34. 구체적으로 암본에 목사 1명, 병자위로자 1명, 학교 교사 1명; 반다에 목사 1명, 예비목사 1명, 병자위로자 3명, 학교 교사 1명; 말루꾸에 병자위로자 2명, 학교 교사 2명; 피스카도레스에 병자위로자 2명; 솔로에 병자위로자 1명; 빨레아까테에 목사 1명.

반 이페런

(Josua van Iperen, 1726-1780),

1750년 릴로, 1766년 베러,

1779년 바따비아, 목사

명으로 움직이고 있다고 지적했다.[51] 비교와 보충을 위해 나는 내 데이터베이스에서 몇 개의 표준 년도에 활동하고 있는 목사의 수를 산정했는데, 이 수는 위에서 언급한 지역으로 나누어져 있다. [표5]를 보라.

[표5] 몇 개 표준 년도에 상임 근무처를 가진 목사의 수

	1625	1650	1675	1700	1725	1750	1775
바따비아	2	3	7	8	10	12	9
말루꾸	3	4	6	5	9	2	2
반다 제도	2	2	2	2	1	1	-
포모사	-	5	-	-	-	-	-
인도 반도	1	3	13	7	15	12	10
잔여 지역	-	2	5	3	3	5	4
희망봉	-	5	6	3	2	4	4
총계	8	24	39	28	40	36	29

---

51   Koolen, *Een seer bequaem middel*, 121-122(1632년 말: 목사 16명; 1636년 초: 목사 14명); 186(1656-
1679년 숫자를 가진 표, 희망봉 식민지를 제외하고 장소에 따라 구분되어 있음).

이 개요는 주의해서 보아야 한다. 이 숫자는 무작위 표본을 제공한다. 예를 들어 반다섬 뿔루 아이의 근무처에는 표준 년도 1650년, 1675년, 1700년에 목사 근무처가 공석이었기 때문이다. 게다가 그 숫자는 급격하게 변동될 수 있다. 1683년 남-홀란트 총회에 보고된 바에 따르면, 몇 년 전 36명의 목사 중 29명이 남아있었다.[52] 그러나 일련의 숫자를 통해 1675년경 동인도 목사단이 40여명의 목사로 완전히 성장했음을 알 수 있는데, 목사단의 목회적 관리수준은 1700년경 일시 급감한 후에 18세기 후반에는 구조적으로 감소하였다. 이 시기에 사람들은 동시에 목사의 실제 가용양(可用量)과 이상적인 필요량과의 어려운 관계를 더 강하게 의식하기 시작했다. 이러한 불일치는 네덜란드로부터 공급할 수 있는 소수의 목사와 관련하여 일부 세례 받은 원주민과 전체 아시아 인구를 고려하기 시작하면서, 점점 더 날카롭게 경험되었을 것이다.

예를 들면 1742년에 출판된 영국의 (선교역사학자라는 명칭이 생기기 이전의) 선교역사학자 밀라르(Robert Millar)의 『기독교 전파의 역사』(*The history of the propagation of Christianity*)의 네덜란드 번역에 뚜렷한 대조가 나타난다. 여기에는, 네덜란드 동인도에 50만명 기독교인을 결산으로 자랑스럽게 끝나는, 동인도회사에 대한 부록이 첨부되었다. 그러나 이 모든 영혼을 돌보고 아이들을 가르치기 위한 직원은 근소하였다. '자 여러분 보세요, 240여개의 교회와 학교, 300명의 원주민 병자방문자와 교사, 35명의 네덜란드 병자방문자, 각 선박에 보통 1명의 목사가 할당된 것 외에 목사의 수는 45명으로 고정되어 있다.'[53] 1776년 남-홀란트 총회는 바따비아로부터, 동인도의 교회에 교사가 극

---

52 National Archief, Oud-Synodaal Archief der Nederlandse Hervormde Kerk, inv.nr.1326.

53 Robert Millar, *Histori van de voortplanting van den kristelijken godsdienst en van den on dergang des heidendoms*(Amsterdam, 1742), deel 2, 864-871(알려지지 않은 교회 관련 정보제공자가 제공한 부록, 'uit mijn boekvertrek den 9den van slagtmaand 1740').

심하게 부족한 결과 아시아에서 기독교의 몰락이 임박했다는, 비상경보를 받았다. '우리는 1758년 10월 23일 다음과 같이 편지했다. 동인도의 교회는 최소한 60명의 목사가 필요했다. 그런데 현재 이 교회는 그 3분지 1도 가지고 있지 않다.'[54] 1794년 희망봉 식민지를 제외하고 동인도에는 26명의 목사가 있었던 걸로 보아, 동인도회사-시대에는 더 이상 그 문제를 해결할 수 없었다.[55]

'상임' 동인도 목사의 유동성

동인도 목사단을 좀 더 자세히 분석해 보면, 네덜란드로부터 보내진 617명 가운데 불과 517명만 실제로 활동했기 때문에, 목사단 중 상당수가 즉시 탈락한다. 우선 56명은 노회 파송 후 그들의 우여곡절의 삶은 알려지지 않았거나 그들이 항해 중 혹은 희망봉으로 가는 중간거점이나 바따비아 도착 직후 사망했다고 기록되어 있다. 나아가 34명은 고정 근무처를 갖지 못한 채 바따비아에 체류했던지 아니면 근무처로 임명을 받았지만 거기로 가는 도중 사망했다. 다른 사람들은 속히 네덜란드로 돌아갔거나 다른 직책 예를 들면 라틴어학교의 교장으로 임명되었거나 아니면 (그다지 명예롭지는 않지만) 병자위로자의 지위를 받았다. 또한 얼마 후에 사망한 목사들도 있는데, 우리는 그들의 활동에 대한 데이터를 가지고 있지 않다.

---

54 National Archief, Oud-Synodaal Archief der Nederlandse Hervormde Kerk, inv.nr. 1329, brief Batavia 24 oktober 1776.

55 A. Ypey, I.J. Dermout, *Geschiedenis van de Nederlandse Hervormde Kerk*, deel IV(Breda, 1827), 117-118: 바따비아에 4명의 네덜란드인 목사, 2명의 포르투갈인 목사와 1명의 말레이시아 목사; 온루스뜨, 서마랑, 수라바야, 암보이나, 반다, 마까사르, 말라까, 코친에 각 1명의 목사; 실론에 5명의 네덜란드인 목사와 콜롬보에 있는 1명의 싱할라인, 자프나파트남에 있는 2명과 포인트 드 갈리에 있는 3명.

잠재적인 목사들이 바따비아에 모이고 있었지만, 그들 중 일부만이 사전에 바따비아 시 자체 또는 (동인도) 제도에 있는 다른 교회에 임명될 자격을 얻을 수 있었다. 때로는 누군가가 자신의 업무를 수행할 자리에 대해 네덜란드에 있는 파송 노회와 이미 합의나 약속이 이루어졌음에도, 실제로 임명 정책은 동인도 최고 회의의 손에 있었다. 식민지교회역사 문헌은, 임명과 관련해서뿐 아니라 목사의 해고과정 혹은 이 지역에서 다른 지역으로 이동하는 전임에 관하여, 이 정치적 영향력의 불순함에 대해 불평한다. 예를 들어 원주민 언어를 배우기 위해 많은 노력을 기울였던 당사자는 전임으로 인해 좌절할 수도 있었다. 바따비아의 항구들로 들어오는 목사의 건강, 능력, 사회-종교적 행위의 적합성 같은 요소에 근거한 선정 등과 같은 '교회인사정책'을 다룰 때, 동인도회사 자체의 동기들에 대해서 알려진 바는 거의 없다.

그래서 동인도에는 고정된 업무가 없는 여분의 목사들이 항상 있었는데, 그것은 사망 위험이 있는 곳에서 이해하지 못할 현상은 아니다. 아울러 동인도회사는 자신이 주도하는 교회 당회를 통해 자체적으로 사람들을 목회직에 임명할 수 있는 자유를 가졌다. 네덜란드로 부터 파송된 617명 가운데 실제로 근무를 한 527명의 사람들에, 동인도에서 승인된 33명을 추가하면, 동인도회사-지역에 '유효한' 인원은 560명이 된다. 이 그룹을 그들이 근무한 자리에 따라, 앞서 주어진 지역-구분에 일치하게 구분할 수 있다. [표6]은 전체 기간에 대한 분석 결과이며, 편의상 구분된 지역 내 이동성은 산정하지 않았다. 예를 들어 한 반다-섬에서 다른 반다-섬으로 혹은 실론이나 희망봉의 한 회중에서 다른 회중으로 이동, 우발적으로만 발생한 이동 등이 여기에 포함된다.

[표6] 동인도에서 1개 이상 고정 근무처를 가진 목사

	오로지 한 곳	이전 다른 곳	이후 다른 곳
바따비아	94	57	7
말루꾸 제도	98	18	37
반다 제도	47	17	14
포모사	26	-	3
인도반도	101	17	20
잔여 지역	38	8	31
희망봉	39	-	5
총계	443	117	117

이 표는 우리에게 몇 가지를 알려준다. 월등히 많은 목사(560명 중 443명 - 79%, 대강 3/4)가 1개 근무처의 경우에 오로지 한 지역에만 사역했다. 주어진 근무처의 수를 감안하면 이는 특히 인도반도(주로 실론), 말루꾸 제도, 바따비아에 해당한다. 이들은 각각 약 100명의 목사에게 1개 근무처만 제공했다. 단지 117명의 목사 그룹(21%)이 동인도회사-경력에서 근무 지역을 바꾸었다. 표가 보여주듯이, 예를 들면 한때 158명의 목사가 바따비아 교회를 섬겼지만, 그 중 57명은 다른 근무처에서 승진한 것이고 7명은 나중에 다른 근무처에 재임명되었다. 말루꾸 제도는 상대적으로 통과지역에 가까운데, 이는 실론과 '잔여 지역'으로 지칭된 모든 근무처에도 해당된다. 특히 반다 제도는 상대적으로 (근무처의) 유동성이 높았다. 포모사 섬과 희망봉 식민지는 목사경력의 시각에서 보면 충분히 고립된 지역이었다. 아프리카로부터는 단지 소수의 목사가 아시아로 흘러들어 갔다.

이 표에서 볼 수 없는 것은 동인도 목사의 경력 과정에서 서로 다른 지역이 어느 정도 상호 연결되어 있는 가 이다. 그러나 내 데이터베이스를 보면 실제로는 말루크 제도와 반다 제도만이 근무처 변동에서 일종의 공동 구역을 형성

하고 있음을 알 수 있다(말루크 제도에서 반다 제도로 이동이 13회이고 반대 이동이 9회). 또한 바따비아 도시 교회는 동인도에서 사역한 경험이 있는 목사에 관한 한, 거의 모든 지역으로부터 이동해오는 목사를 받았다는 것이 분명하다. 이것은 외각 지역에 있는 능력이 두드러진 모든 목사들이 언젠가 주교회로 임명받을 수 있다는 희망을 가질 수 있었다는 것을 암시한다. 표가 알려주지는 않지만 단번에 지적될 수 있는 것은 동인도의 목사들은 2개 이상의 근무처를 가진 경우가 거의 없었고, 내가 구분한 3지역으로 분류해 넣어야 하는 목사는 8명에 불과했다.[56] 일반적으로 이동성이 매우 낮았기 때문에 연대순으로 분석하는 것도 자제했다.

동인도 체류의 기간과 끝

다음에 알아볼 점은 동부에 있는 목사의 체류 기간, 그리고 이것과 더불어 그들의 동인도 체류 시기의 종료에 대한 질문이다. 이런 시각에서 560명의 '유효한' 목사의 수에, 고정 근무처가 없는 34명을 추가하면, 594명의 목사 그룹이 산출된다. [표7]은 체류한 년 수(年數)를 몇 개로 세분하여, 목사들이 동인도회사-지역 어느 부분에서 얼마나 오래 체류했는지를 연도별로 보여준다. 동시에 식민지 체류가 처음 시작된 연도를 기준으로 4시기로 구분되어 있다. 체류 기간의 경우, 18세기 후반에 체류 기간이 약간 더 길어졌다는 것을 제외하고는,

---

56 목사와 그들의 분리된 정착지들 사이의 이러한 구분이 엄밀히 말하면 표에 열을 추가할 수 없는 이유이기도 하다. 사실 관련 지역에서 사역한 목사의 다음 총 수치가 유효하다: 바따비아 158명, 말루꾸 제도 153명, 반다 제도 80명, 포모사 29명, 인도반도 139명, 중부 인도 78명, 희망봉 식민지 44명. 근무처를 총 685개로 산정했는데, 목사의 수를 560명으로 보면 목사 1인당 평균 1.22개 근무처 에 해당한다.

2세기 동안에 (체류 기간) 비율의 변화가 크게 나타나지 않은 것을 금방 알 수 있다. 그러나 전체적으로 목사의 26%는 동인도의 체류가 3년 안에, 19%는 6년 안에, 22%는 11년 안에, 19%는 21년 안에 종료되었다고 볼 수 있다. 나머지 14%는 동부에서 20년 이상을 사역했다.

이 숫자들은 주목할 만하다. 식민지역사학자들은 목사들은 자주 단기간 동인도에 갔었고, 만약 그들이 곧 바로 사망하지 않는다면 가능한 빨리 본국으로 돌아왔다고 생각했다. 공식적인 계약 기간은 5년이었으며, 계약은 10년 또는 그 이상으로 연장될 수 있었다. 그러나 실제로는 자주 예정보다 일찍 돌아오기도 하고 더 오래 체류하기도 했던 것 같다. 정확히 3분지 1은 어느 경우에나 10년 이상 머물렀고, 그 기간은 더 길어질 수 있었다. 1686년, 34년 동안 바따비아에서 사역했던 린디우스(Lindius) 목사의 사망으로 임시 기록이 세워졌고, 그 기록이 1704년 자스(Theodorus Zas)의 46년 체류로 깨졌는데, 자스는 처음에 거의 16년간 실론에서, 그 후 약 30년간 바따비아에서 설교했다. 최장기 체류자는 52년 간 실론과 바따비아에서 각각 신실히 봉사하다가 1731년 사망한 아커르의 야코부스(Jacobus)였다. 그러나, 그는 콜롬보계 혼혈(믹스티스) 페이브란츠(Johannes Joachim Fijbrants)에 의해 추월되었는데, 원주민 예비목사로서 그의 시작 4년을 계산에 넣으면, 페이브란츠는 1747년에서 1801년까지 지칠 줄 모르는 힘을 실론 교회의 건설에 바쳤다.

[표7] 체류 기간: 시간의 경과에 따른 전체 그룹의 발전

시작 해	0-2년	3-5년	6-10년	11-19년	20년 이상	합계
1650년 전	26	19	21	12	3	81
1650-1699	57	37	42	28	28	192
1700-1749	36	32	40	38	16	162
1750-1799	32	24	30	36	37	159
합계	151	112	133	114	84	594

[표8] 경력의 종료: 시간의 경과에 따른 발전

종료 해	사망	퇴직	해고	다른 직무	본국 송환	합계
1650년 전	38	-	5	2	17	62
1650-1699	129	4	6	1	34	174
1700-1749	129	9	3	1	30	172
1750-1799	116	12	-	2	25	155
1799 이후	26	4	-	-	1	31
합계	438	29	14	6	107	594

[표9] 전체 기간 동안 지역별 사망자 수를 체류 기간으로 환산한 수치

지역	0-2년	3-5년	6-10년	11-19년	20년 이상	합계
바따비아	23	20	19	24	26	112
말루꾸	26	22	21	16	1	86
반다 제도	25	13	7	7	-	52
포모사	10	5	5	2	-	22
인도반도	15	13	16	21	19	84
잔여 지역	11	7	6	5	1	30
희망봉 식민지	4	2	8	5	7	26
장소 미상	22	1	3	-	-	26
합계	136	83	85	80	54	438

[표8은 동인도에 체류하였던 전체 그룹 594명의 목사(그래서 네덜란드로부터 파송되었으나, 아시아 땅에 상륙할 수 없었거나 상륙이 거의 허용되지 않았다고 알려진 56명은 제외)에 대해 그들이 어떤 방법으로 동부에서 체류 기간이 종료되었는가를 보여준다. 여기에서도 시기를 동인도에서의 체류가 종료된 연도를 기준으로 반세기 별로 구분하는데, 종료된 연도는 물론 동인도회사-시대 이후, 말하자면 19세기 초에 해당될 수도 있다. 다시 말하지만, 시기 간 차이가 비교적 크지 않기 때문에 이러한 시기 구분은 거의 필요하지 않은 것 같다. 전체적으로 594개의 경력 가운데 438개가 사망으로 종료되었다. 이것은 대다수인 74%에 해당하는데 이에 대해서는 곧 자세히 다룰 것이다. 소수가 연령이나 건

강 때문에 부득이 전액 급여를 받고 일을 쉬는 기회를 얻었다. 해고로 인한 강제 직무 종결은 즐거운 일은 아니지만 흔히 일어났는데, 해고 후에는 다른 직무로 임명되던지 아니면 송환되었다. 우리는 6명의 목사가 동인도에서 목회 업무를 다른 직업, 모두 라틴어학교나 신학교의 강사로 바꾸었다고 알고 있다.

594명 가운데 107명(목사의 18%)은 어느 순간 동인도와 이별하고 네덜란드로 돌아왔다. 실제로 두 번째 아시아로 갔던 18명의 목사를 여기에 포함해야 하는데, 우리는 이들의 체류 기간을 편의상 한 기간으로 계산했다. 이 목사들 가운데 연대기 저자 발렌테인(François Valentijn)과 같은 유명한 인물이 있는데, 이는 1695-1705년 도르트레흐트에서 체류했고 그 도시에서 목사가 되는 영광에 감사했다. 본국으로 돌아온 동인도 목사 가운데 37명은 네덜란드에서 대부분 마을에 있는 회중에, 2명은 안트베르펀과 레이셀에 있는 십자가회중에 임명되었다. 일부 다른 목사는 임시 보조목사 이상을 하지 못했는데, 우리는 많은 목사들에 대해서 그들이 남은 생을 어떻게 보냈는지 전혀 알지 못한다. 희망봉의 전직 목사 콕(Hendricus Cock)은 즈볼러의 장로가 되었고, 1750년경 반 데르 오스(Antonius van der Os)를 둘러싼 큰 교회 갈등에서 또 다른 역할을 수행했다.[57]

앞에 언급한대로 594명의 목사 그룹 가운데 4분지 3(74%)에 해당하는 동인도 체류 목사의 사망으로 돌아가면, 양적으로 대답해야할 두 가지 질문이 아직 남아있다. 이 사망은 아시아에 도착한지 단기간 혹은 장기간 후인가, 그리고 한 지역에서 사망은 다른 지역에서 보다 더 많은가? [표9]는 목사단이 체류한 전체 기간에 걸쳐 사망자 수를 계산하여, 숫자가 두 가지 점에 대해 말하도

---

57 R.A. Bosch, *Het conflict rond Antonius van der Os, predikant te Zwolle, 1748-1755*(Kampen, 1988), 152.

록 한 것이다. 여기에서 적어도 네덜란드의 동인도 선원 지망생들을 사전에 겁줄 수 있었던 널리 퍼진 의견인 열대 지방에서 빨리 죽을 확률이 낮지 않다는 것이 사실로 확인되었다. 438건의 사망 가운데 31%는 3년 이내에 발생했으며, 3년에서 6년, 6년에서 10년, 10년에서 20년 사이에 발생한 사망은 각각 20% 미만으로 그 뒤를 이었다. 단지 12%만, 그들이 영구히 사망하기 전 최소한 20년 동안 동인도교회를 섬길 수 있었다. 이러한 슬픈 숫자에서 우리는 물론 당시에는 기대수명이 일반적으로 현재 보다는 훨씬 낮았다고 하지만, 네덜란드로 부터 아시아에 도착했던 자들은 보통 20대나 젊은 30대들이었다는 것을 생각해야 한다.

지역별 사망률에 관한 한, 이 수치는 해석하기가 다소 까다롭다는 점을 염두에 두어야 한다. 지역별 사망에 관한 숫자는 해석하기가 다소 까다로운데, 이유는 각 지역에 재직한 목사의 수와 연결되어야 하기 때문이다. 그래도 몇 가지 관찰이 가능하다. 바따비아의 도시 교회는 많은 사람에게 마지막 거점이었고, 전체 체류 기간은 넓은 분포를 말해준다. '인도반도'와 희망봉에서 그러한 것이 확인될 수 있다. 포모사는 1661/62년 중국인 정복자들에 의한 학살 때문에 별도의 경우인데, 학살에서 5명의 목사가 참수되었다. 그러나 말루꾸 제도와 반다 제도는 이 지역의 혹독한 기후로 인해 설교자들이 일찍부터 죽음을 맞이하는 일이 잦았던 지역이었다. 표가 제시하듯이, 반다 제도에서는 심지어 목사의 절반이 몇 년 안에 사망한 것 같다. 이 지역은 어떻든 목회 근무처로는 사람들이 특히 두려워하는 곳이었다. 교회 생활에서는 새로운 목사들이 끊임없이 부임했다가 짧은 시간 안에 사망하거나 떠나는 것은 바람직하지 않았다. 이러한 불안정과 동인도 제도의 그런 주변 지역에서 달성된 낮은 수준의 기독교화 사이에 어떤 연관이 있는가?

알링(Robert Nicolaas Aling,
(1784-1800) 드라겐스테인
(희망봉 식민지)의 목사,
그의 공부방에서

세는 것과 재는 것

1732년, 호허바르트(Wilhelmus Hogerwaardt,1694-1754)가 바따비아에서 회중을 떠나기 직전 행한 설교가 헤이그에서 인쇄본으로 나왔다. 그는 감히 자신을 위대한 사도와 비교할 수는 없었지만 바울의 말을 자신의 것으로 만들었다. 그럼에도 불구하고 그는 자신의 성공적 경력을 표현하기 위해 모험을 감행했다. 단순한 브릴 출신 청년으로 그는 장학금 덕분에 레이던 국립대학의 학생이 되었다. 그곳에서 동인도 교회에 대한 애정을 품게 된 그는 홀란트 케디켐 마을의 청빙을 거절하기도 했다. 1718년 델프트에서 파송된 그는 아시아 공기를 거의 마시지 못했고, 23세에 바따비아의 시 교회에 부임했다. 12년간 신실하게 근무한 후 그는 고국으로 돌아갈 때가 왔다고 판단했다. 이 결정을 옹호하기 위해 자신의 애국심과 가족의 이익을 언급했을 뿐 아니라 모든 식민지 목사에게서 거기 머물고 싶은 의욕을 빼앗아가는 종교와 도덕의 쇠퇴도 언급했다. 이유는 아첨과 '하나님의 말씀을 희생시키는 위선' 없이는 어떤 목사도 이곳에서 버틸 수가 없었기 때문이다.[58]

홍미롭게도 이 설교는 별도의 판으로 나오지 않았다. 설교 바로 뒤에 호른베이크(Johannes Hoornbeeck, 1617-1666)가 레이덴에서 교수로 재직하는 동안 개최되었던 이교도의 개종에 관한 학술 대담을 '스-흐라번하거의 목사 펠서(Hendrik Velse, 1683-1744)가 라틴어에서 네덜란드어로 번역한 글이 추가되었다.[59] 펠서 자신은 모범적인 경력을 쌓았다. 조그만 마을에서 시작하여, 그가 다른 사람들에게 강하게 추천하고 싶었던 동인도 우회로(동인도로 갔다가 고국으로 돌아오는 것)를 택하지 않고, 마침내 네덜란드 정부의 중심부에 정착했다. 그가 발간한 호른베이크의 선교 책자에는 자신의 머리말이 있지만, 그 안에 식민지에서 사역하는 목사의 복음전파 동기들과 질적 요구들에 대한 부연 설명을 찾아볼 수 없다. 아니, 매우 실용적으로 그는 해외에서 그리고 고국으로 돌아온 후 경력 전망에 대해 구체적으로 논의했다. 4개의 표에서 네덜란드 회중을 동인도와 서인도의 임지로 바꾸었거나 귀국 후 마을이나 매력적인 도시로 부름을 받은 목사들의 성명과 근무처를 밝혔는데, 이는 '그곳에서의 사역이 전적으로 불만족스럽지 않았고 부끄러운 여겨지지 않았다는 것을 증명하기 위해서였다'고 한다.[60]

---

58 W. Hogewaarts afscheidsreden, tot de gemeinte op Batavia, daar no bij komt professor Hoornbeeks sorg en raad, aangaande de evanglie-prediking, in Oost- en West-Indien, vertaald en opgehelderd door Hendrik Velse('s-Gravenhage, 1732) 특히 44-48, 56-58.

59 Johannes Hoornbeeck, De Conversione(Leiden, 1669); vgl. D. Nijenhuis, Hendrik Velzen de zending in de achttiende eeuw(doctoraalscriptie Utrecht, 1980).

60 Hogewaarts afscheidsreden, 51-56. 그는 1625-1681년간 동인도로 떠났던 27명의 목사; 1624-1648년 서인도로 떠났던 6명의 목사; 예비목사로 떠났다가 1634-1686년 본국에서 부름을 받았던 목사 중 7명은 동인도로부터, 8명은 서인도부터, 귀국한 목사를 언급했다. 언급한 자료들을 보면, 그는 Martinus Soermans와 Melchior Veeris에 의해 발간된 남-홀란트와 북-홀란트 총회들의 목사명부를 사용했다.

그래서 펠서는 공화국에서 기회를 얻을 수 없는 자들만이 식민지로 가고, 한번 동부[동인도]나 서부[서인도]에 다녀온 사람은 고국에서의 승진 기회를 잃을 수 있다는 생각을 매우 구체적으로 없애고 싶었다. 간접적으로 이런 인식이 얼마나 만연한지, 그리고 이런 이미지와 싸워야 한다는 것을 보여주기도 했다. 그러나 그의 정보는 선택적이었다. 펠서는 주(州)의 목사명부가 인쇄되어 나타난 홀란트 주에 대한 데이터만을 사용했다. 그가 나의 데이터베이스를 손에 넣을 수 있었다면, 그의 자칭 인상적인 숫자를 4배로 늘릴 수 있었을 것이다(그는 1705년까지의 데이터에 근거하여 동인도로부터 귀국한 자를 7명으로 언급했다. 나 자신은 1732년까지 28건을 산정했다). 그래도 그는 해외 목사의 수를 늘려달라는 그의 호소는 거의 효과가 없었고, 그가 식민지에서 돌아온 후 멋진 경력을 쌓을 수 있다는 꿈도 소수의 사람들에게만 현실이 되었다는 사실을 밝혀야 했다.

1732년 펠서의 변론서가 첨부되었던 달콤새콤한 이별설교를 한 호허바르트는 어떻게 지냈는가? 홀란트 35세 목사(호허바르트)는 그의 경력의 후속을 기다렸는가? 유명한 풍자 작가 베이에르만(Jacob Campo Weyerman)에 의하면, 그는 곧 자신의 처신에 대해 달리 증명할 수 없는 강력한 공개적 규탄의 대상이 되었다. 호허바르트는 다른 근무처나 새로운 직업을 구하려고 했던 것 같다. 하지만 그는 대신 다른 식민지 목사, 신-네덜란드 출신 셀레인스(Henricus Selijns)의 소유였던 홀란트 영지 바베르베인을 샀다. 호허바르트의 재산을 잘 이해하기 위해서는 아마 그가 동인도회사 총독의 딸과 두 번 결혼했다는 것을 언급해야 한다. 그는 59살의 놀고먹고 사는 사람으로 그의 생을 마쳤다. 확실히 동인도 목사로서 호허바르트의 경우는 이례적인 만큼 흥미롭다.[61] 하지만 1702-1712

---

61 Hogewaart에 대해서는 Van Troostenburg de Bruyn, *Biographisch woordenboek*, 193-1
    94; J.P. de Bie en J. Loosjes eds., *Biographisch woordenboek van protestantsche godgelee
    rden*, deel IV('s Gravenhage, 1931), 154-155.

년 바따비아에서 사역한 목사 플로렌티우스 캄퍼르(Florentius Camper, 유명한 생물학자 페트루스 캄퍼르(Petrus Camper)의 아버지)는 후에 에이설에 있는 아우데르케르크의 수공예장이 되었다. 1772년부터 1783년 사이에 콜롬보에서 목사-교장을 지냈던 독일 목사 망거(Johan Godfried Manger)는 기사 신분으로 상승된 후 긴 여생을 클레이프의 땅 레이스에 있는 기사영지 벨링호번에서 살았다.[62]

이 마지막 예들은 동시에 여기서 발표된 연구와 관련된 문제를 설명하는 역할을 한다. 어떤 역사적 그룹의 인물에 대한 양적 연구는 계속해서 전기와 통계 사이에서 움직인다. 전체의 상을 정확히 파악하기 위해 계산을 하지만 개별 사례를 공정하게 판단하기 위해서는 무게도 달아야 한다. 나는 동인도회사 관할 목사단의 규모, 구성과 연대순 발전의 몇몇 윤곽을 그려보려고 했다. 그러나 윤곽의 틀은 아직 많은 점에서 보강, 부가설명, 채색을 요구한다. 결국 우리는 동인도 시온에서 사역했던 목사들 모두에 대해 그리고 병자위로자, 낭독자, 학교 교사, 예비목사 등등 모두에 대해 아는 것이 너무나 적다. 그들은 누구였는가? 무엇이 그들에게 영감을 주었는가? 그들은 무엇에 도달했는가? 이러한 종류의 질문을 상호 맥락에서 연구하고, 이를 바탕으로 네덜란드 식민지의 종교 문화에 대한 교회 직원의 중요성을 기록할 수 있는 많은 자료가 여전히 남아 있다.

---

62 Albert Rosenkranz, *Das Evangelische Rheinland; ein rheinisches Gemeinde- und Pfarre r-buch*, deel II(z.p. 1958), 319.

제5편 다양한 형태의 회중

제1장 길 위의 교회 (선상 교회와 흩어져 있는 교회)

레인더르트 J. 요서(Leendert J. Joosse)

항해하는 자들을 영적으로 돌보는 것은 17세기와 18세기에 당연한 것이었다. 그리고 이것은 성직자의 특권은 아니었다. 훌륭한 가장인 상급 선원은 직원들에게 (성경을) 읽고 기도하고 설교를 읽게 해야 했다. 상급 선원이나 저명한 상인이 장로였을 때(또는 장로를 한 적이 있었을 때)는 더더욱 그랬을 것이다. 배를 타고 동인도에 갔던 첫 병자위로자 중 한 사람인 마테우스(Jakob Mattheus)는 1598년 암스테르담 스로턴의 장로였다. 그의 업무는 이미 교회에서 명확하게 정의되어 있었기 때문에, 그는 교회로부터 별도의 임명이나 지시를 받을 필요가 없었다. 암스테르담 전문이사들은 언제든지 그에게 교회를 보살펴줄 것을 요청할 수 있었다. 영적 돌봄은 병자위로자와 목사에게만 맡겨진 것이 아니었기 때문에, 교회는 선상의 '성직자'에 의존하지 않았다. 선상에 병자위로자가 없다고 해서 바다 위에서 개혁파 종교를 소홀히 해서는 안 되었다.

그러나 출항하는 무역 선박의 수가 늘어남에 따라, 교회와 동인도회사는 특별한 교회 직원을 고용할 필요가 있었다. 아마도 이것은 동인도로 항해하는 데 필요한 장기간의 해상 체류와도 관련이 있었을 것이다. 예를 들어 암스테르담의 강단으로부터 교인들은 자신을 기꺼이 내어 놓으라는 요청을 받았다. 교회는 모든 선박에 병자위로자와 목사가 있어야 한다고 점점 더 주장했다. 더 작은 선박에는 병자위로자가 필요했고 더 큰 선박, 특히 가장 중요한 선원들의 배에는 목사를 배치해야했다. 동인도회사의 두 번째 특허는 그것을 규정하였다. 동인도회사는 1625년 홀란트 총회에서, 이러한 교회 권면을 진심으로 받아들였고 선상에 병자위로자 없이는 거의 한 선박도 떠나지 않았다고 보고했다. 그럼에도 불구하고 이 문제는 총회에서 매년 자연스럽게 논의되는 주제로 남아있었다. 총회의 교회연락원은 각 선박에 병자위로자가 배치되었고, 각 주요 선박에 목사가 배치되도록 조치했다고 간단하고 명료하게 말했다.[1]

업무

동인도회사 지역 상사의 전문이사들과 교회는 서로 협의하여 선원의 영적 돌봄을 위해 목사와 병자위로자에게 업무를 배정했다. 그들에 대한 지침이 암스테르담과 발혜런 노회에 의해 작성되었다. 동인도회사는 1617년과 1695년에도 이 교회 지침에 동참했다. 아시아 간 해상 운송에 참여하는 선박에 승선한 병자위로자는 바따비아 교회법에 그 지침이 담겨져 있는 것을 확인했다. 이로 인해 병자위로자는 그들을 파송한 네덜란드 노회 대신 바따비아 교회 당회에 책임을 지게 되었다.[2]

---

1   W.P.C. Knuttel, *Acta der Particulier Synoden van Zuid-Holland* deel 6('s-Gravenhage, 1916), 84, 125, 300v., 338, 389, 426.

2   J.P. Claasen, *Die sieketroosters in Suid-Afrika 1652-1866*(Pretoria, 1977), 30-37.

병자위로자의 업무는 교회 지침에 의하던 동인도회사의 규정에 의하던 참된 종교를 유지하는 것이었다. 배에 탄 사람들의 경건한 모범은 '눈먼 이교도'에게 하나님에 대한 바른 '지식'을 가르치는데 도움이 되었다.

병자위로자의 업무는 구체적으로 병자들이 불행한 환경으로 인하여 하나님을 떠나는 것을 막는 것이었다. 첫 번째 업무는 해상에서 병자들을 하나님의 말씀으로 가르치고, 말씀으로 권면하고, 그들을 강하게 하는 것, 즉 위로하는 것인데, 그들의 명칭은 이 업무에서 유래하였다. 두 번째 업무는 더 넓은 것으로 선원 전체를 대상으로 하였다. 정규 시간에 그리고 적당한 기회에 시편을 읽거나 낭독하고, 성경 몇 장과 다른 신앙 강연의 일부를 낭독해야 했다. 이것은 경건하게, 즉 전후에 기도와 함께 수행해야 했다. 이를 위해 정해진 시간은 매일 아침과 저녁, 그리고 항상 식사 전후였다.

다음 업무는 좋은 기회를 잡아 성경에 대한 지식이 없는 선원들을 가르쳐야 했다. 하나님의 법을 무시한 선원들을 회개와 죄의식으로 유도하고, 그래서 그들이 죄스런 행동으로부터 멀리하도록 해야 했다. 그런 다음 하나님의 무서운 심판을 지적하여 그[죄스런 행동]에 대한 진지한 경고를 덧붙여야 했다. 특히 병자위로자는 저주와 맹세를 금지하는 제 3계명을 어기는 죄에 맞서야 했다. 주님의 이름이 불신을 받게 해서는 안 되었다. 하나님을 신뢰하지 않은 선원들은 그들의 불신앙이나 체념과 얕은 신앙으로 부터 구제되어야했다. 마지막 조항은 병사위로자가 종교적인 일 이외에 다른 일에 간섭하지 못하도록 강력히 제한했다. 그렇게 하여 그들은 노인과 청년 모두에게 좋은 본보기가 될 수 있었다.[3]

---

3   L.J. Joosse, *Scoone dingen sijn swaere dingen*(Leiden, 1992), 299-301.

'마우리띠우스 섬에서 보고 발견한 것의 묘사'(1598).

11번에 속하는 본문은 믿을만하고 적합한 사람인 '델프트의 피테르선(Philip

Pietersen) 목사가 그 섬에서 매주 2회 설교했다'고 말한다

전문이사들은 병자위로자는 목사처럼 그들을 파송한 노회의 교회 지침을 지켜야 한다고 규정하므로서 이 교회 지침에 동참했다. 다음에 이사들은 그들의 지침에서 교회 직원의 지위, 노동의 시간과 조건에 대해 이해하기 쉽도록 설명했다. 또 동인도회사 직원은 교회 직원을 경멸해서는 안 된다고도 했다. 이에 대한 이유가 있고 교회가 사법적 문책이 필요하다면, 이는 반드시 상급 선원에 의해서만 허용되어야지, 단연코 공개적으로 주어져서는 안 되었다. 반대로 목사와 병자위로자는 설교에서 고위 관리, 선장 및 저명한 상인을 공개적으로 비난해서는 안 되었다. 그것은 공무원을 조롱하는 풍조를 조장할 수 있었기 때문이다. 해상에서 중진 선원들이 말이나 행동으로 법을 어기면, 개인적 질책만 할 수 있었고, 공개 설교는 일반적인 훈계만 할 수 있었다. 경멸은 금지되어야 했다.

선상과 육지에 배치된 목사와 병자위로자는 매일 아침과 저녁 자신의 업무를 인지하고, 배에 탄 사람들이 태만하지 않고 기도를 바르게 하도록 감독해야 했다. 또한 오전과 오후 '권면'이나 설교는, 주일과 주중에 있는 모든 예배와 같이, 가능한 많이 해야 했다. 매일, 필요하다면 더 자주, 병자를 방문해야 했다. 동시에, 교회 직원은 선박, 무역거점, 요새나 다른 무역 재산에 관한 일에 대해서 단연코 간여하거나 말하지 않도록 정해졌다. 그들에게 교회 업무를 수행하는 것 외의 일을 하는 것은 금지되었다. 그들은 순회 여행 후 돌아오면 매번 종교와 학교에 대해 노회에 보고해야 했다. 이런 일에 관한 결정은, 전문이사들이 노회와 함께 사정에 따라 변경하거나 개선해야 할 것을 규정했기 때문에, 노회에 넘겨야 했다. 전쟁과 무역 상태에 대한 정보들을 퍼뜨리는 것은 그들에게도 엄격히 금지되었다.

나아가 교회 직원은 임의로 근무처를 변경할 수 없었다. 해상관리회는 가까이 있는 (동료) 목사의 조언을 들은 후에 선상의 목사와 병자위로자의 전출에 대해 결정했다.

모든 불의를 꾸짖고 나무라는 일은 복음 설교에 속한다. 목사는 이 업무도 수행해야 했다. 그렇지 않으면 그들은 자신들의 침묵으로 악행을 찬성하거나 그들의 업무를 소홀히 했다는 인상을 줄 수 있었다. 배에 탄 사람들이 교회 직원의 구체적인 문책에 저항하거나 조롱했다면, 교회 직원은 협의와 해상관리회의 가능한 지원을 받아 명예를 걸고 이 굴욕적인 소용돌이를 멈추게 할 수 있었다. 그러나 단지 해상관리회만 해당 선원들의 월급 동결과 같은 구체적인 처벌을 할 수 있었다.

노동의 조건에서 목사는 선상에서던 육지에서던 숙식에 대한 권리를 가졌다. 그들은 별도의 연구처와 휴식처를 얻었다. 서열에서 목사는 현지의 상급 상인, 부지사, 해상 선장 그리고 무역거점의 일급 상인 다음이었다. 그래서 목사는 하급 상인 보다 높은 지위를 차지했고, 후자는 다시 병자위로자 보다 높았으며, 서열 상 병자위로자 다음에 1등 항해사가 그 뒤를 이었다. 1등 항해사는 다시 선상의 군인 하사관 보다 한 단계 높았다. 때문에 목사는 선장실에서 한 자리를 요구할 수 있었다.

목사의 업무기간은 5년으로 정해졌다. 그들은 스스로 이 기간을 연장하거나 귀국을 결정할 수 있었다. 그러나, 부적합이 밝혀지는 경우, 전문이사들은 이 기간을 줄이고 해당 교회 직원을 돌려보내는 권리를 보유하였다. 누군가 사망했다면, 교회 문서들과 자료들이 아닌 경우(교회 문서와 자료는 노회에 속하였기 때문에), 그의 소유물은 자세히 기록되어져 전문이사들에게 넘겨졌다.

병자위로자와 목사에게는 그들의 일에 필요한 도구가 선내에서 제공되었다. 독서할 수 있는 선원들을 위하여, 로테르담 장로요 동인도회사의 변호사인 더 흐로트(Hugo de Groot)는 1622년 참된 종교에 대해 시(詩)로 된 소책자를 발간했다. 목사와 병자위로자는 무엇보다도 플레시스 모르나이(Philippe du Plessis Mornay)가 번역한 참 종교에 대한 가르침과 변증을 사용할 수 있었다.[4] 그들은 또한 타핀(Taffin)과 위데만스(Udemans) 같은 저명한 경건주의 목사들이 저술한 어부와 다른 선원의 행실을 교육하기 위한 많은 도덕적 입문서를 가지고 있었다. 나아가, 호미우스(Hommius)의 교리문답해설과 같은 성경교육용 교재와 종교적 훈련을 위한 설교도 고려했다. 동인도회사는 교회와 협의하여 해상과 육지의 요새에서 교회 직원이 사용할 수 있는 도서 목록을 보관했다. 이 목

---

4 Joosse, *Scoone dingen*, 97-106.

록은 거의 변하지 않았는데, 1790년 타핀의 책 한권이 삭제되었다. 특히 17세기에는 이 해상 생활에 대한 입문서와 교재가 주목을 받았고, 18세기에는 선원을 대상으로한 설교집에 대한 수요가 상대적으로 더 많았다.[5] 특히 프리슬란트의 목사 베스테르만(Adam Westerman)과 암스테르담의 목사 반 레이우바르던(Nicolaas Simons van Leeuwaarden)의 설교집들이 유명했다. 1611년 베스테르만이 저술한 경건한 설교집 『기독교 항해와 위대한 기독교 항해』(*Christelycke Zee-vaert en Groote Christelycke-vaert*)는 심지어 34판을 거쳤는데, 이 책은 18세기 까지 선상에서 의무적으로 사용되었다.[6] 또한 아프리카 여행 후 신-네덜란드의 첫 시인으로 불렸던 병자위로자 스테인담(Jacob Steendam)의 시들은 엄청나게 팔렸다.[7] 우리가 그의 말을 믿는다면, 모두가(모든 것이 순조로웠던 순간들이었을 것인데) 선상에서 일하고 머물 때 크게 즐거웠다. 그는 선상에서의 생활을 공동체로 그리고 하나님의 은혜로부터 보았다:

이른 새벽, 해가 뜨면,
각자의 일이 정해지고,
아버지여, 주를 찬양하네,
주의 보호하심을,
간구와 기도로,
오직 주의 도움으로,

---

5 Classen, Sieketroosters, 37-48; A.Th. Boone, 'Om een woesten hoop te brengen tot de kerck'. Een onderzoek naar zendingsgedachten in piëtistische zeemansvademecums', in A.Th. Booneen J. van Ekeris, *Zending tussen woord en daad*(Kampen, 1991), 14-46.

6 Boone, 'Woesten hoop', 14-18.

7 W. Frijhoff, *Wegen van Evert Willemsz. Een Hollands weeskind op zoek naar zichzelf, 1607-1647*(Nijmegen, 1995), 534-539.

우리는 어디로 가는가,

계시 후,

우리가 말씀으로 주께 받은 것

그리고 찬양으로 기도를 마무리한다.

우리의 배는 교회이고,

바른 집, 그리고 세상,

각자가 자신의 일을 하는 곳.

그 안에서 욕망으로

무엇을 하든

살거나, 시를 쓰거나, 글을 쓰거나,

가고 머무는 우리 집

바다 위에서 휴식을 취한다.

구름 사이로 항해하고 떠다니네,

모든 사람들의 시야에서 사라지네.[8]

병자위로자는 창의적이든 아니든 설교를 읽을 때 교회가 승인하여 출판된 본문들에 매여 있었다. 목사는 더 많은 자유를 가졌고 독립적으로 성경적 적용에 많은 신경을 쓸 수 있었다. 또한 세례를 요청하고 자격을 갖춘 사람들에게 세례를 베풀고, 해상에서 가능한 경우, 성찬식을 집행 할 권한이 있었다.

---

8   Jacob Steendam, *Den Distelvink*, dl III Hemelsang(Amsterdam, 1650), 81.

수행한 업무

배에 탄 사람들은 교회 직원의 청중이었다. 선원들은 거기에서 자유롭지 않았다. 노동계약서는 [교회] 출석을 규정하였고 결석에는 벌칙이 있었다. 그래서 이 선상의 교인은 여러 가지 면에서 매우 혼합된 그룹들로 구성되었다. 이들은 먼저 군인과 선원을 포함하였다. 군인은 선상에서 많은 자유 시간을 가졌는데 자주 아팠다. 그들은 해상 노동을 거부함으로써 상당한 폐해를 일으켰다. 그들은 다양한 유럽 국가 출신이었다.[9]

결코 모든 사람(가톨릭, 루터파나 개혁파)이 세례를 받은 것은 아니었다. 침례교인은 유아세례를 거절했다. 세례를 받았거나 교인이라도 그들은 모두가 앞에 언급한 스테인담처럼 경건하지는 않았다. 베스테르만의 설교와 같은 많은 선박문헌에는 선원들의 추행에 대한 강한 비판이 있었다.

교회 직원의 대부분은 일반적으로 가치 있는 방식으로 업무를 수행했으며 항상 결실이 없는 것은 아니었다. 그것은 처음부터 그랬던 것 같았다. 병자위로자 피테르선(Philip Pietersen)이건 그의 동료 마테우스건 항해 동안에 세례를 줌으로써 그들의 권한을 벗어났다. 피테르선은 마다하스카의 '더 스바르트'(Louwerens de Swart, 1598년 9월 27일)에게 세례를 주었고, 마테우스는 몇 명의 선원들에게 세례를 주었다. 암스테르담 노회는 두 사람 다 재 파송을 조건으로 그 일에 대해 심문했다. 암스테르담 형제들[노회]은 실용적이었기 때문에 이런 직무이탈의 필요성을 이해했다. 그들은 마다하스카 출신 이교도나 선원을 구별하지 않았다. 목회적 일이 우선이었으므로 마테우스의 세례와 예언

---

9   J.R. Bruin, eds., *Op de schepen der Oost-Indische Compagnie. Vijf artikelen van J. de Hullu*(Groningen, 1980), 50vv. en 139; F.S. Gaastra, *De geschiedenis van de VOC*(Zutphen, 1991), 81v.

자적 권고를 승인했다. 나아가 재 파송에서 그의 권한이 진실로 선교적 의미에서 확대되었고, 이 때문에 마테우스는 첫 개혁교회 선교사로 부를 수 있다. 1599년 그는 복음을 전할뿐 아니라 세례를 베풀고 가능하면 이교도를 '그들의 어둠에서 구원하는' 새로운 권한을 위임받았다.[10] 이것은 그의 직무이탈이 필요했고 세례는 1598년 동인도로 항해한 선박에서 베풀어졌다는 것을 암시했다. 또한 암스테르담 노회가 비-교인에게 세례를 주고 개종시키기 위해, 목사를 파송해야 한다는 요건을 고수하는 대신, 교회 직원을 임명하는데 가능한 가장 저렴한 해결책을 모색함으로써 잠정적으로 동인도회사의 손을 들어주었다는 것을 의미했다.

병자위로자가 교회로부터 세례를 베풀 수 있는 권한을 부여받은 것은 이 사건만으로 된 것은 아니었다. 그러나 선상에서 그들의 주된 임무는 당연히 병들고 죽어가는 사람들을 정기적으로 돌보는 목회적 사역이였다. 식량부족, 질병과 사망이 큰 타격을 주었기 때문에 그들은 이 일만으로도 바빴다.[11] 나아가 그들은 매일 아침과 저녁으로 헌신하고 또 예배를 인도하였다. 또 예배 중이나 예배 후에 선상에서 성찬까지 거행했다.

개혁파 병자위로자와 목사의 능력과 자질에 대한 평가는 달랐다. 1649년 동인도회사 선박에서 프랑스 왕을 모셨던, 오본느의 남작, 프랑스 가톨릭 타베르니에(Jean Baptist Tavernier)는 영적 돌봄은 단연코 불충분했다고 평가했다. 그는 선상 예배는 전직 재봉사였던 '평범한' 병자위로자의 인도 아래 진행되었다고 불평했다. 그는 그것을 품위 있는 예배방식으로 생각하지 않았다. 그들은

---

10 Acta Cl. Amsterdam 21 nov. 1599, in C.W.Th. van Boetzelaer van Dubbeldam, *De Gereformeerde kerken in Nederland en de zending in Oost-Indië in de dagen der Oost-Indische Compagnie*(Utrecht, 1906), 241v.

11 J. de Hullu, in Bruijn en Lucassen, *Op de schepen*, 81-98.

목소리가 종종 좋지 않았다. 타베르니에는 육지에서 종교 의식이 전혀 행해지지 않았다는 것은 특히 비난할 만한 일이라고 생각했다. 그는 자신이 출판한 여행기에서 휴식 차 동인도회사 선박이 세인트 헬레나에 정박해 있었다는 사실을 언급했다. 또 항해가 계속되자 그는 안도의 숨을 내쉬었는데 이는 '목사'라고 불렸던 학교 교사들이 본연의 업무로 돌아갔기 때문이다. 병자위로자의 인도로, 아침과 저녁 기도회와 주일에 시편이 불려졌고, 매번 인쇄된 설교 2편이 낭독되었다. 짧게 말해서, 그들의 입맛에 따른 영적 돌봄은 자랑할 수 있는 것이 아니라 수준 이하였다.[12] 그러한 불평들은 목사와 병자위로자가 성실히 그들의 업무를 이행하였다고 단지 간략히 언급한 노회와 총회의 보고 보다, 더 깊은 인상을 본국에 남겼을 것이다.[13]

목사의 사역은 전문이사들에 의해 엄밀히 그러나 정치적 그리고 상업적 관점에서 여러 측면으로 관찰되었다. 바스티안스(Gijsbert Bastiaensz)는 그것을 알았다. 그는 동인도회사-선박 바따비아에서 사역을 시작한 이후, 오스트레일리아의 해변 앞에서 파선과 폭동을 겪었다. 그는 혼자 공포에서 살아남았고 몇몇 다른 사람들과 함께 1630년 4월 바따비아에 도착했다. 사법위원회는 '살인자들'에게 한 그의 권고와 설교가 원하던 결과를 얻지 못했기 때문에 그를 고발했다. 그러나 바따비아 교회 당회는 그를 무죄로 선언하고 그를 업무에서 해고하기를 원하지 않았다. 당회는 또한 교회와 당국 사이에 갈등이 심화되어, 총독의 희망과 달리, 그가 바따비아에서 목회 사역을 계속할 수 있는 이유를 강단에서 공개적으로 선포하기를 원했다.[14]

---

12   Jean Baptist Tavernier, *Receuil de plusieurs Relations*(Parijs, 1679), 258-260.

13   참고. 예를 들면 Knuttel, Acta Z-H. 5, 35(syn. 1673), passim sub 'ziekentroosters'.

14   Joosse, *Scoone dingen*, 432v.

『병자위로자 입문서』
(Het handboek
voor ziekentroosters)
반 레이우바르던
(N.S. van Leeuwaarden)의
하나님을 경외하는 선원
(1709)

병자위로자와 목사는 선상에서 구체적 권징에 대해 구두로 말하는 것 외에
는 아무 것도 할 수 없었다. 성격 상, 교회 직원은 물론 이 문제에 있어 교회적
책임을 졌고, 장로이거나 전에 본국에서 장로로 사역했던 중진 선원들과 함께
그들의 권한을 행사할 수 있었다. 그러나 갑판원들의 훈련은 간수에 맡겨진 일
이었다.[15] 그래서 그들은 그 중에서도 과음에 거의 반대할 수 없었다. 실제로

---

15   J. de Hullu, in Bruijn en Lucassen, *Op de schepen*, 98-112.

항해자 더 용(Wollebrandt Geleynsz de Jongh)에 의하면, 선상에서는 술을 배울 필요가 있었다. 그는 알크마르스의 여자 친구에서 보낸 사랑의 편지에서, 보통 술은 예를 들어 추위를 이기는 수단으로 필요하고 무엇보다도 선상에서는 물이 더 부족해서, 몸을 활발하게 해주고 따뜻하게 해주는 술보다 더 비쌌다고 썼다.[16] 선상에서는 배포한 술은 모아두는 것이 금지되었고, 술은 배부된 후 바로 소비되어야 했다. 특히 술은 건강을 위해 제공되었다. 사회 생활과 특히 공연된 연극에서도, 술이 필요하다고 보았다면, 교회 직원은 [과음 관행을] 거의 바꿀 수 없었을 것이다.[17] 어느 경우에나 그들은 선상에서 가능한 한 본국의 교회 생활을 구체화하기를 원했다.

---

16 H.E. van Gelder, 'Wollebrandt Geleynsz', 'de Alkmaarder wees', *Oud-Holland* 33(1915), 36.
17 J. de Hullu, in Bruijn en Lucassen, *Op de schepen*, 89, 112, 128-131.

제2장 위대한 식민지 도시교회 (바따비아)

헤릿 얀 스휘터(Gerrit Jan Schutte)
헨드릭 E. 니메이어(Hendrik E. Niemeijer)

쿤(Jan Pietersz Coen)이 1619년 5월 자카트라를 정복한 후, 동인도회사는 이 곳을 동인도회사 무역의 중심지이자 네덜란드 동인도의 수도로 만들기 위해, 10년 동안 상관을 두고 있었다. 동인도회사 업무를 수행한 최초의 목사 중 한 명인 휠세보스(A. J. Hulsebos) 목사는 어떻든 이미 1616년부터 상관의 사람들 사이에서 사역하고 있었다.[1] 그러나 이 도시에 동인도회사 직원 수가 증가함에 따라 바로 교회 생활과 기독교 표준에 따른 공공 생활의 규제를 더 마련되어야 할 이유가 생겼다. 휠세보스는 예비목사 뒤벨트레익(J. A. Dubbeltryck)과 3명의 병자방문자와 함께, 1620년 1월 14일 총독과 (동인도의) 최고 회의에 '호의, 지원과 도움'을 요청했다.[2] 그들의 요청은 개혁파 신앙의 3가지 기본 요소, 즉 교직(敎職)의 확립과 성찬의 거행, 사회에 복음의 공개적 선포, 그리고 입법과 규제가 하나님의 전능하심을 공적으로 인정하는 것을 다루었다. 첫 번째 항목에서 그들은 상임 목사를 임명하고 2명의 장로를 선출하도록 제안했다. 두 번째 항목에 관해서 교회의 선교적 사명을 진지하게 생각하고, 네덜란드어 예배에 말레이어 예배를 추가하기를 원했다. 그리고 동인도회사 직원의 교회 출석,

---

1 J. Mooij, *Geschiedenis der Protestantische kerk in Nederlandsch Indië*(Wrltevreden, 1923); A. Algra, *De kerke Christi te Batavia*(Franeker, 1946); H.E. Niemeijer, *Calvinisme en koloniale stadscultuur. Batavia 1619-1725*(Amsterdam, 1996).

2 J. Mooi, red., *Bouwstoffen* voor de geschiedenis der Protestantische kerk in Nederlandsch Indië (Weltevreden, 1927-1931, 3delen), I, 81.

결혼, 그리고 주일엄수에 관한 규정을 제정하기를 원했다.

1620년 12월 실제로 교회가 개척되었다.[3] 휠세보스가 목사로 임명되고, 출석한 교인들은 2명의 장로를 선출하고, 3주 후인 1621년 1월 3일 42명이 첫 성찬식에 참석했다. 1621년 1월 21일 '자바에 있는 이 도시 전체 교회를 대표하여' 교회 당회 첫 회의가 열렸는데, 참석자는 휠세보스와 뒤벨트레익, 장로 2명, 반스탄(Gommarus van Staen)과 라프(Wynant Raeff), 병자방문자 반 베이메너스(Jonas Arisz. van Wijmenes)와 학교 교사 힐리선(Caspar Gilissen)이었다. 그들은 당회의 규정을 작성하고 힐리선을 서기로 임명하고, 가정방문, 특히 '교인들과 예배를 소홀히 한 동인도회사에서 일하는 기독교인들이나 자유민 교인들'의 가정방문을 규정했다. 그리고 '한 어린이(암스테르담의 크라스(Gerrit Claesz)의 사생아 아들 … 어머니는 크라스의 여자 노예로 발리 출신의 비-기독교인 셈비지(Sembidji))'에게 '[기독교인] 아버지가 하나님과의 언약에 들어간 자이기 때문에, 또 이 어린이의 대부와 후견인이 되어 (기독교) 교육을 보장한 아버지와 한 부부의 요청에 따라, 세례를 줄 것을 결정하였다.'[4]

일주일 후 교회 당회가 다시 모였는데, 당회는 다시 해외 교회의 특징이자 근본적인 문제인 혼합결혼의 문제에 직면하게 되었다. '그래서 … 매일 여러 사람이 때로는 기독교인과 때로는 비기독교인과 결혼을 허락해 달라고 요청하는 일이 발생한다.'[5] 이것이 다문화 식민지 사회에 위치한 국가 개혁교회의 현지 상황이었다.

---

3   Mooi, *Bouwstoffen*, I, 82v.

4   Mooi, *Bouwstoffen*, I, 101.

5   Mooi, *Bouwstoffen*, I, 102.

바따비아에 있는
포르투갈 교외 교회의
유명 인사 좌석과 오르간

    자카트라라고 불렸던 바따비아는 최대 2,000명의 주민이 거주하는 조그만
항구 도시에서 동인도회사 왕국의 중심부 대도시로 빠르게 발전했다. 1632년
바따비아의 주민은 벌써 8,000명으로, 1679년에는 32,000명으로 4배나, 늘었
는데, 그 중 13,593명은 시내에서 거주했다. 다시 20년 후, 1699년에는 71,599
명의 주민이 거주했고, 그 중 21,911명은 도시에서 거주했다. 1730년 이후에는
도시의 건강이 나빠지면서, 그 수가 약간 감소하여, 1768년에는 도시에 20,000
명과 교외와 주변 시골인 오멜란던 원주민 촌락에 60,000명으로 추산되었다.[6]

---

6   Niemeijer, *Calvinisme en koloniale stadscultuur,* 26(1632, 1679); J.S. Stavorinus, *Reize van Zeeland
    over de Kaap de Goede Hoop naar de Samarang, Macassar, Amoina, Suratte enz.* (Leiden, 1978),
    II, 277(1768); H.E. Niemeijer, 'Slavery. Ethnicity and the Economic Independence of Women, in
    Seventeenth-Century Batavia', in Barbara Watson Andaya ed., *Other Pasts. Women, Gender and
    History in Early Modern Southeast Asia*(Honolulu, 2000), 136.

구-바따비아는 네덜란드 도시의 특징을 가졌다. 그 도시는 성으로, 성벽과 성문(예를 들면 암스테르담과 로테르담 성문) 그리고 운하로 보호되었다. 칼버스트라트, 프린세스트라트 그리고 헤이러스트라트와 같은 네덜란드 이름을 가진 도로, 신-르네상스식 시청, 화려한 교회 건물과 벽돌로 지은 많은 주택과 운하주택을 가졌다. 반면 여기에는 운하를 따라 야자수들이 있었는데, 이 운하들은 아우데르케르크흐라흐트, 드바르스그라흐트, 바위텐흐라흐트나 몰렌블리트 같은 네덜란드 이름을 가진 다른 운하들과 함께, 카이만스흐라흐트, 리노세로스흐라흐트 그리고 테이헤르스흐라흐트 같은 이름을 가졌다. 바따비아는 무엇보다 현지 재료와 아시아 건축양식으로 지은 주택과 건물을 가졌고, 대나무로 만든 별실, 베란다, 니파야자 지붕을 가진 뒷골목과 통로들로 차있고, 상이한 국민성을 가진 사람들이 거주하였다. 바따비아에는 임시 중국인 거주자, 자바인, 발리인, 마까사르인, 부기니인, 암본인, 동인도인, 말레이인이 있었다. 그 밖에 많은 마르데이커르인[해방된 노예와 그 후손]과 혼혈 메스티스인이 있었다. 그리고 여기에는 물론 많은 노예(전체 주민의 거의 반)가 있었다. 몇몇 구역과 원주민촌은 특수한 인종적 성격을 가졌다. 자유인, 자바인, 발리인, 부기니인은 성벽 안에서 거주하면 안 되었다. 바따비아에서는 많은 언어가 사용되었다. 네덜란드어는 동인도회사의 공용어였다. 정착한 네덜란드인들 사이에 사용된 공용어는 마르데이커르인과 유라시아인의 언어인 포르투갈어였다. 그것과 나란히 말레이어가 많이 사용되었다.

바따비아는 다인종 다문화가 공존하는 전형적인 식민지 도시였다. 유럽계 인구는 1632년 2,422명, 1679년 2,987명, 1768년 5,652명으로 수 천 명을 넘지 않았다. 그런데 유럽계 주민이라는 명칭은 순수한 인종적 명칭이 아니라 법적으로 문화적으로 정해진 명칭이었다. 물론 대부분의 유럽인은 베란다(네덜란드인)였지만, 이 유럽인 그룹의 적지 않은 부분이 유라시아인, 동인도회사 직원의 배우자와 자녀 그리고 자유민으로 구성되었다.[7] 동인도회사는 남성의 세계로 가족을 가진 직원은 매우 드물었다. 그러나 일부는 배우자를 동부에서 찾았다. 예를 들면 1632년 바따비아에는 동인도회사 직원 1,560명이 살았으나, 그것에 비해 136명의 아내와 64명의 자녀만 있었다. 동인도회사 직원은 아내와 자녀의 소유로 인해 종종 아시아에 남아 자유민으로 정착하기로 결정했다. 1632년 자유민 그룹은 남성 229명, 여성 260명, 자녀 149명이었다.[8]

오랜 세월이 흐르면서 (이전) 포르투갈 식민지 정착지 출신의 많은 자유민도 이 도시에 정착했다. 그래서 바따비아에 유라시아 주민 요소는 점차 크게 증가했다. 1679년 초 혼혈 메스티스 1명에 네덜란드인 3명이 있었다(네덜란드인 2,227명, 메스티스 760명). 1632년 당시 유럽인(동인도회사 직원과 자유민을 합친 인구)은 도시 주민의 29.5%를 차지했다. 그러나 도시 주민의 증가와 함께 그 비율은 내려갔다. 1679년 초에는 (바따비아를) 통과하는 선원들과 군인들을 포함하여 겨우 10%에 불과했다.

바따비아 주민 중 기독교인 비율은 처음부터 유럽인과 유라시아인 주민그룹에 한정되지 않았다. 개혁교회는 앞에 언급한 발리의 셈비지와 같은 반-노예 어린이뿐 아니라 성인 노예와 여성 노예, 자유민 아시아인에게도 세례를 주었다. 예를 들어 1644년 어린이 205명(유럽인 어린이 49명, 유라시아인과 원주민

---

7 J.G. Taylor, *Smeltkroes Batavia. Europeanen en Euraziaten in de Nederlande vestigingin in Azië*(Groningen, 1988); L.J. Blussé, *Strange Company. Chinese settlers, mestizo women and the Dutch in VOC Batavia*(Dordrecht 1986).

8 Niemeijer, *Calvinisme en koloniale stadscultuur,* 26.

어린이 26명)과 성인 133명(유럽인 2명, 마르데이커르인 26명, 노예와 여성 노예 105명) 등 338명이 세례를 받았다.[9] 분명히 이 새로운 교인들은 인종적으로 매우 다양하게 구성되었다. 예를 들어 1676년 95명의 신입교인 그룹은 모두 마르데이커르인으로, 남아시아와 동남아시아의 14개의 다른 지리적 지역 출신이었다.[10]

시간이 지나 바따비아에 기독교인 주민 그룹이 정착되었을 때에도, 그 성장은 내부 증가만으로 이루어지지 않았다. 예를 들어 1689년 신앙고백으로 385명의 교인이 성찬식에 참여하였다. 사실상 이들 중 3분의 2(279명)는 예전에 세례를 받았고 기독교 양육을 받았다. 그들 가운데 78명은 네덜란드어 권, 185명은 포르투갈어 권, 16명은 말레이어 권, 회중에 속했다. 다른 106명은 신앙고백으로 동시에 세례를 받았는데 그 중 2명은 말레이어 권, 104명은 포르투갈어 권 회중에 속했다.[11] 그래서 바따비아 개혁교회의 성장은 주로 복음전파와 선교에 의해 일어났다. 이러한 성장은 말레이어 권 회중에서는 크지 않았는데, 1700년경 매년 소수의 성인이 세례를 받았고, 신앙고백을 한 사람은 총 15명이었다. 성장은 특히 포르투갈어 권 회중에서 일어났다. 이유는 1689년 세례를 받은 성인의 이 숫자는 이례적이 아니었기 때문이다. 즉 1688-1708년 20년 동안에 포르투갈 교회에서는 매년 평균 106명의 노인과 372명의 어린이가 신앙고백으로 세례를 받았다.[12] 포르투갈어 권 회중의 성장은 - 네덜란드어 권 회중과 비례해서도 역시 컸는데 - 당시 그 도시에서 포르투갈인의 주도적 역할을 나타낸다. 성인세례를 요청했던 많은 교인은 실제로 유라시아인(56%)이었지

---

9   Niemeijer, *Calvinisme en koloniale stadscultuur*, 184.
10   Niemeijer, *Calvinisme en koloniale stadscultuur*, 218.
11   Mooi, *Bouwstoffen*, III.
12   Niemeijer, *Calvinisme en koloniale stadscultuur*, 177.

만, 거의 똑같이 많은 교인(44%)은 포르투갈어를 제 2외국어로 사용하는 아시아인이었다.[13]

그래서 바따비아의 개혁교회는 빠르게 성장했다. 1674년 이 교회는 2,300명의 교인을 가졌고, 18세기 초에는 5,000명을 넘어섰다. 이 시기에 이 교회는 다양한 교회 건물에서 모였다.[14] 이미 1625년 피르더드바르스흐라흐트에서는 단순한 교회 건물이 네덜란드어 예배를 위해 사용되었다. 그러나 이 건물은 군사적 이유들로 바따비아가 포위공격을 받을 때 파괴되었다. 여러 가지 임시 해결책을 거쳐 1643년 니우버 혹은 네데르다위츠 도시 교회가 완성되었는데, 이 교회는 암스테르담의 노르트 교회를 본떠 지어졌으며, 네덜란드어 권 회중을 대상으로 했다. 두 번째 모임 장소인 카스테일스 교회가 바따비아의 행정 중심지에 그리고 총독의 거실 바로 인접한 지역에 완성되었다. 사실 니우버 교회는 18세기 초 황폐되어 웅장한 네덜란드 교회(1737년; 21쪽 그림과 비교)로 바꾸어졌다. 또한 이 도시의 정박지에 계류(繫留)되어 있던 선대에서 매주일 예배가 있었다.

말레이어를 사용하는 바따비아 개혁교인은 그들의 첫 (대나무로 지은) 교회건물을 1633년에, 그리고 최종 돌로 지은 하나님의 집을 1678년에, 얻었는데, 후자의 교회에는 당시 유명한 성경번역자-언어학자 레이데커르(Melchior Leydekker) 목사가 첫 상임 목사가 되었다. 포르투갈 비넨 교회는 4년간 건축 후 1672년 완성되었는데, 원래 말레이어 예배를 위한 것이었다. 그러나 바로 이 시기에 포르투갈인 교인들이 매우 크게 증가했고 1669년 이후 시청에서 포르투갈어 예배를 드렸다. 그러나 포르투갈 비넨 교회는 얼마 되지 않아 포르투

---

13 Niemeijer, *Calvinisme en koloniale stadscultuur,* 178.
14 Niemeijer, *Calvinisme en koloniale stadscultuur,* 104-112.

갈어를 사용하는 모든 마르데이커 개혁교인들을 더 이상 수용할 수 없어, 1695년 포르투갈 바위턴 교회가 개설되었다. 성문 밖과 오멜란던에는 점차 더 많은 공동체 건물이 문을 열었는데, 그중 오늘날까지 뚜구에 있는 교회가 보존되어 있다. 온루스뜨, 뿌르메렌, 에담 그리고 동인도회사가 창고와 조선소를 소유한 바따비아의 해안에 있는 작은 섬들에서도 정기적으로 예배가 드려졌다. 온루스뜨는 1671년 이후 심지어 상임 목사 근무처를 가졌다. 언급한 이런 저런 것으로 인해 교회재산 관리인을 세우고 2명의 교회 교사(1665년 포르투갈어 교회의 경우 2명을 더 임명)를 임명해야 했으며, 이들은 매년 최고 정부에 회계보고서를 제출해야 했다. 또한 검증된 본국의 방식에 따라 개혁파 구빈원(1629), 고아원(1635), 나병원, 말레이 병원 등 다양한 자선기관이 문을 열었다.

바따비아에 기독교의 확실한 성장은 크게는 새로운 기독교인의 유입에 의한 것이었다. 왜 그들은 교회로 들어왔는가? 어떻게 그들은 받아들여졌는가? 어떻게 그 커다란 도시 회중이 조직되었는가?

이미 언급했듯이 동인도회사 시대의 사람들은 바따비아에 있는 저지독일계, 말레이계, 포르투갈계 회중에 대해 이야기하는 데 익숙했으며, 각 회중에는 교회 건물과 목회자가 따로 있었다. 하지만 이런 말은 쉽게 오해를 일으키게 한다. 개혁파 바따비아에는, 한 교회 당회와 한 집사회가 이끄는 한 회중만 있었기 때문이다. 원칙 상 이 당회는 매주 월요일 오후에, 저지독일계 도시 교회의 당회 회의실에서 모였는데, 여기에는 행정문서와 아카이브(기록문서)가 보존되어 있었다.

바따비아의 개혁파 회중이 증가함에 따라, 교회 당회는 1621년의 목사 1명과 장로 2명 보다 점점 더 많은 당회원을 포함했다(병자위로자와 교사는 그 자체로 공식 당회원은 아니었다). 목사의 수는 반세기 후에 8명으로, 1685년부터는 11명으로 증가했다.[15] 장로의 수 역시 몇 번이고 증가했다. 1643년 4명에서 1668년 6명 그리고 1673년 8명, 18세기 후반에는 심지어 11명이 되었다. 집사의 수는 장로의 수를 능가했다. 1643년 5명, 1668년 6명, 1670년 8명, 1682년에는 12명이 되었다.[16] 장로는 본국에서와 똑같이, 이 도시의 다소 저명한 주민과 동인도회사 중급 이상 직원 사이에서 찾아졌다. 장로는 정기적으로 동인도 최고 회의에 참석했다. 네덜란드어가 교회 당회의 공용어였기에 더욱 강화된 이러한 사회적 기준은 순혈종의 아시아인이 장로로 임명되는 데 장애가 되었다. 그러나 1643년 교회법에 따르면 '가끔씩 발생하는 불만과 질투를 모두 제거'하기 위해 장로의 절반은 자유민 다른 절반은 동인도회사 직원이어야 한다고 명시되었다. 임기는 2년이었다. 그들의 임명은 총독과 최고 회의의 찬성을 요구했다. 1년 휴직 후 재임용 자격이 주어졌고, 이 또한 정기적으로 일어났지만, 전근, 송환, 질병과 사망으로 인해 본국에서보다 인사이동이 더 많았다. 또한 발렌테인이 1622년 이후 100년 동안 900명의 이름을 나열할 수 있을 정도로 비교적 많은 수의 교인이 당회원이 되었다![17]

동인도 교회는 물론 적용 가능한 도르트 총회의 결정과 거기서 정해진 교회법을 포함한 본국의 교회 관습과 규정을 따랐으며, 이 모든 것은 1643년의 바

---

15 비교. 이 책 제3편.

16 C.A.L. Troostenburg de Bruyn, *De Hervormde kerk in Nederlandsch Oost-Indië onder de Oost-Indische Compagnie(1602-1795)*(Arnhem, 1884), 138-140.

17 Troostenburg, *De Hervormde kerk*, 138쪽에서 인용; Niemeijer, *Calvinisme en koloniale stadscultuur,* 103.

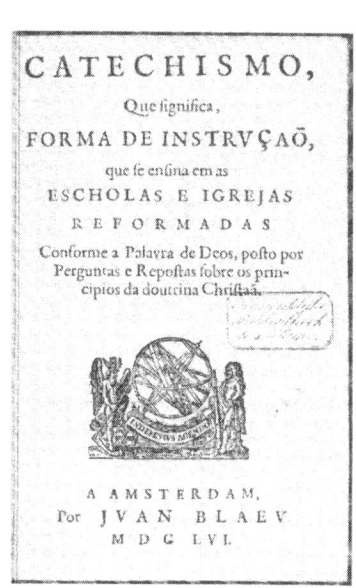

포르투갈어로 쓰인

하이델베르그 교리문답서

따비아 교회법에 명시되었다.[18] 실제로 몇 가지 일들은 분명하게 동인도회사 정부의 찬성을 요구했다.

본국에서와 똑같이, 정부 대표가 교회 당회에 참석했으며 당회장 바로 맞은 편 좌석에 배석했다. 사실 정치위원[시의원을 겸한 당회원]은 교회의 공적 성격을 구현했다. 그는 교회와 정부 간 소통을 관리했다. 그의 관심은 특히 조직과 재정 문제, 교회 직원의 임명과 전임, 그리고 공공 영역에서 교회의 성과에 집중되었고, 교리와 권징 문제에 원칙적으로 간여하지 않았다. 처음에 쿤과 그의 첫 후임자와 같은 총독은 교회 당회에 비단 교회 직원의 배치와 이동에 관한 것뿐 아니라 정치위원들을 통해 지시를 내릴 수 있다고 생각했다. 또한 세

---

18   1643년의 교회법(그리고 1624년의 교회법)에 대해서는 C.W.Th. van Boetzelaer van Dubbeldam, *De Gereformeerde kerken in Nederland en de zending in Oost-Indië in de dagen der Oost-indiche Compagnie*(Utrecht, 1906); C. Lion Cachet, *Land en kerk in Nederlandisch Indië*(Leiden, 1933); C.W.Th. van Boetzelaer van Asperen en Dubbeldam, *De protestantsche kerk in Nederlandsch-Indië. Haar ontwikkeling van 1620-1939*(Den Haag, 1947); G.P.H. Locher, *De kerkorde der Protestantse kerk in Indonesië*(Amsterdam, 1948).

례 거행과 교회 권징도, 이 행위들이 사회에 미치는 영향 때문에, 그들의 관심을 끌었다. 또 교회 당회와 본국과의 연락은 엄중히 감시되었는데, 확실히 당시 몇몇 목사들은 최고 정부와의 갈등이 생기면 본국에서 지원을 찾았다. 특히 일부 목사들이 최고 정부와의 갈등에서 본국의 지원을 구할 때, 본국과의 연락은 의심의 눈초리로 바라보게 되었다. 그 결과 첫 반세기 동안 여러 차례 충돌이 발생했으며 때로는 열기가 과열되기도 했다. 그러나 양측에서, 그런 긴장이 누구에게도 이롭지 않다고 바로 이해되어, 비공식적 접촉과 약간의 주고받음을 특징으로 하는 협력 분위기가 조성되었다.

이러한 협력의 정신은 바따비아 교회 당회가 동인도회사의 세계 전체에서 차지하는 특별한 위치에 의해서도 고취되었다. 동인도 교회는 노회나 총회 회의가 없었기 때문에, 동인도회사-정부와 대화를 시작하는 구조화된 상호 감독과 협의가 부족했다. 그러나 실지로 바따비아 교회 당회가 그 노회적 기능을 대강 담당했고, 여러 노련한 목사와 장로로 구성된 조직과 동인도 정부와의 가까운 관계에 의해 도움을 받았다. 바따비아의 교회 당회는 그 도시 자체의 주변뿐 아니라 훨씬 더 멀리, 자바(반텐, 자빠라, 서마랑, 쩨리본, 수라바야)와 수마뜨라에 있는 많은 교회 지부들과 거기에 상주한 병자위로자와 학교 교사를 책임졌다. 그래서 바따비아 목사가 계속 거기에 시찰여행을 가야했다. 예를 들어 자바의 북부 해안(서마랑)은 1754년에야 자신의 목사를 가졌다.[19]

그리고 또 바따비아 교회 당회는 규칙적으로 다른 동인도 교회와 연락을 가졌고, 요청하던 요청하지 않던 모든 종류의 조언을 제공했다. 때로는 다른 문

---

19   H.E. Niemeijer, 'The first Protestant Churches on Java's Northeast Coast. A Church Report from Rev. J.W. Swemmelaar', *Documentatieblad voor de geschiedenis van de Nederlandse zending en overzeese kerken* 5(1998), 53-73.

제를 안고 있는 회중에 특별위원을 시찰관으로 파견하기도 했다.

바따비아 교회는 다른 장소에서 결원이 생기거나 개인적인 사정으로 필요한 경우, 본국으로부터 파송된 목사와 병자위로자의 배치와 이미 활동하는 교회 직원의 이동에 관해 중요한 책임을 지고 있었다. 교회 직원의 이동은 목사나 병자위로자가 근무처에서 부정행위나 주변 환경(동료, 당회, 회중이나 지역 동인도회사-정부)과 부적절한 관계로 인해 직장에서 더 이상 버틸 수 없게 되었음을 의미할 수 있다. 이러한 문제를 처리하기 위해서는 어느 정도의 거리두기가 필요했고 중재 결정을 내리거나 다른 곳의 교회 당회에서 내린 결정을 검토하고 번복할 수 있는 권한도 필요했다. 자주 최고 정부와 협의했다. 한 가지 흥미 있는 예는 호르돈(H. W. Gordon) 목사가 세상을 놀라게 한 경우였는데, 그는 1691년 초 본국에서 와서 하루꾸에 배치되었는데, 거기에서 1692년 암본의 지사를 사기, 권력 남용과 다른 불의 혐의로 공개적으로 고발했다. 이 암본 지사는 그를 일반 범죄자처럼 쇠사슬로 묶어 추방했다. 1693년 바따비아 당회의 요청에 따라 총독과 최고 회의는 이러한 모욕적인 처우를 금지한다고 선언했다.[20] 이렇게 하여 바따비아 당회는 목사의 사회적 지위를 유지했고, 그런 맥락에서 시민정부는 교회 당회의 회의기록부를 요구할 권리가 없다고 인정했다(회의기록부에서 증거를 끌어내어 당회원에 대항하는 논증으로 이용할지도 모르기 때문에). 그러나 동시에 시민정부는 정치위원의 직무와 권위를 강조했다. 따리서 교회 당회는 이 문제에서 성공했지만 동시에 매우 제한된 방식으로 성공했다. 문제가 된 사람 자신에게 아무것도 해줄 수 없었고, 호르돈은 정직 당하고 4년 후 바따비아에서 실직 상태가 되어 떠도는 동안, 그의 상대는 명예

---

20 W.Ph. Coolhaas, ed., *Generale Missiven der Verenigde Oostindische Compagnie*('s Gravenhage, 1975), V656 e.a.; Troostenburg de Bruyn, *Hervormde kerk*, 185-186.

와 직책을 유지했다. 그러나 다른 경우들에서는 교회 당회의 조언들과 요구들은 때때로 본국 교회에서 조차 구체적 의미를 가졌다. 전례 및 정책 문제에 대해서도 마찬가지였다.

이 모든 결과로 바따비아 교회 당회는 다른 곳에서 받은 정보와 연락에 근거하여, 매년 전체 동인도 시온(동인도회사 관할 개혁교회)의 교회 상황을 문서로 작성하였는데, 이것은 본국을 대상으로 하고 이곳으로부터 정기적으로 영적, 물적, 인적 지원을 얻는데 필수적이었다.

바따비아 교회 당회가 동인도회사 교회 전체에서 특별한 위치를 차지한 것은 당회가 이끄는 회중의 성격과 규모 때문이기도 했다. 바따비아는 실제로 여러 면에서 모범적인 위치를 차지하고 있었다. 개혁파 바따비아는 매우 다양한 사람들로 구성된 거대한 도시 교회였다. 따라서 교회 당회는 다인종 다문화 식민지 사회의 성격과 기능으로 일어난 모든 종류의 질문에 직면하였다. 때문에 당회는 복음의 전파, 회중 입회와 언어정책, 또한 규제와 공적 공간의 질서 및 기독교화와 같은 일들에서 지도적 역할을 수행해야 했다. 무엇보다 바따비아는 전문가에게 번역 작업이나 신입 교회 직원의 교육과 같은 업무를 맡길 수 있는 가능성을 가지고 있었다.

이 모든 것은 바따비아의 교회 당회가 절차, 직무 설명과 규정을 모두 갖추고 있다는 것을 의미했다. 무엇보다도 교회 당회는 11명의 목사(1685년 이후 공석이 발생하지 않는 경우가 자주 발생하여 18세기 후반에는 구조화되었다), 10명의 장로, 1명의 정치위원 그리고 12명의 집사로 구성된 대규모 단체였다. 또한 당회는 네덜란드어를 사용하는 여러 명의 원주민 병자방문자(1685년에는 각각 6명), 3명의 네덜란드 학교 교사와 최소한 30명의 원주민 교리 교사를 관리했다.[21] 그리고 수 만 명의 기독교인들을 돌보았다.

목사, 장로 그리고 집사는 각자 그 도시의 특정 구역을 배정받았다. 구역 팀으로서 그들은 각자 구역의 기독교인 주민을 돌보았고 때로는 병자위로자의 보조를 받았다. 특별히 목사는 그들의 구역에서 활동하는 학교 교사와 교리문답 교사를 감독했다. 또한 병원, 고아원, 나병원과 노예숙소 같은 기관들에는 특별한 병자위로자가 교리문답사와 목회 보조원으로 임명되었다.

교회 당회 회의록은 대부분의 목사가 그들의 구역을 잘 알았다고 지적했다. 필요하다면 그들은 교인의 환경과 배후를 공개할 수 있었다. 그러나, 문헌에 의하면, 그들은 노예들과 하녀들의 무리에 둘러싸여, 게으르고 부유하게 살았다. 당당하게 멋진 하인들이 모는 마차를 타고 돌아다녔고, 신학보다는 과학에 더 관심을 가지고, 선교 열정이 조금도 없는 사회적 인사들이었다. 그러나 이러한 이미지는 전반적으로 옳지 않으며, 그 직책에 대한 훗날의 평가를 반영한 것이다. 그들의 모든 설교가 대중의 머리 위에 울리기만한 강단 연설이 아니었고 또 그들은 지도층의 부도덕과 평민의 일상적 보살핌을 외면하지 않았다. 부정적 이미지는 사실 18세기 후반, 비판자들이 전체 동인도회사와 식민지 지도층을 조롱하려고 했을 때, 이미 있었다. 때때로 그들이 내뱉은 애도와 추모사에서 알 수 있듯이, 당시 일부 목사는 식민지 수뇌부와 친근한 사이였다.[22] 비판자들은 바따비아 목사를 무식하고, 설교보다 흡연, 음주, 카드놀이에 더 능한, '애처로운 설교자'로 그렸다. 거만한 사람들, 그들의 설교에는 그들 음성의

---

21   C.W.Th. van Boetzelaer van Dubbeldam, ed., *Pieter van Dam, Beschryvinge van de Oost-Indische Compagnie*('s Gravenhage, 1954), IV, 6-62.

22   예를 들면 Theodorus Vermeer, *Een groote in Israel gevallen of Rouwklagte over het afsterven van Zijne Hoge-Edelheid, den Hoog-Edelen, Groot-Achtbaaren en Wijdgebieden-den Heer, Petrus Albertus van der Parra*[Batavia, 1776].

소리와 그들이 만든 어리석은 몸짓이 있었다.[23] 이러한 이미지 형성은 물론 정형화된 이미지로 고정되었지만, 17-18세기 교회에 목사의 실질적 기능을 아는 데 방해가 된다. 결국 목사는 정부와 밀접한 협력 아래 공적 교회를 이끌었기 때문에, 그들에게 외모, 태도 및 기능이 요구되었지만, 이것들이 나중에 원치 않는 오해를 받게 되었다.

개혁파 바따비아는 분기별로 성찬식을 거행했고 주일 성찬식 전 주에 목사는 장로를 동반하고, 구역들을 시찰했으며 교인명부를 작성하고 업데이트해야 했다. 이 시찰은 교인을 성찬식에 참여하도록 초대하는 역할을 했다. 또한 징계를 받은 사람은 권고를 받거나 성찬식에 참여하지 못하도록 하는 등 목회적 차원에서 상황을 파악하는 역할도 했다. 시찰 순회(巡廻)의 결과는 교회 당회 회의에서 보고되었다. 구제에 대한 일도 이 회의의 의제에 올랐다.

규율을 지키는 것은 개혁파 교회 생활의 특징 중 하나이다. 그리스도의 회중은 무흠해야 하며, 죄 많은 행동으로 신성을 모독해서는 안 되었다. 1754년 교회 당회는 권징은 하나님 말씀의 설교와 함께 '죄인을 속박하는 유일한 교회 수단이며, 동시에 신적 권위와 제도'라고 말했다.[24] 모든 신입교인은 자발적으로 '행동, 생활 및 교제에서 신실한 기독교인답게 성실히 순결하게 절제하며 정직하게 행동할 것', 그리고 필요하다면 또한 자신을 '기독교적 권고, 질책, 경고, 처벌, 훈련에 순종할 것'을 서약했다.[25] 이 마지막 문구에는 교회 권징 절차

---

23 *Nederlandsch India*(Batavia[1773]), 30-31.

24 Kerkenraadsarchief Enkhuizen: Kerkenraad Batavia aan classis Enkhuizen, 21 oktober 1754.

25 공개 신앙고백을 위한 양식(이것은 바따비아에서도 사용되었다)에 대해서는 Niemeijer, *Calvinisme en koloniale stadscultuur*, 203.

의 다양한 요소와 단계가 나열되었다. 하나님은 죄를 싫어하지만 죄인을 구원하고 싶어 한다. 따라서 권고, 질책, 경고는 권징의 첫 단계를 형성했다. 죄가 교회공동체를 더럽혔거나 권고가 행동 개선을 하지 못했을 때, 성찬식에 참여하지 못하게 했고, 술 취함, 이웃과 다툼, 매춘, 미혼 동거, 결혼 불화, 교회 출석 태만 같은 공개적 골칫거리에도 그랬다. 상습적 죄인은 결국 교회공동체로부터 쫓겨날 수 있었다. 그 정도까지 가는 경우는 거의 없었다. 그러나 비난은 오래 갈 수 있었다. 일반적으로 수찬 정지 처분을 받은 대부분의 사람들은 조만간 회개하고 개선의 조짐을 보이면서 성찬식에 참여할 수 있도록 허가를 요청했다. 성찬에 허가는 자동적으로 얻어지지 않았다. 거의 절반에 가까운 경우에서 당사자들은 적어도 한 분기 동안 개선되었음을 보여주어야 했다.[26]

바따비아에는 권징 사건이 본국에서 보다 상대적으로 더 많았다. 다른 곳에서도 동인도회사 정착지들에는 규범을 벗어난 행동이 많이 발생했고 폭력의 문턱은 낮았다.[27] 대부분의 검열 사례들은 성생활과 결혼 관련 교회 규범들의 위반이었다. 지역 생활의 구성을 보면 그것은 놀랄만한 일이 아니다. 술 취함 여부에 관계없이 다툼, 욕설 및 싸움이 많이 일어났는데, 처벌은 거의 받지 않았다. 노예제에서 비롯된 권징 사례, 즉 소유주와 소유주 재산 간의 갈등 혹은 여주인과 여자 노예 사이의 갈등도 드물지 않았다. 마까사르(Maria Macassar, 1690)는 확실히 '여주인에 대해 불충실하고 사악한 불순종으로 인하여' 성찬식에 앉은 것이 금지된 유일한 여자 노예는 아니었다.[28] 노예 소녀를 비기독교적으로 대했다는 이유로 권고를 받았던 여주인도 있었다. 17세기 마지막 분기에

---

26 Niemeijer, *Calvinisme en koloniale stadscultuur,* 201-234.

27 A.W. Biewenga, *De Kaap de Goede Hoop. Een Nederlandse vestigingskolonie, 1680-1730*(Amsterdam, 1999), 288.

28 Mooij, *Bouwstoffen,* III, 792.

는 남성보다 여성이 더 많이 권징을 받았다. 그것은 이해하지 못할 일이 아닌데, 교회에는 남성 보다 여성 교인이 더 많았고, 당시 생활환경에서 여성 교인은 권징을 피하기가 어려웠기 때문이다. 예를 들어 그들은 더 빨리 구제기관의 지원에 의지하였고, 그래서 더 쉽게 교회의 감독에 직면했다. 따라서 대부분 유라시아인이나 아시아인, 특히 유라시아 여성(자유민 및 비자유민)이 권징에 직면했다.

교회 출석과 권징은 다른 곳에서와 마찬가지로 바따비아에서도 사회를 규율하고 문명화하는 수단이었다. 어려운 과제! 기독교 사회를 지향하는 동인도회사 규정이 있었지만 바따비아의 도심에서 조차 기독교인은 소수에 불과했다. 무엇보다도 그 중 일부는 본래부터 가톨릭교인이었으며, 인도반도와 말라까로부터 건너 온 포르투갈어를 사용하는 노예와 자유민, 그리고 많은 동인도회사 직원도 가톨릭 식으로 성장했다. 최고 정부는 반복하여 그 도시에서 발견된 가톨릭 성직자에게 체포와 추방으로 대응했고, 개혁교회는 교리문답과 설교에서 교황직을 완강하게 반대했다.[29]

그러나 바따비아 주민의 대부분은 이슬람교도이거나 불교도였다. '무어인'은 1630년대부터 그 도시에 자신들의 코란학교, 기도원 그리고 조금 후에 사원도 가졌다.[30] 그곳에서 집회들이 공개적으로 준비되어 참석할 수 있었다. 교회 당회를 더 격앙되게 한 것은 중국인들의 '우상숭배와 악마예배'였다. 교회 당회는 이미 1639년 '시내 한 복판에서 공공연하게 행해지는' 불교 의식에 대해

29   Niemeijer, *Calvinisme en koloniale stadscultuur,* 128-137.
30   Niemeijer, *Calvinisme en koloniale stadscultuur,* 137-143.

페르메이르(Theodorus Vermeer) 목사,

그전에는 나먼에서 목사,

1771년부터 바따비아에 있었다.

불평했는데, 도시에 사원과 불당이 많았기 때문이다.[31] 10년 후, 본국에서 우려하는 교회 회의들과 전문이사들[동인도회사 지역 상사의 대표]의 지원을 받은, 교회 당회는 특히 주일신성모독, 공개적 걸식, 음주, 다른 불신한 행동을 포함한 중국 종교의 큰 자유에 대해 진정한 공세를 취했다. '중국인들의 개종을 위한 담론'(vertoogh weghen de bekeringhe der Chinesen, 1652)은 기독교 질서를 유지하고 우상숭배를 제거하는 것이 정부의 임무라고 지적했다. 그것은 마차위커르(J. Maetsuycker) 총독에게 이슬람과 중국인의 의식에 반대하는 교서를 발행하기를, 그리고 도시에 있는 가장 큰 불교사원을 파괴하라는 명령을 내리도록, 강요했다. 교회 당회 자신은 특히 별도 병자방문자를 세움으로, 중국

---

31 Niemeijer, *Calvinisme en koloniale stadscultuur,* 152.

인들의 개종에 더 관심을 갖기로 서약했다.[32]

중국인은 이슬람교도와 다른 많은 사람들과 마찬가지로 개종하지 않았다. 바따비아는 여전히 문화적 종교적으로 다양한 색깔의 도시로 남아있었다. 그러나 동시에 개혁교회가 많은 아시아인과 유라시아인 거주자를 위해 중요한 기능을 수행했다는 것은 분명하다. 이유는 앞에서 지적한 것처럼, 다양한 중국인, 이슬람교도 그리고 다른 사람들이 기독교인이 되었기 때문이다.

처음부터 개혁교회는 비기독교인에게 복음을 전파하는 것을 추구해 왔다. 따라서 예배가 말레이어로, 얼마 후에는 포르투갈어로도 드려졌다. 교회는 교인의 자녀뿐 아니라 기독교인 혹은 적어도 기독교인 부모의 모든 자녀, 혼인으로나 혼외 출생한 자녀, 심지어 비기독교인 부모를 둔 입양아에게도 관대하게 세례를 베풀었다.[33] 성인 세례후보자에게 교회는 상대적으로 적은 지식을 요구했다. 사도신경, 주기도문, 십계명과 몇 개의 기도문 암송, (기독교의 기본 진리의) 간략한 이해에 대한 몇 개의 문답이면 충분했다. 교회는 세례를 원하는 후보자를 위해 몇 주간의 특별과정, 예를 들면 기독교인 혹은 기독교인 여성과 결혼하려는 후보자를 위한 (교육)과정을 가졌다. '메스터 클리링'이라는 원주민 교리교사를 배치해 도시구역에서 가가호호를 순회하며 교리학습자를 자신들의 언어로 가르쳤다. 일주에 2회 제자들을 방문하여 진도를 점검하고 함께 이야기를 나누었다. 이 원주민 교리문답 교사(아시아인과 유라시아인)는 동인도회사로부터 급료(월 6 레익스달더)를 받았고, 무엇보다 자신의 노예와 여성 노예를 가

---

32 Niemeijer, *Calvinisme en koloniale stadscultuur,* 152-163.

33 세례와 성례분리에 대하여서는, G.J. Schutte, 'De Gereformeerde kerk onder de Compagnie', in *Het Calvinistisch Nederland. Mythe en werkelijkheid*(Hilversum, 2000); Niemeijer, *Calvinisme en koloniale stadscultuur,* 171-178.

르치게 했던 노예 주인으로부터 사례금을 받았다. 그래서 그들은 교인들을 잘 알았고 어떻든 존경받는 교회 직원이었으며 일부 교사는 바로 병자방문자로 승진되었다. 18세기 초 바따비아에는 4,000명이 훨씬 넘는 제자를 가진 교사 30명 이상이 활동했다. 그들은 함께 매년 수 백 명의 후보자를 교회 당회가 1년에 4회 실시하는 '기독교 교인이 되기 위한 시험'을 보도록 준비시켰다.

왜 이 사람들 모두 기독교인이 되고 개혁교회 교인이 되고자 했는가? 의심할 여지없이 그 이유는 많은 경우들에서 사회적인 것이었다. 예를 들면 동인도회사 직원과 결혼하고자 했던 여성의 경우 혹은 소유주에게 굽신거려야 했던 노예와 여성 노예의 경우이다. 그런데 이들의 이야기에는 기독교인 배우자나 노예 소유주/여성 소유주가 이들의 기독교화를 중요하게 여기는 또 다른 측면이 있었다. 그 시대의 세계에서 종교는 중요했다. 종교는 누군가의 정체성의 일부였고, 사람들이 어느 그룹과 민족에 속하는지를 결정했다. 동일한 종교적 신념과 실천은 사회적 접촉을 단순화시켰고 신뢰의 기반을 제공했다. 그래서 많은 기독교인은 자신의 종교가 우월하다는 것을 당연하게 여겼다. 심지어 기독교인 노예가 비-기독교인에게 팔리지 않도록 보호하는 법안까지 제정할 정도로 기독교의 우월성은 동인도회사 법에도 반영되었다. 네덜란드 동인도에서 기독교 신앙과 기독교인이 되는 것은 매력적인 일이었다. 교회에 출석하면 지위와 존경을 받는다는 것은 자연스러운 일이기도 했다. 무엇보다도 교회는 빈민, 병자, 고아, 노인에 관심을 기울였고, 디아코니[교회의 구세 담당 기관]는 수백 명의 사람들을 돌보았다.

그러나 이것이 전부는 아니었다. 교회에 개인적으로 매료되거나, 신실한 신자의 모범을 보거나, '진리의 교리'와 '기독교의 영광'에 매료된 사람들도 있었다. 또한 신앙고백을 하고 두 가지 성사(세례와 성찬)에 참여하기를 원하는 그들의 요청도 의심 없이 받아들여지지는 않았고, 동기, 지식, 품행에 대한 조사가 이루어졌다. 그래서 목수 톳만(Anthonij Totman)의 경우에도 그랬다. 교회 당회 회의록에 의하면, '그에게 더 많은 지식이 필요했지만, 그의 간절한 요청과 강한 열망에 따라, 기독교 교리를 더 배우고 경건한 행실을 하라는 권고와 함께 그를 허용하기로 결정했다.'[34]

톳만은 성례분리(성인 수세자에게 성찬 참여를 허가하기 전에 유예기간을 부과하는 관행)가 바따비아에서 20년 전에 종료되어 더 이상 논쟁의 여지가 없었기 때문에, 1666년 신앙고백을 했고 그래서 바로 두 성례에 참여가 허가되었다. 교회 당회는 후보자의 신앙고백 요청을 진지하게 다루었다. 대부분의 후보자는 두 번 혹은 심지어 세 번, 네 번 혹은 다섯 번 시험과 조사를 거친 후에 허가되었다. 톳만 역시 첫 번에 허가되지 않았다. 그럼에도 불구하고 바따비아에서는 매년 수백 명의 사람들, 자유민과 비자유민, 아시아인, 유라시아인과 유럽인이 그들의 요청에 의해 교회공동체에 등록되었고, 개혁교회 교인으로 받아들여졌다. 당회 회의록에 의하면, '이에 주님의 축복과 참된 신앙으로 그들이 더욱 성장하기를 바라오며'라는 교회 당회의 축복 기도는 전통적으로 그러한 경우에 울려 퍼졌다.[35]

---

34 Mooij, *Bouwstoffen*, III, 2.
35 Mooij, *Bouwstoffen*, III, 853.

제3장 아시아의 기독교화 (말루꾸 제도와 실론)

제1절 나사렛 예수의 추종자: 17세기 암본 기독교인

헨드릭 E. 니메이어(Hendrik E. Niemeijer)

1605년 포르투갈의 암본을 점령한 후에도 동인도회사-정부 관할 암보니아('암본'과 '이나'의 합성어로 암본인에게 '조국'을 의미함)는 여전히 암본 섬의 일부와 3개의 레아세 섬, 사빠루아, 하루꾸와 누사라웃의 일부로 제한된 지역을 포함하고 있었다. 반세기 이후 여러 차례의 피비린내 나는 전쟁 끝에 통치권이 확립되었을 때, 동인도회사-정부는 서쪽의 부루에서 남서부 쎄람의 엘빠뿌티 만(灣) 까지 훨씬 넓은 지역으로 확대해 나갔다. 여기에서 그리스도교화, 기독교화 그리고 종교적 전환은 통치권의 확립과 떼어 놓을 수 없는 관계였기 때문에, 기독교화가 힘들게 진행되었다는 것은 말할 필요도 없다. 이 글 첫 항에서 나는 암본 지역에서 동인도회사의 확장을 간략히 서술하고, 다음 몇 항들에서 기독교화의 역사에 중요한 순간들, 즉 단카르츠(Sebastiaen Danckaerts)에 의한 첫 기독교화, 대 암본전쟁(1652-1656) 직후부터 암본 교회법의 도입(1673)까지 계속된 기독교화, 그리고 발렌테인(François Valentijn) 목사와 반 데르 포름(Petrus van der Vo111) 목사가 1692년부터 개척한 암본 기독교를 서술할 것이다. 거의 1세기 동안의 기독교화 이후 암본 교회는 어떤 모습이었을까? 마지막 언급한 두 명의 저명한 목사는 개혁파 암본의 질을 어떻게 평가했으며, 교회 직원과 학교 교사의 업무방식에 어떤 개선이나 변화를 제안했는가?

통치권의 확립과 평화

시다데 드 암보이노를 점령한 반 데르 하헨(Steven van der Hagen)이 한 달 후(1605년 2월 23일), 그의 '전리품'을 자세히 살펴보기 위해 기함(旗艦)에서 상륙했을 때, 1576년 건축된 이 도시가 매우 훌륭하고 쾌적하게 자리 잡고 있는 것'을 발견했다. 또한 '포르투갈의 주택과 교회에 코코넛 나무가 잘 심겨져 있고, 광장도 넓고, 땅의 조건을 고려해 교회도 잘 지어진 것을 볼 수 있었'.[1] 그러나 이 도시의 아름다운 모습과 방어력이 약한 요새는 암본 섬에 만연한 종교적, 정치적 분열과 극명한 대조를 이루었다. 포르투갈의 암본이 함락되자마자 반-포르투갈 이슬람 마을인 히뚜는 과거 원한을 갚기 위해 남동부에 있는 레이띠모르라는 마을을 무장 범선으로 공격하기를 원했다. 히뚜와 레이띠모르 간 갈등은 이슬람교도와 가톨릭 그리스도인 간 갈등보다 더 오래되었다. 그들은 오래전부터 서로 적대적인 두 마을연맹, 즉 '울리리마'라는 다섯 형제단(히뚜)과 '울리시바'라는 아홉 형제단(레이띠모르)이었다. 부족 권력과 연결된 이러한 연맹은 다른 '무국적' 섬 그룹에서도 발견되었지만, 히뚜가 이슬람으로 개종하고 레이띠모르 마을이 1536년부터 포르투갈인의 보호를 찾고 가톨릭 그리스도인이 된 이후, 암본은 새로운 종교적 불일치에 휩싸였다. 다르게 말하면, 울리리마와 울리시바 간 불일치는 이슬람과 그리스도교 간 불일치로 바뀌었다. 사실 이슬람적 요소는 16세기 떠러나떼 술탄국의 세력 확장으로 더욱 강화되었고, 술탄국은 봉신 영주를 통해 쩨람의 일부(호아모알), 부루, 그리고 쩨람

---

[1] 'Documenten voor de geschiedenis van de Nederlanders in het Oosten'. Uitgegeven door P.A. Tiele, *Bijdragen en Mededelingen van het Historisch Genootschap* (BMHG)6(1883), 291.

의 남쪽에 있는 몇 개의 섬을 통제했다.[2]

1605년 (이슬람-암본인의 무장 범선의 지원을 받아!) 암본을 점령한 직후, 동인도회사는 이러한 불일치를 중재해 보려고 노력했다. 한편으로 가톨릭 암본 (레이띠모르)은 동인도회사의 지배를 받았고, 다른 한편 동인도회사는 (떠러나떼의 술탄과 연결된) 반-포르투갈 동맹국인 히뚜의 감정을 고려해야 했기 때문에 다르게 할 수 없었다.

그러나 이슬람 지역과 그리스도교 지역과의 빠른 평화는 환상처럼 보였다. 동인도회사가 (히뚜를) 보호해주는 대가로 정향을 독점하려고 히뚜와 맺은 계약은 실패로 돌아갔다. 히뚜는 동맹국이 되길 원했지 속국이 되길 원하지 않았다. 히뚜인은 자바와 마까사르 상인과 계속 교역할 자유를 가지고 싶었는데, 이것은 동인도회사의 독점정책과 정면으로 배치되었다. 나아가, 호아모알에 있는 깜벨로에 정착한 떠러나떼 영주들은 1619년부터 쩨람의 남서해안의 이슬람화를 수반한 강한 반-네덜란드 정치를 펴기 시작했다.

또한 자신을 오랑 나스라니(나사렛 예수의 추종자)라고 부르는 기독교인 가운데 반-네덜란드 감정이 증가했다. 대부분의 정향은 1630년경까지는 호아모알에서 재배되었다. 이슬람 지역에 대한 문제가 증가함에 따라 동인도회사는 향신료의 생산을 가능한 많이 기독교 지역(레이띠모르와 레아세 제도)에 집중하려 했고, 이로 인해 부역이 가중되었다. 그것이 큰 저항에 부딪쳤다. 또한 기독교 마을은 매년 (동인도회사) 정부의 경계 지역을 수색하고 반항하는 마을을 처벌하고 위협하기 위해, 습격하는 선대의 노를 젓는 병력과 무장 범선을

---

2   G.J. Knaap, 'Tjengkeh, kompeni, agama. Hoofdlijnen uit de geschiedenis van de Ambonse eilanden 1500-1800', in G.J. Knaap, W. Manuhutu, H. Smeets red., Se*djarah Maluku. Molukse geschiedenis in Nerderlandse bronnen*(Amsterdam, 1992), 21.

제공할 의무가 있었다.

단카르츠에 의해 마련된 기초들

네덜란드인들은 포르투갈 요새를 함락시킨 후 암본과 레아세 섬들, 사빠루아, 하루꾸와 누사라웃에서 약 16,000명의 가톨릭교인을 발견했다. 목사와 동인도회사 직원이 기술한 가톨릭교의 모습은 상당히 부정적이다. 기독교화 그리고 가능한 곳에서 기독교화를 시도했던 첫 목사는 빌턴스(Casparus Wiltens)와 단카르츠였다. 협력 기간은 짧았지만 그들은 함께 교회 생활을 구축하는 임무를 맡았다.[3] 빌턴스는 네덜란드에서 암본 청년을 양육하면서 부정적 경험을 가져, 암본 기독교로부터 많은 것을 기대하지 않았다. 젊은 단카르츠는 호른(뿔)이라고 부르는 선박을 타고 1618년 1월 2일 암본에 도착하여, 더 긍정적인 태도를 취했다. 그는 밧줄 창고로 변해버린 학교를 복구했고, 새로 학교 교사를 교육하기 시작했고, 말레이어를 공부했고, 주로 기독교인이 된 암본인에게 전념했다.

빌턴스와 단카르츠는 암본에서 말레이어로 설교했지만 복음은 쉽게 전파되지 않았다.[4] 빌턴스의 경우, 암본 교인은 그의 말레이어를 이해하지 못해 단순히 교회를 떠났다. 단카르츠의 설교는 암본 교사의 도움으로 번역되었기 때문에 아마도 더 접근하기 쉬웠을 것이며 너무 길지 않았다. 하지만 단카르츠가

---

3 *Nationaal Archief (NA)* Den Haag, VOC 848, ongefol.; Politieke Raad Amboina aan Hoge Regering Batavia, 4 April, 1619.

4 최근 내가 발견한 1619년 단카르츠(Danckaerts)의 말레이어 설교 컬렉션은 세랑고르에 위치한 말레이시아 케방산대학교의 콜린스(J. Collins)와 협력으로 현재 개정 중에 있다. 이것은 단카르츠의 모든 저술의 간행과 역사적-언어학적 분석을 목적으로 한 더 큰 '단카르츠-프로젝트'의 일환이다.

있었음에도 암본 기독교인은 자발적으로 강단 아래에 나타나지 않았다.

> 이곳 주민은 자신을 기독교인이라 부르면서도, 베이컨을 먹음으로서 자신의 신앙
> [악령숭배]을 확인한다고 생각하고, 몰래 마귀를 찾는다. 그래서 일요일마다 많은
> 주민이 교회에 오는데 그들은 열의에서 보다는 강압에서 [교회에] 온다. 왜냐하면 8
> 레알의 4분의 1(2 레알)의 벌금이 있기 때문이다.

『그의 역사적이고 사실적인 이야기』(*Historisch ende Grondich Verhael*)에서
단카르츠는 1621년 기독교화에 대한 그의 견해를 한마디로 요약했는데, 그는
정치적 수단에 의한 강압을 지지하는 자처럼 보인다.

주민은 일종의 권위, 두려움, 경외심 안에 살아간다, 이유는 내가 위에서 썼
듯이 그들의 무지를 넘어 그들의 성질 또한 그렇기 때문이다. 그래서 무언가를
배우기 위해서는 학습, 호기심, 궁금증 보다 먼저 어느 정도의 권위와 두려움,
경외심을 가져야 한다. 다음으로, 본질적으로 가지고 있는 큰 불경함과 비종교
성을 극복해야한다. 셋째, 그들이 기독교에 대해 가지고 있는 적대감과 혐오감
을 마비시키거나 약화시키거나 억눌러야 한다. 그리고 넷째, 악마에 반대하도
록 조언하고, 악마에 기도하지 않도록 충고해야 한다.

단카르츠는 기독교를 받아들인 마을을 목사가 항상 섬길 수는 없다는 것을
알고 있었다. 각 마을에 1명의 목사가 상주하는 것은 불가하였다. 따라서 그는
네델란드어를 학습 언어로, 말레이어를 교육 언어로 사용하는 실무형 학교 교
사 양성을 위한 기반을 마련했다. 암본 학교 교사는 교회와 학교를 감독하고,

말레이어를 도입하고, 어린이가 세례를 받고, 청년이 결혼하고, 악마 숭배가 금지되도록 주의를 기울여야 했다. 17세기 암본 기독교의 경과를 눈 여겨 보면, 바로 이것이 암본 기독교의 기초인 것처럼 보인다. 목사가 아닌 학교 교사가 교회 업무와 학교 업무에 책임을 졌다.

단카르츠는 그것에 대해 이론으로만 이야기 하지 않고 실제로 학교 교사를 그의 집에서 훈련하고, 하이델베르그 교리문답서(1623)와 알데혼더(Marnix van Aldegonde)의 교과서, 말레이-네덜란드 사전(1623)을 번역하는데 많은 시간을 쏟았다. 그는 자신의 계획의 실제적 결과(1624년 교회법에서도 반영되었는데)를 그의 후임자에게 넘겼고, 1624년부터 1634년 사망할 때까지 바따비아의 목사로서 말루꾸 교회를 운영하는데 멀리서 도움을 주었다. 그가 떠난 후, 1625년 8월 21일 암본은 교회 당회를 갖게 되었다.

회르니우스(Justus Heurnius)의 선교

1633년 유망한 젊고 활기찬 목사 회르니우스가 암보이나 지방으로 파송되었다. 통치권의 확립과 기독교화 모두 매우 어렵게 진행되고 있었고, 바따비아 최고 정부는 쩨람의 남서해안에서 이슬람 성직자들이 계속 활동하는 것에 대해 큰 우려를 표명했다. 회르니우스는 이미 고국에서 큰 선교 열정을 보였고 - 그는 이미 1618년에 선교논문 "동인도를 향한 복음적 선교에 대한 경고"(*De Legatione Evangelica ad Indos capessenda Admonitio*)를 썼다 - 남부 쩨람의 이교도 알리뿌루인을 기독교로 인도하기 위해 올바른 복음주의 옷을 입은 것처럼 보였다.

그러나 쩨람 선교는 실패했다. 1633년 4월 16일 그가 암본에 도착한 직후, 정치회의와 교회 당회는, 동인도회사가 호아모알의 이슬람 영주와 그에 종속된 마을과 전쟁을 하고 있는 지역에서, 무방비 상태로 목사가 사역하도록 내버려 두는 것은 책임 있는 태도가 아니라고 판단했다. 헤이셀스(Artus Gijsels) 지사와 동인도회사에 의해 파견된 특별위원 회벌(Antonio van de Heuvel)은 사람의 목을 베어오는 알리뿌르인, '사나운 미개한 종족'에게 선교사업은 아무런 열매를 맺지 못할거라고 미리 판단했다.[5]

회르니우스는 이에 대해 그들과 동의하지 않았고, 알리뿌르인 조차 예의바른 종족이라고 보았지만, 사빠루아에 있는 마을 울랏에 부득이 그의 거처를 정해야 했다. 회르니우스는 곧, 말레이어는 사빠루아의 주민에 의해 거의 이해되지 않았고, 만약 그가 그 지역 언어로 가르치지 않으면 거기에서 거의 전진할 수 없다는 것을 깨달았다. 그래서 그는 그의 학교 교사로 하여금 취학 연령의 어린이를 위해 몇몇 종교 문서와 기도를 레아세 지역 언어로 번역하게 했는데, 학교 교사가 언어에 대한 지식이 거의 없었기 때문에, 그것은 간단한 일이 아니었다.[6] 정기적으로 3개의 레아세 섬들을 방문하는 것은 너무 안전하지 않았기 때문에, 그는 부득이 그의 시간의 많은 부분을 학교 교사를 양육하는데 사용했다. 1635년 그는 '교화가 크게 성공하여, 교사가 울리아세르스[레아세 제도의 예전 이름]에서 정확하게 읽고, 울리아세르스 언어로도 그 종족에게 기독교 종교의 기초를 조금 가르칠 수 있고, 또 이슬람교도를 반박할 수 있기를' 바란다고 썼다.[7] 다시 암본으로 돌아온 회르니우스는 완전히 말레이어에 몰두했

---

5   Heurnius aan kerkenraad Batavia, 7 juni 1633; 이 문서는 다음 책에서 출판되었다. H.E. Niemeijer,
     'De correspondentie van Justus Heurnius als zendelingen in Molukken 1633-1638', *Documentatieblad
     voor de Geschiedenis van de Nederlandse Zending en Overzeese Kerken* 6(1999), 28.

6   Niemeijer, *Heurnius*, 32-33.

7   Ibid., 40.

는데, 이유는 이 언어가 그래도 학교 교사를 양육하고 레이띠모르의 산악마을을 방문할 때 가장 유용한 언어였기 때문이다.

저항과 평화

회르니우스가 있는 동안, 동인도회사는 기독교 마을로부터 온 무장 범선의 선대의 보조를 받아, 여러 번 호아모알의 영주와 전쟁 중에 있었다. 이 떠러나떼 '영주'는 자신의 정향 재배와 이슬람 교역 네트워크를 유지하기를 원하였다. 그 과정에서 점점 더 동인도회사-독점에 저항한 마까사르인과 히뚜의 지도자로부터 더 많은 지원을 받았다. 호아모알과 히뚜 모두 동인도회사로 인해 큰 타격을 받았지만, 그들 역시 기독교 지역에 반-네덜란드 정서를 점점 더 강하게 했다. 1636년, 기독교 마을 지도자와 그 부하들이 무장 범선의 선대에서 노예처럼 심한 차별 대우를 받았을 때, 화약통에 도화선이 터진 것처럼, 암본 전체가 전쟁에 휩싸였다. 불운하게도 회르니우스의 후임자 페르트레흐트(Jacobus Vertrecht)는 레이띠모르에서 인구조사를 했는데, 쿤의 통치 때 반다인에게 일어났던 것처럼, 암몬인은 이것을 자신들을 추방하려는 준비로 이해했다.[8]

문제는 반 디먼(Antonio van Diemen) 총독 자신이 사건을 수습하기 위해 바따비아로 부터 왔을 정도로 심각했다. 디먼은 재빨리 이 떠러나떼 봉신 영주의 요새 루시에라를, 히뚜와 하루꾸에서 반란(을 일으킨) 지역을 계속 점령했다. 반면 레이띠모르에 있는 기독교 마을은 외교적 수단으로 누그러졌다. 반-

---

8 G.J. Knaap, 'Crisis and Failure: War and revolt in the Ambon Islands, 1636-1637', in Cakalele. *Maluku Research Journal*, 3(1992), 1-26.

네덜란드 동맹은 암본 내부의 반대에 부딪혀 성사되지 못했고, 반 디먼은 강압과 설득으로 모든 동요를 진정시킬 수 있었다.[9] 반 디먼의 원정으로 암보이나는 결코 완전히 진정되지 않았다. 동인도회사가 암보이나에서 싸운 유혈 전쟁은 1656년까지 계속되었다. 1643년 소네벌트(Daniel Sonneveld) 목사는 전쟁이 속히 끝나야 한다고 썼다. 그러면 암본인은, 그들을 종교에 둔하게 만들, 여러 번의 '삽질' 또는 무장 범선의 노 젓기를 더 이상 강요받지 않을 것이기 때문이다.[10]

교회 생활의 강화와 성장

암본의 교회 당회가 1640년대와 1650년대 바따비아의 교회 당회에 쓴 편지는 전쟁에도 불구하고, 그 시대에 좋은 진전이 이루어졌다는 것을 보여준다. 그동안 암본의 교회 당회는 네덜란드인 2명, 암본인 장로 2명 그리고 목사 2명으로 구성되었다. 디아코니[교회의 구제 담당 기관]도 마찬가지로 네덜란드인 2명과 암본인 집사 2명에 의해 운영되었고 규모는 그다지 크지 않았다. 351 레익스달더의 자본금은 아직 바따비아의 교회 당회에 회계 처리되지 않았으며, 31명의 네덜란드인 교인과 24명의 암본인 교인 중 가난한 사람은 많지 않았을 것이다. 암본인 교인은 1643년, '경건한 생활'을 했다고 보고되었다. 암본에서 교회 출석은 아직 확실히 성공적이지는 않았는데 밀레이어 교회에는 보통 대략 20-30명, 전성기에는 100명, 때로는 200명의 암본인이 참석했다. 설교는 일

---

9   Ibid.

10 *NA VOC* 1143, fol. 146 Notities aan ds. Daniel Sonneveld meegegeven voor zijn vertrek naar Ambon, oktober 1643.

요일 아침 10시에 암본어로 십계명을 낭독하는 것으로 시작되었는데, 대부분의 여성들이 말레이어를 거의 알아들을 수 없었기 때문이다.'[11]

목사, 장로, 집사와 지사 대리의 '일반 시찰'은 레이띠모르와 레아세 제도에 흩어져 사는 기독교인을 향했다. 이 시찰은, 당시 히뚜에 대해 파괴적인 군사 작전을 벌렸던 늙은 검투사인 데머르(Gerard Demmer) 지사의 지원 덕분에, 약 1643년부터 다시 시작되었는데, 데머르는 강력한 종교정책을 지지했다.[12] 시찰에 앞서 몇 일간 마을 지도자들에게 교회대표단의 방문에 대해 알렸다. 그래서 학교 교사는 세례를 받거나 결혼할 수 있는 자의 이름을 (장부에) 기입할 시간을 가졌다. 대표단 일행이 원주민 마을로 들어오면 마을 연장자들은 마을 전령에 의해 연단으로 호출되었다. 그런 다음 마을 연장자들은 기독교인들 간 분쟁에 대해 목사와 짧게 논의했다. 이후 날마다 설교가 행해졌고, 세례가 주어졌고, 약혼과 결혼이 이루어졌다. 그런 다음 학교 교사가 검사를 받았고 그 후 학생들도 검사를 받았다.

학교와 교회의 수가 증가하는 것 또한 기독교화가 진행되고 있다는 분명한 표시였다. 1643년 총 18개로 빅토리아 요새에 1개, 레이띠모르에 3개, 빠쏘에 1개, 후뚜무리에 1개 또 하루꾸에 4개, 사빠루아에 6개 그리고 누사라웃에 4개가 있었다. 1년 후 폰트카선(Pontcaesen) 목사와 브륀트(Brundt) 목사는 레아세 제도에서 여러 마을이 새로운 교회를 건축하였다고 보고하였다. 2개 마을은 학교 교사를 요청했다. 모든 학교 교사는 암본 교회 당회에 의해 새로 시험을 보았고, 미숙한 자들은 파면되었고, 새로운 자들이 임명되었다. '각 원주민 마을에는 학교 교사가 있고, 밤에는 교회에서 시편 한 절의 찬송과 함께 기도

11   Ibid.

12   H.J. de Graaf, *De geschiedenis van Ambon en de Zuid-Molukken*(Franeker 1977), 98-99.

가 드려지고, 그래서 지금 어디에서나 완전히 경건한 일이 일어나고 있다'.[13]

학교의 총 수는 1643년 18개에서 1645년 33개, 1648년 35개로 증가하였고 5년 안에 거의 2배가 되었다. 수세자와 결혼한 자의 숫자 그리고 암본 목사가 주문한 교회서적의 양 또한 1640년대에 암본 기독교의 성장이 시작되었다는 것을 분명히 알려준다.[14]

이 시기는 데머르 지사의 통치(1642-1647)와 일치하는데, 그는 동인도회사의 번영이 기독교의 유지에도 달려있다는 것을 감추지 않았다. 사실 1640년대 시작된 기독교화를 완전히 설명하는 것은 간단하지 않다. 몇 가지 설명은 아마도 마을 수준에서 가장 잘 찾을 수 있다. 각 마을, 각 마을 구역은 적대적인 마을 동맹에 대해, 이슬람에 대해, 또는 기독교에 대해, 나름의 분노를 가지고 있었다. 기독교가 뿌리를 내릴 수 있기 전, 무엇보다도 기존 종교적 관습이 타파되어야 했다. 헤이셀스(Artus Gijsels) 지사는 일찌기 1621년 다음과 같이 썼다. 암본인들 사이에는 정의가 거의 존재하지 않으며, 정의는 보통 마법사를 찾아내어 사형을 선고하는 것이었다. 마법사는 보통 질병과 다른 불행에 대한 책임을 져야 했다. 모든 마을에는 마법사로 의심되는 사람이 있었다. 마을 재판소의 판결 후에 범죄 혐의자는 대부분 바로 단도로 죽이고, 바다 범선에 실어 몸에 돌을 달아 가라앉게 했다. 마법 혐의자에 대한 그러한 처리는 암보이나에서 매우 흔한 일이었고, 네덜란드인의 보복에 대한 두려움으로 인해 처음으로 마법사의 의례적 처벌이 감소되었다.[15] 따라서 데머르 지사의 시기에 정부는 제

---

13 *Arsip Nasional Republik Indonesia*(이후 ANRI), Jakarta, NRI, *Archief* Ambon 992, fol. 246-252; kereknraad Ambon aan kerkenraad Batavia, 6 september 1644.

14 이에 대해서는 H.E. Niemeijer, *Bronnen betreffende de protestantse kerk in de Molukken in de zeventiende en achtiende eeuw* (준비 중).

15 G.J. Knaap, *Memories van overgave van gouverneurs van Ambon in de zeventiende en achtiende eeuw*('Gravenhage, 1987), 25 (Memorie van Overgave(이후부터 MvO) van Artus Gijsels, 1621).

사당 파괴, 동상 숭배 금지, 지방 행정 및 사법부 개편을 통해 전통 종교를 대외적으로 금지하는 데 적극적으로 나섰다. 몇 십 명의 마을 지도자가 참석한 암본 재판소의 설립은 마을 수준에서 마술과 '우상숭배'를 더 줄이는데 도움을 주었다. 데머르는 '악마의 집'과 '유물'의 '제거'를 기독교를 도입하는데 필요한 조건이라고 생각했다.[16]

전통 종교의 금지와 같은 시기에, 원하는 종교적 관습에 적극적으로 참여하는 것을 목적으로 한 계명들이 반포되었다. 특히 더 플라밍(Arnold de Vlaming van Oudshoorn, 1647-1650) 지사는 기독교 결혼과 세례의 유지에 관한 엄한 규칙과 벌금을 도입했다. 그래서 새로운 개종자는 기독교 교회법에 적응해야만 했다.[17] '간통'은 3년 동안 쇠사슬에 묶이고 여기에 250 레익스달러의 벌금을 내는 위험을 가져온다는 것을 실제로 아는 자는 의심할 여지없이 조심스러운 길을 선택할 것이다. 암본 시의 주민으로서 그의 아이가 출생 후 8일 안에 4 레익스달러의 벌금을 물고 세례를 받아야한다는 것을 아는 자는 세례 규칙을 더 엄밀하게 지킬 것이다. 데머르와 더 플라밍은 그런 정치적 규칙을 정하는데 완전히 헌신했다. 그러나 데머르가 자랑스럽게 그의 '헌신의 기억'(memorie van overgave)에서, 그가 통치하는 동안 1,000쌍 이상의 결혼이 승인되었고, 대략 4,500명의 아이와 성인이 세례를 받았다고 썼을 때, 그 숫자는 무엇보다도 그의 강압적 조치의 성공 여부를 말한 것이지, 동인도회사의 지배를 받은 주민의 의견을 말한 것은 아니다.[18] '내재적인 개종'의 과정과 그 결과는 결코 명확하지 않다.

---

16 G.J. Knaap, *Memories*, 186(MvO Demmer, 1647).

17 G.J. Knaap, *Kruidnagelen en Christenen. De Verenigde Oost-Indische Compagnie en de bevolking van Ambon 1656-1696*(Dordrecht/Leiden, 1987), 86-87.

18 Knaap, *Memories*, 186(MvO Demmer, 1647).

1673년의 교회법

정치적, 종교적 지배 과정은 데머르와 더 플라밍의 엄격한 통치 기간 이후에도 계속되었다. 학교와 교회에 대한 강력한 간섭을 배경으로 암본 교회는 1673년이 되어 항구적인 교회법을 얻었는데 이것은 놀랄만한 일이 아니다. 1624년 단카르츠에 의해 작성된 교회법은 전 동인도를 대상으로 하였으나, 그것이 도입되었을 때는 정치-교회적으로나 신학적으로 이미 구식이 되었다. 까다로운 신학적 문제는 무엇보다도 성례분리였는데, 암본의 목사는 성례분리를 지지하였다. 교회 당회는 1648년 다음과 같이 말했다. 당회는 본국 교회법을 따르려고 했다. 그러나 유연한 원칙, 우리가 항상 머물지도 않고 머무를 수도 없이 멀리 떨어진 대부분의 장소의 위치, 그리고 여전히 이 지역을 지배하는 큰 유혹으로 인해 방금 세례 받은 성인들을 바로 성찬식에 참여하게 할 수 없었다.[19]

암본 교회법은 논쟁점을 조심스럽게 피했고, 교회에서 통용되는 실제가 무엇인지를 분명히 규정했다. 가장 중요한 것은 레이띠모르와 레아세 제도에 시찰이 매년 4회, 적어도 3회 있어야하며, 쩨람, 마니빠, 보아노 그리고 삐루에서는 시찰이 매년 2회 있어야 한다는 것이었다. 그러나 바로 이것은 시찰하는 목사가 다음을 준수해야 한다고 규정했다.

> 오랜 세월 동안 이곳에서 실행되어 온 옛 관습과 가르침의 방식을 따르고, 인쇄되고 기록된 대로 옛 양식과 문제를 변함없이 유지해야 하는데, 이것은 새로운 것의 도입으로 인하여 이 연약한 원주민 기독교인이 혼란에 빠지고 종교를 소홀히 하지

---

19 *ANRI*, Archief Ambon 992, fol. 271-272, kerkenraad Ambon aan Batavia, 24 april 1648.

않도록 하기 위해서 이다.

이러한 표현은 더 이상 1640년대에 보았던 탐험과 적응의 역동성을 나타내지 않는다. 관습은 이미 뿌리 박혀 있었으므로, 교회법의 목적은 변화가 아니라 이미 획득한 것을 보존하는 데 있었다.

1673년 이후 목사가 시찰 의무를 면밀히 지켰는가는 말하기 어렵다. 가장 오래 보존된 암본의 시찰-보고서는 1666년 카론(François Caron)의 것이다. 하지만 시찰이 1670년대에 그 전과 그 후보다 더 많이 이행되었을 가능성이 매우 높다. 1673-1678년 기간에 나온 보고서는 풍부하다. 그러나 동인도회사-아카이브의 미비로 1680년대가 동일한 강도를 보여주는가는 확실하지 않다. 그럼에도 18세기의 시찰보고서를 살펴보면, 그것이 수세자와 학생의 내용에 관한 보고서라기 보다 더 숫자 기록이라는 것이 눈에 띈다. 18세기 초 암본 지방에서도, 떠러나떼 교회에서와 마찬가지로, 말레이어를 배우거나 시찰을 가려는 목사의 열정이 현저하게 줄어들었다.

우리에게 시찰 빈도에 대한 완전한 지식이 주어진다면, 시찰이 단지 하나의 통제-도구였는가 하는 것이 확정되어야 한다. 다른 중요한 '구 습관'은 레아세 제도의 학교 교사가 14일에 1회(장날에) 중심지 암본에서 말레이어 교회에 참석하는 의무에 대한 것이다. 이에 태만할 경우 1 레익스달더의 벌금이 부과되었다. 교사는 자신의 마을에 있는 교회의 상황을 낱낱이 보고해야 했으며, 말레이어를 사용하는 목사에 의해 종교(기독교)의 기초에 대해 구두로 시험을 치루어야 했다. 유감이지만 암본의 교회 당회 편지는 학교 교사가 그 (교회) 참석의무를 얼마나 잘 지켰는지에 대해 말해주지 않는다. 그러나 그 장날 때문에 2주에 한 번씩 암본으로 이동하여 자신의 용무를 보고, 암본 장에서 구입한 물건을 가지고 다시 집으로 돌아오는 것이 매력적이었을 가능성이 있다.

1673년 교회법의 도입과 함께 개혁파 암본은 항구적인 규정을 갖추게 되었다. 당시에는 인력도 충분했기 때문에 레아세 제도 바깥 지역으로 더 확장할 수 있었다. 1656년 이후 남서부 쩨람의 기독교화를 주저하던 휘르트(Antonio Hurdt) 지사는 1674년 쩨람-하루꾸의 기독교화를 주도하였다. 1677년 그는 세례축하연을 위해 찧지 않은 쌀 4,500 킬로그램과 소 두 마리를 그 마을에 보낸 후, 개인적으로 113명의 까마리아 주민의 세례식에 참석하였다.[20]

1692년에 나온 두 가지 진술

1670년대 교회 생활의 리듬은 대체적으로 변화 없이 1680년대로 이어졌다. 그래도 목사의 눈에는 암본 기독교에 몇 가지 결함이 남아 있어 비판적 성찰을 피할 수 없었다. 암본 기독교에 대한 그러한 평가 중 2개가 1692년 쓰여 졌는데, 첫 번째 것은 발렌테인이, 두 번째 것은 반 데어 포름이 썼는데 두 사람은 모두 암본의 목사였다.

1692년 발렌테인과 반 데어 포름의 교회 업무에 대한 기술은 1673년 교회법의 도입 이래 조직적으로 거의 변화가 없었음을 알 수 있다. 반 데어 포름은 가장 자세한 정보를 주고, 교회 직원을 일반 직원과 특별 직원으로 구분하였다.[21]

일반 직원은 고급 교사, 교사, 하급 교사의 3등급으로 세분되었다. 고급 교

---

20 G.J. Knaap, *Kruidnagelen en Christenen*, 90-91. H.E. Niemeijer, 'Dividing the Islands: The Dutch Spice Monopoly and Religious Change in 17th Century Maluku', in Alijah Gordon ed., *The Propagation of Islam in the Indonesian-Malay Archipelago*(Kuala Lumpur, 2001), 268-276.

21 *ANRI*, Archief Ambon 992, ongefol.

사의 수는 2명으로 암본에 1명, 사빠루아에 1명이었다. 목사가 없을 때는 고급 교사가 교회예배를 인도했고 그 외에 선창자(先唱者)로 일했다. 또한 그들은 자주 시찰에 동행하였다.

교사의 사역은 자신들의 마을에서 교회와 학교를 돌보았고, 그에 더하여 주중 기도회를 인도했던 것으로 보아, 과중했다. 교회 예배는 신약성경(브라우베리우스 번역판)[22]에서 한 장이 낭독되었고, 그 후에 십계명과 (신앙의) 12조항이 읽혀졌다. 그 후에 회중은 시편을 노래했고, 기도가 드려졌다. 계속해서 카론의[23] 설교집에서 설교가 낭독되었다. 예배는 기도와 축복으로 끝났다. 수요일, 토요일, 일요일 저녁에 세 번의 기도회가 있었다.

주당 6일, 오전과 오후에 수업이 있었고, 수요일과 토요일 오후에 아이들은 자유로웠다. 교육은 3단계로 이루어졌는데, 첫 단계에서 아이들은 ABC와 기도를 배우고, 2차 단계에서 알데혼더의 간략한 이해』(*Kort Begrip*), 3단계에서는 하이델베르그 교리문답』(*Heidelbergse Catechismus*) 또 쓰기와 노래 부르기를 배웠다. 일반 학교 교사 외에 암본에 6명, 사빠루아에 1명의 순회 교리 교사(말레이어로 메스터 클리링)가 있었다. 바따비아에서 처럼, 그들의 일은 집에서 노예를 가르치는 것이었다. 그들은 알데혼더의 간략한 이해』와 하이델베르그 교리문답』을 외부로부터 말레이어로 배워야 했다. 최고의 순회 교리 교사는 학교 교사로 승진되었다. 보통 목사는 이 순회 교리 교사와 학교 교사를 자신의 집에서 교육했고 그 댓가로 지방 정부로부터 급료를 받았다.

22　브라우베리우스(Daniël Brouwerius) 목사에 의한 말레이어 신약성경은 1668년 출판되었다. 여기에 대해서는 J. Landwehr, *VOC, a Bibliography of Publications Relating to the Dutch East India Company 1602-1800* (Utrecht, 1991), 416.

23　François Carons, *Voorbeeldt des Openbaren Godtsdienst, een bundel verhandelingen over de 12 Artikelen, de Tien Geboden etc. plus veertig predikaties.* 1678년 암스테르담에서 인쇄되었다. 여기에 대해서는 Landwehr, *Bibliograpgy,* 416.

특별 직원은 목사와 원주민 장로였다. 이들은 매년 2-3회 학생 숫자를 세고, 교사를 통제하고 또 고관과 마을 연장자의 일상을 감독하기 위해 외곽 마을을 시찰하였다. 시찰 중에 목사는 각 마을에서 1회, 가끔 2회, 설교를 하고, 성례를 거행하고, 교인을 받아들이고, 또 저녁기도회와 교리문답에 참석하였다. 암본 도시에는 매주 2회 교리문답을 하기 위해 항상 말레이 목사가 있어야 했다. 매달 학교 교사가, 목사로부터 검사를 받기 위해, 레이띠모르 산악지역과 히뚜의 내륙해안으로부터 왔다. 암본의 순회 교리 교사는 개인 집에서 노예에게 제공되는 가정 교리문답에 대한 좋은 성과를 거두기 위해 매 주 질문을 받았다.

언어교육에 대한 반 데어 포름 목사의 견해를 살펴보기 전에, 먼저 발렌테인 목사의 견해를 소개한다.

암본 기독교에 대한 발렌테인의 견해

정기적 시찰은 외곽 마을의 기독교 수준을 향상하는데 제한적인 영향만 미쳤다. 발렌테인 목사는 암본 기독교의 상대적 약점을 어떻게 분석했는가? 그는 그의 보고서에서 무엇보다 먼저 '원주민'은 항상 벌금이 두려워서 교회와 교리문답에 왔다고 지적하였다. 그러나 벌금 부과가 폐지된 이후부터 원주민은 오로지 형편이 좋을 때만 나타났다. 좋은 권고는 더 이상 도움이 되지 않았으며, '그래서 대다수의 사람뿐 아니라 고관과 연장자 자신도 가능한 한 드물게 보였고, 그들이 오는 경우 강제 의무의 형태로 올 때가 더 많다.' 발렌테인은 '무지의 주된 이유 중 하나는 원주민에게 있다'라고 판단했다. 배우지 않는 사람은 발전할 수 없다는 단순한 이치였다.

발렌테인에 의하면 이런 무지의 두 번째 이유는 학교에서 배운 것을 잘 유지하지 못하는 것이었다. 수업을 마친 청소년은 이후 꼭 교리문답에 나와야 한다, 그렇지 않으면 배운 것 모두를 곧 잊어버렸다. 이것은 세 번째 이유인 암본인의 일상적인 직업적 행태와 관련이 있었다. 그들은 자신의 일이나 동인도회사 업무를 마친 후, '저녁 시간을 여가 시간으로 여겼는데, 이는 하루 종일 여기저기서 일한 피로 때문에, 주요 혜택을 받을 수 있는 교리문답에 참석하는 것보다, 고기를 잡으로 가는 것이(일요일에도 마찬가지로) 더 유익할 것이다'라고 생각했다.

네 번째 이유는 말 그대로 문항을 암기하는 대신 종교의 내용을 다루어야 하는 교사의 역량이 낮은 것이었다. 다섯 째로 동인도회사는 1-2명 대신 6-7명의 말레이 목사를 임명해야 하는 것이었다. 본국에서는 1명의 목사가 1개 혹은 최고 2개 마을을 맡았는데, 거기 암본 목사는 25개 마을을 책임져야 했고, 거기에다 책도 충분하지 않았다. 네덜란드인도 암본인 처럼 그렇게 오랫동안 목사의 사역이 없이 지내고 또 책도 그만큼 없을 때, 종교를 등한시했을 것이라고 발렌테인은 생각했다. 이런 부족은 주로 성례전 집행과 학교 통제를 목적으로 한 짧은 시찰로는 채워지지 않았다.

발렌테인은 그의 동료처럼 치료법을 부분적으로 더 나은 언어정책에서 찾았다. 그는 표준-말레이어의 도입이 아니라 암본 말레이어의 유지를 주장했는데, 이유는 그것이 '일반적 언어'였기 때문이다. 그러나 모든 섬, 심지어 여러 마을에 고유 언어가 있고, 각 언어별로 학교 교사를 양성하는 것이 효율적이지 않고 비용이 많이 들기 때문에, 암본 언어에서 '시정 수단'을 찾을 필요가 없었다. 발렌테인은 '갑작스러운 변화는 특히 연약한 [원주민 기독교인에게], 우선 매우 나쁜 혐오감을 일으키기 때문에', 암본 말레이어의 사용과 구 교회법에 머물러야한다고 주장했다. 교사에 세심한 관심을 기울이면, 그들이 다시 교인의 결석과 싸워 많은 것을 얻을 수 있다. 따라서 교사는 목사의 이야기를 듣기 위해 매달보다는 2주에 1회 요새로 나가야 한다. 또한 수요일과 금요일의 2회 교리문답과 저녁기도회에 참석하는 것으로 충분할 수 있지만, '원주민이 열심히 그리고 부지런히 교회를 자주 방문하도록', 특히 학교에 가지 않은 청소년들이 그렇게 하도록 돌보아야한다. 그것에 대한 교회 감독이 효과가 없다면, 정부는 조치를 취해야 한다. 마지막으로 더 많은 수의 목사가 암본에서 사역해야 되는데 이유는 이것이 종교 서적의 번역에도 도움이 되기 때문이다.

교회 사찰자 발렌테인

위의 내용에서 발렌테인은 엄하게 주민을 교회와 학교로 몰아가는 것을 선호한다는 것이 분명해졌다. 그의 명저 구 동인도와 신 동인도』(Oud- en Nieuw Oost-Indieën)를 자세히 읽은 자는 역시 똑같이 발렌테인도 시찰-의무를 좋아하지 않았다는 결론에 도달할 것이다. 그는 약 1,600명의 암본 교인의 성찬을 위해 수십 통의 포도주와 빵을 가지고 이 마을에서 저 마을로 끌고 가는 것은 다소 번거롭다고 생각했다. 그는 레이띠모르 시찰에만 20통, 사빠루아와 하루꾸에 각각 12통의 포도주가 필요했다고 썼다.[24] 그리고 발렌테인 처럼 목사가 각 마을에서 적어도 한 번은 포도주 한 잔을 그의 수행 장로와 몇몇 마을 연장자와 마셔야한다고 생각하는 자는 스스로 포도주를 가져갔다. 그래도 발렌테인은 그의 선임자보다는 더 쉽게 그 일을 했다. 1세대 목사는 진흙 길을 걸어서 위로 올라갔는데, 발렌테인과 그의 동료는 가마에 타고 10명의 남자가 위

---

24   F. Valentijn, *Oud- en Nieuw Oost-Indieën*(Dordrecht, 1724-1726), deel III, eerste stuk, 119.

로 끌게 했고, 원주민 장로는 그 뒤에서 힘들게 기어 올라갔다. 다른 암본인은 '그의 물품', 은제 성찬기 세트, 식품, 많은 학교용 책 등을 운반했다. 시찰하는 목사에게는 총 60-70명의 운반인이 필요했다. 이런 인력은 개별 마을에서 제공했으며, 그렇게 많은 인원을 한꺼번에 소집하는 데는 언제나 시간이 필요했다.[25]

레아세 제도의 시찰은 정부에 의해 마련된 선박으로 이루어졌다. 발렌테인에 의하면, 이 시찰 역시 재미있지 않았다. 외각-섬들의 시찰은 평온한 계절 4월과 10월 동안에 일어났다, 그러나 그때에도 '우리는 바다 한가운데서 심한 폭풍을 만나 목숨의 위협을 받는 일이 일어날 수도 있었다.' 선박은 보통 좋지 않았고 인력은 물품들을 운반하기에 충분하지 않았다. '또한 그는 숙박을 했고 또 원주민의 방식대로, 모든 것을 야자유에 구운, 상당히 좋지 않은 음식으로 대접을 받았다'. 발렌테인은 그것을 좋아하지 않았고 그래서 네덜란드 버터를 가지고 다녔다.[26]

발렌테인이 구 동인도와 신 동인도』에서 그린 자신의 모습은 설교를 부지런히 하고 시찰도 부지런히 하는 모습을 보여줬는데, 이는 바따비아 교회 당회의 보고서와 극명한 대조를 이룬다.[27] 당회 보고서에 따르면, 발렌테인은 암본 시에서 말레이어 공개 설교를 하는 것을 시찰을 가지 않을 구실로 이용했다고 한다. 그렇다면 그는 말레이 교회에서 설교할 수 있는 유일한 목사였을까? 하지만 실제로 그는 자신이 설교하는 대신 상급 학교 교사에게 아침 설교를 읽게 했다. 발렌테인은 또한 주일저녁 회중의 공적 교리문답을 완전히 빼먹었다.

---

25   Ibid., 116-117.

26   Ibid.

27   *Rijksarchief Zeeland*, Archief Classis Walcheren 68, ongefol.; brief kerkenraad van Batavia aan classis Walcheren 22 september 1700.

또 그의 집에서 학교 교사를 교육하기를 거절했고 기껏해야 달마다 교사의 말을 경청하기를 원했다.

외각 교회의 시찰에서 발렌테인은 더 게을렀다. 바따비아 교회 당회는 네덜란드 총회에 다음과 같이 썼다.

> 여기에는 발렌테인에게 불리한 증거와 증인이 매우 많고 충분하여, 우리는, 그가 그의 형제들에게 해를 끼치고, 비방하며 거짓말을 하면서, 어떻게 감히 말하고 자랑할 수 있는지, 이해할 수 없었다. 그는, 물을 무서워하고, 또 물에 대항하지 않고, 그래서 그것[시찰]이 그에게 불가능 했다는 핑계 아래 해상 또는 수로를 통한 시찰을 항상 가능한 많이 회피해 왔다. 결코 그는 부로, 마니빠, 그리고 보아노아 섬들에서 시찰을 해본 적이 없다.

만약 발렌테인이 일상적인 선박을 무서워했다면, 그는 동인도회사의 구명용 범선을 타고갈 수 있었다. 1689년 그는 단지 1회 사빠루아와 누사라웃에 갔다 왔다. '그러나 그들의 목사님이 여기에서 시찰과 업무를 어떻게 수행했는지,' 누사라웃의 주민들은 잊지 않을 것이다. 7개 마을(교인 4,000명)에 6개의 교회와 학교를 가진 누사라웃이 사빠루아로 부터 1마일 떨어져 있었지만, 발렌테인은 그들이 사용가능한 모든 선박을 타고, 그의 설교에 참석하고 세례를 받고 교리문답을 받기 위해 사빠루아로 건너오라고 명령했다. 발렌테인은 쩨람의 내부해안에 단지 2회(1687년과 1693년), 그리고 하루꾸에 2번 갔다 왔다.

레이띠모르의 육지와 히뚜의 해안에 대한 시찰에서 발렌테인은 확실히 더 열심히 행동하지 않았다. 그는 1688-1691년의 시기에 단지 4회의 시찰을 수행했고, 나머지는 반 데어 스라위스(Cornelius van der Sluis) 목사와 호덴페일

(N. Hodenpijl) 목사에 맡겼다. 이 목사들이 떠난 후, 그는 다시 말레이어 교회에 자신이 필요하다고 선언하고, 시찰에는 학교 교사를 보냈다. 심지어 암본의 2개 학교는 그에게 너무 힘들었다. 1692년과 1693년 그는 모든 시찰을 반 데어 포름 목사에게 맡겼다. 바따비아 교회 당회는 '발렌테인이 자신의 교회와 교인을 방문하고 사역하는 것은 너무 큰 수고와 어려움이 따르는 일'이라고 결정했다.

이것으로 충분하지 않았다는 듯, 교회 당회는 발렌테인이 대단히 인색하다고 비난했다. 발렌테인 자신은 그가 1,000 레익스달더를 벌 때까지 동인도에 남겠다는 의사를 표명했다. 단지 탐욕에서 그는 목사에게 배당된 포도주, 초, 기름 등을 팔았다. 그가 집에 데리고 있던 학생들에게 식량을 주지 않았고, '반대로 마을과 인적이 드문 지역에서 그들[학생들]이 그를 위해 식량을 찾아야했고, 심지어 시찰로 그와 함께 있을 때에도 그의 소지품을 팔아야 해서 그는 그곳에서 하루나 이틀 더 머물러야 했다.'

발렌테인에 대한 바따비아 교회 당회의 판단은 심했다 그러나 추측하건데 정당했다. 어쨌든 그 편지[바따비아의 보고서]에는 많은 증거자료 예를 들어 암본 당회의 결정으로부터 발췌한 자료가 첨부되어 있었다.[28] 그러나 1700년 발렌테인을 패배하게 한 것은 당시의 말레이어 성경번역에 대한 신랄한 논쟁과 관련이 있었다. 발렌테인은 남-홀란트와 북-홀란트 총회에서 성경을 암본 말레이어로 번역할 것을 변호했다. 반면 바따비아와 암본의 교회 당회는 성경

---

28   F. Valentijn, *Oud- en Nieuw Oost-Indiën*, deel III, eerste stuk, 106은 그[발렌테인]가 '반 데어 포름 (van der Vorm) 목사가 아무 근거도 없이 꾸며낸, 사랑이 없고 너무 무뚝뚝한 호텐페일(Hodenpyl) 목사가 매우 노골적으로 모방한, 비열한 모략'에 대해 썼을 때, 이 서신을 가리킨다. 언급한 목사들은 '나의 사역과 개인에 대해 악의를 가지고 생각하거나 들추어낼 수 있었던 것' 모두를 17인위원회와 총회에 보냈다.

을 표준 말레이어로 출판하고 싶었다. 그 논쟁은 또한 1691년에 나온 2개 보고서의 배경이었다. 그래서 우리는 아래에서 반 데어 포름 목사의 보고서로 돌아간다.

반 데어 포름 목사와 그의 언어정책

교회 및 학교 결석에 대한 벌금을 통한 옛 방식의 기독교화는 정의가 원주민의 폭력과 약탈, 착취로 유지될 수 있다 하더라도 '원주민의 마음에 우리 종교에 대한 나쁜 인상을 줄 수 없는 제도'라고 반 데어 포름 목사는 설명했다. 마을 전령은 교회 예배가 끝난 후, 원주민 마을 주민이 교회에 참석했는지 확인하기 위해, '명단'을 낭독할 권한이 있었다. 학교에 결석할 경우 부모에게 벌금이 부과되었고, 아이들은 심하게 체벌을 받았으며, 심지어 투옥되기도 했다. 반 데어 포름은 1692년경 강압이 폐지된 것이 경건하다고 생각했지만, 동시에 교회 출석에 크게 태만한 것을 불평했다. 그는 마을 교회에서 고관과 그들의 부인만을 볼 때가 많았다. 학교를 규율할 아무런 조처가 취해지지 않는다면, 모든 교육은 5년 이내에 정지될 것이다.

반 데어 포름은 원주민의 이런 '무기력'과'무질서'의 원인으로 말레이어가 모국어가 아니라는 언어문제를 지적했다. 그러나 암본어로 알려진 것도 모국어는 아니었다. 이것은 말레이어 외래어가 섞인 언어와 사투리의 집합체였으며, 각 섬마다 고유한 언어 습관을 가지고 있었다. 반 데어 포름에 의하면, 말레이어의 도입은 무엇보다 먼저 16세기 떠러나떼 술탄국의 확장에 따른 이슬람교의 보급에 의한 것이었다. 또한 자바인, 마까사르인과 떠러나떼인과의 무역도 지속적으로 이슬람교에 영양을 공급하였다. 네덜란드인도 기독교의 전파에 말레이어를 사용했는데, 이 말레이어는 아라비아 문서에 표현된 표준 말레이어가 아니라 암본에서 관용적으로 또 표현법과 문장에서 이미 변질된 말레이어였다. 반 데어 포름 목사는 이 변질된 말레이어로는 개혁파 종교의 기본이 잘 가르쳐질 수 없다고 생각했다. 암본 말레이어에는 바른 신학 용어가 부족했고, 그것이 학생과 기독교인에게 종교에 대한 바른 이해를 키우지 못했기 때문에, 암본 기독교는 '앵무새의 시끄러운 지껄임'으로, 교리문답 교재를 피상적으로 머리로 배우는 것으로 타락했다.

그러나 이 불완전한 상황은 목사의 탓이 아니라, 언어의 잘못이었다. 이유는 양쪽의 언어가 다양해서 듣는 사람의 마음에 기본 조항의 진리에 대한 좋은 인상을 줄 수가 없기 때문이다. 그리고 이 때문에 외국 교회들의 모든 순회, 모든 수고, 모든 시찰이, 가장 총명한 사람에게 조차도, 알데혼더의 문제집과 하이델베르그 교리문답에 대한 외적 지식 외에는 다른 효과를 내지 못했다.

말레이어는 가르치는 목사와 학교 교사 그리고 배우는 학생과 기독교인 모두에게 모국어가 아니었다. 두 그룹의 언어 사용자들은 이 말레이어에 대한 지식이 불충분했고, 그것은 의욕을 잃게 했다.

계속해서 암본인의 생활방식은 언어공부, '자유 학문'과 과학을 하도록 자극하지 못했다. 그[암본인]는 차라리 고기잡이를 위해 그물을 수선하거나 밀가루를 가져오기 위해 식칼을 가지고 숲으로 들어갔다. 암본인을 개혁파 종교에 관여시키려면 그 종교를 암본 언어나 사투리로 가르치는 것이 최선일 것이다. 동시에 학교 교사의 교육도 개선할 필요가 있었다. 이 교육('대학' 혹은 가정 교육')에서는 네덜란드의 대학에서 라틴어로 교육하는 것과 마찬가지로, 순수한 말레이어를 교육 언어로 사용해야 했다. 때문에 반 데어 포름은 순수한 말레이어를 교육 언어로 제한적으로 사용하고, 암본 기독교를 위해서는 암본인 자신의 모국어를 사용해야 한다고 주장했다. 이러한 생각은 바따비아의 교회 당회에 의해 공유되었다.

반 데어 포름(바따비아에서는 레이데커르 목사)의 생각은 현대적으로 느껴진다. 복음이 제대로 전달되지 않는 것은 언어 때문이 아니라 선생과 청중, 그리고 언어 선택 때문이라는 판 데어 포름의 판단은 매우 타당하다.

> 암본어[암본 말레이어로 원주민에게 진리의 계시와 함께 우리의 주요 구원자인 예수 그리스도를 적절하게 전할 수 없거나 알 수 없게 한다면, 그것은 교사나 배우는 자, 또는 언어 자체 때문일 것이다.

반 데어 포름에 의하면, 복음이 제대로 전달되지 않는 것은 결코 언어 자체 때문이 아니라 언어를 충분하게 숙달하지 못하고 부적절하게 사용했기 때문일 수 있다. 모국어인 암본어는 현재 가장 잘 습득되고 사용되었으므로 교육과 소통의 언어가 되어야 한다.

결론

암본의 개혁파 기독교의 역사에 관한 자료를 간단히 살펴보면 몇 가지 중요한 단계가 있었다는 것을 알 수 있다. 지사와 목사의 첫 세대는 가혹한 제재를 통해 이 지역을 강압적으로 평정하고, 전통 종교를 추방하고, 새로운 종교를 도입하는 데 몰두했다. 1640년대 몇몇 지사는 군사, 정치, 사회 그리고 종교적 질서를 세우는데 성공했다. 1650년대와 1660년대부터 목사는 교회와 학교의 정기적 시찰을 통해 교회 생활을 심화시키는 데 집중했다. 채택할 언어전략에 대한 기본 논쟁은 17세기의 마지막 수십 년이 되어서야 이루어졌으며, 암본과 바따비아의 교회 당회와 발렌테인 목사와의 깊은 갈등에서 절정에 이르렀다. 그러나 당시에는 암본 말레이어의 사용이 너무 깊게 뿌리박혀 있어, 원칙적으로 반대되지 않았던, 현지어의 사용으로 돌아가는 것은 더 이상 생각할 수 없었다. 이 글의 범위를 벗어나는 18세기는 평균적으로 너무 적은 수의 목사가 빠르게 사망하고, 원주민 학교 교사를 위한 정부 자금이 더 적은 것과 같은 다른 원인들과 함께, 표준 말레이어의 도입이 암본의 기독교화에 제동을 거는 역할을 했다는 것을 보여준다.

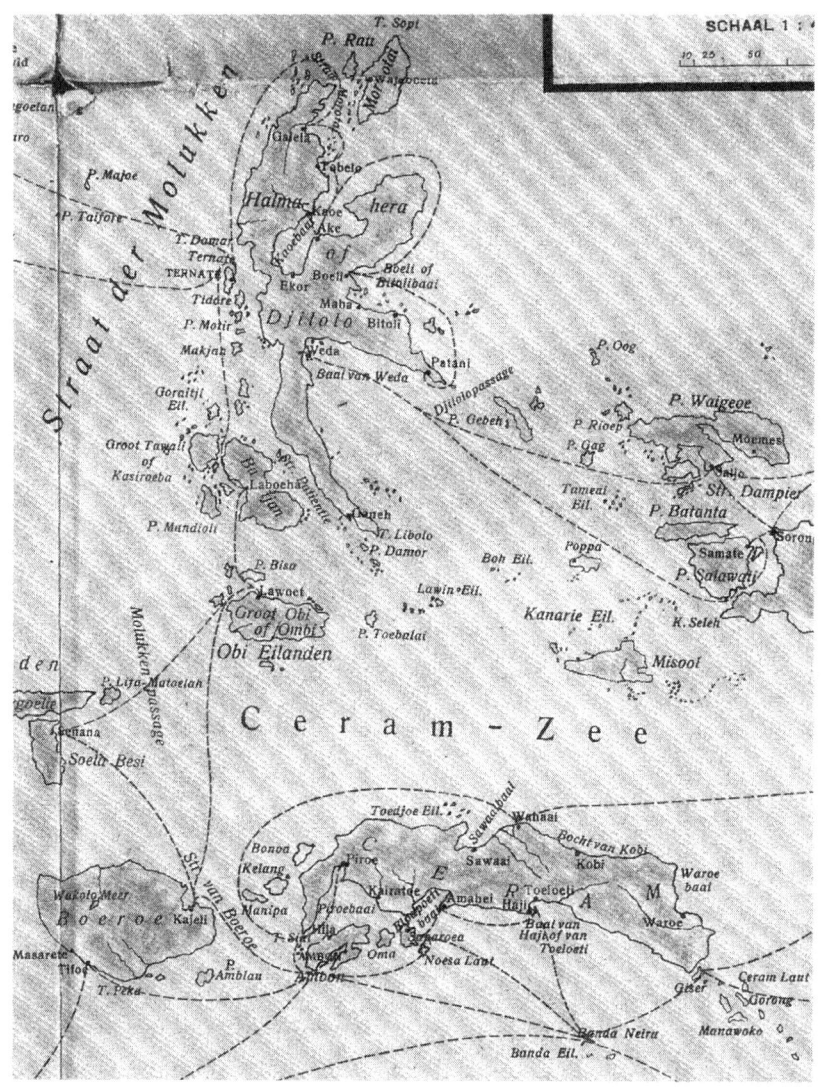

말루꾸 제도

제2절 동인도회사의 종교?:
떠러나떼와 북-말루꾸 제도와 북-술라웨시의 기독교화, 1626-1795

헨드릭 E. 니메이어(Hendrik E. Niemeijer)

말루꾸 제도는 16세기 포루투갈인에 의해 '말루코', 혹은 '아스 일하스 도 말루코'(말루꾸 섬들)로 불렸다. 이 제도는 대부분 현재 인도네시아 말루꾸 주(州)의 북쪽에 위치한 한 그룹의 섬, 떠러나떼, 모티, 띠도레, 마끼안 그리고 바짠을 의미했다.[1] 이 아름다운, 대부분 둥근, 바다에서 솟아오른 화산섬의 측면에 정향나무가 재배되었다. 수백 미터의 고도 위에서 가장 질 좋은 정향나무가 자라났다. 광물이 풍부한 화산 바닥이 최고의 영양소를 제공하였고, 항상 시원한 해풍이 격렬한 태양으로 인한 화상으로부터 잎과 부드러운 씨방을 보호해 주었다. 아직 녹색인 암술을 따는 동안, 말루꾸인은 정향을 가지고 내려와 집 옆 멍석에 햇볕에 마르도록 널어두면 정향은 2-3일 만에 녹색에서 짙은 갈색으로 물들었다. 바삭바삭한 향신료는 옛날부터 자바인, 마까사르인, 중국인, 아라비아인, 인도인 상인에게 공급되었다. 수요가 강력한 이 향신료를 독점하려는 포르투갈인에게 '말루코'는 '향신료 섬'과 동의어였다. 또한 17-18세기에 네덜란드인은 앞에 언급한 섬들에 대해서 '몰루카스'라는 이름을 계속 사용했다. 암본과 주변은 보통 '암보니아'로 표시되었다.

떠러나떼 자체의 개혁교회는 항상 상대적으로 작았다. 그러나 17세기 말 그 교회 목사는 자신의 책임 아래 수천 명의 기독교인을 돌보고 있었다. 이들은

---

1   H. Jacobs SJ, *Documenta Malucensia* Vol.1(1542-1577)(Rome, 1974), 1-2.

대부분 구 가톨릭 선교사의 영향 아래 있었던 가톨릭 그리스도인이었기 때문에, 포르투갈-스페인의 임재와 북-말루꾸의 주변 해안 지역과 섬들이 17세기 말 동인도회사 관할로 들어오게 된 정치적 과정에 관심을 가질 필요가 있다. 또 카미하(Gellius Cammiga) 목사의 시찰보고에 기반하여 북-술라웨시와 상이헤-딸라우드 제도의 해변에 있는 마을이나 원주민 마을의 기독교화에 대해 알아보려고 한다. 카미하가 몇 번 불평했던 것처럼, 그것은 동인도회사-종교인가? 자료는 토착 교인 사이에서 일어난 종교의 '내면화'에 대해 무언가를 보여줄 수 있을까?

포르투갈–스페인의 임재

떠러나떼 술탄 하이룬(Hairun)을 살해한 이후, 1575년 포르투갈인은 새로운 술탄 바불라(Babullah)의 지휘 아래 떠러나떼 섬으로부터 쫓겨났다. 이로 인하여 가장 중요한 선교 지역, 예를 들어 1546년과 1547년 유명한 예수회 신부 사베리우스(Franciscus Xaverius)가 활동했던 할마헤라에 있는 모로와 1560년대지 마갈리(Diogo de Magalhes) 신부와 마스카레냐스(Pero Mascarenhas) 신부 그리고 예수회의 다른 신부에 의해 선교가 시작된 마나도, 까이디빤 그리고 부올과 같은 북-술라웨시에 있는 몇 지역을 잃게 되었다.[2] 포르투갈인이 그 지역에서 완전히 사라지지 않았지만(띠도레의 술탄은 그들에게 모종의 환대를 제공했다), 그들은 향신료 무역을 암본에 집중하는 것이 더 현명하다고 판단하고, 1576년 암본 섬에 암본 도시를 건설했다.

---

2   Ibid., document 125.

그러나, 수십 년이 지난 후, 스페인은 향신료 독점권과 선교 지역을 차지하기 위한 전쟁을 마닐라에서부터 계속했다. 1606년 3월 26일 떠러나떼인은 약 3,000명을 태운 30척의 크고 작은 선박이 떠러나떼 항구 딸러가메에 정박한 것을 보았다.[3] 며칠 후 술탄은 (스페인과의 전쟁에) 패했고, 얼마 되지 않아 구상 파브로 교회의 폐허 위에 '테 데움 라우다무스'(Te Deum Laudamus, 하나님 당신을 찬양합니다) 찬가가 보내졌다. 구 포르투갈 요새 노스트라 센라 델 로사리오(로사리오의 성모)와 몇몇 구 요새가 띠도레에 복구 되었다. 떠러나떼 술탄과 몇몇 귀족은 할마헤라에 있는 자이롤로 지역으로 도망갔으나 몇 주 후에 자진하여 항복했고, 이후 수감되어 마닐라로 이송되었다. 계속 저항했던 떠러나떼 귀족은, 1607년 마터리프 더 용어(Cornelis Matelieff de Jonge)가 지휘하는 선대가 잠깐 머무르기 위해 떠러나떼에 들어갔을 때, 급히 동인도회사와 계약을 맺었다.

정향(나무) 독점권과 교환으로 동인도회사는 할마헤라에 있는 피난처로 부터 돌아온 무수히 많은 떠러나떼인을 보호했다. 마터리프는 떠러나떼인과 그들의 새로운 술탄 무다파르(Mudafar)가 말라유('말레엔') 같은 주요한 지역에 요새를 건설하게 했다. 몇 년 후 '오란여'로 불려진 이 요새에서, 종종 동인도회사-군인, 떠러나떼인 그리고 마르데이커르인[해방된 노예와 그 후손]의 무장 순찰을 통해, 스페인 사람이 수행하는 모든 형태의 정향나무 무역을 불가능하게 하는 노력이 이루어졌다. 네덜란드인에게 스페인 요새 바로 아래에 있는 정향나무는 눈의 가시였다.

이렇게 도달한 교착상태는 중국인이 강한 선대로 마닐라를 공격하고, 스페

---

3   Gaspar de San Agustin, *Conquistas de las Filipinas 1565-1615*(Madrid, 1698), 마닐라 San Agustin 박물관이 출판한 첫 스페인-영어 판을 통해 조회됨(1998), 1101-1105.

인 사람이 1662년 말루꾸 제도로부터 강제로 퇴각하기 까지, 반세기 이상 지속되었다. 띠도레의 술탄 역시 동인도회사와 계약을 맺었는데, 이 계약으로 동인도회사는 띠도레에 속한 모든 지역에 정향나무 독점권을 취득했다. 이제부터 동인도회사는 말루꾸 제도에서 분할-통치-정책[한 나라를 분할해서 통치하는 정책]을 폈다. 고래(古來)로 띠도레와 떠러나떼의 술탄들은 서로의 큰 적대자들이었고, 동인도회사는 이 지속적인 적의를 이용했다. 띠도레와 떠러나떼의 술탄들은 정향나무 생산을 확실히 포기했고, 17세기 후반에는 한때 그렇게 유명했던 향신료 섬들이 '[정향나무의] 멸종 지역'으로 전락했다. 이제부터 떠러나떼, 띠도레, 마끼안, 그리고 더 남쪽에 위치한 바짠의 술탄들과 마을 지배자들은 오란여 요새로부터 나온 요구와 명령으로 끊임없이 부대꼈다. 많은 마찰은 항상 술탄이 멸종원정에 공급해야할 인력에 관한 것이었다. 이 멸종원정 기간에 동인도회사-군인들과 지휘관들은 그 지역에서 정향나무를 수색한 다음, [발견된] 정향나무를 '멸종'하고' 박멸했다. 그러나 화산의 가파른 경사면과 띠도레의 할마헤라 지역 같은 들어가기 어려운 지역은 불법 생산과 다른 토착인 무역연락망이 생겨날 여지를 충분히 남겼다.

동인도회사는 정향나무 독점권을 취득한 후, 처음에는 그 지역에서 확장할 필요가 없었다. 17세기 후반 정향나무 생산은 암본 정부 관할 기독교 영토에 집중되었다. 이로 인해 말루꾸 제도에 있는 정향나무 작물을 구조적으로 박멸하게 되었다. 동인도회사-군인들과 토착인 제기 팀들이 숲을 가로시르는 소위 멸종원정은 술탄과 협력해야만 조직될 수 있었다. 그래서 토착인 정부를 유지하는 것이 동인도회사에게 유리했다. 이는 또한 다른 유럽 강국이 말루꾸 제도에 정착하는 것을 방지하였다. 그러나 이 지역에서 최소한의 점령지들을 유지하는 데 이미 비용이 많이 들어갔다. 앞으로 살펴 볼 것인데, 이 정책은 개혁과 기독교가 [이 지역에] 영향력을 미치는 결과를 가져왔다.

스페인 떠러나떼에서 가톨릭 영적 돌봄

예수회는 1606년 가말라마[할마헤라, 서부 해안 섬]의 점령 후 계속 나아가 구 성바울 교회와 인접한 수도회의 주택 건물을 복구하는 일을 (시작)했다. 프란치스코회는 별도로 가말라마의 사원을 점령하고 이 사원을 교회와 작은형제수도원으로 개조했다. 어거스틴과 도미니크 수도회의 수사들은 떠러나떼 술탄의 여동생의 집들과 왕국 귀족의 소유물을 몰수했다.[4] 몇몇 단편적 자료들은 (가톨릭 선교의) 성공을 보여준다. 1610년과 1611년 복구된 성바울 교회에서는 수 백 명의 떠러나떼인이 세례를 받았다. 그래도 그 성공은 방어 가능한 가말라마의 경계 안에서만 이루어졌다. 주로 아시아 자유민인 마르데이커르인을 영적으로 돌보는 사역에 집중했다. 마르데이커르인은 스페인 사람을 위해 일한 온갖 종류의 사람들로, 모로, 띠도레, 시아우, 마나도 그리고 떠러나떼 출신 주민이었다. 1617년 그들 가운데 수찬자(受餐者)는 400명이었다. 그러나 일부 사람들은 빈곤과 거기 있는 일의 상태에 따라 가끔 술탄의 이슬람 진영으로 옮겼다가 다시 네덜란드인에게 왔다.[5] 한 네덜란드 자료는 30명의 포르투갈인 가정, 60명의 중국인 가정, 그리고 동일한 수의 기독교인 떠러나떼인 가정을 언급한다.[6] 1642년의 한 보고서는[7] 가톨릭 개종자 74명을 언급한다.

---

4 C. Wessels S.J. *De Katholieke Missie in de Molukken, Noord-Celebes en de Sangihe-eilanden*(Tilburg, 1935), 17.

5 Wessels, *De Katholieke Missie*, 60.

6 Wessels, *De Katholieke Missie*, 43; 각주 6)을 보라. 여기에 동인도회사-지휘관 스콧(Makian Apollonius Schotte)의 편지가 인용되어 있다.

7 가톨릭 말루꾸인이 필리핀 교구 세부의 관할로 들어온 1659년까지 떠러나떼는 말라바 대교구(大教區)에 속했다.

또한 그 보고서에 의하면, 성바울 교회는 장식물로 치장되었을 뿐 아니라 제단 위에는 그림이 그리고 벽을 따라 비단으로 만든 커튼이 걸려있었다.[8]

띠도레의 가톨릭 영적 돌봄은 떠러나떼로부터 수행되었고, 띠도레 섬에 있는 2개의 스페인 주둔지에 한정되었다. 가톨릭의 북-할마헤라 선교는 1613년 보트(Peter Both)가 스페인 요새들 중 하나인 마리에코 엘 치코를 공격함으로써 갑자기 끝났다. 이 공격으로 스페인 지사는 즉시 (할마헤라 서부와 동부 해안에 있는) 사부고와 똘로 지역으로부터 병력을 철수했고, 이로 인해 모로와 모로따이에 있는 몇 천 명의 그리스도인에 대한 가톨릭 선교는 끝이 났다.[9]

스페인 선교사들은 이제 북-술라웨시의 해안 마을들과 미나하사의 내륙에 집중했고, 여기에서 그들 중 2-3명의 선교사들이 미나하사인에게 어느 정도 성공적으로 활동하였다. 이미 1606년 떠러나떼 무장범선의 공격에 의해 지속적으로 위협을 받았던 까이디빤의 여왕은 스페인 측의 보호를 요청했다. 멀리 떨어져있는 마을 부올의 왕 역시 스페인 측의 보호를 구했다. 부올은 막 마까사르인에 의해 불태워진 똔똘리와 운명을 함께하고 싶지 않았다. 마까사르인의 공격을 받은 후 똔똘리 마을은 140명의 남자 사망자를 애도해야 했으며, 200명의 여자와 아이는 노예로 끌려갔다.[10] 1617년부터 마나도는 가톨릭화 되었다. 마나도 역시 떠러나떼의 영향을 피하고 싶었고, 모하멧의 추종자인 왕은 1628년에 얼마 동안 (가톨릭) 그리스도인이었던 것으로 보고되었다. 마나도의 여왕 또한 이슬람에 등을 돌리고 교회에서 왕과 결혼했다.[11] 추정하건데 마나도에서는 지역

8   Wessels, *De Katholieke Missie*, 74, 79.

9   Wessels, *De Katholieke Missie*, 51.

10 A.J. van Aernsbergen S.J., 'Uit en over de Minahasa. De katholieke kerk en hare missie in de Minahasa, 1, De Portugeesch-Spaanse missie, *BKI* 81(1925), 8-31; 특히 17.

11 Ibid., 23.

지도자들의 지원으로 약 500명이 신부들에 의해 세례를 받았다. 가톨릭 선교는 1642년부터 스페인에 대한 네덜란드-떠러나떼의 군사적 행동으로 크게 압박을 받았다. 반-스페인 동맹은 무엇보다도 이웃 왕국 보랑 몽곤도와의 연대를 찾았다. 이로 인해 미나하사를 습격하는 약탈원정이 일어났는데, 여기서 미나하사 마을은 가장 강한 편을 선택했고, 스페인을 배반했다. 1654년 미나하사 부족장들은 사절을 오란여 요새로 보냈다. 코스(Simo Cos) 지사는 이 기회를 이용하여 마나도에 요새를 건설하게 하고, 거기에서 부족장들과 협정을 맺었다. 이렇게 하여 마나도 가톨릭 선교는 끝이 났지만, 까이디빤과 같은 일부 해안 지역과 시아우 같은 일부 섬들에서 신부들은 계속 활동했다.

1662년 7월, 중국인이 필리핀을 공격한 이후, 마닐라로부터 띠도레와 떠러나떼에 있는 스페인 요새들도 철수하라는 명령이 내려졌다. 수 백 명의 병사들, 마르데이커르인 그리고 미혼 중국인이 마닐라로 대피했다. 1663년 3월과 4월, 함선 14척의 편대와 물건을 많이 실은 정크선[중국 상선] 4척이 주민과 자재(資材)를 마닐라로 실어 날렸다. 주택, 교회, 그리고 수도원들은 불탄채로 남겨졌다. 스페인 사람은 향신료 섬들에 대한 주권을 포기하지 않았지만 여전히 시아우와 상이헤의 꼴롱안에만 남을 것이라고 생각했다. 떠러나떼 목사 시벨리우스(Sibelius)가 참석 한 가운데, 시아우와 상이헤에 있는 가톨릭 그리스도인의 보호에 대해 반 포르스트(Antony van Vorst) 지사와 협상이 이루어졌다. 그러나 동인도회사의 정책은 이 섬들이 떠러나떼와 띠도레의 영향권에 속하는 것으로 간주했다.[12]

떠러나떼, 띠도레, 북-할마헤라(모로), 북-술라웨시 그리고 상이헤-딸라우드

---

12   Wessels, *De Katholieke Missie*, 81.

에 선교에 대한 가톨릭 역사기술은 여전히 '탐험문헌'으로 특징지을 수 있으며, 스페인 확장의 정치적 맥락에서 선교사들과 그들의 활동을 다루고 있다. 그것은 대대로 내려온 가톨릭 문서의 성격과 관계가 있다. 스톡만스(S. Stokmans) 신부는 '그들[선교사들]이 이교도 혹은 교리문답자를 가르치는 방식에 대해서, 우리는 잘 알고 있지 않다'고 결론지었다.[13] 1931년 스톡만스 신부는 가톨릭 말루꾸 제도가 수년 동안 말라까와 심지어 코친의 통치를 받은 후, 1659년 마침내 필리핀 세부 교구의 관할이 되었을 때는 이미 너무 늦었다고, 썼다. 말루꾸-선교의 실패는 누구 혹은 무엇의 탓이었는가? '17세기에 동인도 어딘가에서 선교 사업이 실패했다면, 그것을 한 것은 네덜란드 칼빈주의자들이었다!는 것이 거의 고정된 공식이 되었다'.[14] 이제 동인도회사가 1607년 떠러나떼에 정착한 후, 종교의 문제에 관해 얼마나 열광적이었는가에 대한 의문이 생긴다.

떠러나떼 동인도회사 1607–1663: 부패와 노예무역

1607년 이후 떠러나떼에서 개혁파 기독교의 역사는 가톨릭교의 역사와 다소 대조적이다. 그 이유는 우선 동인도회사의 영토가 큰 요새와 요새 성벽 아래 원주민 마을로 한정되어 있었기 때문이다. 요새에는 동인도회사 직원, 서기, 직공, 그리고 선장, 목사, 상급 상인, 지사와 같은 고위층 사람들이 살았던 다양한 건물과 주택으로 둘러싸인 넓은 안뜰이 있었다. 원주민 마을인 말라유 마을에는 주로 마르데이커르인(일부는 포르투갈 혹은 스페인 출신, 일부

13　S. Stokman, 'De Missies der miderbroeders op de Molukken, Celebes en Sangihe in de　XVIe en XVIIe eeuw', *Collectanea Fransiscana Neerlandica*, II('s Hertogenbosch, 1931), 555.

14　Stokman, *Missies*, 499-556; 특히 526.

는 네덜란드 출신)이 살았다. 이들은 주로 용병과 같이 정원을 가꾸거나 모든 종류의 동인도회사 일을 수행하는 가난한 사람들 이었다. 발렌테인(François Valentijn)에 의하면, '떠러나떼는 예로부터 커다란 매춘부-둥지, 술-가게, 그리고 이 두 개의 더러운 일에 대한 일반적 성향이 있는 땅으로 알려져 왔기 때문에' 거의 존경을 받지 못했다.[15]

일반적으로 오란여 요새 성벽의 외부와 내부 생활은 모두 거칠었다. 1650년 그 요새에 수용되어 있던 250명 이상의 백인 주둔 병력은 종종 술자리나 더 높은 지위에 있는 사람들을 위한 일로 시간을 보냈다. 그들의 충성과 서비스에 대한 대가로 일부 지사들은 넉넉하게 술값을 주었다. 세로이언(Wouter Seroyen, 1642-1648) 지사 치하에는 요새와 건물에 대한 부패와 방치가 만연했다. 바따비아는 질서를 확립하기 위해 동인도 최고 회의의 칸(Antonio Caen)을 떠러나떼로 보냈다. 칸은 지사의 집이 붕괴 일보 직전에 있었고, 세로이엔 지사는 여러 장인이 자신을 위해 흑단목(黑檀木) 상자들과 가구들을 만들게 했다고 보고했다. 사람들은 한 달에 9 길더 대신 20 길더를 받았다.[16]

콤파흐니(Jan Compagnie)는 마까사르와 부기 선박들을 습격하여 해상에서도 추가로 돈을 벌려고 했다. 전리품 외에도 정기적으로 노예를 얻을 수 있었다. 세로이언은 1644년 독자적으로, 스페인 사람을 공격하여 주민을 포로나 노예로 사로잡기 위해, 4척의 선대를 마나도, 따후란당, 그리고 상이헤에 보냈다. 3년 후, 그는 떠러나떼 술탄 함자(Hamza)의 '신하라고 자칭하는 이들'을 처벌하고 스페인 사람을 다시 잡기 위해, 또 가능한 많은 노예를 노획물로 얻기 위

---

15 Valentijn, *Oud- en Nieuw Oost-Indiën*(Dordrecht, 1724-1726) deel I, 12.

16 *Nationaal Archief(NA)*, Den Haag, VOC 1170, fol. 760r.; Antonio Caen aan Hoge Regering Batavia, 1 Juli 1648.

해, 고론딸로를 향해 원정대를 조직했다. 칸은 그의 1648년 보고서에서 '그러한 전쟁의 끝은 노예의 정복에 있었다'고 결론지었다. 이는 동인도회사의 영토확장이 아니라 평범한 노예취득 습격에 가까웠다. 거기에서 지사의 역할은 불확실하였다. 그는 동인도회사가 모든 죄수들(스페인 사람과 원주민)을 60 레익스달더에 사들이도록 했다. 여기에는 노예를 소개한 사람을 위한 40 레알의 옷감과 지사를 위한 20 레알의 현금이 포함되었다. 감독관 칸은 무역장부에서, 모두 동인도회사의 비용으로 사들인 수 백 명의 노예와 여성 노예를 보았는데, '1646년의 무역일지에는 노예와 여성 노예에 따른 별도의 금액이 자주 기록되지 않았다'.[17]

주변 조그만 섬 왕국들과의 관계도 노예무역에 의해 주도되었다. 민다나오로 부터 오는 적의에 찬 무장범선 선단들의 계속된 습격들에 대항하여, 지원을 요청한 따후란당과 상이헤의 왕들은 오란여 요새에서 큰 환대를 받았지만, 다시 한 번 목표는 '노예 정복으로 귀결되었다'. 군사적 지원을 해준 대가로 이 왕들은 동인도회사의 호의를 얻기 위해 수십 명의 노예를 선물하는 사절들을 보냈다. 거기에서 사절들은 그 선물이 공식적으로 전해져야할 사람이 누구인가를 정중히 물었다. 오란여 공, 동인도회사 혹은 지사? 세로이엔은 분명하게 말했다. [여기에는] 오란여 공이 없으니 지사!

동인도회사 직원 상부부터 하부까지 모두 떠러나떼의 주변을 주로 노예의 저장고로 보았지만, 이 지역에 대한 동인도회사의 경제적 이해관계는 제한적이었다. 미나하사로 부르는 '마나도 구역'은 그 지역에서 쌀이 재배되는 유일한 구역이었다. 이 쌀은 전통적으로 중국 정크선에 의해 수집되어 떠러나떼,

---

17   Ibid., 23 fol. 765r.

라부하(바짠), 암본 그리고 반다 같은 중요한 무역거점들에서 다시 팔렸다. 바따비아가 떠러나떼에 쌀을 공급했고, 미나하사가 주로 내부 갈등으로 인해 수출하기에 충분한 양을 생산하지 못했기 때문에, 처음에 동인도회사는 북-쩰레베스[술라웨시의 옛 이름]를 더 이상 추가 확장할 필요가 없다고 생각했다. 북쪽 섬들 또한 정복할만한 매력이 없었다. 그들은 제한된 양의 향신료를 제공했지만 수익성이 있는 것은 야자유뿐이었다. 이 야자유는 주로 오란여 요새와 떠러나떼 주민 집들의 등을 켜는데 사용되었다.

갈등 - 1626년 칸디디우스(Georgius Candidius)

위에서 언급한 대로, 동인도회사는 처음에 지역을 확장할 필요를 느끼지 못했다. 따라서 정치적 권위와 개혁파 목회적 돌봄은 처음에는 주로 떠러나떼, 마끼안 그리고 바짠의 요새에 있는 유럽인 직원에게만 국한되었다. 바따비아에서 보면 떠러나떼 교회는 완전히 변방에 있었다. 네덜란드 교회 기관들도 북-말루꾸 기독교에 별로 관심이 없었고, 암본을 교회 센터로 우선시하였다. 1623년 발헤런 노회는 암본에 반다와 떠러나떼의 교회들이 속하는 노회를 세우자고 제안했다.[18] 한편 쿤(Jan Pietersz Coen)의 지원으로 1622년 3월, 반다에 첫 말루꾸 교회 당회가 세워졌다.[19] 암본의 교회 당회가 바로 1625년 세워졌고, 떠러나떼는 1626년 교회 당회를 가졌는데, 칸디디우스 목사를 둘러싼 갈등

---

18   Van Dam, *Beschrijving van de Oostindische Compagnie*, vierde boek uitgegeven door C.W.Th. Baron van Boetzelaer van Asperen en Dubbeldam('s Gravenhage 1954), 8.

19   더 자세하게는 다음을 보라. H.J.Niemeijer, '"Als eene Lelye onder de doornen", Kerk, kolonisatie en christianisering op de Banda-eilanden 1616-1635', *Documentatieblad voor de geschiedenis van de Nederlandse Zending en Overzeese Kerken,* I(1994), 1-24.

으로 활동을 다시 중지해야했다. (아래를 보라)

17인위원회는 1647년 아시아 전체의 목사 수를 28명으로 정했다.[20] 떠러나떼의 관할에 속하는 3개의 작은 기독교 공동체(그해에는 떠러나떼, 마끼안, 바짠)는 이 제한에 따라 자체 목사에 의한 영적 돌봄을 받게 되고, 이것은 '말루꾸인'에게 유리했다. 그러나 이 계획은 결코 실현되지 못하고 북-말루꾸 전체 목사의 수는 결국 매우 제한되었다. 떠러나떼 목사의 명부는 17세기 그들의 총수가 28명이었다고 말한다.[21]

반다와 암본에 당회가 세워진 후, 떠러나떼도 1626년 첫 목사 칸디디우스가 부임한 후 교회 당회를 가졌다. 그러나 칸디디우스 목사는 부임 후 바로 많은 축첩(蓄妾) 사건과 교회 당회 첫 회원의 임명에 대해서 레페브르(Jacques Lefebre) 지사와 심하게 다투었다. 칸디디우스는 대부분의 기독교인이 첩을 두는 것을 받아들일 수 없었으며, '축첩'을 징계하는 강경노선을 지지했다. 얼마 후에, 마르데이커르인 사이에 '첩으로 있으면서 결혼하지 않으려는 여자는 자루에 담겨 익사시키고 남자는 죽을 때까지 다리에 쇠사슬을 걸어야 한다'는 소문이 퍼졌다. 몇몇 사람들은 바로 스페인 사람 쪽으로 넘어가 레페브르 지사를 분노하게 했다. 그러나 칸디디우스의 후임자 요리스(David Jorisz) 목사는 바따비아 교회 당회에 보낸 첫 편지에서 '우리는 매춘을 하던 마르데이커르인들이 스스로 결혼하러온 것을 보았기 때문에, 그들 중 누구도 교회 당회에 소환하지 않았다'고 강력히 주장했다. 칸디디우스는 다른 교회 당회의 회원을 게으르다

---

20   Van Dam, *Beschrijving*, 12; 3장도 보라.

21   떠러나떼 목사들에 대한 가장 자세하고 더 오래된 개요를 보려면, M.H. Schippers, 'De Christelilke Gemeente te Ternate en hare Predikanten. Eene bijdrage tot de kennis der Geschiedenis van de Indische Kerk', *Mededeelingen van wege het Nedelandsche Zendeling-genootschap*, een en veertigste jaargang(Rotterdam, 1897), 163-301.

고 비난했고, 그들을 '모욕적인 말'로 꾸짖었다.[22]

축첩은 오란여 요새 안과 밖에서 교회 규범에 맞는 회중을 형성하는데, 대략 20년간 지속적인 문제가 되었다. 1649년 바르메로스(Johannes A. Warmeloos) 목사는 바따비아에 목사 부족 때문에 여러 가지 '끔찍한 죄', 특히 간통과 축첩이 판치고 있다고 편지했다. 노골적으로, 그는 이것이 개혁파 기독교가 진전되지 않은 이유라고 말했다. 교회 당회는 반 덴 보하르던(Jasper van den Bogaerden) 지사를 설득하여, 축첩에 반대하는 교서를 공포하는데 성공하여, 마르데이커르인들은 '회중 앞에서 공개적으로 결혼하도록' 강요받았다.[23] 마르데이커르인들이 그 섬의 반대쪽 가말라마에 있는 스페인 요새에 주둔한 예수회 신부에게로 넘어가는 지속적 문제에도 불구하고, 교회는 교리 훈련을 계속 밀고 나갔다. 나아가 바르메로스 목사는 (네덜란드어와 함께) 말레이어를 떠르나떼 교육언어로 도입했다. 떠르나떼는 1654년 결국 그 요새 밖에 교회 건물로 간단한 목재 건물을 얻었다.[24]

이러한 진전으로 개혁파 회중의 질이 향상되었지만 더 커지지는 않았다. 1671년 교회 당회는 약 30명의 교인이 성찬에 참여했고, 그 후에 '우리는 지금 (전에 없었던) 가장 겸손한 원주민 가운데 몇 명이 신앙고백을 할 때 까지 그들을 가르쳤다' 고 썼다. 이들은 의심할 여지없이 1671년에 교인이 된 마르데이커르인의 지도자들 이었다.[25] 교회적으로 떠르나떼는 양적으로 그다지 크지 않았다. 주일 정오 전에는 네덜란드어 설교, 그리고 정오 후에는 말레이어 설

---

22 *Arsip Nasional Republic Indonesia*, Jakarta(이후 *ANRI*), Archief Ternate 144, fol. 1-2; David Gorisz. aan de kerkenraad van Batavia, 31 maart 1626.

23 *ANRI*, Archief Ternate 144, fol. 93-95; Johannes à Warmeloo aan kerkenraad Batavia, 17 mei 1649.

24 이전에는 단지 오란여 요새에서만 설교되었다. *ANRI*, Archief Ternate 144, fol. 113; kerkenraad Ternate aan kerkenraad Batavia, 19 augustus 1653.

25 *ANRI*, Archief Ternate 144, fol. 141-143; kerkenraad Ternate aan kerkenraad Batavia, 1 mei 1671.

교가 있었는데, 이것은 동인도회사 정착지 말레엔의 교회 활동들 가운데 중 가장 중요한 부분이었다. 수요일 3시에 매주 교리문답을 알리는 교회 종소리가 울렸다. 그러나 그다지 많지 않은 107명의 세례 기독교인(교인을 포함하여 네덜란드인과 마르데이커르인, 아이들과 성인들 모두 합하여)은 주일 예배와 교리문답이 사람들을 끌어들이는 매력은 아니었음을 짐작하게 한다.[26]

바짠과 마끼안에 '소 시찰'

1647년 발혜린 노회가 떠러나떼, 마끼안, 그리고 바짠에 3명의 목사를 고려한 것은 놀라운 일이 아니었다. 마지막 두 섬들에서는 그때까지 병자방문자가 목회적 돌봄을 수행하고 있었다. 마끼안의 해안 원주민 마을들에서 주민은 엄격한 이슬람교도였지만, 동인도회사는 (인도)유럽인 가족들이 어린 아이들과 함께 사는 그 섬에 3개의 요새를 유지했다. 그리고 그 요새에서는 세례, 정기 교육, 그리고 주간 교리문답에 대한 요구가 있었다. 바짠의 라부하는 구 포르투갈 정착지이자 선교거점이었다. 16세기에 바짠 왕국이 이 지역에 경제적으로나 정치-군사적으로 매우 영향력이 있었지만, 특히 동쪽 방향(쩨람과 라자 암빳 제도)에서 떠러나떼와 띠도레의 압력을 받아 포르투갈과 동맹을 맺을 수밖에 없었다. 이것이 1557년 바짠 왕을 가톨릭교로 개종하게 했다.[27] (떠러나떼의 술탄에 의해 1577년 살해된) 이 바짠 왕 조아오(Dom Joao)의 후계자들이 다시 떠러나떼와 광신적 이슬람교도와 연결을 찾았지만, 네덜란드인은 1609년 포르투갈

---

26   Ibid.

27   말루꾸에 있는 바짠의 장소에 대해서는 A.B. Lapian, 'Batsjan and the early history of North Maluku', in Leontine E. Visser ed., *Halmahera and beyond: social science research in the Moluccas*(Leiden, 1994), 11-23.

요새(이제부터 '바르너펠트'라고 불리는데)를 점령하여 조그만 가톨릭 공동체를 발견하였다. 말루꾸 제도의 첫 목사인 빌턴스(Caspar Wiltens)가 여기에 첫 근무처를 얻은데 는 이유가 있었다. 그가 떠나고 지역 기독교인에 대한 부정적인 보고가 나온 후, 라부하는 병자방문자의 영적 돌봄을 받았다.

떠러나떼의 남쪽에 위치한 마끼안과 바짠은 소위 연례 '소 시찰'로 떠러나떼 목사의 방문을 받았다. 조그만 요트로 떠러나떼에서 라부하까지, 적어도 스트라트 빠띠엔티에 바람이 불지 않을 때, 항해로 약 1주가 걸렸다. 라부하에서는 목사가 약 150명의 이름이 적힌 세례 기독교인 명부를 관리했다. 교회와 학교의 전령과 학교 교사는 보통 교회에 오는 사람이 거의 없는, 매일 저녁 기도회를 책임지고 있었다. 1693년 카미하(Cammiga) 목사는 말레이어 교회에 저녁 기도회가 거의 1년 동안 시행되지 않았고 단지 9명의 아이만 학교를 방문했다는 것을 알게 되었다.[28] 그래도 그의 방문 때 교회에 왔던 9명의 여자와 2명의 남자는 십계명, (신앙의) 12조항 그리고 주기도문을 암기할 수 있었다. 그러나 더 어려운 교재인 카론의 문제집은 아무도 완전히 익히지 못했다. 시찰하는 2주 동안, 카미하는 그의 전임자들과 그의 후임자들이 했던 일 그리고 할 일을 했다. 즉 말레이어 교회에 수요일 교리문답의 복구, 저녁기도회를 위해 저녁마다 띠빠[말루꾸 제도의 전통 악기]로 북을 쳐서 주민을 모으기, 바르네벨트 요새의 교사와 지휘관의 종교적 태만에 대해 가차 없는 권면, 교인들의 가정 방문, 성찬 준비 설교를 하고 이어지는 예배에서 소수의 사람들과 성찬 거행.

마끼안에서는 17세기 말에만 제이뷔르흐 요새에서 설교가 있었는데, 이곳에서는 1693년 카미하의 시찰 때, 17명의 여자와 7명의 남자가 저녁기도에 참

---

28   NA; VOC 1556 fol.550v.-560r. 카미하(Gellius Camminga) 목사의 바짠과 마끼안에서의 교회와 학교의 소식, 23 november 1693.

가했다. 6명의 학교 학생은 모두 '혼혈아' 믹스티스였는데, 이들은 네덜란드어로 읽기와 계산을 배우고, 특히 보르스티우스(Jacobus Borstius)의 교리문답-교리서로 교리문답을 받았다. 여기에서도 성찬이 거행되었고 몇몇 나병환자들에게 얼마간의 자선이 베풀어졌다. 바짠과 마끼아에서 '주민들은 어리석고, 무지하고, 게으르고, 그리고 둔하다'는 카미하의 탄식을 그의 동료들도 진심으로 공유하였다.[29] '그들에게는 하나님의 말씀에 대한 바른 열심이나 열정은 없었고 단지 강압과 다른 의식이 더 많았다'. 게다가 바짠과 마끼아에서 목사와 병자방문자는 요새 밖에서 영혼을 구원하려고 시도하지 않았다. 계약서에는 동인도회사와 술탄 혹은 왕은 종교적 구분선을 존중하고 종교적 변절자는 서로에게 돌려 보내야한다고 명시되었다.[30]

동인도회사, 떠러나떼 그리고 주변의 굴복

위에서 언급했듯이, 동인도회사는 더 이상 생산지가 아닌 지역에서, 비용이 많이 드는 확장에 대해 별다른 흥미를 느끼지 못했다. 몇몇 중요한 지역-정치적 발전들이 이러한 태도를 바꾸게 했다.[31] 1663년부터 스페인 사람들이 떠나면서 동인도회사와 마닐라의 전 파트너인 띠도레의 술탄 사이에 별도의 조

---

29   떠러나떼의 '소시찰'에 대한 더 많은 보고에 대해서는 Niemeijer, *Bronnen betreffende de geschiedenis van de protestantse kerk in de Molukken*(준비 중).

30   J.E. Heeres, *Corpus Diplomaticum Neerlando-Indicum*('s Gravenhage, 1907), I(1596-1650), 108-110; 1613년 1월 6일 떠러나떼의 사절들과 마끼안의 촌장, 그리고 보트(Pieter Both) 지사 사이에 맺은 계약서에는 '이제부터 각 상인들은 그들의 신앙에서 자유로워야 한다.'고 명시되었다.

31   떠러나떼에 대한 가장 중요한 역사적 발전이 최근 반 프라쎈(Chr. van Fraassen)에 의해 설명되었다. *Maluku. Ternate en de wereld van de vier bergen*(Utrecht, 1999), 40-48; L.Y. Andaya, *The World of Maluku. Eastern Indonesia in the Early Modern Period*(Honolulu, 1993), 151-213.

약이 체결되었다. 이를 통해 동인도회사는 떠러나떼를 압박할 수 있는 수단을 얻었다. 또 1667년 마까사르의 몰락과 동인도회사와 아룽 빨라까(Arung Palakka) 치하 부기인과의 연합 작전을 통해 남-술라웨시의 고와 왕국의 정복. 스페일만(Cornelis Speelman)이 시행한 고와와의 유명한 봉가이스 조약(1667년11월 13일)은 북-술라웨시에도 영향을 주었다. 고와의 왕은 술라웨시의 북부와 동부 해안(마나도를 포함하여)에 대한 소유권 주장을 포기하고, (믿었던 대로) 옛 권리를 회복한 떠러나떼의 왕을 지지했다.[32] 동인도회사의 목표는 떠러나떼의 주변부에 간접적으로 영향을 미치고, 주로 다른 유럽 강국들의 접근을 막고 불법 향신료 무역을 방지하는 것이었다.

그러나 이 간접 간섭 정책은 머지않아 폐기되었다. 모든 영주는 아니더라도 대부분의 영주들 특히 가장 강한 고론탈로와 림보또의 영주들은 향후 떠러나떼의 관할 아래 있기를 거절했다. 떠러나떼인은 과거에 폭력적인 '습격'으로 무장범선 선단을 이끌고 언급한 두 지역을 약탈하는 일이 너무 많았다.[33] 결국 동인도회사는 고론타로와 림보토의 지배자들 그리고 떠러나떼에 저항하는 다른 지배자들을 지원했다.[34] 1677-1678년, 떠러나떼의 술탄 암스테르담(Kaicili Sibori Sultan Amsterdam, 통치: 1675-1690)과 함께 여러 지역을 순회했던 팟 브뤼허(Robertus Padtbrugge) 지사의 상세한 조언은 바따비아가 보다 직접적 간섭의 이점을 확신하게 했다.

팟 브뤼허의 원정 동안에 스페인의 마지막 소유지인 시아우 섬도 동인도회

---

32 F.W. Stapel, *Het Bongaais Verdrag*(Leiden, 1922), 237-247. 특별히 17조를 보라.

33 요컨대 몬타누스(Arnoldus Montanus) 목사의 1675년 11월 17일 시찰 보고서; 이 보고서의 게재는 E.C. Godée Molsbergen, *Geschiedenis van Minahassa tot 1829*(Batavia, Weltevreden, 1928), 33-34.

34 Heeres, *Corpus Diplomaticum*, III, 56-57에 따르면 떠러나떼는 1677년 5월 11일 고론타로와 림보토를 포기했다. 1677년 12월 17일 바따비아에 있는 최고 정부는 소왕국들을 '동인도회사의 보호 안으로 받아들이기'로 결정했다. Godée Molsbergem, *Geschiedenis*, 51.

사의 손에 들어갔다.[35] 시아우의 왕은 1672년 스페인이 그 섬에 (군사)주둔지를 건설하게 허락했는데, 이것은 동인도회사에게 눈의 가시였다. 거기에서는 향료가 생산되는 것 외에 스페인이 가까이에 있는 상이혜에도 거주할 위험이 도사리고 있었다. 대-상이혜에 있는 망아니뚜의 왕은 스페인을 동정했지만, 1675년 떠러나떼의 지배에 격렬히 반대하다가 죽음을 맞이해야 했다.

시아우는 계략으로 동인도회사의 손에 들어갔다. 뮌스터평화조약(1648년) 이후에는 스페인과 공개적으로 전쟁을 벌일 수 없었기 때문이다. 그래서 팟 브뤼허는 그 섬을 스페인 '가톨릭교 신부'로부터 해방시키기 위해, 떠러나떼의 술탄과 시아우의 왕 사이에 부풀어 오른 갈등을 이용했다. 1677년-1678년 지사와 술탄이 함께 순회를 하는 동안, 술탄은 잘 무장한 범선 25척으로 시아우를 공격했다. (시아우에 주둔한) 스페인 사람들이 롯사 야전 우체국에서 백기를 올렸을 때, 팟 브뤼허는 그들에게 다시 한 번 동인도회사의 보호를 제공하기 위해, 평화의 깃발을 단 구명용 범선[배에 싣는 작은 배]을 해변으로 보내게 했다. 선상에 있는 팟 브뤼허에게, 스페인 선장은 예수회 신부의 보호를 간청했고, 또 '시아우인이 무어인이 아니라 동인도회사의 관할 아래 있기'를 간절히 호소했다. 떠러나떼 전사들은 이미 사람의 머리를 베고 있었다. 그러나 그때 뜻밖의 묘안이 나왔는데, 팟 브뤼허는 떠러나떼의 술탄이 시아우에 대한 통치권을 동인도회사의 감독에 맡겼다고 선언했다. 계속된 떠러나떼와 시아우 사이에 체결된 평화협정에는 시아우가 술탄에게 지불해야 할 물품과 노예의 양이 표시되었다. 1677년 11월 9일 동인도회사와 시아우의 바따께(Francisco

---

35   P.J.B.C. Robidé van der Aa, 'Vermeestering van Siauw door de Oost-Indische Compagnie', BKI 2(1867), 95-104. 이 기사와 연결하여: P.A. Leupe ed., 'het Journal van Padtbrugge's reis naar Noord-Celebes en de Noordereilanden', *BKI2*(1867), 105-340.

Batake) 왕 및 그의 왕국 고위관리 사이에 평화조약이 체결되었고, 그 조약에서 바따께 왕은 동인도회사의 우위를 인정했다.

상위 영주로서 동인도회사

떠러나떼인은 시아우의 몰락을 적에 대한 떠러나떼의 술탄 암스테르담의 승리로 보았다. 주변의 섬과 지역에 대한 술탄 암스테르담의 주장과 개별 왕과 계약을 체결하려는 팟 브 뤼허의 계획은 당연히 곧 술탄과 야심찬 지사 사이에 갈등으로 이어졌다. 둘 다 바따비아에서 자신의 입장을 변호했다. 1679년 주로 할마헤라에서 술탄의 지휘 아래 총 반란이 시작되었다. 네덜란드인은 마끼안과 떠러나떼의 일부에 대한 권리가 있다고 생각하는 띠도레의 술탄 사이푸딘(Saifuddin)에게 지원을 구했다. 띠도레인은 심지어 그들의 무장범선에 오란여 깃발을 달고 떠러나떼인과 전쟁을 벌일 준비가 되어 있었다.[36] 1681년 8월 30일 술탄 암스테르담은 항복했고, 그 후 상당히 많은 고위관리와 함께 바따비아로 이송되었다. 몇몇 고위관리는 바따비아에서 처형되었지만, 동인도 최고 정부는 술탄을 사면했다. 이제 술탄국은 완전히 동인도회사에 종속되었다. 1683년 7월 17일의 조약에서, 떠러나떼는 영주인 동인도회사와 '봉신 관계에 있는 국가'가 되었다. 마까사르가 봉가이스 조약에 따라 떠러나떼에게 양도한 술라웨시의 '북부 지역' 전체(이미 별도의 조약을 맺은 왕국들인 고론탈로와 림보또를 제외), 또 '지금과 이후에 내륙[또미니 만]이나 외부 해안에서 발견될 그리스도인, 그리고 이 지역의 사람과 물품은 동인도회사의 정부와 사법부

---

36   Ibid., 182.

아래 있을 것이며, 마나도의 지역[미나하사], 나아가 따후란당, 시아우 그리고 상이헤도 마찬가지이다'.[37]

떠러나떼의 예속은 약한 정치 세력이 보호와 종교적 전환을 대가로 가장 강력한 권력자에 자발적으로 복종하는 과정을 보여주었다. 떠러나떼가 최종적으로 토벌되기 이전에도, 동인도회사는 이미 주변 소왕국들에게 어느 정도 정치적 종교적 영향을 미치고 있었다. 스페인 사람들이 그 지역을 떠나자 소왕국의 지배자들은 1660년대와 1670년대 정기적으로 동인도회사의 보호를 요청했다. 그러한 요청은 자동적으로 개혁파 학교 교사에 대한 요청을 포함했다. 예를 들어 1673년 마나도의 지방관리는 까이디빤이 보낸 4명의 사절을 받았는데, 이 사절은 여러 번 동인도회사의 보호를 요청했다. 그러나 까이디빤의 왕은 동인도회사와 관계를 맺으려고 스스로 오란여 성으로 가야했다. 그는 보통 충성의 서약이 이루어지는 지사관저의 위층에 있는 홀에서 '자신에게 기독교를 가르쳐줄 교리 교사'를 요청했다. 까이디빤은 단순히 시아우의 왕을 동인도회사로, 또 '(스페인의) 카스틸리인'을 목사로 바꾼 것뿐이니 큰 문제는 아니었다.[38]

그러나 떠러나떼에 대한 완전한 주권은 개혁파 종교를 지방정부의 공적 종교로 도입하는데 광범위한 영향을 미쳤다. 계약서들이 실려 있는 『외교사절단』(*Corpus Diplomaticum*)은 이에 대해 명확히 설명한다. 우리는 주변부와 술탄의 권한 아래 있던 영토를 구별해야 할 것 같다.

1677-1678년, 동인도회사가 섬 소왕국들, 즉 대-상이헤에 있는 따부깐과 망아니뚜, 시아우와, 그리고 1684년, 따후란당과 체결한 계약서에는(그래서 떠

37　Heeres, *Corpus*, III, 304-312; 떠러나떼와의 계약서, 1683년 7월 7-17일.
38　*ANRI*, Archief Ternate 62, 떠러나떼 정치회의의 편지들에서 발췌한 긍정적 명령에 대한 알파벳 자모.

러나떼의 예속 이후), 왕들은 향후 동인도회사에 의해 임명되고, 고위관리들은 동인도회사의 사전 지식과 동의가 있어야만 해임하거나 임명할 수 있다고 명시되었다. 그래서 사실상 왕들은 '상위 영주'인 동인도회사의 '가신들'이 되었다. 떠러나떼의 주변에 있는 소왕국들의 복종은 동시에 유일하게 허락된 공적 종교인 개혁파 종교로의 형식적 전환을 의미했다. 그래서 가톨릭 성직자의 종교적 간섭은 공식적으로 불가능하게 되었고 더 이상의 이슬람화도 중단되었다. 위에 언급한 4개의 소왕국과 맺은 계약서에는 팟 브 뤼허가 시아우의 왕 및 고위관리들과 맺은 (위에 언급한) 계약서의 선례를 따라, 표준 종교조항이 실려 있다. 시아우와의 계약서에는 섬의 모든 가톨릭 성직자를 추방해야한다고 명시되었다. 제 5항에는 다음과 같이 명시되었다.

> 시아우에서는 네덜란드 교회에서처럼, 도르트레흐트까지 계속 개최된 총회에서 그리고 1619년에 확정된 개혁파 기독교와 다른 것을 가르쳐서는 안 되며, 시아우 왕국에서는 왕과 그의 고위관리들을 용납하기로 약속한다. 그러나 묵주, 십자가, 화상과 다른 우상의 표지들은 바로 내려져 불태워지고 한쪽으로 치워져야 한다. 또 현재 또는 미래에 부임하거나 여기에 나타나, 가르치거나, 교리와 학교와 교회에 대한 연구나 다른 일을 하는, 모든 목사, 학교 교사와 교리 교사를 친절하게 대우하기로, 바른 기독교를 증진하려는 그들의 성스러운 일에 모든 도움과 지원을 주기로, 그리고 각자의 위치와 품위에 따라 예의와 존경으로 대우하고 대우받도록, 약속한다.[39]

---

39   Leupe, *Journaal van Padtbrugge's reis*, 304.

그래서 이제 동인도회사의 직할 하에 있는 모든 소왕국들에서, 개혁파 종교
는 유일하게 허가된 공적 종교로 통하였다. 그러나 떠러나떼의 경우 다른 조항
이 사용되었다. 이 조항은 이슬람교도에게 이슬람교를 자유롭게 신봉할 권리
를 주었다. 동인도회사의 명백한 의도는

> 자신의 양심과 종교에 대해 누구에게도 폭력을 행사하지 안 해야 하며, 그러한 이
> 슬람교도를 기독교 신앙에 받아들이지 않아야 하며, 그들이 스스로, 설득되지 않
> 고, 자발적으로 자신의 자유의지로 요청할 때, 그러한 경우에 방해를 받아서는 안
> 되며, 나아가 왕과 모든 백성이 그들의 사원과 종교를 자유로히 신봉할 수 있게 한
> 다. 단 기독교인은 어떠한 차별 없이, 그 안으로[이슬람교 안으로] 받아들여지거나
> 거기로[이슬람교로] 갈 생각을 갖게 해서는 안 된다는 조건 아래.[40]

그러나 이것으로 이슬람교와 기독교의 관계는 결코 고정되지 않았으며, 18
세기에는 장기적으로 누가 최고의 후원자가 될 것인가에 따라 달라졌다.

주변지역의 기독교화: 카미하 목사의 '대 시찰'

떠러나떼의 새로운 교회구역에 있는 어떤 주민 집단이 자신을 어느 정도 기
독교인이라고 생각하는지, 그리고 이것과 연관된 질문으로 동인도회사 혹은
동인도회사에 종속되거나 관련이 있는 왕들이 섬과 해안의 전통적 공동체의
종교적 성향에 어느 정도 영향을 주었는지를 정확히 조사하려면 책 한 권 전체

---

40 Ibid., 311.

가 필요할 것이다.[41] 그리고 여기에 '명목상의 기독교'가 어느 정도까지 존재했을까?

이러한 문제들을 1690-1691년 이 지역을 여러 차례 광범위하게 시찰여행을 했던 카미하 목사의 관찰과 비교하는 것은 흥미롭다. 그의 시찰보고는 교회구역 떠러나떼에 대한 가장 자세한 것들 중 하나일 뿐 아니라 긴 기독교인 명부를 가지고 있어 독특하며, 동인도회사-기록보관소의 다른 아카이브 자료와 연결되어 결국 이 지역 기독교 주민을 더 자세하게 기술할 수 있는 자료이다.

1690년 8월 7일 카미하 목사는 현재 북-술라웨시(이전의 젤레베스)의 수도인 마나도의 정박지로부터 상당히 많은 수의 일꾼을 태운 무장범선을 타고 떠났다. 그의 목적은 쩰레베스 반도의 이국적 해안 마을들을 따라 교회와 학교의 대 시찰(소 시찰은 위에 말 한대로 바짠과 마키아로 가는 것이었다)을 수행하는 것이었고, (마나도에서 1690년 10월 14일부터 1691년 4월 3일까지 잠깐 머무른 후) 거기에서 소위 북부-섬들, 따후란당, 딸라우드, 상이헤 그리고 시아우로 가는 것이었다. 이 여행으로 그는 작은 동인도회사 정착지 마나도의 마지막 끝자락, 그리고 동부 필리핀에 있는 술탄국 망인다나우의 거의 중간까지 갔었다. 그래서 카미하는 시찰로 상당한 시간을 보냈고 1691년 7월이 되어서야 마나도로 돌아왔다. 거기서 몇 달 동안 자세한 보고서를 쓰는데 전념했는데, 이것은 그가 마나도에서 일상적으로 하는 업무인, 설교, 교리문답, 결혼과 세례 외에 해야 할 일이었다. 1691년 10월 17일 그는 200쪽에 달하는 '교회보고

---

41   H.E. Nimeijer, 'Dividing the Islands: The Dutch Spice Monopoly and Religious Change in 17th Century Maluku', in Alijah Gordon, ed., *The Propagation of Islam in the Indonesian- Malay Archipelago*(Kuala Lumpur, 2001), 251-283; idem, 'Political Rivalry and Early Dutch Reformed Missions in Seventeenth-Century North Sulawesi(Celebes)', in P.N. Holtrop and Hugh McLeod, eds., *Missions and Missionaries*(Suffolk, 2000), 32-50.

서'를 완성했는데, 그것은 관례상 떠러나떼의 교회 당회와 떠러나떼의 지사에게 제출되었다. 아래 표는 그가 교회보고서에서 기록한 숫자를 보여준다.

지명	학교 교사의 성명	기독 교인	교인	(초,중,고) 학생	세례 받은 성인	세례 받은 아이	결혼 한 부부
마나도	포르따도스 (Andries Fortados)	393	19	40	11	29	-
불랑	더 리마 (Wouter de Lima)	83	5	60	12	4	1
불랑 이딴	?	655	-	45	-	31	1
다우	?	356	-	35	13	20	10
부올	?	293	-	40	77	53	9
아띵골라	빠이스 (Johannes Pays)	163	-	20	9	42	-
따후란당	?	1328	30	117	-	102	5
미낭아	?	347	10	33	-	27	-
울루 (시아우)	?	1677	-	60	-	101	-
망아라 (딸라우드)	?	576	-	30	-	23	-
라마우	나우히 (Tomas Naoehi)	558	-	23	1	9	-
살루랑 (상이헤)	마꼬우스끼 (Joan Makouski)	445	-	15	4	17	-
머날라 (상이헤)	또까일로 (Mattheus Tokailo)	113	-	24	6	15	-
꿀로르 (상이헤)	?	170	-	22	7	13	-
꾸마 (상이헤)	멘도우사 (Meindert Mendousa)	233	-	19	13	21	-
따부깐 (상이헤)	무스쿠이따 (Paulus Musquita)	3333	-	57	8	56	1

마따니 (상이혜)	포르따도스 (Lucas Fortados)	377	-	20	7	39	3
껜다혜 (상이혜)	?	389	-	36	18	23	-
콜롱안 (상이혜)	?	291	-	15	2	12	-
따루나 (상이혜)	더 로사리오 (Pieter de Rosario)	2084	-	36	5	82	-
망아니뚜 (상이혜)	따이디 (Caspar Taidi)	2809	-	35	-	111	-
따마꼬 (상이혜)	?	466	-	22	-	47	-
뻬혜 (시아우)	빠이스 (Pieter Pays)	2084	11	60	-	120	
온동 (시아우)	데라모우스 (Domingus Deramous)		-	37	-	53	-
레히 (시아우)	까운다까 (Philip Kaundaka)		-	27	-	33	-
울루 (시아우)	더 실바 (Johannes de Silva)		-	60		27	
총계		19223	75	988	193	1110	29

이 숫자는 마을에 있는 학교 교사가 행정을 유지했다는 것을 보여준다. 이상적으로는 성명과 성적이 기록된 학교명부가 있어야 한다. 세례명부는 세례 받은 성인과 어린이의 성명을 언급하였고, 결혼명부는 결혼한 자들을 언급하였다. 시찰 중에 그 목사는 대부분 학교 교사로 부터 숫자를 넘겨받는 것 이상을 하지 않았다. 그러나 카미하의 보고서는 그가 일부 마을에서 세례 받은 기독교인 수를 확정하기 위해 집집마다 방문했다는 것을 보여준다.

전통 종교

카미하와 그의 동료들의 시찰보고서의 가장 주요한 메시지는 '유약한 기독교'에 관한 것이었다. 그들은 보고서에서 정기적으로 불만을 제기해야 했다. 그것은 '매우 슬프고, 비참한 가엾은 기독교'라고 카미하는 생각했다.

이교도나 무어인의 이름을 갖지 않고 매춘이나 간음에 더 잘 접근할 수 있도록 기독교를 받아들이고 세례를 받는 사람들이 얼마나 많은가, 그들이 여전히 이교도라면 그런 것들에 허락되지 않기 때문에, 필요시 동인도회사의 방어와 보호를 받으려는 사람들은 얼마나 많은가, 자신의 이익을 얻으려는 다른 사람들은 또 얼마나 많은가?

그리고 그는 계속했다. 문제는 노골적인 '매춘, 이교, 악마숭배이다 - 그들은 기독교 방식이 아닌 이교도방식을 따르기 때문에 그것에서 벗어날 수 없으며 그들의 불신앙을 막을 수 없고 바꿀 수 없다. 그들은 육지에서 또 바다에서 그랬고, 병자와 사망자 주변에서 그랬고, 장례에서도 그랬다'. 그는 '불량 이딴'의 원주민 기독교인은 '단호하게 악마를 숭배한다고 말하고' 때로는 마을전령에게도 돌을 던진다고 썼다.

그리고 그들의 추함을 일일히 다 열거할 수 없는데, 이유는 목사가 시찰할 때는 꽤 좋은 상황[인데] 그때는 그들이, 그들의 자녀들이 세례를 받게 하기 위해, 근면과 열심을 보이기 때문이다, 그러나 이후 그들은 [다시] 못된 짓을 한다.

카미하가 하위 군인의 집에서 묵었던 '다우'라는 마을에서, 기독교인 왕국관리인 다우울루(Harman Dauwoeloe)는 원주민 마을의 모든 남자와 여자와 함께 춤추는 의식에 빠져 새벽까지 노래 불렀다. 카미하는 이 축제들은 왕국관리의 딸의 임신을 축하하여 '일 년 내내' 계속될 것이라고 확신했다.

이런 저런 인용들을 보건대 마을 주민은 동인도회사와 교회와 연대하는 것이 자신들에게 유리하다고 생각했던 것으로 보인다. 동인도회사는 마을에 대한 약탈과 습격으로부터 보호를 제공했다. 개혁파 기독교는 한편으로 세례를 받은 자들에게 고위 신분을 주었다(이교도와 무어인에게는 주지 않음) 그러나 다른 한편 목사는 전통 종교와 마술을 저지하는데 거의 영향을 주지 못했다. 이슬람과 달리 마을 주민에게 엄격한 법이 적용되지 않았다. 유난히 적은 기혼자의 수치는 기독교 결혼규범이 주변 지역에 거주하는 기독교인에게 적용될 수 없었다는 것을 명백하게 보여준다. 그것은 단순히 서구 시민질서의 도입이 부족했음을 의미한다.

자연과 생활방식

새로운 종교의 도입에서 어려운 것은 무엇보다 먼저 사람들의 생활방식과 환경요소들과 관계가 있었다. 예를 들어 원주민 마을 불랑은 두 부분, 해안 부분과 교회와 학교가 있는 강 상류 부분으로 갈라졌다. 해안 사람들은 강에 큰 무리의 악어 때문에, 교리문답이나 예배를 위해 강 상류로 올라가는 것이 생명을 위협할 정도로 위험했다. 무엇보다 우기에 사람들은 거의 집 밖을 나갈 수 없었다. 카미하 목사가 부올에 왔을 때, 남자들은 저녁기도회에 거의 오지 않은 것 같았다. 왕은 쩰레비스 산맥을 지나 아멍골라로 여행을 가는 카미하와 그의 수행원에게 식량을 조달하기 위해, 거의 170명에 달하는 남자를 밀가루

채취를 위해 숲으로 들여보냈다. 마을 주민은 자신의 생계를 위해 또는 해외 항해의 준비를 위해 같은 숲에서 밀가루를 채취했고 그래서 매주 일요일이나 수요일에 교회와 교리문답에 참석할 수 없었다는 것은 이해하기 어렵지 않다.

　말루꾸 제도에서 목사의 시찰 보고서들은 마을 주민이 집 밖에서 체류하는 것에 대해 많은 불만을 포함하고 있다. 목사는 섬 주민의 생활방식에는 거의 눈을 돌리지 않았다. 일상은 마을 주민의 대부분이 예를 들어 코코넛 수확을 지켜보기 위해 숲속에 있는 단순한 임시 움막에서 살았으며 흔히 말하는 '열 매가 열리기를 기다리고 있다'는 것이었다. 카미하는 이것을 부정적 생활방식 으로 보았고 그들이 '숲에서 뒤죽박죽 여기저기서 산다'고 지적했다. 무엇보다 해변에서 사는 것은 위험했다. 적 선박들이 노획물과 노예들을 찾아 그 지역을 자주 약탈하여 숲에서 농장에서 사는 것이 훨씬 더 안전했다.

　목사에게 또 다른 방해물은 상대를 가리지 않는 난잡한 성생활 방식이었다. 카미하의 보고서는 교회가 결혼에 주는 영향이 얼마나 적었는가를 적절하게 보여준다. 그 마을에서는 여러 명의 여자를 가지는 것이 신분의 상징으로 여 겨졌다. 그래서 예를 들어 불랑의 왕국관리는 기독교인이지만 두 여자를 가졌 다. 상이헤의 가장 기독교적 마을 따루나에서 왕은 아직 결혼하지 않았지만 그 의 '매춘부나 첩'은 딸이라고 불렸다. 카미하에 의하면, 떠러나떼에서 이 왕은 목사의 실망에도 불구하고, 여느 때처럼 거룩한 성찬에 참여했다. 마치 그를 방해할 것은 아무것도 없었던 것처럼. 따루나의 학교 교사는 이 지역의 도덕을 왕과 공유했고 '다른 여자들과 함께 [이 도덕을] 강력하게 옹호했다'. 공적 기독 교 도덕을 보호해야할 가장 중요한 보호자 두 사람이 좋은 선례를 보여주지 못 한 곳에서, 인구가 조밀한 따루나를 시찰하는 동안, 카미하가 누구에게도 결혼 을 승인하지 안했다는 것은 놀랄만한 일이 아니다. 단순히 그에 대한 수요가 없었다.

공적 종교, 부역(賦役)으로서 종교

마나도에서 하루 항해의 거리에 위치한 따후란당의 원주민 마을은 6개 구역
들로 나누어졌다. 그 주민은 차례차례 돌아가며 저녁기도회에 참석했다. 미낭
아 마을에서 주민은 3부류로 나누어졌다. 대부분의 성인들은 주기도문, 신앙
의 12조항, 십계명, 성 알데혼더와 카론의 소교재를 알았다. 이 섬이 개혁파 교
리로 양육되었다는 것은 세례를 받은 아이 중 단 한 아이만 이교도 아버지를
두었고, 카미하가 세례를 준 다른 101명의 아이는 기독교 부모를 두었다는 사
실에서 나타난다. 여기에서는 성찬이 거행되었는데, 그 주민은 빵과 포도주가
무엇을 의미하는지 몰랐다. 카미하에 의하면, 이것은 그들, 특히 여자들이 말
레이어에 미숙한 탓이었다. 그는 또한 그들이 '네덜란드 음식과 음료'를 싫어
했다고 생각했는데, 이유는 그들 대부분이 손에 빵을 들고 있었고, 포도주를
마시지 않고 술잔을 입에 대고 있었기 때문이다. 그러나 이것은 어쩌면 가톨릭
영향을 드러낸 것일 수도 있고, 따후란당은 무엇보다 왕의 감시를 통해 다른
지역보다 확실히 더 기독교적이었다. 교회는 돌과 석회로 지어졌는데, 그것 역
시 이례적이었다.

딸라우드에서 기독교회는 상이헤나 시아우보다 분명히 더 적게 발전했다.
작은 까브루앙 섬에 있는 조그만 마을 망아라에 소형의 교회 건물과 학교 건
물은 쾌속 범선을 위하여 약한 기둥들 위에 세워져 나파야자나 야자 잎 지붕을
가진, 선상 가옥으로 이루어졌다. 학교 교사의 집은 대장간과 직조소로 사용되
었다. 같은 섬에 있는 다마우 마을은 건물의 상황이 많이 낫지 않았고, 카미하

는 교회의 반이 무너진 야자수 잎 지붕 아래에서 밤을 지내야 했다. 다음과 같은 그의 관찰은 흥미롭다. '이 새로운 기독교인은 단지 불신자나 이교도로 불리어지지 않기 위해 기독교인이 되었거나, 아니면 그들은 아마 무어인과 이교도가 그들을 습격할 때 종종 어디에서든 그들을 방어하고 보호하는 것이 동인도회사의 직무라고 생각했다'. 특히 왕이 주민에 대한 권위가 없었기 때문에 어른과 아이는 제대로 배우지 못했다. 선장, 촌장, 부족장은 더 많은 여자를 소유했다.

상이혜-베사르(대-상이혜)는 약간 더 큰 섬으로 넓이가 10킬로 길이가 30킬로이다. 이 섬은 거기서 생산되어 주로 등잔 기름으로 사용되는 야자유 때문에, 동인도회사에 중요했다. 상이혜에 있는 머날라, 꿀로, 꾸마 같은 몇몇 마을들에는 개혁파 종교가 아직 거의 침투하지 않았다. 거기에는 단지 하급 교사만 있었다. 암본 지역에서 일어난 것처럼, 동인도회사는 교회와 학교 업무를 위해 마을들을 이동시켜 하나로 통합했다. 꼴랑안 같은 특정 마을에서는 촌장이 없었고 시찰하는 목사의 전령이 북을 쳐서 주민과 학생을 모으기 위해 먼저 숲으로 가야했다.

소왕국들이 형성한 상이혜에 있는 지역들인 따부간 그리고 망아니뚜에는 교회와 학교 출석에 대한 감시가 더 용이했다. 이곳은 또한 많은 아이가 있는 매우 인구 밀집한 정착지였기 때문에, 수십 명의 아이를 학교에 배치하는 것이 어렵지 않았다. 따루나는 전체 상이혜 중에서 가장 기독교적 마을이라는 이름을 얻었다. 그러나 지도자들과 학교 교사들은 더 레이우(Cornelius de Leeuw) 목사가 교리문답 언어로 상기리스어[술라웨시에서 사용된 언어]를 도입하는 것에 대해 전반적으로 거부감을 가졌다.[42] 레이우의 선임자 까헤잉(Kaheing) 목사(1677-1680)가 교회와 학교 언어로 말레이어를 장려했기 때문에, 이런 변경으로 교인은 당황했고, 원주민 마을 주민은 두 언어들 중 어느 언어로도 교리를 기억할 수 없었다. 사실 카미하는 그에 대한 주된 이유들을 찾을 수 없었다. 주민의 게으름에 있었는가, 학교 교사의 잘못이었는가, 아니면 왕과 마을 연장자들의 충분한 감독이 부족하였는가?

따루나에서 배울 수 있는 한 가지는 엄격한 통치자와 공적 종교의 유지를 지지하는 자가 교회 출석을 증진시켰다는 것이다. 때문에 교회가 서 있는 왕궁 담장 옆에는 죄인을 일반에게 보이게 하려고 매놓은 기둥이 땅에 꽂혀 있었다. 이 기둥에는 두 개의 구멍이 뚫려 있어, 기도나 설교에 소홀한 사람은 '지나가는 다른 사람들의 구경거리, 볼거리 그리고 망신거리가 되게' 그(그녀)의 손을 넣어야 했다. 그리고 몇 시간이 아니라 몇 일 동안, 더위 속이던 빗속이던, 그래야 했다. 거기에서 얼마나 많은 사람들이 고통을 당했는지 알기는 어렵다. 그것은 처벌제도로도 다루기 힘든 매우 완강한 결석자들에 대한 것이었다.

마찬가지로, 상이헤의 맞은 편에 위치한 인구가 조밀한 소왕국 망아니뚜(기독교인이 거의 3,000명)는 낯익은 모습을 보여준다. 망아니뚜를 예로 들어 목사가 도착하자 아이들의 세례를 원하는 많은 주민이 어떻게 몰려들게 되었는가를 설명하는 것은 유익하다. 이 주민 전체 가운데 52명의 남자와 94명의 여자가 교리문답에 나타났다. 남자는 십계명과 신앙의 12조항을, 몇 명은 주기도문을 암송할 수 있었지만, 여자는 남자보다 뒤쳐졌다. 그러나 그들의 동기는 분명했는데, 그들은 '[그들의 아이들이] 이교도로 비난받지 않기 위해', 아이들

---

42 레이우(Cornelius Leeuw)는 떠러나떼의 목사였다(1680-1688). 그는 상기리스어를 배웠고 학교 교사가 교리문답 자료를 상기리스어로 번역하게 했다. Godée Molsbergen, *Greschiedenis*, 47-49.

을 세례 받게 하려고 왔다. 카미하 목사가 교회에 있는 동안 더 많은 주민이 다녀갔다. 많은 어린 아이들의 울음 소리 때문에 주민에게 오늘이 토요일이고 아직 일요일이 아니라는 것을 분명히 알릴 수 없었다. 그러나 많은 아이들이 있었기 때문에 카미하는 세례를 결정했는데, 아버지와 어머니의 이름이 도밍우스(Domingus), 프란치스코(Francisco), 마리아(Maria), 아드리아나(Adriana) 등인 것을 보아 부모들은 그리스도인이었다. 그러나 저녁기도회에는 단지 40명의 여자와 20명의 남자만 나타났다. 이유는 카미하가 기록했듯이, '마치 큰 축제가 있기나 한 것처럼', 주민의 다수가 다시 숲에서 사라지거나 범선에서 올라와 없어졌기 때문이다. 다음 날 설교에는 45명의 남자와 90명의 여자가 있었고, 카미하는 16명의 아이에게 세례를 주었다. 대부분의 사람들은 교회 설교 중에, 또는 세례가 시작할 시간에 왔는데 '이유는 그들은 다른 사람들처럼 심문을 받을까 봐 두려워 아이들과 함께 숨었다가, 목사가 세례를 줄 때 바로 왔기 때문이다'.

더 남쪽에 위치한 마을 따마꼬도 같은 모습을 보여준다. 카미하가 설교에 나타났던 60명의 여자에게 신앙지식에 대해 질문하고자 했을 때, '많은 사람들은 주기도문의 단어를 알지 못했는데, 이유는 그들은 숲에서 나온 듯 싱그럽고 푸르렀고, 아무것도 모른 채 서로에게 미소를 짓기 시작했기 때문이다.' 이런 상황에서 카미하는 아이들을 세례하기 시작했다.

카미하 목사는 그의 범선으로 따마꼬의 해변으로 강하게 밀려오는 파도를 헤치고, 시아우 섬으로 이동했는데, 먼저 뻬헤로 갔다. 거기에는 성찬을 함께한 엄선된 일행가운데 가장 중요한 교인 2명, 병자위로자 베르트람스(Coenraad Bertrams)와 학교 교사 빠이스(Pieter Pays)가 살고 있었다. 교회가 이미 몇 년 동안 사용되지 않았기 때문에, 왕의 집에서 너저분한 예배가 드려졌는데, 예배

중 많은 여성과 아이들이 드나들었다. 카미하가 세례를 시작했을 때, 더 많은 주민이 와서 아이들을 쑤석거려 세례를 받게 하였고, 카미하는 어두워질 때 까지 세례를 계속했다. 흥미로운 것은 예배 중에 학교 교사가 아이, 아버지, 어머니의 이름을 적은 후, 목사에게 주어, 목사가 세례에서 이들을 파악하게 했다. 가까이 있는 두 마을, '온동'과 '레히'에서도 같은 방식으로 진행되었다. 필요한 교재를 알고 있는 사람은 한 명뿐이었고, 대부분은 '아이들을 걷게 하기 위해 웃으며 서서 드나들었다'. 카미하는 시아우 기독교를 상이헤, 딸라우드 그리고 따후란당의 기독교 보다 더 강하게 비난했다. 이유는 '매춘, 이교, 그리고 살인 행위' 때문이었다. 다른 섬들에서 보다 더 시아우 섬 주민은 '음행' 속에서 살고 있었다. 카미하의 보고서에는 안타깝게도 뻬헤에서 거행된 성찬식에서 일부 사람들이 감히 빵과 포도주를 먹지 않았다는 언급을 제외하고는, 초기 가톨릭 시대에 대한 언급이 없다.

학교 출석

실제 학생 수는 학교 당국이 발표하는 것 보다 항상 더 적었다. 학교에 가는 것은 마을 최고연장자들과 왕에 의해 유지되는 부역으로 여겨졌다. 이들은 종종 마을 주민과 합의해서, 예를 들어 '불랑 이딴'과 같은 곳에서는 돌아다니는 200명의 학령 아동 가운데 단지 45명만 학교 에 등록하게 했다. 이 45명 중, 카미하는 학교에서 20명을 만났다. 그것은 여기 어디서나 똑 같았는데, 카미하는 '그들은 노예들을 학교에 보내고 자신의 아이는 집에 붙잡아 두었다'고 썼다. '다우'에는 약 25명의 학생이 있었고, 그 중 여학생은 한 명도 없었으며, 이전 시찰에서 만났던 180명의 아이 보다 훨씬 적었다. 여기에서도 '대부분은 노예들이었다'.

학교 교사가 따루나 왕의 노예였던 상이혜의 '꼴롱안'에서 처럼, 학교 교사의 업무도 가끔 노예에 의해 수행되었다. 온동 마을에는 교사가 없었지만, 하급 교사로 주민을 가르친 시아우 왕의 노예가 있었다. 그는 팔릴까봐 무서워 교회와 학교의 유지에 대해서 카미하에게 아무 말도 하지 못했다. 왕에게는 노예 학교 교사가 분명히 물질적 이득을 가져다 주었다. (하급) 교사와 마을전령(교인과 학생을 북을 쳐서 모이게 하는 자)은 그들이 가끔 항해했던 마나도에서 현물(보통 흑단 〈黑檀〉 융단)로 급료를 받았다. 그들은 항상 현물의 일부를 주인에게 바쳐야 했다.

나아가 왕은 교회와 학교에 가는 것에 태만한 경우 교인에게 요구할 수 있는 벌금으로 이익을 챙길 수 있었다. 벌금을 거두는 일은 마을전령에게 맡겨졌다. '따부깐'에서는 암본인 학교 교사 무스쿠이따(Paulus Musquita)도 벌금을 거두는 일을 도왔다고 밝혀졌지만, 이것이 무스쿠이따도 그것으로 혜택을 받았다는 표시가 될 필요는 없다. 무스쿠이따는 1688년과 1689년 '따부깐'의 왕이 떠러나떼에 머물 때 종교가 잘 유지되고 있었다고 말했다. 그러나 왕이 돌아가자 마자 실제로 한 사람의 주민도 기도회에 나오지 않았고, 그만이 순회교리 교사로 집들을 방문하여 성인교리문답을 계속할 수 있었다.

그래서 무스쿠이따 같은 잘 교육받은 암본인은 무엇인가를 얻으려고 했는데, 이는 다른 학교 교사에게서도 볼 수 있는 특성이다. 마나도의 학교 교사 포르따도스(Andries Fortados)는 40년간의 사역을 마쳤고 '또 학교와 교회를 건설하고 조직하는 것과 신약성경을 번역하는 것을 도왔던 첫 사람이었다'. 그러나 왕들은 바로 이 좋은, 노련한 학교 교사를 위협으로 보았다. 따루나와 망아니뚜의 왕들은 포르따도스를 더 이상 원치 않았는데, 이유는 왕들은 자신의 노예들이, 자유로운 [노예들이] 아니라, 자신들의 이익을 위해, 교회와 학교의 교사들과 전령들이기를 원했는데, 노예 학교 교사는 [마나도에] 올라갈 때마다 푸른색 면직물을 주고, 전령은 싼 면직물이나 가늘고 긴 직물을 주는데, 더욱 더 좋은 것은 그들의 모든 악령예배와 우상숭배를 은밀하게 계속 행할 수 있기 때문이다.

카미하는 상이헤의 11명의 학교 교사 가운데 6명이 노예였으나 그 가운데 좋은 사람도 몇 명 있다는 것을, 알게 되었다. 따후란당에서도 학교 교사와 전령은 노예들이었다.

그러나 앞에서 말한 것처럼 학교 교사 가운데 우수한 사람들도 있었다. 뻬헤에서 하급 교사였고 빠이스(Pieter Pays)의 감독을 받았던 딸라비드(Moses Talavid) 같은 일부 교사는 목사에게 훈련을 잘 받았다. 딸라비드는 2년은 드레이우(Cornelius de Leeuw) 목사에 의해, 1년은 카미하 목사 자신에 의해, 교육을 받았는데, '조용하고 남에게 본이 되는 삶을 살았다'. 적어도 카미하에 의해 이름이 언급된 학교 교사 중 3명은 암본인이었고, 그들은 교육을 잘 받은 사람들이었다. 이런 학교 교사 외에, '학교나 교회가 끝나면 뒤돌아보지 않거나 거의 돌아보지 않고, 이를 위해 최고 모범 학생 중 한명을 이용하는' 유형의 사람인 깐다하르의 학교 교사 처럼, 학교에 대해 거의 관심을 갖지 않았던 교사도 있었다. 그러나 깐다하르는 카미하가 도착하기 직전에 교회 주변과 교회에 있던 덤불이 제거된 마을이었다.

동인도회사의 종교? 개인적 영역의 민간 종교

기독교가 '동인도회사를 기쁘게 하거나 이교도나 무어인으로 매도되지 않기 위한 회사업무'라는 카미하의 불평은 확실히 진지하게 받아들여야 한다. 동시에 그와 다른 목사들의 많은 비난들은 일방적이고 피상적으로 들린다. 세례식에 참석하기 위해 숲에서 나온 듯 '싱그럽고 푸르렀던' 따마꼬의 많은 여자들은 자발적으로 그 의식에 참석하러 왔다. 망아니뚜에 2,000명 이상의 세례 기독교인이 있었지만, 매일 10-20명이 저녁기도회에 참석했다. 거기에서는 많은 것이 말레이어에 대한 지식에 달려있었다. 따후란당에서는 말레이어에 대한 무지가 여자들이 성찬의 의미를 이해하는데 걸림돌이 되었다. 말레이어가 더 일반적으로 통용되었던 따루나에서는 교인이 기독교 복음을 확실히 더 잘 이해했다. 그러나 세례식 때 정원에서 나타난 '셀 수 없이 많은 무리'와 매일 주기도문, 신앙의 12개조, 십계명, 알데혼더와 카론의 교리서를 반복하며 훈련한 소수 그룹 사이에는 큰 차이가 있었다. 기독교 신앙의 기본 원리를 자신의 것으로 만드는 것은 특히 여자 교인 중 소수 그룹, 예를 들면 교리문답에 충실한 뻬헤 출신 여자 9명이었다. 그들에게 새로운 종교는 아마 아직 부분적으로 동인도회사의 종교 그러나 확실히 나사렛 예수의 종교도 되었다. 개인적 영역에서의 신앙체험에 대한 목사들의 증언은 거의 부재하다. 시찰하는 목사는 단지 하루나 이틀 마을에서 머물렀고, 그의 사역은 많은 아이들의 세례에 제한되었고, 개인이 아닌 무리의 영적 돌봄에 몰두했다. 그러나 사료의 한계 때문에 종교가 주민에 준 영향을 미리 진지하게 받아들이지 못하면 안 된다.

'방치된 기독교' – 공적 영역에서 쇠퇴

　개혁파 목사들, 몬타누스(Jacobus Montanus, 1677-1680), 드 레이우(1680-1688), 그리고 카미하(1688-1700)의 일련의 시찰 후, 18세기 전반에 교회시찰 수가 점차 줄었다. 이유는 너무 적은 수의 목사(1700-1750년 동안 21명의 목사, 1750-1795년 동안 단지 9명의 목사)와 정치회의의 무관심 증가 등 복합적 원인 때문이었다. 후자의 원인으로 인해 1731년 떠나는 필랏(J. C. Pielat) 지사는 그의 '헌신의 회고록'(Memorie van Overgave)에서, 그의 17세기 전임자들이 교회 출석률을 높이기 위해 교서를 공포하던 곳에서, '우리 지사들은 사람들을 교회에 가라고 강요하지만 자신들은 가지 않는 종(鐘)과 같았다'고 탄식했다.[43] 지역 엘리트의 이런 외면으로 인해, 떠러나떼의 기독교인 10명 중 1명만 교회에 출석했고, 이러한 모범 사례의 부족으로 인해 외딴 섬의 상황은 그다지 나아지지 않았다.

　18세기의 남은 3분기 동안, 시찰은 단지 매우 산발적으로 일어났다. 그것은 말 한대로 사역 가능한 목사의 감소(그리고 목사의 장기간의 질병) 및 사실 오래 전부터 시찰의 유지와 운영을 주도한 지방정부의 교회적 무관심과 관계가 있었다. 1756년, 수 년 간의 방관 끝에 마침내 떠러나떼의 정치회의가 아 베스턴(Gerhardi â Besten) 목사의 시찰여행에 사용할 선박의 종류를 심의했을 때, 그들은 그런 시찰여행은 1745년 이후 더 이상 수행되지 않았다고 인정해야 했다.[44] 그 오랜 기간 동안, 지역 기독교는 전적으로 왕들과 학교 교사들에 의존하였다. 더욱이 정치회의는 왕위 계승 때 마다, 기독교인 왕자들이 왕위에 오

43　*ANRI*, Archief Ternate, 74, fol. 124, Memorie van Overgave, J.C. Pielat 9 juni 1731.

44　*ANRI*, Archief Ternate 17 fol. 114-116; res. Politiek Raad 12 oktober 1756.

를 수 있도록 주의를 기울였다. 그들은 또한 적어도 1763년까지 변방에서 기독교를 유지할 수 있는 돈을 가지고 있었다. 그 해에 교회 직원 수는 무려 68명(학교 교사와 전령)에서 거의 반이나 감소하였다. 향후 떠러나떼의 교회는 계속 33명의 학교 교사와 교리 교사가 있었고, 그리고 마나도와 고론딸로에는 8명의 전령이 있었다.[45] 수년 후 동인도회사의 정치적 그리고 종교적 영향은 이런 저런 조처들로 눈에 띄게 쇠퇴하였다. 브레톤(Breton) 지사는 '각자 유력자들에게 그들의 의무를 돌아보고 사리를 깨우치게 할뿐 아니라' '신앙이 약한 자들과 아직 어둠에 있는 자들에게 기독교 신앙을 전파하기 위해', 매 2-3년 마다 목사와 함께 '전체 말루꾸 제도'를 둘러보게 하는 것이, 바람직하다고 생각했다.[46]

목사를 지사와 함께 가게 하자는 이 제안은 증가하는 해상 불안전에 대응한 것으로 보아야 한다. 지방정부가 18세기 후반 정치적 그리고 군사적 상황에 대해 발행한 많은 비밀 공문서들은 또미니 만에 있는 교역거래소들을 지배하려고 하는 만다르족, 부기족, 그리고 마까사르족의 증가하는 영향에 대한 불평으로 꽉 차있다. 따라서 지방정부는 무엇보다도 수입이 결코 지출을 감당하지 못했기 때문에, 동인도회사가 변방에서 철수하는 것이 더 나을지 여부를 고려했다. 브레톤, 팔케나르(Valckenaer), 그리고 크란(J. J. Craan) 지사들의 '고려 사항'은 다음과 같이 명확히 거론되었다. 그 지역의 전체 무역을 개인 사업자들에게 넘기고, (정향나무) 멸종정책과 마나도의 쌀 공급을 보장하기 위해 떠러나떼에만 군사적 점령지를 유지할 것인가, 혹은 그 지역의 군사적 거점들을 유지할 것인가. 후자의 방안은 확실히 매력이 없었다. 1740년에서 1775년 사이

---

45   *ANRI*, Archief Ternate 63 fol. 62-63.
46   Ibid., fol. 185.

에 이 지역의 다양한 동인도회사 거점들이 약 10번이나 패배했기 때문이다. 점령지들은 몰살당했고 손실은 컸는데, 대략 15,000 길더였다. 그러나 동인도회사가 계속 머무르고 싶다면, 동 회사는 강한 경비정 선대가 필요했고, 토착 주민은 쌀 경작(미나하사), 금 채굴(고론딸로) 그리고 야자유 생산(상이헤)에서 더 생산적으로 되어야만 했다.

그러나 18세기 후반, 동인도회사는 증가하는 북-술라웨시 주변의 해적의 영향보다 더 많은 문제들과 싸워야 했다. 파푸아의 약탈선박들로 보충된 남-할마헤라의 대 무장범선 선대들, 띠도레의 저항 세력, 남-할마헤라의 대 무장범선 선대들, 바짠의 술탄이 제거되는 빈도의 증가, 그리고 잊지 않아야 할 것으로 살라와띠에 정착한 영국인, 이런 일들은 반복적으로 회의에 상정되는 의제였다.

이러한 우려 속에서, 이 회의들이 그 지역의 개혁파 종교의 유지에 대해 명시적으로 다룬 적은 거의 없었다. 먼저 약탈과 방화를 막는 문제가 다루어졌다. '불랑 이딴'과 '롤락' 같은 북부 해안에 있는 다양한 원주민 마을은 1772년 민다나오, 사링나이 그리고 할루랑의 해적에 의해 전소되었다. 이 선대들은 너무 강력해서 마나도조차 군사적 점령의 확대를 피할 수 없었다.[47] 술라웨시의 북부 해안에 부올과 같이 군사적 점령으로 더 이상 버틸 수 없는 곳에서 기독교가 계속 존재하는 것은 불가능했다. 부올은 오랜 동안 기독교인 왕에 의해 통치되었지만, 해적들의 압력에 결국 저항할 수 없었다. 1748년과 1763년 이 해안 마을은 약탈당했고, 그 후 새로운 점령이 더 이상 이루어지지 않았다. 1772년 정치회의는 부올이 '기독교 신앙보다 모하멧 신앙을 더 신봉하고 있고',

---

47   *ANRI*, Archief Ternate 29a fol. 31, 40-68; res. Politieke Raad 21 augustus 1772.

또 동인도회사와 공식적으로 맺은 계약을 굳게 지키고 있는 부올의 수장들은 끈질기게 신앙의 자유를 허용해 달라고 요청했다고 언급했다. 그러나 정치회의는 개혁파 종교를 전혀 폐지하고 싶어 하지 않았다.[48]

해상의 불안전과 증가하는 이슬람화에도 불구하고, 따후란당과 상이혜에서도 상당한 수의 교리 교사가 활동을 계속할 수 있었고, 대개 더 오랜 기간 급료를 받지 않았다. 1781년 상이혜의 교리 교사에 대해, 그들은 이미 수년간 해적질 하는 강도들 때문에, 마나도로부터 월급을 찾아갈 수 없었다고, 보고되었다.[49] 그러나 월급을 받지 못한 사람들은 단순히 생계를 다른 방식으로 벌어야 했기 때문에, 아이들을 학교로 인도하고 성인들을 교리문답하는 데 의욕이 덜 했을 것이다. 따라서 정치회의의 회의록은 자주 학교 교사의 낮은 업무 수행에 대한 불평을 싣고 있다. 교사단체에 요구되는 질적 수준을 유지하기 위해 정기적으로 암본 출신 학교 교사가 임명되었다.[50] 그러나 1763년 합의한 교회 직원의 수는 마지막까지 급료명부에 남아 있었다. 1797년 지방정부는 심지어 5,714 길더를 연체된 급료로 지불하였다.[51] 같은 해 마나도가 영국인의 소유가 되었을 때, 28명의 교리 교사와 7명의 교회전령이, 이제 그들은 영국 급료명부에 기재되었지만, 그들의 업무를 유지하였다. 1801년 6월 21일에는 오란여 요새(옛 동인도회사 힘의 상징)도 영국인의 소유가 되었다. 1817년 네덜란드 권한이 회복된 후, 그들은 더 이상 '공적 종교'에 대해 말하지 않고, 규모가 제한된 동인도 교회 외에 새로운 세대의 선교사들이 관심을 가질 잃어버린 이교도 영혼

---

48   Ibid., fol. 40-68.

49   *ANRI*, Archief Ternate 22 fol. 22; res. Politieke Raad 12 september 1781.

50   *ANRI*, Archief Ternate 27 fol. 145-46; res. Politieke Raad 12 december 1788.

51   *ANRI*, Archief Ternate 94 ongefol.; Politieke Raad Ternate aan Hoge Regering Batavia 10 september 1797.

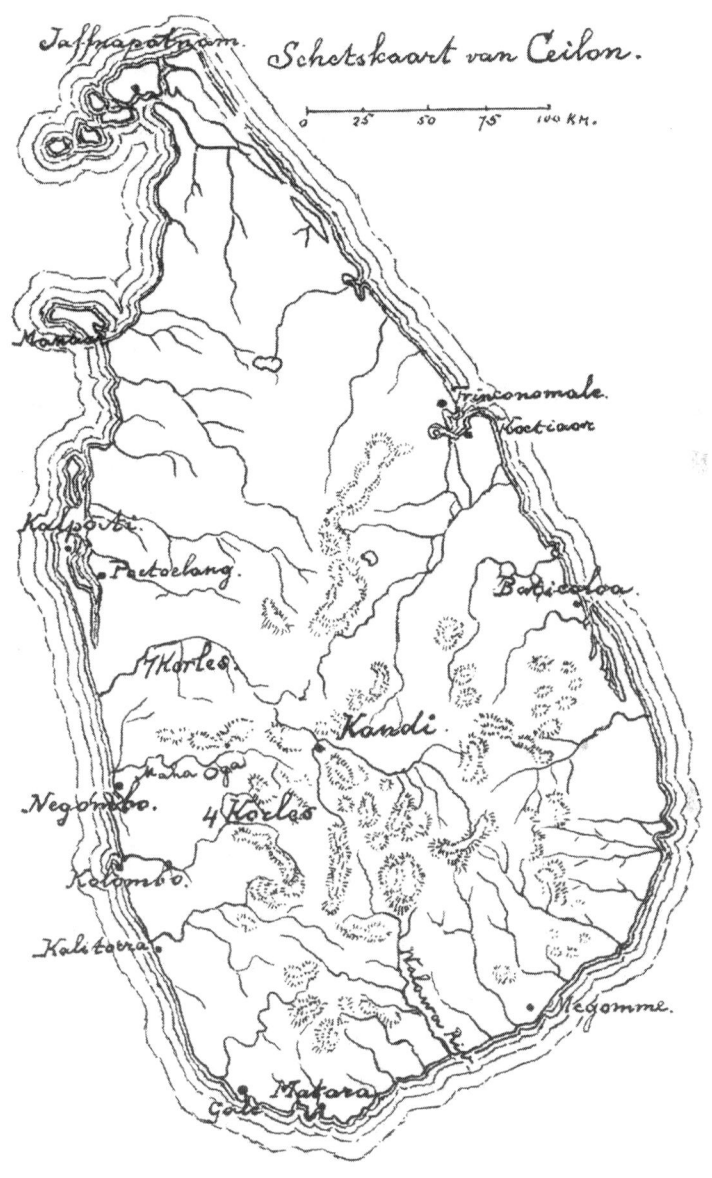

Kaart van Ceylon

실론의 지도

제3절 포도원의 망대 (개혁파 실론)

헤릿 얀 스휘터(Gerrit Jan Schutte)

동인도회사는 처음부터 당시 스리랑카로 불렸던 실론에 눈독을 드렸다.[1] 이유는 그 섬만이 당시 수요가 많았던 계피를 생산하였기 때문이다. 그러나 실론은 적어도 해안과 항구는 포르투갈인의 지배를 받았고, 따라서 포르투갈인은 수익성이 좋은 계피 무역을 독점하고 있었다. 게다가 실론은 아시아 무역과 항해에 매우 전략적인 위치에 있었다. 포르투갈인은 동인도회사의 동인도무역을 상당히 방해하였다.

실론에 대한 포르투갈의 지배는 사실 그 섬의 중심에 위치한 싱할라 왕국 칸디에 의해 끊임없이 위협을 받았다. 이 왕국은 반 스핀베르헌(Joris van Spinbergen)이 이미 1602년 선대를 이끌고 실론 해역으로 항해할 때 경험했던 것처럼, 모든 반-포르투갈 세력을 환영했다. 그러나 칸디와의 협력은 30년 후에야 비로소 이루어졌다. 그때 동인도회사도 포르투갈 주도권에 도전할만한 충분한 공격력을 가졌다. 1638년 왕 신하(Sinha) 2세와 동인도회사는 공식 동맹을 맺었고, 거기에서 동인도회사는 대부분 주요한 실론 생산품에 대한 독점권뿐 아니라 포르투갈인이 점령한 요새들에 군사 주둔지를 세울 권리도 받았다. 포르투갈인은 계속해서 중요한 항구 도시인 갈리(1640), 네곰보(1645), 콜롬보(1656) 그리고 자프나(1657)뿐 아니라 투티코린(1658)과 네가파트남

---

1 S. Arasaratnam, 'De VOC in Ceylon en Coromandel in de 17de en 18de eeuw', in M.A.P. Meilink-Roelofsz, red., *De V.O.C. in Azië*(Bussum, 1976), 14-63; J. van Goor, *Jan Kompenie as Schoolmaster. Dutch Education in Ceylon 1690-1975* (diss. Utrecht, 1978).

(1659) 같은 제방의 중심지에서도 쫓겨났고, 동인도회사는 실론 해협을 확보하고 실론을 장악하게 되었다. 칸디 왕은 포르투갈인과의 전투에서 (네덜란드에 의해) 제공된 지원에 대한 비용을 부담하지 않았기 때문에, 동인도회사는 점령지를 담보로 간주하고 나중에는 재산으로 간주했다.

실론의 동인도회사 지역에는 다양한 주민 집단들이 거주하였는데, 그 중에서 불교적 싱할라족, 타밀족, 무어족이 가장 중요하였다. 거기에는 뚜빠썬으로 부르는 포르투갈어를 말하는 상당히 큰 집단도 있었는데, 이들은 그리스도인이었다. 하지만 이 집단(뚜빠썬) 이외에도 많은 그리스도인이 실론에 살고 있었고, 그 수는 약 200,000명 이었다. 특히 선교는 자프나 주변의 타밀족에게 성공적이었고, 거기에는 기독교화된 지역들이 있었다. 그래서 수십 개의 교회 건물과 학교를 포함한 교회 기반시설이 존재하였다.

자프나파트남의 바테코트에 있는 교회와 목사관

개혁파 교회 생활은 동인도회사 직원, 즉 회사의 군인, 선원 그리고 상인을 영적으로 돌보는 과정에서 실론에 도입되었다. 점령된 항구 도시에서 그들을 위한 예배가 드려졌고, 이 예배는 조만간 네덜란드어를 사용하는 회중으로 바뀌었다. 목사 장로 집사로 당회의 구성, 교리문답과 교육의 조직, 가난한 자, 고아와 나병환자를 위한 구제사업, 그리고 교회 교사와 고아 교사의 위원회 등 모든 것이 그 흐름에 맞춰 이루어졌다. 적어도 더 큰 센터에서, 그리고 많은 외부 거점들에서 교회 생활은 자체 교회 당회나 목사 없이 병자위로자가 인도하고 때때로 목사가 방문하는 네덜란드어 모임으로 제한되었다.

그러나 네덜란드어 교회 예배에 참석하는 사람들은 실론의 개혁파 교인 가운데 소수였고, 이들은 결코 모두 유럽인이 아니었다. 이유는 실론 동인도회사는 인종적으로 빠르게 매우 혼합된 성격을 가졌기 때문이다. 예를 들면 1694년 자프나파트남의 도시와 성의 주민은 1,062명이었고 그중의 반 이상은 자유민이 아니었다(노예 263명과 여성 노예 295명). 105명의 자유민 남자 가운데 100명은 동인도회사에 근무하였고, 그들 중 95명은 유럽 출신이었다. 유럽인 여자는 14명이었고, 유라시아 여자는 114명이었다.[2]

그러나 개혁파 실론은 더 많은 것을 포함했다. 동인도회사가 그 섬의 일부를 점령한 후, 실론의 가톨릭교는 본국 모델에 따라 기독교화 되었다. 신부와 다른 성직자는 추방되고 가톨릭 의식은 금지되고, 성상은 교회 건물로부터 제거되었다. 교회 예배는 개혁교회의 예전에 따라 거행되었으며, 교육으로 개혁교회 교리가 전파되어야 했다. 말루꾸에서 처럼 마을 교사는 향후 청년에

---

2   H.A.E. de Vos tot Nederveen Cappel, 'De dienaren van de V.O.C. teelden in Ceylon vele kinderen bij Europese, Mestiesen, Castiesen, Toepassen, Swarte, Bandanese, Maleise en Singalese vrouwen', *Gens Nostra* 33(1978), 308-315.

게 바른 교리를 가르치고, 매주 교회 예배를 인도하고, 동 예배에서 설교를 낭독해야 했다. 목사는 시찰여행에서 성찬을 정기적으로 거행했다. 1657년 자프나와 주변을 점령한 후, 그 지역의 개혁을 이행해야 했던 발다우스(Philippus Baldaeus) 목사는 당시 이에 대한 통찰력 있는 보고서를 발간했다.[3] 1658년 26세였던 발다우스는 교인의 교육, 특히 아이들의 교육을 강하게 강조했다. 또 교리문답서, 신앙고백, 기도와 다른 양식들이 포르투갈어와 토착어인 타밀어 및 싱할라어로 번역되어 이용 가능하게 했다. 짧은 반세기 후 도시 자프나는 최소한 5명의 학교 교사(네덜란드인 1명, 뚜빠썬 2명, 혼혈 메스티스 1명과 카스티스 1명)를 체류하게 했는데, 이 교사들은 최소한 3개 언어그룹을 가르쳤다. 여기에 더하여, 포르투갈어와 타밀어를 유창하게 하고 위트레흐트에서 공부한 빨레아까테 출생의 더 메이(Adrianus de Mey) 목사와 도르트레흐트 출신의 학교 교사 오틀레이(Dirck Otley) 강사에 의해 지도된 신학교가 있었다.[4] 발다우스는 출판물을 통해 교회와 과학을 위해 봉사한 일련의 학식 있는 실론 개혁파 목사들 중 첫 목사였다.[5]

엄밀히 말하면, 실론 개혁교회는 실론 동인도회사가 분할한 3개의 행정 단위인 콜롬보, 자프나, 그리고 갈리의 행정부서들에 따라, 3개의 개별 교회 회중

---

3 Philippus Baldaeus, *Naaukeurige Beschryvinge van Malabar en Choromandel, derzelver aangrenzende ryken, En het machtige Eylandt Ceylon. Nevens de Afgoderij der Oost-Indische Heydenen*(Amsterdam, 1672); S. Arasartnan, 'Reverend Philippus Baldaeus-his pastoral work in Ceylon, 1656-1665', *Nederlands Theologisch Tijdschrift* 14(1959-1960), 350-360; S. Arasaratnam, 'The first century of protestant christianity in Jaffna 1658-1750', *Indian Church History Review* 19(1985), 39-54.

4 De Vos tot Nederveen Cappel, 'De dienaren van de V.O.C.', 309, 311; cf. Van Goor, *Jan Kompenie*, register s.v.

5 발다우스(Baldaeus)에 대해서는 Philippus Baldaeus, *Afgoderij der Oost-Indische Heydenen*, red. A.J. de Jong(Den Haag, 1917)의 재판 서론도 보라.

들로만 구성되었다. 말라바 제방에 있는 코친의 교회는 4번째 교회로 간주되었다.[6] 네곰보, 마타라, 바티칼로아 그리고 트린코노말레는 때때로 자체 목사를 가졌지만, 독립된 회중들로 발전하지 못했고, 그래서 언급한 4개 교회 당회의 하나에 속했다. 당회들을 일종의 노회로 연합하려는 시도들은 바타비아 최고 정부에 의해 금지되었다.[7] 콜롬보의 교회 당회는 본국에 있는 교회와 정부와의 대화 상대로서, 동급 당회들의 대표 역할을 수행했다. 교회 당회 회의록에 의하면 정치위원의 전언(傳言)은 당회 안건의 고정 항목이었다.[8]

처음부터 네덜란드어로 설교하는 것이 불충분하다는 것이 분명했다. 1670년 이후 자프나의 목사들은 각자 자신의 구역을 배정받았고 그곳에서 거주했다. 그래서 그들은 토착 교인의 언어를 (배우고) 말해야 한다고 생각했다. 그들은 정기적으로 그들의 구역을 순회하고, 다양한 교회에서 설교하고, 성찬을 거행하고, 결혼을 승인하고, 지역 병자위로자, 교리문답 교사와 학교 교사를 감독했다. 나중에는 때때로 장로와 집사가 그 마을들에서 거주했다.[9]

실론 개혁교회는 다양한 인종과 사회 집단을 포함했다. 유럽인은 모두 기독교인이어야 했다. 그들을 위하여 네덜란드어 예배가 마련되었다. 콜롬보에서는 이 예배가 까스테일 교회에 있었다. 또한 포르투갈어, 타밀어, 싱할라어 사용자들을 위한 예배도 준비되었으며, 모두 하나의 공동 교회 당회의 책임 아래

---

6   L. Hovy, *Ceylonees plakkaatboek*(Hilversum, 1991) nr. 91.

7   Arasartman, 'Baldaeus', 357.

8   Notulen kerkenraad Colombo(=SAW. Mottau, *Translations of Minutes of the Consistory of the Dutch Reformed Church*, Wolvendal, Colombo; 타자한 원고, 미간행), 19.11.1755; 'Instructie voor de politieke commissaris bij de kerken op Ceylon en op Malabar kust', in Hovy, *Plakkaatboek*, nr 91a.

9   코타(Kotta), 칼루타라(Kalutara) 및 네곰보(Negombo)에서 장로들의 임명에 대해서는 Notulen kerkenraad Colombo, 6 April 1759.

있었다. 출신지가 아닌 언어가 차이를 만들었고 전례에 있어서 교회 예배들은 서로 비슷했다. 따라서 네덜란드 회중은 유럽인만으로 구성되지 않았고, 유라시아계 또는 원주민 출신도 포함되었다. 그러나 1757년 '까스테일에서 도보로 30분 거리'에 볼번달 교회 또는 바이턴스타트 교회가 문을 열었다. 이 교회는 회중 가운데 원주민 교인을 위한 것으로 좌석 수가 1,000개 이상이었다. 또한 알아볼 수 있는 인종적 배경을 가진 목사들, 타밀인 온다쩌(W. J. Ondaatje)와 싱할라인 필립스(H. Philipsz)가 의도적으로 임명되었다. 포르투갈어를 사용하는 유라시아 목사는 전에도 있었다. 콜롬보의 개혁파 회중은 (동 교회가 세워진 지 25년 후) 1684년 교인 수가 약 150명이었는데, 18세기 동안 뚜렷하게 성장했다. 1757년 교인 수는 약 1,000명, 1789년 2,000명이었다.[10] 그해 1757년에 19명의 교회 직원이 콜롬보 동인도회사의 급료명부에 있었는데, 말하자면

3명 네덜란드어 회중의 목사, 그 중

　1명 신학교 교장

　1명 투티쿠린, 칼피티야, 카루타라, 네곰보, 한웰라 등을 위한 시찰자

1명 볼본달 교회 타밀인 회중의 목사

3명 코타, 카루타라, 네곰보에 상주한 예비목사(원주민 목사 혹은 전도사)

1명 신학교 교감

1명 신학교 교사

1명 까스테일 교회의 낭독자/병자방문자

1명 병원에 있는 유럽인 병자방문자

3명 유럽인 병자방문자/학교 교사/ 카루타라, 네곰보, 한웰라 등에 있는

10　W. Tolsma, *Als een hutje in den wijngaard. De Nederduytsch Gereformeerde kerk van Colombo(Ceylon) 1736-1796*(ong. doct. scriptie Vrije Universiteit, Amsterdam, 1984).

교회 사찰

3명 까스테일, 도시, 신학교에 체류한 유럽인 학교 교사

1명 까스테일 교회의 오르간 연주자

1명 까스테일 교회의 교회 사찰

그들의 급료(10,152 플로린)와 현물 포상금(3,769.2 플로린)은 연간 13,921.2
플로린에 달했다. 참고로 이 19명의 직원은 교회 전체 직원은 아니었다. 포르
투갈인과 타밀인-낭독자, 오르간 연주자와 교회 사찰, 그리고 그 구역 내 모든
원주민 학교 교사/낭독자/교회 사찰을 포함하여, 볼본달 교회와 학교의 직원
같은 (비-전문) 원주민 교회 직원은 다른 출처인 지방세 수익금에서 지출되었
다.[11]

이 숫자는 다음 수년간 증가한 것 같다. 이유는 예를 들면 1789년 콜롬보의
교회 당회에는 정치위원 외에 5명의 목사뿐 아니라 6명의 장로와 6명의 집사
가 있었기 때문이다. 계속해서 교회 당회의 회원은 아니지만 목회에서 중요한
사람은 3명의 예비목사였다.[12] 분명한 것은 교회 당회의 회원은 특히 동인도회
사의 최상위층, 약간의 성공한 자유민과 몇몇 다른 사람들을 대표하였다. 토의
는 네덜란드어로 진행되었고, 그래서 네덜란드어를 잘 아는 것은 필수조건이
었다.

교인의 증가는 주로 유라시아와 현지 원주민의 요소에 기인하였다는 것
은 분명하다. 콜롬보 구역의 평지에서도 기독교 신앙은 점점 더 인정을 받았
다. 숫자는 가히 인상적이었다. 기독교인 수는 18세기에 5배, 즉 19,541명에서

---

11   Notulen kerkenraad Colombo, 19.12.1757.
12   Notulen kerkenraad Colombo, 1789.

101,709명으로 증가하였다.[13] 예를 들어 베르멜스키르허르(Wermelskircher) 목사는 그의 시찰여행에서 아이들 1,031명을 세례 하였고, 1750년 콜롬보 교회 당회는 암스테르담 노회에 '그리고 13명의 사람들이 신앙고백 후에 성찬에 받아들여졌다'고 썼다.[14] 같은 세기 늦게 성인-세례 숫자는 상당히 더 높아졌다.[15]

다른 지역들과 실론의 일부에서 개혁교회는 비슷한 발전을 이루었다. 예를 들어 갈리에 있는 네데르다위츠(네덜란드) 개혁파 회중은 그 섬에서 가장 오래된 회중(1640년 설립)으로, 1760년 188명의 교인을 가졌다. 그해에 52명이 세례를 받았는데, 그 중 입양된 싱할라 소녀 2명과 노예 11명, 즉 교인 중 10%가 싱할라인이었다.[16] 그들은 단지 갈리 기독교 인구의 선두 주자였을 뿐이었다. 그 도시에는 당시 200명에 달하는 개혁파 싱할라 학교 교사가 있었다. 갈리 행정구에 있는 총 기독교인 수는 당시 90,000명으로 추산되었다. 실론에 있는 총 기독교인 수는 19세기 말 36,000명 이상이었다.[17]

실론 기독교계는 어떻게 개혁교회화 되었는가? 공식적 칼빈주의화는 물론 유라시아와 토착 기독교인이 바로 가톨릭 전통을 포기했다는 것을 의미하지 않았다. 이들은 엄숙한 개혁파 교회 예배에 즉각적인 감동을 받지 안했다. 무엇보다 가톨릭 사목은 순회하는 선교사들에 대한 지원을 엄하게 처벌하는 동

13 Van Goor, *Jan Kompenie*, 160-161.

14 Notulen kerkenraad Colombo, 29.5.1750, Tolsma, Colombo 71쪽 에서 재인용.

15 교회 당회는 예를 들면 1783-1784년 334명의 성인에게 세례가 베풀어졌다고 언급한다. (Tolsma, *Colombo* 72).

16 L.J. Wagenaar, *Galle. VOC-vestiging in Ceylon. Beschrijving van een koloniale samenleving aan de vooravond van de Singalese opstand tegen het Nederlandse gezag, 1760*(Amsterdam, 1994), 91-105.

17 Van Goor, *Jan Kompenie*, 161.

인도회사 금지에도 불구하고, 여전히 현실로 남아있었다. 세상적이고 교회적인 포르투갈의 중심지 고아로부터 정기적으로 성직자들이 실론으로 보내졌다. 때문에 온갖 종류의 교서들이 '교황권'을 반대했다. 가톨릭주의의 생존은 동인도회사를 긴장하게 했다 - 동인도회사는 가톨릭주의를 포르투갈의 오열(五列)로 보았다. 예를 들면 반 레이더 반 드라컨스테인(Hendrik Adriaan van Reede van Drakenstein) 위원장은 자프나 지역에서 '1689년 크리스마스에 8개 이상의 장소에서 수 천 명의 사람들이 모인 크고 작은 교황 교회[가톨릭교회]를 공개적으로 방해했다'.[18] 그는 개혁교회의 영향을 확대하고 싶었다. 따라서 목사 근무처의 수를 늘이고(17세기 말경에 13개로 늘렸다) 교육을 장려했다. 반 레이더는 또한 개혁교회가 토착 목사를 이용하여 주로 유라시아인 또는 아시아인 가톨릭 선교사들과 경쟁해야 하며, 진지한 기독교화는 토착 엘리트의 칼빈화를 필요로 한다고 이해했다. 그래서 그는 몇 개의 신학교를 설립하여 토착 지도자들과 다른 유력한 자들의 아들들을 교리문답 교사, 학교 교사, 목사, 통역 혹은 관리로 교육하라고 명령했다. 자프나/날루르(1690-1723), 콜롬보(1696-1796)에 있는 신학교들은 수년 동안에 거의 300명의 학생(주로 유라시아인 또는 아시아인)을 교육했다. 그 중 23명은 목사가 되었고(일부는 해외교육을 계속 끝낸 후에), 46명은 다양한 다른 교회 직책을 얻었다. 그들 가운데 많은 사람들이 예비목사와 토착 회중의 목사가 되었다.[19]

가톨릭교회와의 경쟁과 그에 따른 동인도회사와 교회의 반 교황주의적 태도는 그대로 유지되었다. 1760년까지만 해도 선교보고서에는 동인도회사에 의

---

18   Pieter van Dam, *Beschryvinghe van de Oostindische Compagnie*, uitg. door C.W.Th. van Boetzelaer van Asperen en Dubbeldam('s-Gravehage, 1954) VI 20.

19   Van Goor, *Jan Kompenie*, 149-158.

한 가톨릭교인 탄압에 대한 다양한 불만 사항이 포함되어 있었고, 콜롬보의 교회 당회는 그 전 해에 도시에서 폭동이 일어났을 때, 가톨릭교인들이 개혁파 교인들을 괴롭혔다고 보고해야 했다.[20] 그 후 수 십 년 동안 그 대치는 날카로움을 많이 잃었다. 포르투갈은 아시아에서 더 이상 위협이 되지 않았고, 실론 가톨릭교인들은 불교적 칸디 왕국을 두려워하고, 칸디에 대한 전쟁에서 동인도회사를 지원했다. 가톨릭의 존재는 용인되고 받아들여졌다. 결혼업무위원회는 1766년부터 모든 가톨릭 세례증명서를 받았는데, 그전에는 자주 논란의 대상이었다. 교회는 이에 항의했으나 허사였다.[21]

마태복음 4장 16절 '흑암에 앉은 백성이 큰 빛을 보았고'는 모든 것을 아우르고 있다

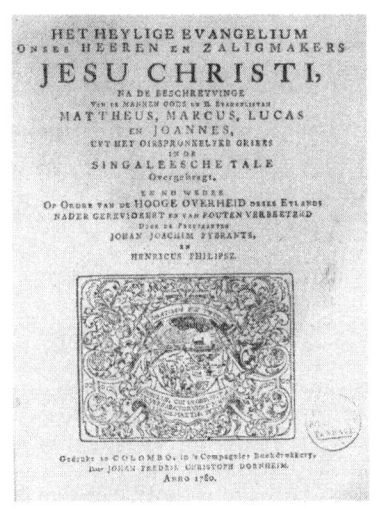

사실 교회는 정부의 관용이 증가하는 것에 대해 항의만 한 것은 아니다. 교회는 또한 그것에 대한 새로운 접근을 제안했다. 특히 유라시아인과 원주민

---

20   Wagenaar, Galle, 90-91; Notulen kerkenraad Colombo 29 mei 1759; 9 en 22 juni 1758.

21   Notulen kerkenraad Colombo 27 november 1766.

에 접근하는데 도전했다. 언급한 볼본달 교회의 개교와 원주민을 목사로 교육하는 것은 소수의 예들이다.[22] 모든 실론 교회 당회는 1759년 실론 기독교계의 상태에 대해 자세히 숙고했다.[23] 물론 그들은 정부가 반-가톨릭 교서들을 계속 유지하기를 요구했다. 하지만 그들 또한 자신을 살피고 자신의 죄를 인정했다[출애굽기 4장 6절]. 교회 행정 및 실천 분야, 특히 설교, 교리문답 및 목회 분야에 대한 수십 개의 구체적 행동 지침을 포함한 긴 목록이 작성되었다. 그 중하나는 신학교가 더 많은 원주민을 교육해야 하는 것이고 다른 하나는 더 많은 포르투갈어 설교와 교리문답을 하는 것이었다. 온다쩌(Ondaatje) 목사를 제외하고는 아무도 성례분리의 관행을 포기하고 싶어 하지 않았지만, 그들은 성찬을 거행하기 위해 시골에 더 많은 장소를 허용하기로 만장일치로 결정했다. 이로 인해 교인 수가 증가할 것을 기대했다. 그들은 또한 가톨릭 세례의 전반적 인정도 추진했고, 특히 비-기독교인의 아이들에게, 그 아이들이 입양되거나 아니면 기독교인이 대부로 아이들의 기독교적 교육을 보장하는 조건으로, 세례를 주기를 원했다. 본국의 교회는 항상 이 세례 관행에 대해 매우 비판적인 질문을 해왔지만, 브론스벨트(S. A. Bronsveld) 목사(믹스티스, 신학교 졸업생이며 레이던의 반 덴 호네르트(Johannes van den Honert)의 우수한 제자)[24]에 의하면 그것은 잘못되었다. 도트레흐트 총회는 이에 대해 판결하지 않았는데, 이유는 네덜란드에서는 그 관행이 알려지지 않았기 때문이다.[25]

---

22 싱할라어와 타밀어에 대한 새로운 관심에 대해서는 Van Goor, Jan Kompenie, 102-103; 콜롬보 교회 당회가 소유한 성경책, 교리문답 교과서, 교회 양식과 설교집의 목록은 싱할라어로 10개와 타밀어로 8개: Notulen kerkenraad Colombo 9 en 22 juni 1758.

23 Notulen kerkenraad Colombo 2 oktober 1758, 9 februarie, 12 maart, 2, 7, 16, 29 mei 1759.

24 S.A. Bronsveld, *Dissertatio academica de Procuranda Indorum Salute ex vaticinio Jes.* LXVI: 18b-21(Leyden, 1747), Van Goor, *Jan Kompenie*, 88.

25 Ds. S.A. Bronsveld in Notulen kerkenraad Colombo 20 mei 1759.

콜롬보에 있는 개혁파 고아원

폭넓게 세례를 베푸는 것은 의심할 여지없이 가톨릭교회와의 경쟁을 시작하려는 의도에서 였다. 17-18세기에 개혁교회는 본국에서도 높은 교인 자격 요건과 함께 호화로운 세례식을 거행했다. 해외의 상황은 세례를 제약 없이 시행하도록 부추겼다. 주민들 자신 또한 사회적 그리고 정신적 이유들 때문에 세례를 원했다. 개혁교회에서 세례는 자주 동인도회사와 동 회사의 문화와 권한에 대한 선택이었다. 실론 교회 자체도 세례를 기독교화 과정에 중요한 바로 첫 단계로 간주하였다. 실론 교회는 많은 야심찬 교인들이 그들의 생활방식에 따라, '그리스도 없는 그리스도인들'이라는 것을 알고 있었지만, 세례를 거절할 수도 거절하고 싶지도 않았고, 그 때문에 성례분리를 유지하였다. 이로 인해 실론뿐 아니라 동부의 다른 곳에서도 세례 받은 자의 수와 교인의 수 사이에 매우 큰 차이가 있었다. 1759년의 논쟁으로 보건대, 교회 당회는 그것을 의식했고 교회 생활을 강화하기 위해 노력했다. 18세기 후반 실론 교인 수의 중

가는 이것이 긍정적 결과를 가져왔다는 것을 보여준다.[26]

개혁교회는 기독교화 과정에서 교육과 교리문답에 중심을 두었다. 교육과 교육자들을 감독하는 것은 실론 목사의 활동 가운데 중요한 부분이었다. 이 감독은 동인도회사에 의해 임명된 '유력하고 경건하고 현명한 우리 종교[개혁교회]의 남자들과 교인들'(대부분 회사 중견 직원)로 구성된 학교감독관위원회와 협력하여 수행되었다.[27] 교육은 결국, 본국에서처럼, 정부와 교회가 공동으로 책임지는 공립 개혁파 교육이었다. 이것은 비-기독교 부모들의 아이들을 대상으로 하였다. 성경과 신앙 지식이 교과 과정의 일부였다. 재정 수단들과 함께 소년 소녀들의 학교 출석이 크게 장려되었고, 원주민 학교 교사 또한 세무관리와 그런 관리로도 임명되었기 때문에 좋은 급료를 받았다. 교육은 네덜란드어만을 다루지 않았다. 1736년부터 콜롬보에는 인쇄소가 있어 싱할라어와 타밀어 교과서를 인쇄했다. 교과서에 대한 관심이 높았는데, 예를 들어 1757년 타밀어로 된 4복음서 판의 발행부수(2,000권)의 4분의 3이 한 달 만에 팔렸다.[28]

교육에 대한 관심은 확실히 높았다. 학교의 수는 증가했다. 콜롬보 지역이 가장 많이 증가하여, 1704년 29개에서 1780년 47개가 되었다. 다른 지역에서는 그 증가 폭이 적었다. 자프나에서는 1698년 39개였는데, 그 다음 세기에 2개가 추가되었고, 갈리는 37개였는데 4개가 추가되었다. 엘리트뿐 아니라 일부 실론 주민 그룹도 교육을 사회적 위치를 변화시키는 수단으로 환영했다. 이유는 개혁파 동인도회사 교육은 토착 카스트 사회를 공격하는 요소와 효과를 가졌기 때문이다. 그들은 또한 결혼과 여성의 보호에 대한 기독교적 견해를 생

---

26   Van Goor, *Jan Kompenie*, 140.
27   Hovy, *Plakkaatboek*, nrs. 74 en 91; Arasaratnam, 'First Century'.
28   Notulen kerkenraad Colombo, 14.6 en 14.8.1757.

각할 수도 있었다. 그들의 지침에는 학교감독관은 '8세 이상의 원주민 소녀들이 다른 사람들의 사치에 의해 유혹되지 않도록 잘 돌보아야 한다'고 명백히 명시되었다.[29]

반 임호프(G. W. Baron van Imhoff) 지사는 그의 '헌신의 회고록'(Memorie van Overgave, 1740)에서 실론 개혁교회에 대해 기술하고 싶었을 때, 이사야 1장 8절을 인용했다: '딸 시온은 포도원의 망대 같이, 참외 밭의 원두막 같이, 에워싸인 성읍같이 겨우 남았도다'.[30] 인상적인 이미지. 이것은 단지 현실을 표현한 것인가 아니면 이상의 먼 그림자를 표현한 것인가? 사실 실론은 기독교 국가가 되지 않았으며, 수십만 명의 기독교인은 모두 확신에 찬 독실한 칼빈주의자는 결코 아니었다. 그러나 실론 동인도회사는 칼빈주의적이고 다문화적이었다는 것도 현실이었다. 거기에는 큰 그룹의 기독교인이 살았다. 150명의 목사, 몇 배가 되는 수의 병자위로자, 교리문답 교사 그리고 학교 교사, 장로, 집사, 학교감독관 등 많은 사람들이 1640년 이후 한 세기 반 동안 실론의 시온을 위해 수고했다. 그들의 수고 덕분에 비교적 큰 그룹의 토착 학자가 존재했고, 싱할라인과 타밀인의 언어, 문학, 문화, 종교와 철학 그리고 불교에 대한 연구는 발다우스와 기타 많은 목사들에게 큰 빚을 지고 있다. 그들의 첫 과제는 물론 그 종족들 가운데 그리스도의 교회를 개척하고 돌보는 것이었다. 실제로 개혁교회는, 여러 가지 저항과 어려움에도 불구하고, 뚜렷한 성장을 보여주었다. 자주 책임 있는 동인도회사 직원의 보호와 격려를 받았다. 이유는 동인도

---

29   Hovy, *Plakkaatboek*, nr. 114.

30   *Memoir left by Gustaaf Willem Baron van Inhoff, Governor and Director of Ceylon to his successor Willem Maurits Bruynink, 1740.* Transl. Sophia Pieters(Colombo, 1911) 59, Tolsma, *Als een hutje in den wijngaard*, titelpagina, 재인용.

회사가 신정 정치에 대한 그 시대의 개념을 지지했기 때문이다. 교회와 교육은 동인도회사에 실론의 연간 관리비의 2.5-4%에 달하는 비용이 들어가게 했다.[31] 동인도회사는 18세기 말 약 50명의 교회 직원, 그리고 약 3배 정도 많은 원주민 학교 교사를 고용했는데, 이 교사는 매년 수 천 명의 아이들에게 개혁 교리를 가르쳤고 세례를 받은 주민은 360,000명이었다. 그들 중 일부는 자신을, 약간 후에 지어진 명칭대로, 네덜란드 시민으로 간주하였고, 그들의 정체성은 아마도 개혁교회에 속해 있다는 사실로 가장 잘 정의되었다. 그들의 후손은 오늘날까지 스리랑카에서 발견된다.

---

31 Van Goor, *Jan Kompenie*, 143.

제4장 개혁교회 선교의 포모사 실험 무대

레오나르드 J. 브뤼세(Leonard Blussé van Oud-Albas)

아시아 어느 곳에서도 17세기 네덜란드 개혁교회 선교사역이 포모사(현재의 타이완) 섬만큼 풍성한 곡식 단을 거둔 곳은 없었다. 구 네덜란드 선교에 대한 두 권의 자료간행물을 그 섬에 할애했던 흐로터(J. A. Grothe)는 포모사를 '우리 구 선교사역의 극치'로 평가했다.[1] 어느 곳에서도 선교지가 이렇게 빨리 다시 갈아 엎이고 휴경지가 된 곳은 없었다. 포모사의 [선교]모험 이야기는 짧지만 강렬하며, 단지 그 이유만으로도 이야기할 가치가 있다. 그러나 더 한 것이 있다. 네덜란드의 시기에 포모사에는 수 백 년 이후 그들의 후계자들에게 영감을 주는 몇 명의 카리스마적 개척자가 있었다. 또한 이 섬의 선교는 그곳의 교회가 식민지 행정에 관여하는 기묘한 방식과 밀접한 관련이 있는 수많은 긴장을 경험했다.[2]

1623년 네덜란드인이 중국 근처에 안전한 항구를 찾아서 처음 탐사단을 포

---

1   J.A. Grothe, ed., *Archief voor de geschiedenis der Oude Hollandsche zending*, Vols. III en IV(Utrecht, C. van Bentu,, 1886), Vol. III, p. V.

2   포모사 선교에 대한 자세한 기술에 대해서는 W.A. Ginsel의 학위논문 *De Gereformeerde Kerk op Formosa of de lotgevallen eener handelskerk onder de Oost-Indische Compagnie, 1627-1662*(Leiden, 1931). 이후 몇몇 광범위한 자료간행물이 나타났는데, 이것들은 약간 더 넓은 관계에서 선교를 연구할 수 있게 한다: Leonard Blussé & Natalie Everts, *The Formosan Encounter, Notes on Formosa's Aboriginal Society: A Selection of Documents from Dutch Colonial Sources*, 2 vols. 1623-1645 (Taipei, 1990-2000)(네덜란드 원본 문서들과 영어 번역을 가진 자료간행물로 이 가운데 2권이 출판될 것임); J.L. Blussé, N. Everts, W.E. Milde en Ts'ao yung-ho eds., *De Dagregisters van het Kasteel Zeelandia, Taiwan 1629-1662*, 4 delen(Den Haag, 1986-2001); Cheng Shaogang의 학위논문 *De VOC en Formosa 1624-1662, een vergeten geschiedenis*(Leiden, 1995), 총독과 회의들이 동인도회사의 17인위원회에게 보낸 일반 서신 중 타이완과 중국에 관한 모든 부분의 중국어 번역과 함께 주석이 달린 자료본.

모사에 보냈을 때, 그들은 우연히 이 섬의 서부 해안 평야에 주로 사슴사냥으로 살아가고 거의 계속 서로 전쟁 상태에 있는 부족 마을 공동체들을 만났다.[3] 또 해안을 따라 강 하구에서 더 작은 집단들, 즉 중국인 어부, 밀수업자 그리고 상인들을 만났는데, 이들은 거기 해변에서 어획물을 말리고, 원주민과 면화, 거친 사기그릇, 철물을 사슴가죽과 사슴고기로 교환하거나, 중국 항구에 입항을 거절당한 일본 상선들과 밀무역을 했다. 더 카르펜티어(Pieter de Carpentier) 총독은 17인위원회에, 그 섬에는 '무질서하고, 사납고, 난잡하고, 게으르고 탐욕적인 무리가 살고 있고, 여기에서는 시간의 흐름과 상한 본성의 타락 외에 기대할 수 있는 좋은 것은 없다'고 썼다.[4] 그 주민이 난폭할 수 있지만, 무역로에서 그 섬의 전략적 위치로 보아, 포모사에 견고하게 벽으로 둘러싸인 상관을 설립하기로 결정했다. 1624년에서 1662년 까지 약 37년 동안, 중국 해상에서 동인도회사의 항해무역은 제일란디아 성에서 조정되었는데, 제일란디아 성은 많은 창고를 가지고 중국, 일본, 베트남, 캄보디아 그리고 시암과의 무역을 위한 환적지(화물을 다른 배에 옮겨 싣는 곳)로 기능했다.

네덜란드 상인의 도착은 그 섬에 큰 생태적 변화를 가져왔다. 20년 동안, 특히 동인도회사로부터 값을 지불하고 사냥증명서를 받은 중국인의 과잉 사냥으로 인해, 서부 해안 평야에서는 사슴을 거의 찾아 볼 수 없게 되었다. 농작물을 경작하는 중국인 계약노동자들이 경작한 논과 설탕농장은 점차 경관을 매우 다른 모습으로 바꾸었다. 그 섬 서부 해안의 농업경제가 중국인 이민자의 도움으로 동인도회사의 관리 아래 매우 집중적이고 신속하게 발전했기 때문에, 돌이켜 보면 결국 중국 본토가 권력을 장악했던 것은 놀라운 일이 아니다.

---

3   Leonard Blussé & Natalie Everts, *The Formosan Encounter*, I, 4-22.

4   General Missive 3-2-1626 in Cheng, *VOC en Formosa*, 49.

1661년 4월 30일 일요일 드디어 올 것이 왔다. '아침 7시 반, 날씨는 고요하고 우중충했는데, [우리는] 북서쪽에서 엄청 많은 중국 함선들이 락제무이로 내려가는 것을 보았다. 어느 모로 보나 중국으로부터 온 코싱가(國姓爺)의 전력이었다'라고 당시 코이엇(Frederick Coyett) 지사는 그의 일지에 썼다. 그는 만주족 군대에 의해 궁지에 몰려 이제 피난처를 포모사에서 찾은 유명한 중국 군인 젱셍공(鄭成功, 다른 이름은 코싱가)의 지휘 아래 있는 20,000명 이상의 중국 군대의 침략군과 맞닥뜨렸다.[5] 8달 동안의 포위 끝에 코이엇은 1662년 2월 1일 제일란디아 성을 넘겨주어야 했다. 이로부터 그 섬이 1683년 만주군에 복무한 중국 제독, 시랑(施琅)에 의해 강한 청나라에 병합될 때 까지, 20년 동안, 젱셍공과 그의 후손들이 포모사를 통치했다. 바꾸어 말하면, 네덜란드 정부 아래 이루어졌던 경제적 인구학적 발전으로 인해 결국 포모사가 중국 영토의 일부가 되었다. 그래서 '타이완은 네덜란드에서 만들어졌다'는 말이 생겼다.

상상하기 어렵지만, 현재 2천 2백만 명의 사람들이 사는 타이완은 17세기 초 인구가 조밀하지 않은 섬이었고, 이 섬에는 오스트로-말레이어 중 상당한 변형어를 사용하는 헤드헌터의 부족 공동체들이 거주하였다. 레이던 대학교 교수 더 용(P. E. de Josselin de Jong)이 '대 인도네시아 연구영역'이라고 불렀던 광활한 섬 지역은 최북단의 구릉지대를 형성하였다. 타이완의 일부 원주민 언어는 지난 몇 세기 동안 원주민이 대다수의 중국어권 식민지 주민에 흡수되면서 소멸되었다.[6] 그러나 모든 것이 변한 것은 아니다. 현재 10개 종족들로 나누어

---

5   J.L. Blussé, *Dagregisters van Zeelandia*, III, 349.

6   그래도 아직 이런 저런 언어가 어휘집, 복음서-번역본, 교리문답서 등에 보존되어 있는데, 이것들은 네덜란드 선교사들이 그 언어들로 우리에게 남겨준 것이다. 여기에 대해서 예를 들면, D. Gravius, *Het Heylige Evangelium Matthei en Joannis-overgeset in de Formosaansche tale*(Amsterdam, 1661); en D. Gravius, *Patar ki Tna'-'msing an ki Christang-'t Formulier des Christendoms*(Amsterdam, 1662).

져 산과 동부 해안을 따라 살면서, 그들의 고유한 언어, 도덕 그리고 관습을 보존하고 있는 약 30만 명의 원주민은 400년 전 조상들과 한 가지 공통점을 가지고 있다. 동인도회사가 섬을 통치했던 37년 동안 네덜란드 선교가 원주민 포모사인에게 놀랄만한 성공을 거두었고, 기독교 선교와 전도가 다시 그 섬에 시작되었던 19세기, 특히 20세기에도 그 과정이 반복되었다는 것이다. 원주민 출신의 거의 모든 타이완 사람들은 주로 캐나다와 미국 전도자들과 선교사들을 통해서 기독교로 개종되었다. 중국인 이민자들(그들의 정착 패턴은 자신의 민족종교와 밀접하게 연결되어 있었다)에 대한 기독교 선교는 그때와 지금을 비교할 때 거의 열매를 거두지 못했는데, 그것은 포모사의 첫 선교사, 칸디디우스(Georgious Candidius)가 이미 언급했던 것과 일치한다. 그는 '그들에게[중국인들에게] 어떤 조치가 취해진다 해도 얻어진 것은 거의 없었을 것이다'고 굳게 믿었다.[7] 중국인 이민자들 대부분의 출신지인 푸젠 성(福建省)과 같이, 중국 타이완은 여전히 불교와 도교적 숭배가 번성하는 다신교 전통을 가지고 있다.

왜 네덜란드 선교가 17세기 포모사의 토착 주민들에게 처음에 비교적 방해받지 않고 일 할 수 있었는가? 아시아 다른 곳에서 네덜란드인은 견고하게 조직된 종교들, 이슬람, 불교, 힌두교, 혹은 포르투갈인에 의해 소개된 가톨릭교와 부딪쳤는데, 포모사에서는 여성 무당들이 중심 역할을 하는 정령신앙 공동체들을 만났다. 첫 선교사 칸디디우스는 심지어 포모사의 토착 종교는 쇠퇴하였다고 생각하기도 했다. 동인도회사가 그 섬에서 목격한 혼란한 정치적 상황, 특히 제일란디아 성의 통치자들이 점차 그들의 포모사 동맹들을 통해 이 지역 분쟁에 휘말릴 위기에 처했기 때문에, 동인도회사는 질서와 안정, 소위 네덜란드의 평

---

7   Grothe, *Archief*, III, 31.

화를 조성하는 조치들을 취하게 되었다. 사실 포모사 마을에 들어가 살았던 첫 선교사들이 네덜란드 식민지 확장에 중요한 개척자 역할을 수행했던 것은 자신들의 생명과 선교활동의 성공을 위해 그 성의 후원이 필요하다는 단순한 이유 때문이었다.[8] 위니우스(Robertus Junius) 목사는 적과의 전투에서 자신의 신자들을 이끄는 것을 주저하지 않았다. 그래서 이 선교사는 17인위원회에 보낸 편지에서 그가 따까레이앙 마을과의 전투에서 원주민 군대를 어떻게 이끌었는지 말한다 '[나는] 그들을 유일한 하나님을 섬기고 모든 우상을 버리고, 그래서 꼭 축복을 받고 그들의 적으로부터 승리하도록 권면했다. 그 후 [그들은] 모두 무릎을 꿇고 참 하나님을 불렀으며, 우리와 함께 가서 우리를 위해 싸우기를 원했다'.[9] 그래서 가장 많은 신자들이 유입된 시기는 동인도회사가 여전히 섬에 대한 주권을 확장하느라 바빴던 시기였다는 것은 우연이 아니다.

제일란디아 성의 지사와 회의들은 점차 기독교화된 원주민이 아직 예속되지 않은 이교도 주민들에 대한 자연스러운 동맹일뿐 아니라, 무엇보다 서부 해안 평야 여기저기에 경작자와 상인으로 정착한 중국 이민자들의 대규모 유입에 대한 완충제 역할을 할 수 있다고 생각하게 되었다. 이것은 왜 동인도회사가 포모사 선교에 상대적으로 많은 재정을 쏟아 부었는지 설명해준다. 흐로터는 그의 자료간행물에서, '동인도회사의 전문이사들은 [포모사의] 이교도에게 복음을 전파하는 것이 정치와 무역에 이득이 된다는 것을 알았다'고 바르게 지적했다. 1627년과 1657년 사이에 32명에 달하는 목사가 포모사 현장으로 보내졌다. 이것이 의미하는 것은 3-5명의 목사(50년대에는 심지어 7명의 목사)가 지

---

8 Leonard Blussé, 'Dutch Protestant Missionaries as Protagonists of the Territorial Expansion of VOC on Formosa', in D. Kooiman, O. van den Muijzenberg en P. van der Veer eds., *Conversion, Competition and Conflict*(Amsterdam, 1984), 155-184.

9 Grothe, *Archief*, III, 5-6.

속적으로 포모사에서 활동했으며, 이들은 몇몇 병자위로자과 예비목사, 그리고 시골 마을에 흩어져 기독교 교육을 돌보았던 수십 명의 학교 교사(그 중에는 포모사인이 많았는데)의 보조를 받았다는 것이다. 우리가 아래에서 보는 바와 같이, 성 안에서의 세상적 권위와 마을에서 네덜란드 권위를 대표하는 성직자 간 이러한 협력은 정치가와 목사가 그들의 직무를 수행하면서 서로를 비난할 때, 결국 모든 종류의 갈등으로 이어질 수 있었다. 한편으로 목사들은 원주민에게 벼의 일부를 세금으로 내도록 권면하는 것을 점점 더 꺼려했고, 다른 한편 사슴가죽으로 바친 십일조는 기꺼이 가져갔다. 그래서 '포모사에서는 사슴이 가죽으로 개종했다'라는 아이러니한 말이 나왔다.[10]

목사가 그들의 일을 수행하는데 상대적으로 저항을 적게 받은 이유는 무엇인가. 복음을 받는 쪽의 상황은 어떠했는가, 왜 선교는 포모사 공동체에서 비옥한 옥토를 발견했는가? 다르게 말하면, 기독교 신앙이 포모사인에게 무엇을 제공했는가, 왜 그들은 대규모로 기독교로 넘어갈 준비가 되었는가? 의심할 여지없이 기독교로의 개종이 지역 주민에게 물질적 이득, 무엇보다 안전을 제공했다. 한 마을이 동인도회사와 기독교적 연대에 들어갔을 때, 그 마을은 이웃들의 공격에 대해 보호를 받는다고 확신했다. 네덜란드 목사인 위니우스는 이 사실을 매우 잘 알고 있었기 때문에, 믿지 않는 대적과의 전투에서 기독교인 동료들을 이끌고 자주 싸웠다. 마을 자체에서 목사는 사냥, 헤드헌팅, 마을 간 부족 폭력과 밀접히 연결된 정령숭배 관습과 싸웠다. 거기에서 그들의 가장 강력한 적대자는 여성 무당이었다. 이 '여선생들'은 출생, 결혼, 장례 등 개혁교회가 어쨌든 급격한 변화를 주려고한 전통적 통과의례의 연출로 마을 사회를

---

10   Leonard Blussé, *Tribuut aan China*(Amsterdam, 1989).

지배했다. 목사의 요구로 이 '여선생들'이 원주민 마을사회로부터 제거되어 외딴 곳으로 추방되면서, 목사는 이제까지 이 여자들에 의해 수행되었던 낙태 관행을 종식시킬 수 있었다. 이러한 의미에서 기독교 선교는 '성(性) 전쟁'이었는데, 이유는 목사와 그들의 조력자들이 종교 영역에서 처음으로 이 여성 성직자들의 반대에 직면했기 때문이다. 칸디디우스(Georgius Candidius)는 신칸 마을에 기거한 후, 지역 사회에 더 쉽게 동화되기 위해, 현지 미녀와 결혼하는 계획을 세웠는데, 어떻든 이것 또한 놀랄만한 일이 아니다. 그런데, 당시 총독인 스펙(Jacques Specx)이 그의 딸 사르처(Saartje)를 그 목사에게 결혼시킴으로써, 그 계획을 중단시켰다.

칸디디우스는 1597년 팔쯔에서 태어나 1621-1623년 레이던 대학교에서 신학을 공부했다. 그는 단카르츠(Sebastiaen Danckaerts)로 부터 감명을 받았는데, 단카르츠는 동인도에서 몇 년간 머물다가, 형제(교우)들을 선교로 열광시키기 위해 네덜란드로 돌아왔다. 그는 네덜란드 선교의 개척자 중 한사람으로, 주로 자신의 동포에게만 설교하는 그의 동료들과는 대조적으로 원주민과 기쁜 소식(복음)을 공유하기를 원했기 때문에, 말레이어 설교의 중요성을 강조했다. 이런 새로운 접근방식은 1622년 특히 동인도 선교를 위해 동인도신학교를 설립한 발라우스(Antonius Walaeus) 교수의 관심을 끌었다. 칸디디우스가 그의 교육의 마지막 부분을 거기서 받았을 가능성도 있다. 1623년 11월 그는 암스테르담 노회에 의해 목사고시를 받았고 2달 후 배를 타고 동인도로 건너갔다. 그의 첫 사역지는 떠러나떼였는데, 현지 지사와 다투는 바람에 성공하지 못했다, 그러나 1627년 봄, 그는 한 병자방문자와 함께 포모사의 신임 지사나위츠(Pieter Nuyts)를 이 섬으로 수행하고, 이곳 제일란디아 성에서 수비대의 교회 예배를 인도하도록 선발되었다. 나위츠 지사는 포모사에 도착한 직후, 에도(江戸)['東京'의 옛 이름]에 있는 쇼군(將軍)의 궁전으로 가는 궁전여행을 수행하기 위해 바로 일본으로 가야했다. 칸디디우스는 지사의 부재를 타요우안 만의 건너편에 있는 신칸 마을 원주민에게 선교사역을 수행하는데 사용했다. 그는 매주 제일란디아 성의 교회 예배를 인도하였지만, 주중에는 신칸 마을 주민들과 함께 살기로 결정했는데, 이것은 이런 방식으로 그들의 언어와 습관들에 친숙해질 수 있기 위한 것이었다. 보전된 칸디디우스의 서신에 보이는 것은 마을 주민들은 선교사가 복음을 전하는 것을 쉽게 허락하지 않았다. 그들은 그에게 몇 가정을 기독교화하여 시간이 지난 후에 기독교의 하나님이 정말로 그들의 신들보다 그의 신자들에게 더 큰 번영을 가져다 주는지 확인할 수 있도록 해달라고 요청했다.

나위츠 지사가 일본으로부터 포모사에 돌아왔을 때, 그는 칸디디우스 목사에게 지역 주민들의 도덕과 습관들을 기술하도록 요청했다. 칸디디우스는 그의 「포모사 섬의 담론과 짧은 이야기」(Discours ende cort verhael van't eylant Formosa)에서 포모사인을 우두머리들에 의해 다스려지지 않는 사나운 민족으로 묘사했다. 중요한 결정들은 대중 집회에서 이루어진다. 그는 낙태관행, 간음, 도적질, 헤드헌팅, 그리고 죄악시 되는 관혼과 장례의 습관 등 많은 폐단들을 지적했다. 그래도 칸디디우스는 지사로부터 이러한 환경에서 주민을 기독교화하는 것이 가능한가라는 질문을 받았을 때, 선교에 유용한 가능성들을 보았다. 그는 포모사인들의 지적 능력을 높이 칭찬했다. 그가 다른 곳에서 최소한 2주 필요한 것을 그들에게는 8일 안에 전할 수 있다고 생각했다. 거기에서는 말루꾸 제도에서처럼, 이슬람의 저항을 받지 않는 것이 유리하다고 판단했다. 하지만 선교는 철저한 준비가 필요했다. 예를 들어 목사는 원주민 언어를 배워야 했다. 가족을 가진 원주민들 가운데 살면서, 목사와 학교 교사는 마을

함브룩(Hambroeck)목사가
포모사인들에게 하나님의
말씀을 선포하고 있다
(로테르담 라우렌 교회에
있는 상세한 기념비)

주민들에게 모범을 보여야 했다. 따라서 그는 네덜란드인과 지역 여성과의 종족 간 결혼을 지지했다. 개종의 강요는 어느 것에도 이르지 못하지만, 때때로 교리문답을 할 때, 격려 차원에서 옷이나 다른 작은 장식품을 나누어 주는 것은 무방했다.

그러나 칸디디우스는 그의 선교방법을 편안히 실행에 옮길 수 없었다. 만성적인 마을 불화 중 하나로, 강력한 마타우 마을의 전사들이 목사가 기거하고 있는 훨씬 작은 신칸 마을을 문자 그대로 짓밟았다. 목사 자신은 그 순간 마침 제일란디아 성을 방문하는 중이어서 그와 그의 조사들은 무사히 빠져나왔다. 1629년 같은 마타우 사람들이 매복하여 네덜란드 화승총(火繩銃) 병사 66명을 모두 살해했다

나위츠의 후임자 퓌트만스(Hans Putmans, 1629-1636) 지사의 통치 시기에 비로소 해안지역을 평정하는 조치가 취해졌다. 이 지사는 마타우 학살에 대한 보복을 계획하고, 동맹들 사이에서 잃어버린 동인도회사에 대한 신뢰를 회복하고자 했지만, 먼저 칸디디우스가 안전하게 마을로 돌아와서 교화사역을 새로 시작할 수 있도록 수 있도록 돌보았고, 칸디디우스가 '열방 중에 하나님

의 말씀을 전하는 사자'(verbi Divini praeco inter gentes)라고 쿤(Jan Pietersz Coen) 총독에게 편지했다.[11] 칸디디우스는 여기에서 특별히 활기찬 목사 위니우스의 도움을 받았는데, 위니우스는 발라우스의 신학교의 한 학생으로 퀴트만스와 함께 포모사에 왔다.

보전되어 있는 위니우스와 퀴트만스 사이에 오고간 광범위한 서신으로부터, 퀴트만스 지사가 정기적으로 이 목사의 도움을 받아, 사슴 사냥에 대한 세금을 징수하고, 중국인으로부터 소위 인두세를 징수하고, 또 반란을 일으킨 마을들에 대한 징벌 원정대를 장비하고 이끄는 것을 볼 수 있다. 실제로 위니우스는 제일란디아 성에 기반을 둔 다소 냉담한 세속 권력의 눈과 귀 역할을 했다.

1636년경 반란을 일으킨 마을들이 제압되고 제일란디아의 주변 지역이 평정되었을 때, 위니우스는 동인도회사라는 강력한 동맹에 기꺼이 합류한 더 먼 마을들로 더 긴 여행을 떠날 수 있게 되었다. 결국, 기독교 동맹에 가입한 이후에 그들은 더 이상 이웃의 공격을 두려워할 필요가 없었다. 위니우스는 각 마을에 몇 지도자들을 임명했는데, 이들은 1년에 한번 지방의회에 초대받았고, 지사는 거기에서 그들에게 연설할 수 있었고, 그들 또한 거기에서 희망하는 것과 불만 사항을 알리는 기회를 얻었다. 첫 의회가 열렸고 또 칸디디우스가 떠났던 해, 1636년, 벌써 57개의 마을이 동인도회사의 권위에 복종했다. 신칸 자체에서 위니우스는 약 500명에서 600명에 이르는 마을 주민에게 설교했고, 같은 해 9월에 그는 자신이 50쌍의 커플을 결혼시켰다고 자랑스럽게 선언할 수 있었다. 엄청난 발전상을 보여주기 위해, 제일란디아 성 근처 5개 마을에 거주하는 8,647명의 주민 가운데, 이미 2,014명이 시험을 치른 후에 세례를 받았다

11　Candidius aan Coen, 1 februari 1629, in Grothe, *Archief*, III, 45.

고 언급한, 1639년 9월의 선교통계를 여기에 인용한다.[12]

이 섬에 들어 왔던 모든 목사들을 일일히 소개하는 것은 이 글의 한계를 넘는 일이다. 더구나 모든 학교 교사와 병자방문자, 그리고 기독교 교육을 위해 위니우스가 마을에 거주하게 했던 원주민 교사에 대해서는 더욱 다룰 수가 없다. 그런데 선교통계에는 때때로 일어난 전염병으로 그들 가운데 많은 희생자가 나왔다고 언급되어 있다. 몇 개의 외로운 거점에 거주한 남자 형제들은 술병을 잡던가 아니면 다른 방식으로 무언가에 빠졌다. 여기에 대해 자세한 것은 포모사 네덜란드 선교의 운명에 대한 힌설(Willy Abraham Ginsel)의 광범위한 연구에서 찾아볼 수 있다.[13]

이 섬의 북부에 있는 스페인 정착지들이 점령되고 동시에 그 섬의 동부 해안에 대한 탐사가 이루어졌던, 1641년과 1645년 사이에 두 번째 확장물결이 일어났다. 그러나 1643년에는 일들이 교회 당회가 설립될 수 있을 정도로 안정되었다. 같은 해 위니우스가 집으로 떠날 때, 그는 만족스럽게 포모사의 선교와 기독교 교육을 4명의 목사, 몇 명의 병자방문자와 예비목사, 그리고 50명에 달하는 교사에게 맡길 수 있었다. 1644년 카론(François Caron) 지사가 취임했을 때, 동맹 마을의 수는 44개였는데, 2년 후 그가 사임할 때, 그 수는 61,696명의 주민을 가진 217개의 마을로 증가했다. 그리고 얼마 후 카론 지사는 원어민 교사에게 더 나은 보상을 제공하기 위해, 원어민 교사 수를 다시 17명으로 줄였다.

위니우스는 동인도회사의 통치 아래 있는 마을에 커다란 변화를 주었다. 4개 마을에 학교를 세웠는데, 여기서 수백 명의 소년 소녀들이 오전과 오후 자

---

12   Ibid., 45.

13   W.A. Ginsel, *De Gereformeerde kerk op Formosa of de lotgevallen eener handelskerk onder de Oost-Indische-Compagnie, 1627-1662*(Leiden, 1931).

신의 언어로 교육을 받았다. 위니우스는 주민에게 기독교 신앙을 알리는 방식에 대해 자유로운 생각을 가졌다. 그래서 그의 교리문답에서 원주민 자신들의 사고방식과 생활방식에 대해 언급했다. 그가 떠난 후에 그의 후임자들은 매우 엄격한 접근을 옹호했고, 이런 다른 접근방식을 둘러싸고 선교방식에 유연한 네덜란드에 있는 위니우스와 타이완에 있는 엄격한 목사들 사이에 자극적인 서신교환이 일어났는데, 후자의 목사들은 그들 선임자들의 선교방식이 피상적이었다는 것을 보여주기 위해 안간힘을 썼다.[14] 위니우스의 후임자들은 포모사 제자들이 네덜란드어를 배우지 않으면 결코 성경을 올바로 이해할 수 없다고 생각했다. 그래서 1646년 포모사에 네덜란드 교육을 위해 5,000-6,000권의 ABC-소책자를 보내주기를 요청했다.

어쨌든, 위니우스는 현지에서 헤드헌팅을 근절했고, 이전에 주민들이 시신을 공개적으로 매장하던 곳에 공동묘지를 만들었고, 남자와 여자가 동거하는 교회 결혼을 도입했다 - 칸디디우스가 그의 「담론」(Discours)에서 기술한 것처럼, 이런 결혼은 남자들이 '(일자형의) 공동 주택'에서 모여 살다가 단지 밤에 몰래 그들의 여자들을 방문했던 이전 상황과 대조적이었다. 교회 사역 외에 위니우스와 그의 동료들은 또한 처벌과 벌금의 부과, 사냥 세금과 중국인 인두세의 징수와 같은 수많은 정치적 업무도 맡았다. 위니우스는 그의 행정 업무로부터 많이 벌었음이 틀림없다. 왜냐하면 그가 떠날 때, 포모사의 지시는 바타비아 총독부에 보낸 편지에서, 동인도회사는 바타비아에 있는 위니우스 목사에게 14,600레알을 입금했다고 썼는데, 이 금액은 그의 급료로는 결코 벌수 없는 액수였다. 그의 후임자들에 대해서도 말했는데, 그들은 욕심이 많았고, '단

---

14 Ginsel, *De Gereformeerde kerk*, 95-102.

지 얼마간의 재원을 긁어 모으면', 너무나 고국으로 돌아가고 싶어 했다고 썼다. 얼마 안 되어, 교회와 국가와의 관계 문제와 관련하여, 선교사들과 마을에서 지사와 회의들의 권위를 대변하는 행정관리들, 소위 정치가들 사이에 바로 긴장이 발생했다. 여러 가지 바람직하지 않은 이해충돌을 피하기 위해, 목사 옆에 성직자의 행정업무를 처리할 행정관리를 임명하기로 결정했다. 이윽고 그것은 두 그룹(성직자와 행정관리)들 중 어느 편이 최고 권위를 가질 것인가에 대한 심한 갈등으로 이어졌다. 세사르(Cesar) 지사는 1654년 마을에서 성직자에게 '정치가 보다 높은 자리를 [허가함]'으로서 그 문제를 해결했는데, '이로 인해 형제들[성직자]은 주민들 사이에서 이전보다 훨씬 더 많은 신망과 존경을 [받았다].[15] 1651년이 되서야 목사의 모든 정치적 업무가 끝났다.

특기할 만 것은, 위니우스가 떠난지 얼마 안 된 1640년대 중반 네덜란드 선교는 어디에선가 무기력의 징후를 보였다. 힌설은 그의 논문에서 1650년대 선교사들의 노력들에 대해서는 거의 관심을 기울이지 않았다. 흐로터의 자료간행물은 주민에게 일어난 어떤 피로감에 대해 이야기하고 있고, 마을의 노인 세대는, 항상 같은 말을 들었기 때문에, 교회와 학교에 대해 혐오감을 갖게 되었다. 이것은 목사가 그들의 업무를 수행하는데 더 이상 매우 활동적이지 않았다고 자주 지적한 일반 서한(Generale Missiven)과 일치한다. 하파르트(Gilbertus Happart) 목사에 대해서는 심지어 그가 '이교도를 개종시키는 것보다 그의 돈 지갑을 탐욕스럽게 완전히 채우는 데 더 많은 관심을 가졌'고 언급하였다.[16] 특히 그 섬의 남부에서는 목사의 사역을 불가능하게 만든 전염병으로 선교사역이 거의 완전히 중단되었다. 따라서 지사는 교회적 돌봄을 제일란디아 주변

15   Generale Missive, 26-2-1656, in Cheng, *De VOC en Formosa*, 377.
16   Generale Missive, 31-1-1653, ibid., 318.

에 집중하라고 독촉하였다. '그러나 그들(목사)은 큰 일을 한다는 명분만 내세워 모든 것을 할 수 없었고, 정작 그것을 알아차렸을 때 할 수 있는 건 많이 없었던 것 같다'.[17] 1658년에 마태와 요한의 복음서의 포모사 번역이 인쇄를 위해 네덜란드로 보내졌다는 사실로 보건대, 교화사역은 계속되었다고 볼 수 있다. 아마 이 시기를 안정화의 시기라고 말하는 것이 적절할 것 같다.

코싱가(國姓爺)와 그의 군대의 침입으로 이 모든 것에 갑자기 끝이 왔다. 몇일 안에 요새는 포위되었고, 마을에 있던 모든 네덜란드 남자, 여자들과 아이들은 붙잡혔다. 예상대로 거기에는 대부분의 목사가 그들의 가족과 함께 있었는데, 이들은 요새로 도망할 기회를 갖지 못했다. 함부룩(Antonius Hambroeck), 뮈스(Mus), 빈스헤미우스(Winshemius) 목사들은 포로가 되었고, 레오나르디스(Leonardis) 목사는 지방 행정관 발렌테인과 함께 중국에 있는 코싱가(國姓爺)의 본영인 아모이로 이송되었다. 포위공격 중에 네덜란드 레굴루스[별 이름으로 사자 자리 에서 가장 밝은 물체이며 밤하늘에서 가장 밝은 별 중 하나인 함부룩 목사는 영웅적 역할을 했는데, 이것은 후세 문헌과 심지어 놈스(Johannes Nomsz)의 비극, '안토니우스 함부룩, 포모사의 포위공격'(Antonius Hambroeck, of de belegering van Formoza)(1775)에서 자세하게 다루어진다. 코싱가는 1661년 5월 24일 함부룩을 특사로 항복 협상을 위한 편지와 함께 그 성으로 보냈다. 부인과 아이들을 중국 군영에 남겨두고 온 목사는 성에 피신한 두 딸을 한 번 더 볼 수 있는 기회를 얻었다. 두 딸은 목사에게 적의 진영으로 다시 돌아가지 말라고 간청했지만, 함부룩은 그에게 다른 길이 없다고 결정했다. 그는 다음 날 그 성을 떠났고 '몇몇 중국인들에게 다가갔을 때, 목사는 그들

---

17   Generale Missive, 26-1-1661, ibid., 483.

앞에 깊은 경의를 표하며 고개를 숙였고, 그들은 백기 아래에서 우리의 시야에서 멀어질 때 까지 함께 걸어갔다', 제일란디아 일지의 작성자는 감정을 담아 그렇게 썼다. 5개월 후, 10월, 목사들은 다른 몇 명의 네덜란드인과 함께 원주민을 선동했다는 죄목으로 참수형을 당했다.

현존하는 중국 자료에 따르면 18세기 말까지 포모사 원주민들은 모국어를 배운 알파벳을 여전히 사용했음을 알 수 있다. 중국인들과 포모사인들 사이에 맺어진 많은 토지매매계약서에는 왼쪽에 거위 깃으로 만든 펜으로 쓴 문서의 포모사 버전 계약서가 있고, 오른 쪽에는 붓으로 쓴 중국어 버전이 있다. 캠벨(William Campbell) 목사가 19세기 말, 대부분 캐나다인 동료들과 함께, 다시 포모사 선교현장에 들어갔을 때, 단 한권의 성경과 구전(口傳)이 네덜란드 선교를 생각나게 해 주었다. 그는, 17세기 선임자들의 교화사역의 성공에 대한 영어 논문에 영감을 받아, 흐로터의 전체 자료간행물뿐 아니라 얼마간의 다른 네덜란드 자료를 영어로 번역하여, 『네덜란드 통치 아래 포모사』(*Formosa under the Dutch*)라는 제목으로 출판하기로 결정했다.[18] 1948년 대사관 서기관 픽세복서(J. Vixseboxse)는 베이징(北京) 북부 천주교 성당, 베이당(北堂)의 도서관에서, 포모사에서 함부룩과 함께 사형 집행 칼에 목숨을 잃었던, 빈스헤미우스(Winshem(ius) à Hobma) 목사의 구겨진 조그만 가족 성경책을 발견하였는데, 이는 한때 네덜란드 선교의 실험 무대였던 것이 쇠하여지는 순간이었다.[19] 이렇게 영광은 지나갔다!

---

18 H. Jessie, *Of the Conversion of five thousand nine hundred East Indians In the Isle Formosa, neere China, To the Profession of the true GOD, in JESUS CHRIST*(London, 1650). 이 논문은 William Campbell, *An Account of Missionary Success in the Island of Formosa*(2vols., reprint Taipei, 1972)에 게재되어 있다.

19 J. Vixseboxse, 'A XVIIth Century Record of a Dutch Family in Taiwan', in W.L. Idema ed., *Leyden Studies in Sinology*, 106-108.

제5장 이민 정착촌에 있는 교회 (희망봉)

A. W. 비벵아(A. W. Biewenga)

동인도회사는 1652년 희망봉에 [선박의] 정기 기항지를 설립했다. 희망봉 정착지는 처음 사반세기 동안 규모가 별로 크지 않았다. 그것은 강화된 요새, 조그만 마을, 그리고 따펠베르흐 산 밑에 있는 얼마간의 경작지로 이루어졌다. 기항지로서 희망봉은 전적으로 만족스럽지는 않았다. 농작물 생산량이 너무 적어 지나가는 선원들에게 제대로 공급할 수 없다는 사실이 여러 번 밝혀졌다. 1657년 많은 직원이 자유민과 독립 농부로 정착할 수 있게 된 후에도 희망봉 자체의 부족분을 메우기 위해, 식량을 수입해야 하는 경우도 있었다. 이러한 상황을 끝내기 위해 동인도회사는 1670년대 기항지를 상당히 확장했다. 작은 희망봉 정착지는 이민을 강화하여 정착 식민지가 되어야 했다.

식민지의 아프리카 내륙을 향한 첫 대규모 확장은 1680년대 반 데르 스텔(Simon van der Stel) 사령관의 지휘 아래 일어났다. 이러한 확장은 18세기 초까지 계속되었다. 희망봉 시골에는 스텔렌보스와 드라켄스테인 구역이 생겨났다. 시골 중심지는 스텔렌보스 마을에 의해 형성되었다.

자유민 시민은 이민을 통해 빠르게 증가하였지만 18세기에 그들의 수는 자연적 인구성장으로 더욱 더 증가하였다. 자유민 중에는 네덜란드인 외에 많은 독일인과 프랑스인이 있었다. 시간이 가면서 희망봉에서 출세한 자유민의 수가 증가하였다.

희망봉 식민지는 노예사회로 발전하였다. 희망봉 노예는 자주 인도, 인도네시아 제도 혹은 마다하스카 출신이었다. 18세기 희망봉에는 식민지 주민의 약 50%가 노예로 구성되었다. 그런 높은 노예 점유율은 동인도회사-정착지들에서는 이례적인 것이 아니었다. 암본, 바따비아, 그리고 콜롬보의 도시들은 전 주민의 50% 이상의 노예 점유율을 가졌다. 이러한 도시들에서 노예 소유주는, 희망봉에서와 똑 같이, 반드시 남자 노예를 선호했다. 가장 중요한 차이는 희망봉에서는 노예 가운데 성(性) 비율이 다른 곳보다 훨씬 더 불균형했다는 것이다. 따라서 희망봉 노예는 스스로 재생산하는 그룹을 형성하지 못했다. 희망봉에서의 충분한 노예 전력 유지는 노예수입에 의존했다. 특정한 상황에서 노예는 자유를 얻을 수 있었고, 이런 노예는 자유흑인이라 불렀는데, 그의 신분은 자유민의 신분에 매우 가까웠다. 비교적 소수의 노예가 자유를 얻는 데 성공했다.[1]

희망봉 식민지 사회는 여러 코이 부족들[희망봉 원주민] 사이에 설립되었다. 희망봉에 얼마나 많은 코이코이인이 살았는지는 알 수 없다. 동인도회사는 코이코이인을 자신들의 신민(臣民)으로 여기지 않아서, 코이코이인은 아카이브 자료들에는 거의 나타나지 않는데, 그들이 나올 경우 아웃사이더(제 3자)였다. 그러나 특히 1713년 희망봉이 어린이 천연두 전염병에 휩싸였을 때, 그 수가 극적으로 감소했다는 것은 분명하다.

희망봉의 4번째 주민 범주는 동인도회사 직원이었다. 동인도회사는 한 개의 큰 수비대를 희망봉에 주둔시켰다. 그 외에 상당히 많은 관리들이 깝스탓[케이프타운]에서 활동하였다.

희망봉 식민지에서 주민의 구성은 그래서 매우 다양하였다. 지형적으로, 인

---

1   A.W. Biewenga, *Kaap de Goede Hoop. Een Nederlandse vestigingskolonie, 1680-1730*(Amsterdam, 1999), 25-31.

종적으로, 그리고 문화적으로 희망봉 거주자들은 매우 다른 배경을 가졌다. 노예는 자주 힌두교도, 불교도, 이슬람교도 혹은 정령주의자였다. 유럽인 중에는 많은 루터파 교인과 약간의 가톨릭 교인이 있었다. 그러나 모든 희망봉 거주자들 중에서 그들이 어느 정도 자신들의 종교를 실천했는지는 명시되어 있지 않다. 확실한 것은 개혁교회는 희망봉 식민지의 대다수 초기 거주자들에게 낯설고 알려지지 않은 교회였다.

이미 1651-1652년 한 병자위로자가 반 리베이크(Jan van Riebeeck)의 선대에 편승(便乘)했는데, 그는 희망봉 요새를 고정 사역지로 할당받았다. 여러 가지 선대에 편승하여 희망봉을 거쳐 갔던 목사들은 조그만 기독교인 공동체에서 성찬을 베풀었다. 약 10년 후 요새의 근처에 한 작은 마을과 얼마간의 농가들이 나타났을 때, 자체 정규 목사의 필요성이 점점 더 많이 느껴졌다. 1665년 4월 정치회의는 17인위원회에게 '여기 이 거칠고 반야만적인 사람들 사이에서 일할 유능하고 경건한 교사'를 구해달라고 요청했다. 벌써 13개월 동안 성찬이 베풀어지지 않았다. 이 요청은 속히 승인되었다. 첫 희망봉 목사, 반 아르컬 (Johan van Arckel)은 1665년 8월 17일 희망봉에 도착했다. 같은 해 교회 당회가 구성되었다.[2] 식민지와 함께 회중과 당회의 수가 증가하였고, 스텔렌보스와 드라컨스테인의 교회 당회는 각각 1686년과 1691년에 설립되었다. 이후 내륙에 더 많은 회중들이 설립되었고, 1743년 란트 반 바버런, 1745년 쯔바르트란트, 1792년 흐라프-레이네와 1798년 스벨렌담에 이어 1800년까지 희망봉에는

---

2   *Dagregister en briewe van Zacharias Wagenaer* (Pretoria, 1973), 212, 353; *C. Speolstra, Bouwstoffen van de geschiedenis der Nederlandsch Gereformeerde kerken in Zuid-Afrika*(Amsterdam-Kaapstad, 1906-1907, 2 dln) II. 256.

7개의 개혁교회가 세워졌다. 1806년 영국이 결정적으로 권한을 인수한 이후에도 정기적으로 새로운 회중들이 설립되었다. 1811-1821년의 기간에 설립된 새로운 회중들은 무려 5개였다.

희망봉에 있던 17세기의 교회에 대해 거창한 인상을 주어서는 안 된다. 절대적 의미이던 상대적 의미이던 개혁교회는 적었다. 1700년 경 희망봉 도시의 교인 수는 단지 100명이었다. 이는 거기에 있는 성인 자유민의 대략 8%였다. 1695-1726년 동안 스텔렌보스 전체 자유민 대비 교인 비율은 16%과 17% 사이였고, 절대적 숫자는 40-50명 사이였다. 드라껀스테인에서의 상황은 그나마 더 나았다. 종교 난민인 위그노가 상당히 많았기 때문에, 18세기 1분기에 전체 성인 자유민 대비 교인 점유율은 대략 50%에 달했다. 절대적 숫자로 환산하면 1700년 직후에는 약 100명, 그리고 1730년에는 벌써 188명이 되었다.

확실히 17세기 식민지에는 하나님과 율법의 인도를 받지 않은 상당히 많은 사람들이 살았다. 교회와 정부의 아카이브에는 교회방문, 싸움, 공개적인 술취함, 도박, 매춘에 대한 불평이 철철 넘치게 가득하였다. 바로 앞에 언급한 것들은 매년 수 천 명의 선원의 희망봉 방문과도 관련이 있었다. 몇 달 동안 그들은 복작거리며 선상에 앉아 있다가 마침내 희망봉에서 한번 다리를 뻗고 자신을 즐길 수 있었다. 깝스탓은 술집과 도박장으로 가득 차있었다. 동인도회사-노예 간이막사는 매춘굴로서 세계적 명성을 날렸다.

초기 희망봉 식민지 세계는 동인도회사 항해의 파생물이다. 사람들은 생존을 위해 지나가는 선박들에 크게 의존했다. 우선, 우리는 거기에서 제공되는 상품과 용역도 고려해야 한다. 그러나 희망봉 식민자들도 대부분 배의 선원들로부터 모집되었다. 17세기와 18세기 초 정부가 정기적으로 식민자들을 거친 손님들로 묘사했다는 것은 놀라운 일이 아니다. 물론 1650년대 첫 식민자들 가운데 근면하고 노련한 사람들도 있었지만, 반 리베이크 사령관에 의하면, 대부분은 '알콜로 중독되고, 게으르고, 조잡하고 버릇없는 남자들'이었다.[3] 심지어 교회 직원 중 가치가 뒤떨어지는 사람들도 있었다. 만카단(Sybrand Mankadan)은 1682년 8월 '잦은 술 취함과 기타 심각한 경범죄'를 저지른 후, 프리슬란트 교회로부터 두 번째로 목사직에서 파면 당했다. 이듬해 그는 스텔렌보스 회중의 첫 병자위로자로 부임하였다.[4]

그래도 동인도회사-시대에 거의 모든 희망봉 식민지 주민이 어리석은 사람과 매번 사고치는 사람으로 구성되었다고 생각하는 것은 올바르지 않은 것 같다. 교회사가 모레이스(A. Moorrees)에 의하면, 시간이 흐르면서 '순화과정'이 일어났다. '그 나쁜 요소는 버려지고 더 나은 요소가 생겨났다. 그래서 우리는 후대 시민의 특성을 첫 바람직하지 못한 사람의 특성에 따라 평가할 수 없다'.[5] 하지만 18세기 희망봉에는 훈련과정이 있었을 가능성이 있다. 개혁교회가 널리 알렸던 규범과 가치가 거기에서 받아들여지고 수행되었다. 이유는 많은 수의 자유민들이 식민지로부터 제거되지 않았기 때문이다. 우리는 또한 가장 초기 식민자 가정에서 불법행위를 발견할 수 있는데, 그들은 후에 상당한 신망을 얻었고 그때 예전의 불법행위로부터 멀어져 있었다. 무엇보다도 우리는 18세기 초에 몇 사람을 지목할 수 있는데, 이들은 시간이 흐르면서 교인이 되기 위해 자신들의 행동을 교회 요구들에 적응시켰다. 그것 외에, 예를 들어 1704년과 1726년 사이 스텔렌보스의 문맹률이 명백하게 증가하는데, 이 증가는 부분

---

3 A. Moorrees, *De Nederlandsch Gereformeerde kerk in Zuid-Afrika*(Kaapstad, 1937), 28.

4 Moorrees, *De Nederlandsch gereformeerde kerk*, 110-111.

5 Moorrees, *De Nederlandsch gereformeerde kerk*, 28.

272 · 동서교류문헌연구총서 3 (동인도 시온)

적으로 희망봉 교육의 결과로 볼 수 있다. 그리고 그 교육은 무엇보다 교리문답으로 구성되었다. 문맹화와 개혁교회 교인과의 상관관계도 있다. 교회 규범을 훈련하고 적용하는 과정의 가능성에 대한 마지막 증거는 스텔렌보스 전체 자유시민 가운데 교인 점유율의 상승이다. 스휘터(Gerrit Jan Schutte)는, 스텔렌보스 교인명부의 최근 연구에서, 1769년 이후 신앙고백을 통해 회중으로 들어온 사람들의 수가 상당히 증가했다고 증명하였다. 스텔렌보스 회중의 수는, 1750년 아직 137명이었는데, 1786년 벌써 257명으로 증가했다.[6] 이것은 단지 개략적인 진술로 사료에 기반하여 더 구체화할 가치가 있다. 그러나 우리는 모레이스가 지적하는 것처럼, 잡초 같은 사람들은 제거되고 좋은 식물이 자랐다고 즉시 가정할 필요는 없다. 기쁜 소식(복음)은 사전에 무시되지 않았다는 것만은 분명하다.

  희망봉 개혁파 회중의 시작은 매우 미미했고, 예배당 역시 매우 단순했다. 희망봉에서는 처음에 요새의 대강당에서 설교가 행해졌고, 이 요새가 성(城)으로 바뀌었을 때 교회 예배는 성의 대강당에서 계속되었다. 1699년이 되어서야 깝스탓 마을에 교회의 건축이 시작되었다. 첫 희망봉 목사들은 요새에서 기거했다. 낮에는 군인들의 소음으로 공부하는 데 끊임없이 방해를 받았기 때문에 이것은 이상적이지 않았다. 그래서 1670년 별도의 목사관이 마을에 건축되었다. 시골에서도 교회 건물들은 매우 크지 않았다. 스텔렌보스의 첫 교회는 목재로 만들어졌다. 그리고 드라컨스테인에서는 높이가 3~4피트에 불과한 진흙 벽이 있는 일종의 헛간에서 예배가 드려졌다. 밀짚 지붕이 바로 헛간을 덮고 있었다. 구조에 대한 설명은 잔디로 만든 오두막을 연상시킨다. 1716년 드

---

6 G.J.Schutte, 'Gereformeerde kerk onderde VOC', DGNZOK 5(1998) 33. Speelstra, *Bouwstoffen*, I. 234.

라컨스테인 교회 당회는 '소위 교회는 최근의 과다한 물[폭우]로 인해 너무 황폐해져, 적당히 강한 바람에 전체 건물이 그 기초에서 떨어져 나갈 수 있다'고 평가했다.[7]

그래서, 1710년 12월 17일 발생한 큰 화재로 교회를 포함하여 마을 전체가 잿더미로 변한 스텔렌보스에서와 같이, 새 건물을 지을 때가 되었다. 동인도회사가 교회의 건축에 사용할 수 있는 자원이 너무 적었기 때문에, 희망봉은 디아코니(교회의 구제 담당 기관)의 빈민구제기금을 활용하기로 결정했다. 1700년경 깝스탓에 석조 교회의 건축뿐 아니라 1720년 경 스텔렌보스와 드라컨스테인의 2개의 석조 교회의 건축을 위한 자금이 주로 구빈세(救貧稅)로 조달되었다. 그로인해 디아코니가 교회 건물의 소유자가 되었는데, 이것은 교회 건물이 보통 정부의 손에 있던 본국과 달랐다.

또 교회는 일반 농장과 주거용 주택 건설의 발전과 상당한 보조를 맞추었다. 1700년경 희망봉에 대해서 말하려면, 우리는 가능한 빨리 관광여행 전단지에 나오는 희망봉-네덜란드의 농장들을 잊어야한다. 이 아름답게 장식된 하얗게 회반죽이 발라진 집들은 대부분 18세기 후반에 유래한다. 18세기 초에는 아직 그렇게 많은 돈을 벌지 못했다. 때문에 집들의 벽은 자주 나무를 엮어 짠 세공이 첨가된 찰흙으로 되었다. 그리고 지붕은 자주 밀짚으로 만들어 졌다. 1710년 마을 화재 이후, 정부는 스텔렌보스의 거주자들에게 그들의 집들을 가벼운 타기 쉬운 밀짚 대신 갈대로 덮을 것을 의무화했다. 그리고 몇 년 후인 1713년, 분노한 스텔렌보스인 한 무리가 벽을 뚫고 미움을 받던 마을담당관의 집으로 들어갔다. 마을담당관 같은 저명한 식민자조차 당시에는 집에 돌담을 제공할

---

7 *Resoluties* V. 11-12.

수단이 없었던 것으로 보인다.[8] 그러나 느리지만 확실히 집들이 확장되었고 부속 건물과 석조 방을 지을 돈이 생겼다.

이러한 부의 증가는 새로운 석조 교회 건물에도 반영되었다. 그을려서 여러 가지 색깔로 장식된 창들이 끼어 넣어지고, 천정을 가진 아름다운 설교단이 설치되고, 성찬대에 은이 나타나고, 18세기 후반에는 여러 회중에서 오르간을 구입했다. 교회 재산은 부분적으로 직접 개인 기부를 통해 증가하였다. 예를 들어 깝스탓 교회는 1752년 '구리 받침대가 있는 커다란 은색 세례반'을, 1770년 '설교단에서 사용할 수 있는 검은색 상어가죽 띠와 은장식으로 된 판이 달린 이절 판의 대형 성경책'을, 선물로 받았다.[9] 교회 내 무덤의 판매도 수익성이 좋았다. 이것들은 모두 18세기 네덜란드 교회에서도 볼 수 있었던 것들이다. 그래서 1725년 이후 희망봉의 교회 건물과 인테리어는 네덜란드인 방문객들에게 매우 친숙하게 다가왔다.

앞서 살펴본 바와 같이, 희망봉 교회의 건축은 주로 구빈세로 조달되었다. 그것은 깝스탓이 매우 풍부한 재정을 가지고 있어 가능했다. 자신의 교회를 건축한 후, 깝스탓 회중은 계속 다른 회중들에게 새로운 교회의 건축을 위해 무이자 대출을 제공했다. 그래서 여러 교회 당회는 자체 디아코니를 통해 그들 구역에 교회 건물의 소유자가 되었고, 설비와 유지는 그들의 책임이 되었다. 교회와 구빈세가 합쳐졌다. 깝스탓(1710년)과 드라컨스테인(약 1720년)에는 시간이 흐르면서 디아코니와 교회 물품의 행정이 다시 분리되었고, 다시 교회 사무장이 임명되었다. 드라겐스테인에서 교회 당회는 당회원 중 2명의 사무장

---

8 Biewenga, *Kaap de Goede Hoop*, 89.

9 Speolstra, *Bouwstoffen* II. 279, 308. D. Box, *Het oudste Kaapse zilver 1644-1751*(Amsterdam 19774), 114-115.

을 목사 곁에 임명했고, 이들은 공동으로 교회 당회에 계산서를 보내야 했다. 그에 반해 깝스탓에서는 정규 정치위원이 민간인 장로와 함께 사무장이 되었는데, 여기에서 정치위원은 민간 장로와 집사의 행위를 감독했고, 희망봉 지사는 마지막 결정을 내렸다.[10] 동인도에서도 디아코니의 빈민구제기금이 교회의 건축에서 사용되었다.[11]

네덜란드인에게 희망봉 교회의 친숙함은 개혁교회의 행정 부문에서도 나타난다. 네덜란드공화국(1579-1795)에서 정부는 교회의 양육자였고 따라서 교회의 물질적 홍망성쇠를 돌보았다. 희망봉에서 동인도회사는 정부였고, 정부의 현지 최고 기구는 정치회의였다. 그 때문에 정치회의는 특정 회중들의 교회 예배를 관찰하고 성찬을 거행하라고 목사들에게 지시하였다. 지나가는 선박에 타고 있던 상당수의 목사는 정치회의가 표현한대로, 깝스탓에서 교회 예배를 인도하기 위해 '당분간 멈추어 섰다'. 따라서 많은 목사들이 계약 기간 내내 깝스탓에 머물렀다.

1665년 정치회의는 영적 유익과 교회 일을 돌보는 자신들의 책임을 교회 당회에 넘겨주었다. 그러나 정치회의는 계속 자신들을 마지막 책임자로 여겼다. 예를 들어 1775년 새로운 운(韻)이 들어 있는 시편의 도입은 이를 잘 보여주었다. 깝스탓 교회 당회는 새로운 네덜란드 운을 채택하는 계획을 먼저 정치회의에 제출했다. 정치회의는 이를 승인해주었고, 즉시 그 시편을 교회 예배에서 더 빨리 부르라고 독촉했다.[12]

---

10 Speolstra, *Bouwstoffen* II. 439-440. Resoluties IV, 149, 151-152, V. 393-394.
11 Aldus de Politieke Raad: *Resoluties* VI, 136.
12 Speolstra, *Bouwstoffen* II. 311.

희망봉에서 교회 당회는 장로들뿐 아니라 집사들로도 구성되었다. 희망봉 집사들은 보통 별도 회의를 열지 않았다. 18세기가 되어야 깝스탓 집사들은 별도로 만났다. 그러나 그들은 책임상 교회 당회에 계속 출석했다.[13] 장로들은 회중에서 교리와 생활규칙을 지켰다. 집사들은 빈민구제를 업무로 했다. 정치회의는 장로들의 일에 거의 간여하지 않았지만 그에 반해 집사들은 면밀하게 보고해야 했다. 매년 한번 빈민계정을 정치회의에 제출해야 했다. 그것은 단순한 형식상 통제가 아니었다. 예를 들면 1791년, 재정 문제로 인해 이웃 란트 반바버런 회중은 빈민을 부양할 수 없었는데, 드라껀스테인 교회 당회가 오르간을 구입했다는 이유로 호된 질책을 받았다. 오르간을 구입할 돈으로 빈민이 도움을 받아야했다고 정치회의는 생각했다.[14] 정부 측으로부터 정치위원이 교회 업무가 잘 처리되고 있나 보기 위해 또 정치회의와의 원활한 소통을 위해, 교회 당회에 참석하였다. 그러나 실제로 정치위원은 깝스탓 밖에서는 거의 회의에 나오지 않았다.

새로운 당회원의 임명 방식도 장로와 집사의 차이를 드러낸다. 당회원의 임기는 보통 2년이었다. 그 기간 후에 다른 사람을 임명해야 했다. 그래서 매년 교회 당회의 반이 교체되었다. 교회 당회는 장로의 승인을 얻기 위해 자체 후보자를 정치회의에 제출할 수 있었다. 그러나 집사를 교체할 때 당회는 두 사람을 제출해서, 정치회의가 두 명 중에서 한 명을 선택했다. 깝스탓에서는 장로와 집사의 절반은 동인도회사 직원으로, 다른 절반은 자유민으로 구성되어야 한다는 규칙도 적용되었다. 특히 자유롭지 못한 집사 선출은 희망봉 교회 당회에게는 눈의 가시였다. 바따비아 (정치)위원장 더 미스트(De Mist)가

---

13 Speolstra, *Bouwstoffen* II. 282-284, 609-613.

14 Speolstra, *Bouwstoffen* II. 470.

1803-1804년 새로운 교회법을 고안했을 때, 깝스탓 교회 당회는 집사를 자유롭게 선출하게 해줄 것을 그에게 요구했다.[15]

또한 그때 곧바로 통합교단총회의 회복을 촉구했다. 이 총회는 1746년에서 1759년까지 희망봉 모든 회중들의 목사와 장로들로 구성된 합동총회로, 세례 관행과 교인모집 같은 문제에 대해 희망봉 교회들을 조정하는 위원회로 기능했다. 이 위원회는 나아가 상호 갈등에도 간여했고, 암스테르담 노회와 서신을 교환했다. 1752년 통합교단총회는 매년 전체 교회를 시찰하기로 결정했다. 한 회중의 목사와 장로가 차례로 모든 것이 정상으로 되고 있는지 보려고 모든 다른 회중들을 순회했다. 그 비용은 깝스탓 회중의 빈민기금에서 지불되었다.[16] 그러나 통합교단총회는 (본국의) 델프트와 스히란트 노회와 서신 교환을 시작하는 미숙한 행동을 저질렀다. 구 관례에 따라 네덜란드공화국에서 희망봉 교회의 이익을 돌보아 주었던 암스테르담 노회는 이에 분개했다. 이 독자적 행보는 동인도회사에도 나쁘게 보였다. 동인도회사는 1759년 통합교단총회를 폐기했다. 희망봉 교회들은 그때, 깝스탓은 앞으로 암스테르담 노회와 서신교환을 하고, 다른 교회들은 암스테르담 노회에 보고서들을 제출하기로, 약속했다.[17] 연례 교회시찰은 없어졌다. 그리고 갈등은 더 이상 희망봉에 있는 상급 회의로 해결될 수 없었다.

이로 인해 희망봉 교회들은 막대한 피해를 입었다. 1761년 쯔바르트란트 회중으로부터 교회 징계사안이 사법위원회에 올려 졌는데, 이유는 징계 받은 교

15　Moorrees, *De Nederlandsch gereformeerde kerk*, 447.

16　Speolstra, *Bouwstoffen* II. 279.

17　Speolstra, *Bouwstoffen* I. 289-290. 노회와의 서신 교환에 대해서 B.J. Odendaal, *De Kerklike betrekking tussen Zuid-Afrika en Nederland 1652-1952* (Franeker, 1957).

인이 자신의 교회 당회에 의해 미흡하게 다루어졌다고 느꼈기 때문이다.[18] 번영하는 회중 드라컨스테인은 1772년, 몇 교인이 한 장로의 임명에 이의를 제기했을 때, 깊은 위기에 빠졌다. 해결을 해줄 권위 있는 기구가 없었기 때문에, 그 갈등은 심한 파벌 다툼으로 악화되었고, 이 다툼은 수년간 교회를 옥죄었다. 암스테르담의 판결은 너무 늦게 내려졌고, 그때쯤에는 갈등이 매우 격렬하고 개인적으로 변했다. 새로운 목사가 부임한 후, 1785년 경, 비로소 회중에 평안이 천천히 회복되었다.[19] 희망봉 교회들은 여러 차례 통합교단총회의 복구를 요청했고, 암스테르담 노회는 그것을 위해 많이 노력했는데 성공하지 못했다. 그리고 희망봉 정부는 더 이상 여러 교회가 모이는 것을 허용하지 않았다. 정치위원장 더 미스트(De Mist)는 시험 삼아 1804년에 총교단회의를 허용하기를 원했다. 그러나 이 시험이 치루어지기 전에 희망봉은 다시 영국인의 손으로 넘어갔다. 그리고 영국 지방정부는 당분간 총교단회의를 원치 않았다. 1824년이 되어서야 희망봉 교회들은 희망봉 총회의 형태로 다시 공동모임을 갖게 되었다.[20]

여러 역사가들은 희망봉 교회들이 규율을 심각하게 받아들이지 않았다고 주장했다. 헤르스트너르(J. N. Gerstner)는 최근 이것을 개혁파 계약신학의 세속화가 희망봉 내륙에 사는 유럽 농부들에게 일어났다는 오래된 가정과 연결시켰다. 희망봉 교회들은 모든 백인이 계약 안에 있다고 생각했을 것이다. 그들은 스스로를 네덜란드인이나 아프리카인이 아닌 '기독교인'으로 간주했다. 헤

---

18   Speolstra, *Bouwstoffen* I. 296-298, II. 128-133, 294-298.

19   Moorrees, *De Nederlandsch gereformeerde kerk*, 310-333.

20   P.B. Van der Watt, *Nederduitse gereformeerde kerk* (Pretoria, 1976), 36-40.

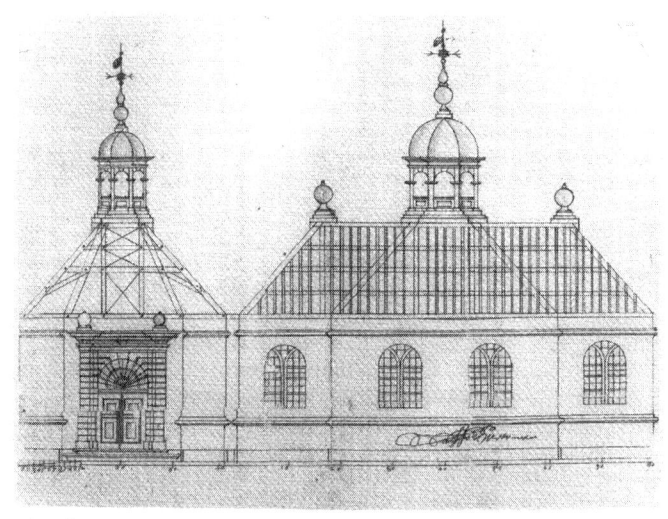

목수 베이르만(Weerman)의 교회 약식 도안(내부는 길이 90피트에 높이 40 피트)

드라컨스테인, 1717

르스트너에 의하면, 그 정체성은 개척지에서 너무 강해서 백인이 아닌 기독교
인은 기독교인으로 언급조차 되지 않았다. 백인 식민자들은 자신들 모두를 거
룩하다고 생각했고 그래서 거침없이 성찬대에 앉았다. 그들의 회중 목사는 성
찬 직전 그들을 초대하기 위해 심방할 뿐이었다. 더 이상의 준비는 필요하지
않았다.[21]

　그러나 헤르스트너르의 이야기는 많은 오류에 기반하였다. 실제로는 성찬 참
가자들의 행동이 철저히 관리되었다. 교회 당회 아카이브에서, 또한 개척지 회
중들에서, 규율을 지킨 사례들을 발견하는 것은 어렵지 않다. 스텔렌보스 식민
자의 일기는 성찬식 거행의 과정을 기술하고 있다. 목사가 집에 와서 한동안 그

21　J.N. Gerstner, *The thousand generations covenant*(Leiden, 1991), 217, 252; A.L. Geyer, 'Stellenbosse gemeente', *Annale University van Stellenbosch*(1926), 67-68.

곳에서 말을 한다. 금요일 교회에서는 준비설교가 행해지고 그다음 일요일에 성찬이 베풀어진다. 따라서 이것은 검열과 자기 검토를 암시하는 매우 평범한 준비이다. 성찬 전에 모든 교인을 심방하는 목사와 장로의 엄청난 수고도 마찬가지이다. 1-2주 동안 그들은 말을 타고 수백 킬로를 순회해야 했다. 이것은 실제로 실행 불가능하였으며, 여러 시골 회중들에서는 조치가 취해졌다. 스텔렌보스와 드라컨스테인에서는 1년에 4회 대신 2회 순회하기로 결정되었다.[22] 얼마 되지 않아 설립된 쯔바르트란트 회중의 교회 당회는 1746년 '가정을 한번 심방하는 것은 매우 유용하다'고 생각했다. 그러나 그것은 교회의 건축에 꼭 필요한 돈이 너무 많이 들어가기 때문에, '우선 심방을 포기하기로' 결정했다.[23] 교회 당회는 이것이 잘못된 것임을 잘 알고 있었고, 나중에 이것을 통합교단총회를 통해 시찰위원회에 설명해야 했다. 그러나 필요 앞에선 법도 사실 무력하다.

헤르스트너르가 생각하듯이, 모든 유럽 식민자들이 개혁교회의 교인이었다는 것도 맞지 않다. 이미 보았던 대로 그것은 결코 사실과 다르다. 기독교인, 개혁파 교인, 자유민이란 개념들은 희망봉에서는 동의어가 아니었다. 개척지에서 이런 일반화가 자주 나타날 수 있다. 그러나 그것은 특정 식민자들의 생각을 반영한 것이지 결코 공식적 교회 입장이 아니다.

17세기 변방이었던 희망봉은 18세기 후반 유럽인에게는 알려진 세계의 끝자락에 있는 변방이 더 이상 아니었다. 1730년 희망봉 거주자들의 수는 얼마 안 되는 8,000명이었다. 1790년경 그 수는 30,000명으로 증가하여 커졌다. 지형적으로도 식민지는 상당히 확대되었다. 가장 멀리 있는 식민자들은 깝스탓

---

22 Biewenga, *Kaap de Goede Hoop*, 199-202; Spoelstra, *Bouwstoffen* II. 491.
23 Spoelstra, *Bouwstoffen* II. 498.

으로 부터 수백 킬로 떨어져 있었다. 목사와 병자위로자에게 깝스탓은 유혹하기에 딱 맞는 정착지가 되었다. 1738년 깝스탓 교회 당회는 '유능하고 경건한 교사로 파견할 다른 사람이 없느냐고' 암스테르담 노회에 물었다. 사람들은 '그들의 가르침으로 영육이 고무되기 보다는 그들의 행동으로 더 짜증나게 하는', 능력이 부족한 목사들이 동인도로 보내졌다는 것을 알고 있었다. 그리고 1734년 교회 당회는 암스테르담 노회에 '우리는 여기서 배에 타고 있는 병자방문자가 아니라 덕과 노련함이 증명되고, 교회와 학교를 맡기기에 완전한, 그리고 병자들과 죽음을 선고받은 자들과 친교 할 수 있는 남자를 얻게 해 달라'고 요청했다. 희망봉 교회 당회는, 자신의 회중이 병자위로자를 요구하고 공석이 생길 경우 덜 적합한 목사를 지나칠 수 있을 만큼, 매력적인 교회라고 알고 있었다.[24]

식민지의 성장과 함께 희망봉 개혁교회 또한 규모가 상당히 커졌다. 동시에 교인들 신앙의 미지근함과 많은 희망봉 사람들의 신앙 형식에 대한 불평도 시작되었다. 그래서 깝스탓의 교회 당회는 1763년 암스테르담 노회에, 교회에서 많은 사람들이 '외형적 기독교'를 고백하고 또 단지 소수만이 복음의 힘을 알고 '바르게 기도하고, 주의 은혜의 영광을 추구하며, 주 앞에서 살기를 원한다'고 불평했다.[25] 암스테르담 노회는 18세기의 남은 기간 동안 대부분 희망봉 회중들로부터 많은 유사한 불평을 들었다. 교회 당회는 경건주의 영향 아래 있는 예비-교인과 교인에 대해 더 비판적이 되었고 행동뿐 아니라 심성에도 눈을 돌리고 있었던 것일까? 아니면 그 심성 자체가 변했을까? 1792년 란트 반 바버런

---

24 Spoelstra, *Bouwstoffen* I. 175, 183, 211; II. 72.
25 Spoelstra, *Bouwstoffen* I. 301.

으로부터, 많은 사람들이 고대 이스라엘인들처럼 '만나'에 진저리를 내었다'는 불평이 나왔다. 이런 방종한 일당을 주목하고 담당 목사는 다음과 같은 바램을 썼다.

무지가 계몽되고, 안이함이 깨어지고, 자만심이 꺾어지고, 미움과 질투가 버려지고, 몇몇 사람들의 우둔함이 주님의 성전의 문을 향한 거룩한 열망으로 바꾸어지기를! 그러면 우리는 기뻐하며 진실로 '옛 것은 사라지고, 모든 것이 새롭게 되었도다'라고 말할 수 있을 것이다.[26]

아마도 18세기에 들어서면서, 신앙고백을 하는 것이 신념이 아닌 가정-습관이 되어 버렸고 상당수의 교인이 좁은 삶의 길을 걷지 못하는 것으로 나타났다. 드라컨스테인 회중은 1789년 '세속적 안이함과 세상사에 대한 지나친 관심에 사로잡힌 교인들과 싸워야했다. 혹은, 스텔렌보스의 보르헤르즈(Borcherds) 목사가 자신의 회중에 대해 말했듯이, '좋지 않은 냄새가' 여러 교인들 주변에 드리워져 있었다.[27]

그런 심성 문제 이외에도 오랜 기간 지속되어 온 위법 행위도 여전히 당회회의록에 보고되어 있다.[28] 그리고 물론 교회 당회 앞에서 추행에 대해 책임을 지지 않으려고 하는 사람들도 있었다. 드라컨스테인 낭독자 제이츠(Zeits)는 반 에흐턴(Van Echten) 목사가 그의 아내의 술취함에 대해 이야기했을 때, 목사를 비방하기까지 했다. 그런 다음 제이츠는 교회 예배 중에 목사를 거의 주목하지

---

26 Spoelstra, *Bouwstoffen* I. 576.

27 Spoelstra, *Bouwstoffen* I. 562, 540.

28 예를 들면 Spoelstra, *Bouwstoffen* II. 328-329.

않았다. 그러자 반 에흐턴은 '그[제이츠]는 마음에 드는 모든 것을 읽고 노래 한다'고 불평했다. 또한 스텔렌보스의 구-위원회 의원의 아들은 1784년 그가 사생아를 낳았을 것이라는 혐의를 받은 후 당회가 아무 말도 못하도록 했다. 그의 아버지는 그를 결사적으로 지원했다.[29]

매우 탁월한 목사를 가진 회중들에서는 이런 종류의 일들이 거의 없다. 그래서 예전에 약화된 쯔바르트란트 회중은 1770년 이후 홀드바흐(D. Goldbach) 아래에서 엄청난 발전을 했다. 이 목사는 깝스탓으로 전근을 앞두고 있을 때, 교인들이 성공적으로 조치를 취할 정도로 인기가 있었다.[30] 또한 포스(M. C. Vos) 목사는 그의 회중인 란트 반 바버런을 움직이게 할 수 있었다. 그는 많은 에너지로 혼란에 빠진 회중을 다시 심방하기 시작했다. 포스는 기독교의 확장에 많은 관심을 두었다. 1794년 그는 노예들에게 특별 교리문답을 시작했다. 2주에 1회 주일 오후에 이교도에게 설교했다.[31] 다른 곳에서도 교회구성원들은 노예들에게 복음사업을 시작했다.[32] 단체 선교가 시작된 것도 포스 목사의 시기였다. 1799년 첫 선교사로 반 더 켐프(J. Th. van de Kemp)와 키헤러르(J.J. Kicherer)가 도착했는데, 이들은 런던선교회에 의해 파송되었지만 네덜란드선교회 출신이었다. 그들의 도착은 남아프리카선교회의 설립으로 이어졌다.[33] 수십 년에 걸쳐 남아프리카 시골 지역에 수십 개의 선교거점들이 생겨났다.

역사학계는 동인도회사 기간에 개혁교회에서 이루어진 개종 시도에 대한 평

---

29 Moorrees, *De Nederlandsch gereformeerde kerk*, 179, 299.

30 Moorrees, *De Nederlandsch gereformeerde kerk*, 335-336; Spoelstra, *Bouwstoffen* I, 303, 305.

31 Moorrees, *De Nederlandsch gereformeerde kerk*, 339-344.

32 A.H. Huussen & S.B.I. Veltkamp-Visser red., *Dagboek en brieven van Mewes Jans Bakker*(Amsterdam, 1991), 21-27.

33 I.H. Enklaar, *Life and work of Dr. J.Th. van der Kamp 1747-1811*(Rotterdam, 1988); Karel Schoeman, *J.J. Kicherer en die vroeë sending, 1799-1806*(Kaapstad,1996).

가를 종종 가혹하게 한다. '200년 전', 브레데캄프(H. C. Bredekamp)와 로스(R. J. Ross)는 19세기 남아프리카 선교에 대한 최근의 책에서, '남아프리카의 유일한 기독교인들은 유럽 식민자들의 후손들이었는데, 이들은 그 땅의 남서부에 살았다'고 썼다. 동인도회사 기간 개혁교회의 선교활동은 극히 적었다. 한 각주에서 브레데캄프와 로스는 아마도 유럽 출신이 아닌 소수의 노예와 이전 노예가 기독교인이었을 것이라고 언급했다.[34]

기독교인이 되려면 기독교 원칙을 배우고 받아들여야 한다. 아이들과 성인 개종자들에게 성경 읽기를 가르치고 기독교 교리를 설명하려면 누군가가 수고를 해야 했다. 17-18세기(단체 선교의 등장 전)에 교육은 유럽인뿐 아니라 노예와 코이코이인에게도 기독교를 확장하는 수단이었다. 그래서 목사들은 18세기에 학교 교사 후보자에게 시험을 치렀고, 그 결과에 따라 정치회의는 후보자에게 학교를 맡도록 허락했다. 희망봉에는 보통 학교 교사 외에 농부 집에서 아이들에게 읽기 쓰기 계산을 가르치는 개인교사가 있었다. 이 개인교사는 자주 들에서 일할뿐 아니라 아이들도 가르치는 평범한 농부의 하인이었다. 이런 개인교사에 대한 통제는 적었는데, 시간이 흐르면서 그들에 대한 불평이 많아졌다. 그럼에도 불구하고 이러한 형태의 교육은 일반적으로 합리적인 수준이었을 것이다. 앞에서 살펴본 바와 같이, 18세기 초 스텔렌보스 남성의 문맹률이 증가한 결과가 있었기 때문이다. 그러나 네덜란드 수준에는 도달하지 못했던 것 같다. 희망봉 유럽인들의 문장력은 네덜란드에 비해 뒤처진 것으로 보인다.

---

34 H. Bredekamp & R. Ross, *Missions and Christianity in South African history*(Johannesburg, 1995), 1.

개혁교회는 세례를 받은 자는 기독교 양육을 받고 기독교 원리들을 교육받아야한다는 데 많은 가치를 두었다. 이로 인해 비-기독교인과 비-기독교인의 자녀에게 세례를 베푸는 데 일정한 제약이 생겼다. 개혁교회는 세례 받은 자녀의 기독교적 양육을 보장하는 개혁교회(혹은 루터교회) 세례 증인들이 있는 경우, 두 명의 기독교인 부모의 신생아에게 세례를 베풀었다. 또한 기독교인과 이교도 또는 세례를 받지 않은 부모 사이에서 태어난 자녀에게도 세례를 베풀었다. 그것에 대한 신학적 근거는 고린도전서 7장 14절에서 발견되었다. '믿지 아니하는 남편이 아내로 말미암아 거룩하게 되고 믿지 아니하는 아내가 남편으로 말미암아 거룩하게 되나니 그렇지 아니하면 너희 자녀도 깨끗하지 못하니라 그러나 이제 거룩하니라'. 동인도회사-노예 간이막사에서 세례를 받지 않은 많은 노예 여성들이 유럽인 기독교인 선원과 군인들에 의해 임신을 했고, 그러한 이유로 그들의 자녀들이 세례를 받을 수 있었다.

하지만 '완전' 노예 자녀들에는 어떻게 적용되었을까? 원칙적으로 그들은 성장하여 기독교 신앙의 원리들에 대한 가르침을 받아야했다. 그 후 세례를 받을 수 있었다. 희망봉에서 사람들은 아주 일찍부터, 세례증인으로 나설 준비가 된 기독교인 소유주를 가진 두 명의 이교도 부모의 자녀들에게, 세례를 주었다. 희망봉 정치회의는 여러 차례에 걸쳐 이 폭넓은 세례 관행이 유지되도록 보장했다.

희망봉 세례 관행은 결코 선교 열정이 부족하다는 것을 보여주는 예가 아니었다. 동인도회사는 (회사의) 모든 노예 자녀가 세례를 받게 했다. 개인 소유주의 노예 자녀도 일반적으로 세례를 받은 것으로 보인다. 어쨌든 정부가 취학연령 아동 수를 세었던 1779년, 노예 자녀는 보통 동인도회사와 개인 소유주

모두에 의해 학교에 보내졌다는 사실을 알 수 있다.[35]

그러나 동인도회사 시기에 성인 노예 사이에서 기독교의 확산은 큰 호황을 누리지 못했다. 원인이 무엇인지는 바로 명확하지 않다. 희망봉에서는 성인이 이전에 성찬에 참여할 수 있는 요건을 충족하지 않아도 세례를 받을 수 있었다. 이런 성례분리는 17세기 초 바따비아에서도 존재했는데, 의도는 기독교인이 되는 문턱을 너무 높지 않게 하기 위한 것이었다. 바따비아 이후 정확히 한 세기가 지난 1748년, 희망봉 통합교단총회(1746-1759)는 희망봉 전체에 성례분리를 폐지했다. 모든 희망봉 교회는 몇 해 전에 이미 성례분리를 폐기하였던 깝스탓의 세례 관례를 따랐을 것이다.[36] 그러나 이렇게 문턱을 높인 것이 성인 세례의 수에 거의 영향을 주지 않았다. 특히 깝스탓에서는 성인 세례가 정기적으로 일어났다. 그래서 성례분리의 폐기는 희망봉에서 별로 중요하지 않았던 것 같다. 노예에게 양심의 자유를 인정한 것이 역할을 했음에 틀림없다. 노예는, 스스로 그에 대한 필요를 느끼지 않았을 때, 정부나 노예 소유주로부터 기독교인이 되라는 압력을 받은 것 같지는 않다. 반대의 것이 일어났을 수 있다. 기독교인은 노예가 될 수 없다는 생각 때문에, 또 값비싸게 주고 산 노예를 잃어버릴 수 있기 때문에, 일부 노예 주인은 노예가 세례를 받는 것을 막으려했을 것이다. 이 생각은 공식적으로 여러 번 부정되었지만 끈질기게 계속 존재했다.[37] 하지만 다른 이유가 있다.

---

35   P.S. du Toit, *Onderwijs aan die Kaap*(Kaapstad, 1937; Biewenga, Kaap de Goede Hoop. 196-197, 278-279.

36   H.E. Niremeijer, *Calvinisme en koloniale stadscultuur*(Amstedam, 1996), 171-172; Spoelstra, *Bouwstoffen* II. 535. 성례분리 폐기 날짜는 당회회의록(1724-1748)의 부재로 알 수 없다.

37   Spoelstra, *Bouwstoffen* II. 339-342; Elphick & Shell, 'Intergroup relations' in R. Elphick & H. Giliomee, *The Shaping of South African Society 1652-1840*(Kaapstad, 1989), 188-191; Biewenga, *Kaap de Goede Hoop*, 190.

규범과 가치를 실천하는 것은 주로 가정 수준에서 일어났다. 개혁교회에 가입하는 것도 마찬가지였다. 가입하는 교인들의 한 부모 혹은 두 부모들은 이미 교인이었다. 그래서 정부는 당연히 가정을 안정된 정착 식민지의 근본, 공동체의 기초로 보았다. 이로 인해 정부는 개혁교회 고아원 출신 고아 소녀들을 예비 신부로 희망봉에 데려오기 위해 노력했다. 그래서 희망봉 독신자들은 술 마시고 도박하는 대신 결혼해서 가정과 회사에 전념하게 되었다. 그러나 동인도회사 전(全) 시기에 성(性)비율은 불균형했다. 그것은 노예에게 더 심했다. 그들 중 극소수만이 가정을 시작할 아내를 찾았을 것이다. 여성 노예의 수가 적었다는 것은 비교적 적은 수의 노예 아이들이 희망봉에서 출생했다는 것을 의미했다. 따라서 노예는 자체 재생산 그룹이 아니었다. 인구 수준을 유지하기 위해 누차 다시 새로운 노예들이 공급되어야 했다. 이미 희망봉 규범과 가치를 알았던 작고한 이민자들은 거의 모든 것이 아직 낯설었던 새 이민자들로 교체되었다. 다른 말로 하면, 세대를 이어주는 통로가 매우 제대로 작동하지 않았다. 희망봉에서 출생한 노예 아이들은 대부분 세례를 받았지만, 성인 노예의 세례는 그렇게 자주 일어나지 않았다는 것은 의미가 있다. 우리가 노예 아이들을 주로 노예 가정의 일부로 보아야 하는지 아니면 주로 주인의 가정과 가정의 일부로 보아야 하는지는 분명하지 않다. 그러나 확실한 것은 노예 이민자들은 보통 기독교 가정에서 성장하지 않았다는 것이다. 그 때문에 열악한 가족 형성이 노예들 사이에서 기독교가 확산되는 데 방해가 되는 요인이었다.

그러나 스풀스트라(C. Spoelstra)의 자료간행물을 펴본 사람은 누구나 개종자들 가운데 노예를 반복해서 발견하게 된다. 무엇보다도 스풀스트라는 1744-1750년 란트 반 바버런 회중이 설립된 직후, 상당한 수의 신규 교인이 등록되어 있으며, 이 가운데 (그의 말에 따르면) '몇몇 유색인도 포함되어 있다'는 사실을 발견했다.[38] 브레데캄프와 로스가 표현한대로, 그들은 정말로 유럽인 부모를 가질 수도 있었다. 그러나 반 코친(Van Cochin)이나 반 마까사르(Van Makassar) 같은 지명에서 나온 이름을 가진 사람들에게는 그럴 가능성이 없다. 그리고 그런 지명에서 나온 이름들은 18세기 후반 신앙고백을 한 후 깝스탓 교회 당회에 세례를 요청한 사람들 중에, 꽤 자주 있었다.

교회 당회는 그런 세례 요청을 항상 기뻐하지는 않았다. 1789년 마리아 페트로넬라 반 더 캅(Maria Petronella van de Caap)은 그녀와 그녀의 사생아의 세례를 요청했다. 그 아이는 언급되지 않은 2명의 교인이 세례증인으로 나선다면 세례를 받을 수 있었다. 그러나 교회 당회는 '그러한 오점을 항상 극도의 주의와 경계를 기울여 막아야하는 회중의 성원으로 받아들여 달라는' 그녀의 요청을 완전히 뻔뻔한 것으로 간주했다. 마리아 페트로넬라는 '적어도 그녀가 불명예스러운 행위에 대해 뉘우치며 슬퍼하는 기색을 보이지 않으면 다시는 그러한 요청을 해서는 안 된다는 것을 이해하게 되었다'. 이것은 '누군가 이의가 있는 사람이 있는지 알아보기 위해' 모든 예비 교인들의 이름을 발표하는 드 라컨스테인에서의 관습과 완전히 같은 맥락이었다.[39] 노인 세일론(Cassandra van Ceylon)도 1784년 신앙고백과 세례를 요청했을 때 이것이 허가되지 않았다. 그녀는 포르투갈어 외에 다른 언어를 하지 못했기 때문에, '주기도문의 양식'(Formulier van 't Gebed des Heeren)으로 교인이 되고 싶었다. 교회 당회는 이것을 완전히 불충분한 것으로 거절했다. 그녀는 적어도 『기독교의 개략 이

---

38 Spoelstra, *Bouwstoffen* II. 483.

39 Spoelstra, *Bouwstoffen* II. 445-446.

해』(*Kort Begrip der Christelijke Religie*)를 익혀야 했다.[40] 이것은 깝스탓 교회 당회가 노인을 위해 관례적으로 양보한 것이었다. 더 젊은 교인 후보는 완전하게 교리문답을 알아야 했다. 깝스탓 교회 당회는 그들이 그렇게 할 수 있도록 기꺼이 도와주고 싶었다. 그래서 동 당회는 1790년부터 성인들에게 읽기와 쓰기 그리고 기독교를 가르치기 위해, 학교 교사와 낭독자에게 급료를 지불했다.[41] 그리고 스풀스트라가 아래 표에서 보여 준대로, 성인들은 정기적으로 신앙고백을 통해 세례를 받았다.

[표1] 성인 세례를 받은 자 연례 통계

연도	장소	세례 받은 아이	세례 받은 성인
1780	깝스탓	271	8
1781	깝스탓	209	4
1784	깝스탓	360	17
1785	란트 반 바버런	135	1
1786	스텔렌보스	60	1
1786	란트 반 바버런	123	4
1787	깝스탓	369	25
1788	스텔렌보스	90	1
1788	깝스탓	335	29
1789	스텔렌보스	76	3
1789	깝스탓	323	3
1791	깝스탓	330	8
1794	쯔바르트란트	93	3
1794	깝스탓	275	5

출처: Spoelstra, *Bouwstoffen* I, 460-586

---

40 Spoelstra, *Bouwstoffen* II. 335, 325.
41 Spoelstra, *Bouwstoffen* II. 336.

18세기 말 세례 받은 아이들 총 수와 비교할 때 확실히 세례 받은 성인의 수는 적었다. 성인의 수를 신앙고백을 통해 교회에 가입한 교인 수와 비교해도 마찬가지다. 깝스탓에서는 1779-1794년 기간에 약 73명의 교인이 신앙고백을 통해 교회에 가입하였다. 그들 가운데 약 12명(16%)만 세례 받은 성인이었다.[42] 소규모 깝스탓 시골 회중들에 대한 빈약한 자료들은 그곳의 성인 세례자의 수가 비례적으로 더 적다는 것을 보여준다. 예를 들어 18세기 말 약 12,000명의 성인 노예의 수에서 보면 이 숫자는 무시할 수 있는 수준이다. 희망봉의 기독교는 선교의식이 없는 개혁교회로 인해 비-기독교인들 사이에서 간신히 자리를 잡았다는 결론은 설득력이 있어 보인다.

그러나 이 결론은 너무 강하게 내려진 것이고 결코 전체 이야기를 보여주지 못한다. 이 결론은 우리가 여기 가진 자료들이 다루고 있는 단지 그 몇 년간 총 100명 이상의 세례 받은 성인에 대한 것인데, 이 수는 그 때의 표준에 따르면 새로운 회중을 하나 설립할 수 있었던 수였다. 그리고 기독교인 부모를 갖지 않은 세례 받은 성인 외에 유럽인 부모를 갖지 않았으나 그들의 기독교인 소유주의 신앙으로 세례 받은 노예 아이들도 많이 있었다. 이 아이들이 성인이 되어 신앙고백을 할 때, 우리는 이들을 세례 받은 성인의 통계에서는 발견하지 못하고 모든 다른 고백자들 사이에서 발견한다. 스휘터(Gerrit Jan Schutte)는 깝스탓의 교인명부에서 정말 많은 이들이 그렇게 교인이 되었다는 것을 확인했다.[43] 희망봉 개혁교회에서 그것은 확실히 역사에서 각주로 끝낼 수 있는 의미 없는 그룹이 아니었다.

---

42   그래서 [표4.1]은 맞지 않다. Elphick en Shell, 'Baptism of slaves in the Cape district, 1665-1795' in Elphick en Giliomee, *The Shaping of South African Society*, 189.

43   Schutte, 'Gereformeerde kerk onder de VOC', 34-35.

18세기 말 역사에서 교회 예배가 진행되는 동안 예배가 끝나고 주인이 다시 나올 때까지 교회 마당 밖에서 기다리는 적은 무리의 노예들에 대한 식민지 시대 이미지는 잘 알려져 있다. 1780년 깝스탓의 이 노예들은 정기적으로 많은 소음을 일으켜서 '회중이 너무 자주 시끄러웠다'고 한다. 이에 교회 당회는 교회 예배 시간에 관리들이 거기에서 순찰할 수 있게 해 달라고 사법관에게 요청했다.[44] 이 이미지에 급히 추가되어야 할 것은 이 소음이 노예 소유주를 괴롭힌 만큼이나 교회에서 함께 앉아 있던 노예와 예전에 노예였던 사람들을 괴롭혔다는 것이다.

---

44   Spoelstra, *Bouwstoffen* II. 318.

제6장 무역 교회 (말라까)

헤릿 얀 스휘터(Gerrit Jan Schutte)

남아시아와 동아시아를 잇는 항로에 위치한 말라까는 15세기에 이미 주요 항구도시로 동남아시아에서 생산되는 많은 상품의 주요 시장이었다. 말라까를 1511년 점령했던 포르투갈인은 이곳을 향신료 무역의 중심지이자 아시아 왕국의 주요 거점들 중 하나로 만들었다. 16세기 초 말라까는 연간 500척의 선박을 끌어들였고 바로 주변을 둘러싼 도시의 인구는 20,000명이었다. 동인도 회사는 곧 말라까에 미래 집결지와 본부를 마련했고, 1606년 말라까의 지역 경쟁자인 조호르 술탄국과 함께 그 도시를 점령하기 위한 첫 시도를 했다.

말라까는 난공불락으로 보였다. 하지만 동인도회사는 수년간의 해상 봉쇄로 마침내 그 도시의 무역을 무력화 시켰다. 그럼에도 말라까에서 포르투갈인을 항복시키는 데 5달 이상의 포위공격이 필요했다(1641년 1월). 당시 거기에는 단지 2,150명이 거주하고 있었다.[1]

말라까는 네덜란드의 통치 아래 회복되었지만 이전의 위치를 완전히 되찾지

---

1   L.Y. Andaya, 'De VOC en de Maleise wereld in de 17de en 18de eeuw', in M.A.P. Meilink-Roelofsz, *De VOC in Azië*(Bussum, 1976), 107-156; Barbara Watson Andaya, 'Melaka under the Dutch, 1641-1795', in K.S. Sanduhu and P. Wheatley eds., *Melaka. The transformation of a Malay Capital, c. 1400-1980*(Kuala Lumpur, 1983), 195-241; Malcom Dunn, *Kamf um Malakka. Eine wirtschaftsgeschichtliche Studie über den portugiesischen und niederländischen Kolonialismus in Südostasien*(Wiesbaden, 1984); R. Spruit, *Het land van de Sultans. Maleisië en het kolonialnisme*('s-Gravenhage, 1989). Nordin Hussin, *Melaka and Penang 1780-1830: A Study of two ports in the Straits of Melaka*(diss. VU, Amsterdam, 2002), 206, 211. 위 논문에 의하면, 1675년에 말라까 주민 수는 5,324명이었고, 이들 가운데 동인도회사 직원(여성과 아이들 포함) 675명, 자유민 104명, 포르투갈인/유라시아인 1,436명이었고, 1824년에 유럽인 405명과 '원주민' 기독교인 1,839명이었다.

는 못했다. 그 도시는 동인도회사에게 주요한 해상 기지요 지역 활동의 중심지(말레이시아, 수마뜨라 그리고 후에 리오우 제도의 상관들이 말라까의 지사와 정치회의 관할이었다)였고, 특히 고추와 주석의 비축지(備蓄地)로 기능하였다. 그렇지만 말라까는 다양한 면에서 바따비아의 우위를 인정해야 했다.

동인도회사 현지 직원의 수는 처음에 375명, 나중에 17세기에 400-500명으로 증가했다가, 1610년 이후에는 대략 600명을 오르내렸고, 1640년 이후에는 오랜 동안 평균 약 540명을 유지했다. 주민 수는 천천히 회복되었다. 25년 후인 1665년, 그 도시의 주민 수는 3,817명이었고,[2] 주변 지역에 7,500명이 더 있었다.[3] 18세기 초 10,000명의 말레이인, 중국인, 미낭카바우에르인, 도시 밖에 원주민 마을에 거주하는 부기니인과 인도인을 포함하여 16,000명 이었고, 1796년에는 14,000명이었다.[4] 동인도회사의 권한은 자연적 장애물로 주변 말레이시아와 격리된 도시와 그 주변 지역에 제한되었다.

말라까에 있는
도시교회와 지사 저택

2   W.Ph. Coolhaas, 'Malacca under Jan van Riebeeck', *Journal of the Malaysian Branch of the Royal Asiatic Society* XXXVIII, 2(1965), 180; A.J. Boeseken, *Jan van Riebeeck en sy gesin*(Kaapstad, 1974), 219.
3   Coolhaas, 'Malacca under Jan van Riebeeck', 175.
4   D. Meyer Timmerman Thijssen, *Twee gouveurneurs en een equipagemeester. In en om Malakka 1778-1823*(Bilthoven, 1991), 42.

따라서 말라까는 동인도회사 무역제국의 중요한 거점이었다. 그리고 이 도시는 동인도회사의 무역 정착지 겸 무역 교회라는 오래된 아이디어의 모델인 것 같다. 이유는 말라까는 여러 인종과 문화가 공존하는 식민지 도시였기 때문이다. 동인도회사와 그 유럽 직원의 지배에도 불구하고, 포르투갈 식민지 시대의 모습을 그대로 간직하고, 아시아계 주민이 숫자상 훨씬 많은 가운데도 메스티스인-문화가 여전히 지배적인 도시였다.

높고 강화된 요새는 지사의 저택이자 동인도회사 행정과 무역의 중심지였다. 거기에는 가장 중요한 교회인 바울 교회도 있었는데, 이 교회는 이전에 수도원 성당이었다. 요새의 그늘진 곳에 도시의 낮은 지역이 있는데, 그곳에 1650년 네덜란드 시청이 건축되었고(현재 아시아에서 가장 오랜 동안 존재한 동인도회사 건물), 포르투갈 복층 교회의 하단부와 헤이런스트라트와 욘커스트라트 주변에 동인도회사, 그 직원, 자유민의 집과 창고가 있었다. 그 주위로 덜 부유한 인도-유럽인 구역과 아시아인 원주민 마을이 있었다. 개혁교회는 숫자상 그 도시에 있는 동인도회사를 구성하는 주요 인원(人員)과 대략 거의 같은 크기였고 그래서 도시주민의 작은 일부만을 끌어들인 것 같았다. 그래서 전형적 무역 교회일까?

포르투갈인들은 적극적인 그리스도교화 정책을 수행했다. 사베리우스(Franciscus Xaverius)는 한동안 그곳에서 개인적으로 일했고 큰 예수회 대학이 있었다. 주민의 상당 부분이 가톨릭 교인이었다. 점령 직후 1641년 동인도회사는 종교개혁을 단행했다.[5] 예수회원과 나머지 성직자는 그 도시에서 쫓겨

---

5 Spruit, *Het land van de Sultans*, 37-38, 55, 65-69; G.J. Schutte, 'De Gereformeerde kerk onderde VOC', *DGNZOK* 5(1998), 15-17; G. van der Maarl, *Aspekten van het kerkelijk leven in een kolonie. De kerk van Malakka ca 1710-1720*(ongep. doct. scriptie Vrije Universiteit, Amsterdam, 1996).

났고, 교회와 수도원은 국유화되어 병기고, 구빈원, 숙박소 등이 되었다. 예수회 대학 도서관의 목록을 작성해야 했던 로스벨트(Loosveld) 목사는 점령 며칠 후, 감사일과 금식일을 인도했다. 이후로 예수회 수도원의 성 바울 성당에서는 일요일과 목요일에 개혁교회 예배가 드려졌다. 두 번째 개혁교회 설교 장소는 도시의 낮은 지역에 있었는데, 거기에 18세기 중반 새로운 교회가 설립되었다. 그래서 말라까에는 목사 근무처가 2개였고, 목사들 가운데 한 사람은 포르투갈어를 할 수 있어야 했다. 실제로 1700년까지는 보통 2명의 목사가 있었고, 그 후에는 정기적으로 1명의 목사만 있었다.[6] 공석 중에는 학교 교사가 설교를 읽었다.

목사와 함께 2명의 장로가, 1710년 이후에는 4명의 장로가, 회중을 인도했고, 빈민구제는 4명의 집사에게 맡겨졌다. 그들은 전, 현직 교회 당회원에 의해 선출되었지만 그들의 임명은 정치회의의 재가가 필요했고, 그들의 임기는 2년이었다.[7] 교회 당회원은 교인으로 흠잡을 데가 없이 행동하는 사람이어야 했다. 어디에서나처럼, 말라까에서도 교회 당회원은 사회의 상위 계층 또는 동인도회사의 상위 계층에 속했다. 그래서 선원, 군인, 상인은 교회 당회원이 되지 못했지만, 기회가 있을 때 서기, 하급 외과 의사, 혹은 상급 목수가 당회원이 되었다. 당회원은 매우 높은 지위의 직원은 아니었지만 적당한 후보자의 수는 분명히 적었다. 장로 중에는 자유민(유럽인과 메스티스인)을 흔히 볼 수 있었지만, 마르데이커르인은 거의 없었고, 집사 중에는 마르데이커르인의 대표자가

---

6 이에 대해서는 다음과 비교하라. Van Lieburg, 'Het personeel van de Indische kerk'.

7 Barbara Andaya, 'Melaka', 203쪽은 교회 당회와 지사의 관계(와 구성)에 대해 다음과 같이 언급하고 있다. 지사가 교회 당회원을 임명하지 않고 재가했고, 교회 당회가 직원과 자유민으로 구성되었다는 것은 관례였다. 그러나 두 번째 계층이 교회 당회원이었다는 규정이나 규칙은 확실히 없었다. Andaya의 이 진술은 오도(誤導)이다.

있었다.

다른 곳과 마찬가지로 목회적 돌봄의 중요한 부분은 병자위로자에 의해 수행되었다. 주민의 다양한 구성을 고려하여, 말라까는 저지독일인[네덜란드인], 포르투갈인 그리고 말레이시아인 병자방문자를 두었다. 병자방문자는 집, 군병원(여기에 2개의 병원도 있었다), 나환자 집에 있는 병자들을 방문하였다.

교육도 언어적 비율에 맞추어졌다. 네덜란드와 포르투갈 공립학교가 있었고, 1700년 이후에는 각각 80명의 학생이 이 학교에 다녔다. 거기에는 순회하는 교리 교사도 있었는데, 이들은 세례와 신앙고백을 원했던 사람들(성인들)에게 가정에서 교리문답을 가르쳤다. 그들의 교리문답 수강자의 일부는 노예들이었다.

말라까 개혁교회는 소규모로 시작되었다. 교인은 1655년에 60명, 1660년에 80명이었다. 그 수는 점차 올라가서, 18세기 초에 200명, 1714-1724년에 평균 200명이 되었다. 그 후 교인 수는 평균 200명의 전 수준으로 내려갔다. 그 세기의 후반에 그 수는 75명과 100명 사이를 오르내렸다. 18세기 초 교인의 반 이하가 유럽 출신이었고, 인도유럽인, 마르데이커르인과 아시아인이 다수를 형성했다. 회중에는 남성보다 여성이 더 많았다. 총 450-600명이 공적 교회의 교인으로 집계되었다. 이 교회는 인종과 문화적으로 다른 직원과 자유민, 부자와 빈민자로 구성된 매우 다양한 단체였다.

개혁교회의 규모가 상대적으로 작다는 것은 말라까 종교개혁이 본국의 사례처럼 완전히 성공하지는 못했다는 것을 보여준다. 앞으로 칼빈의 교리만 설교해야 한다는 규정은 결단코 교회건물을 채우는데 도움이 되지 못했다. 교회적으로 그리고 문화적으로 가톨릭 말라까는 기독교가 거의 필요하지 않았다. 1710년에만 해도 가톨릭 교인 수는 개혁파 교인 수의 6배였다. 그들은 '소수의 유럽인, 더 많은 메스티스인으로 구성되었지만, 가장 큰 부분은 대부분 그 도시 밖에 사는 흑인'이었다.[8] 가톨릭 예배는 계속 금지되었고, 확실히 동인도회사는 처음에 그 도시에서 활동을 시도한 가톨릭 성직자들에게 적대적이었다. 예를 들어, 1662-1665년 말라까의 사령관이었던 반 리베이크(Jan van Riebeeck)는 그 도시 밖에서 열린 500명의 집회를 사법관을 통해 폭력으로 저지했고, 보트를 타고 도착하여 미사를 드렸던 성직자는 달아났다.[9] 나아가 '무질서를 막기 위해' 일련의 교서들이 발행되었다.[10]

그러나 네덜란드 개혁교회 전통에서 양심의 자유는 항상 존중되었고, 강요된 개종은 이 전통에 낯설었다. 동인도회사의 권위가 일단 튼튼히 정착되고 네덜란드공화국이 포르투갈과 평화를 체결했을 때, 동인도회사는 일상적으로 가톨릭 성직자의 행동과 종교 활동을 눈감아 주었다(기껏해야 가톨릭 국가와의 전쟁이 일시적 경각심을 제공할 수 있었다). 주민 중 가톨릭 부분도 너무 크고 중요해서 영구적으로 반대할 수는 없었다. 물론 교회 당회는 개혁교인 가운데 가톨릭 성향을 묵과하지 않았다. 징계 사례 중 많은 것이 '가톨릭 성향'에 관계되었다.[11] 가톨릭 성향의 행동은 적절하지 않았다. 지사의 아내도 종종 가톨릭에 대한 동정심을 의심받을 수 있었는데 어떻게 그것이 가능했을까?[12] 18세

---

8   Ds. Jacobus van der Vorm aan de kerkenraad te Batavia, 1710(ARA Den Haag: CA 1935).

9   Coolhaas, 'Malacca under Jan van Riebeeck', 180-181.

10   Spruit, *Het land van de Sultans*, 62.

11   반 데어 말(Van der Maarl)은 교회당회보고서에 근거하여 18세기 초 그런 징계사례들을 8%로 산정했다. Van der Maarl, *Aspekten*.

12   1680-1684년 말라까의 지사, 그전 1666-1668년 희망봉 부함장, 꼬르넬리스 반 끄발베르흐(Cornelis van Quaelberg)의 (두 번째) 아내 샬롯트 채스터레인(Charlotte Chastelein)의 경우였다. Van der Maarl, *Aspekten*, 63 nt 68, 발렌테인(Valentijn)을 참조.

기 말 가톨릭 성직자는 본국에서와 똑 같이 방해받지 않고 말라까에서 활동할 수 있었다. 1780년 이후 관용은 말라까가 가톨릭 항구관리관을 둘 정도 까지 갔는데, 파펜드레흐트(Hoynck van Papendrecht) 자신이 쓴 것처럼, 이것은 모두가 아는 것이지만 이로 인해 아무도 분노하거나 이에 대해 말하지 않는 것이었다.[13]

한편 무역 교회라는 구 표현이 아직 반복되어 쓰이고 있지만, '[말라까에 있는] 네덜란드인은 결코 수백 명을 넘지 못했고, 개혁교회 교인 수는 300-500명 사이를 오르내렸고, 군인, 동인도회사 직원과 소수의 (자유) 시민으로 구성되었다'라는 표현은 잘못되었음을 분명히 알 수 있다.[14] 거의 모든 면에서 잘못된 표현이다.

의심할 여지없이 유럽적인 구성 요소는(동인도회사 직원과 약간의 자유 시민)는 말라까 개혁교회의 주요 부분이다. 그러나 그 회중은 그런 구성 요소와 일치하지는 않았다. 동인도회사 직원의 적은 부분만 교인이거나 교회출석자일 뿐이었다. (회사의) 대부분의 사람들은 '동인도 말라까의 새로운 노래'(1670)에 나오는 선원과 같았는데, 이들은 도착 후 바로 도시여관으로 이동하여 외쳤다. '주인장/여기엔 뭔가 다른 것이 있을 거야/여기 우리에게 스페인 와인을 줘요/우리 동전들 소리가 들리게 될 거야/ 마시자'. 그런 다음 '흑인 노예를 살 거야/숲이나 다른 밀실에서/아니면 매춘 업소에서/.[15]

교인 가운데 유럽인은 소수였다. 대부분의 교인은 인도-유럽과 아시아 출신이었다. 때문에 포르투갈어 예배와 포르투갈어와 말레이어 선생, 교리 교사와

---

13   Barbara Andaya, 'Melaka', 211.

14   Meyer Timmerman Thyssen, *Twee gouverneurs,* 43.

15   Spruit, *Het land van de Sultans,* 79.

병자방문자가 있었다.

그러나 개혁파 말라까는 여전히 상대적으로 작은 규모에 머물렀다. 이는 동인도회사와 교회가 사람들에게 다가가기 위해 기울인 노력에도 불구하고 그랬다. 결국 공적 종교는 처음부터 의도적으로 포르투갈어로, 얼마 후에는 말레이어로도 제공되었다. 그럼에도 불구하고 대다수의 (기독교인) 도시 주민은 개혁교회로 가는 길을 찾지 않았다.

동인도회사와 교회의 노력이 전혀 열매가 없었다는 것은 아니다. 매년 메스티스, 원주민과 노예들이 말라카에 있는 그리스도의 개혁교회에 가입했다는 사실을 잊지 말아야 한다. 회중의 규모와 교인의 이동, 특히 여성의 높은 사망률을 감안하면, 연간 개종자는 10명~20명에 달했을 것이다. 이들 중 첫 개종자들은 로스벨트 목사가 새로 도착한 동인도회사 직원을 급하게 소개한 후 1641년 결혼을 승인한, 포르투갈의 과부들이었을 것이다. 동인도회사-세계 어느 곳에서나 교회에 가입한 사람들은 주로 여성이었다. 말라까에서도 마찬가지였다. 1717-1719년 교인명부에 남성 82명에 대해 여성은 163명 이었고, 최소한 여성 115명(과 남성 18명)은 인도-유럽 혹은 아시아 이름을 가졌다.[16] 그래서 말라까 개혁교회는 무역 교회라는 용어가 나타내는 것보다 훨씬 더 식민지 사회에 통합되었다.

---

16 Van der Maarl, *Aspekten*, 35.

제6편 민간 주도로 가는 교회의 상황
(동인도 교회와 네덜란드 선교회)

피터르 나너 홀트롭(Pieter Nanne Holtrop)

18세기 말, 설립 후 거의 200년이 된 동인도회사는 파산했다. 본국의 열악한 행정과 관리, 아시아 행정기구의 부패와 높은 비용, 4차 영국-네덜란드 전쟁(1780-1784), 그리고 한동안 형성되었던 아시아의 무역 패턴의 변화에 동인도회사가 충분히 대응하지 못한 결과, 1795년 정치적 변혁(프랑스의 네덜란드 점령과 바따비아 공화국의 탄생) 이후 동인도회사는 무너졌고 국유화되었다.[1] 1799년 12월 31일까지 유효했던 특허의 구(舊) 조항들은 전쟁 상황으로 아시아와의 연결이 단절되면서, 얼마동안 더 효력을 유지했다. 그 몇 년 동안에 동인도회사는 소리 없이 몰락했다. 1814년 모든 것이 달라졌다.

교회는 무역 회사가 아니다 그래서 파산할 수 없다. 그러나 18세기에서 19세기로 접어들 무렵 교회의 상황은 밝지 않았다. 반 부첼라르(Van Boetzelaar)는 1810년 적은 수의 목사, 즉 바따비아 개혁교회에 1명, 루터교회에 1명, 그리고 수라바야와 서마랑의 개혁교회에 각각 1명이 남았다고 언급했다.[2] 1795년

---

1   F.S. Gaastra, *De Geschiedenis van de VOC*(Zutphen, 2002), 171v.

2   C.W.H. Baron van Boetzelaar van Asperen en Dubbeldam, *De Protestantsche Kerk in Nederlandsch-Indie. Haar ontwikkeling van 1620-1939*('s-Gravenhage, 1947), 267.

교회와 국가의 분리는 처음 10년 동안 네덜란드 개혁교회에 큰 어려움을 초래했고 동인도 시온도 위협하였다. 그러나 그렇게까지 되지는 않았다. 1816년 구(舊) 동인도회사 재산은 네덜란드로부터 바따비아로 파송된 총위원장들, 엘라우트(C.Th. Elout), 반 더 카펠런(G. Baron van de Capellen) 그리고 바위스커스(A. A. Buyskes)에게 넘겨졌다. 이 재산에는 동인도 시온도 포함되었다. 총위원장들의 조치와 왕의 영향으로 인해 동인도 시온은 19세기 스타일로 개조되어, 연합정부교회인 네덜란드령 동인도 기독교회로 재탄생했는데, 이 교회는 옛 동인도회사-전통의 수많은 요소들이 19세기의 옷으로 감싸여 있었다.

네덜란드선교회

새로운 점은 동인도 교회가 더 이상 '독점적 위치'를 갖고 있지 않다는 것이었다. 교회와 국가의 분리는 없었지만, 가톨릭을 포함한 다른 교회들이 동인도에서 자유롭게 정착할 수 있었다는 의미에서 종교자유의 원칙이 시작되었다. 1815년에는 1797년 설립된 네덜란드선교회(NZG)의 첫 선교사도 도착했다.[3] 이와 함께 새로운 현상이 나타났는데, 바로 교회로 부터 어느 정도 독립적으로 선교에 헌신하는 단체가 생겨난 것이다. 1779년 말 로테르담에서 '특히 이교도에게 기독교를 전파하고 장려하기 위한 단체가 네덜란드선교회'라는 이름으로 설립되었다. 이 선교회의 설립을 주도한 자는 의사 반 더 켐프(J. Th. van de Kemp)였는데, 그는 이를 통해 1795년 설립된 런던선교회의 뒤를 따라 갔다.

---

3 네덜란드선교회의 역사에 대해서는 E.F. Kruijf, *Geschiedenis van het Nederlandsch Zenderling-Genootschap en zijn zendingsposten*(Groningen, 1894); J. Boneschansker, *Het Nederlandsch Zenderling Genootschap in zijn eerste periode. Een Studie over opwekking in de Bataafse en Franse tijd*(diss. Groningen, Leeuwaarden, 1987).

목표는 '선교사들을 통하여 그리스도에 대한 거룩한 지식을 특히 이교도 및 기타 계몽되지 않은 민족들에게 전파하는 것'이었고, 1년 후 이 단체는 자신의 나라, 벨기에와 프랑스의 '무종교인'을 목표로 삼고 싶다고 덧붙였다. 네덜란드선교회는 개혁교회의 여러 목사들과 관심 있는 교인들에 의해 설립되었지만, 그렇다고 해서 특정 교단에 얽매이기를 원치 않았다. 동 선교회는 초교파적 단체가 되기를 원했고, 선교 활동에서 특정 교단의 교리나 교회법을 따르는 것이 아니라 '참된 기독교'를 개척하는 것이라고 명시적으로 밝혔다. 이에 네덜란드선교회는 개혁교회와 좋은 관계를 유지하려고 노력했지만, 그 교회에 종속되기를 원치 않았다. 곧이어 이 선교회는 선교사를 모집하기 시작했다. 해안이 안전해지자 많은 선교사들이 영국을 거쳐 희망봉, 코로만델, 실론으로 떠났고, 1815년에는 3명의 선교사가 영국을 거쳐 동인도에 도착했다.[4] 설립된 지 첫 12년 동안 네덜란드선교회는 남성 19명과 여성 2명을 파송했다. 특히 선교의 세기라고 부르는 19세기에는 더 많은 선교사들이 뒤를 이었다.

동인도 시온의 실패에 대한 반응

교회의 영역 밖에서 독립적으로 선교에 헌신하고자 하는 기독교인 단체의 등장, 이것은 동인도회사의 보호와 때로는 강요를 받으며 200년 동안 존재한 동인도 교회가 들어본 적이 없는 일이었다. 하지만 이것은 동인도 교회에게 무엇을 의미했는가 그리고 그 두 단체, 동인도 교회와 네덜란드선교회는 서로 어떤 관계를 가졌는가?

---

4   Boneschansker, *Het Nederlandsch Zendingsgenootschap*, 79-81.

동인도 교회를 계승한 네덜란드령 동인도 기독교회에게, 네덜란드선교회는 19세기까지 이 기독교회에 선교사들을 파송하여 교회를 계속 유지했다는 점에서 큰 의미가 있다고 할 수 있다. 초기에 가장 잘 알려진 선교사 중 한 사람인 깜(Joseph Kam)은 네덜란드선교회의 선교사로 수년 동안 말루꾸 제도의 동인도 교회를 위해 사역했다. 그는 동인도 교회의 틀 내에서 선교사로 일한 공로로 '말루꾸 제도의 사도'라는 명예로운 칭호를 받았다.[5]

그러나 진짜 문제는 선교는 전통적으로 동인도 교회의 임무에 속했다는 것을 염두에 두고 네덜란드선교회의 설립을 어떻게 해석해야 하는가이다.

오래된 선교 문헌에서 이것은 질문할 여지가 거의 없다. 네덜란드선교회의 설립은 선교의 영역에서 동인도 교회의 실패에 대한 반응이다. 1894년 네덜란드선교회의 역사에 오랫동안 영향을 미친 크라위프(Kruijf)는 동인도 교회의 선교 활동에 대해 다음과 같이 썼다.

> 소위 선교는 이교도의 땅에서 치외법권(治外法權)이 적용되는 곳보다 더 멀리가지 못했고, 선교는 전적으로 국가의 힘 또는 국가를 대표하는 기관들에 의해 수행되었고, 동인도에서 소홀하게 다루어진 많은 기독교인 회중들이 보여주는 대로, 무역 관계가 끊어졌을 때, 종교의 이익을 증진하는 것이 정지하였다 …… 사람들이 기독교 정통의 번성기에 이곳뿐 아니라 다른 곳에서도 선교에 거의 열의를 보이지 못했다는 것은 슬픈 현상이다.[6]

크라위프의 동시대인 뇌르덴뷔르흐(Neurdenburg)는 조금 덜 가혹하게 평

---

5   I.H. Enklaar, Joseph Kam. 'Aposel der Molukken'('s Gravenhage, 1963).

6   Kruijf, *Geschiedenis*, 9.

가했고 심지어 동인도 교회가 성취한 것을 감사하게 생각했다. '네덜란드인이 원주민과 동인도에 있는 유럽인의 후손을 복음 전파자로 훈련시키려 했던 것은 그들의 기민함을 증거하고 …… 우리의 선조들이 이 점에 있어 선구자들이었다'.[7] 그러나 그는 18세기 후반의 동인도 교회에 대해 거의 좋은 말을 하지 않았는데, 이유는 그 교회가 17세기에 했던 것을 18세기에는 게을리 했기 때문이다. 즉 '동인도 교회는 쇠퇴하고 있었고, 유럽인 회중뿐 아니라 원주민 기독교인 회중도 성장이 정지되었다. 또 동인도회사는 오래전부터 그들의 광택과 영광을 잃었고, 요즘도 그들의 보물들을 잃었으며, 그들은 종말을 자초했다.' 그리고 마침내 전직 선교 영사 반 부첼라르는 동인도회사에 동인도 시온을 연결시키는 선을 그었다. '동인도 교회는 동인도회사와 함께 불명예스러운 종말을 자초했다는 것은 피할 수 없게 보였다'.[8] 결국 종말이 오지 않았던 것은 새로운 생명을 감지할 수 있는 여러 흐름의 등장, 여러 가지 선교계획과 이로부터 1797년 네덜란드선교회가 설립된 덕분이었다. '역사에서 항상 그렇듯이, 교회의 전망이 암담할 때 새로운 시각을 열어주는 보이지 않은 손의 존재를 여기에서 감지할 수 있다'. 반 부첼라르는 교회와 선교운동의 두 가지 방향을 의식했지만, 그 두개 시각을 분리한 책임은 동인도 교회에 있다고 생각했다.[9]

역사가들이 말하는 것은 네덜란드선교회는 동인도 교회가 소홀히 했던 임무에 눈을 돌렸다는 것이다. 그러나 이런 접근은 나에게 정당하지 않게 보이는데, 이유는 언급한 역사가들은 동인도 교회를 사실상 19세기 선교시각에서

---

7   J.C. Neurdenburg, *De Christelijke zending der Nedelanders in de 17de en 18de eeuw*(Rotterdam, 1891), 53. 본문에서 다음에 나오는 인용은 동일한 쪽에서 나옴.

8   Van Boetzelaar, *De Protestantsche Kerk*, 146.

9   Van Boetzelaar, *De Protestantsche Kerk*, 147.

평가하고 또 선교사역의 성격과 방법에 대하여 자신과 동시대의 시각에 근거하여 선교 열정의 부족을 비난하기 때문이다. 스휘터(Gerrit Jan Schutte)는 논문 '기독교와 동인도회사'(Christendom en Compagnie)에서 17세기와 18세기의 동인도 시온을 네덜란드에 있는 본국 교회의 신학적 이상의 배경에서 이해해야 한다고 바르게 지적했다.[10] 한편으로 교회 당회와 목사가, 다른 한편으로 정부가, 각자의 관점에서 이 교회를 책임지고 있었다. 이 두 세력들에 의해 지탱되고, 본국 모교회의 꼼꼼한 감독 아래 있던, 동인도 교회는 동인도 사회에 광범위한 민족교회로서 자리하고 있었다. 동인도 교회의 벽들 안에 각양각색의 사람들을 머무르게 하였다. 그들의 특성에 맞추기 위해 시초부터 성경(의 일부), 신앙고백 문서, 의례양식의 번역에 주의를 기울였다. 설교를 말레이어와 포르투갈어로 번역하였다. 교육, 디아코니(교회의 구제 담당 기관), 그리고 규율훈련을 통해 동인도 사회를 하나로 만드는 과제를 수행했다. 목사, 행정관과 상인은 이것에 관심을 가졌는데, 이유는 정부에게는 기독교화된 시민은 믿을만한 사회적 동반자였고, 교회에게는 영생의 소망 가운데 경건을 향한 진리의 교리를 이행하는 종교적 이상 때문이었다. 선교는 교회의 '영적' 영역의 확대로 간주되었으며, 이 영역에서 선교는 세속적 영역인 동인도회사에 영적으로 대응하는 영역이었다. 이런 빛에서 보면 교회가 선교의 임무를 저버렸다고 비난할 수 없다. 전부는 아니더라도 많은 것이 잘못되었던 것이 이런 17세기 교회론 때문이라고 할 수는 없다.

---

10   G.J. Schutte, 'Christendom en Compagnie', in L. **Blussé** en I. Ooms red., *Kennis en Compagnie. De Verenigde Oost-Indische Compagnie en de moderne Wetenschap*(Amsterdam 2002), 87-89.

쇠퇴한 예루살렘

그러나 선교운동의 부상을 동인도 교회의 선교 과제에 대한 태만에 대한 반작용으로 간주하는 것은 너무 단순하지만, 그것은 특히 18세기 후반 동인도 시온이 처한 황량한 상황과 관련이 있었다. 당시 동인도 교회의 흥망성쇠에 관여했던 모든 사람들이 한 가지 확고하게 동의하였던 것은 동인도 시온이 심각한 쇠퇴의 길로 접어들었다는 점이다. 이 시기 동인도 교회에서 온 편지들은 '쇠퇴한 예루살렘'에 대한 불평들로 가득 차있었다. 1771년 바따비아 교회 당회는 암스테르담과 호른 노회들에게 다음과 같이 쓰고 있다. 교회가 쇠퇴로 위협받고 종교와 도덕이 몰락하고 있으므로 단기간에 목사들이 파송되지 않으면, 동인도 지역은 '이교도의 이전 우상숭배와 미신'에 빠질 것이다.[11] 유사한 불평이 떠러나떼 당회의 보고서에서 발견된다. 그 당회는 다음과 같이 쓰고 있다. 회중은 '선과 악, 경건과 불경건, 정직과 위선, 회개와 회개하지 못함, 걱정과 평온으로' 매우 혼합된 모습을 보였다. 그리고 '하늘-궁전의 명령이 아낌없이 그리고 지칠 줄 모르게 제시되고, 추가적 개선이 가능해 보이는 수단들을 강구해 보았지만, 여기 일부 사람이 행한 방종은 우리 교회의 모습에서 언급한 모습과 다른 것을 기대하는 즐거움을 이제까지 우리에게서 빼앗아 갔다'.[12]

동인도 교회의 영적 감독을 맡은 네덜란드의 교회들도 그러한 염려를 공유했다. 1781년 에담 총회의 한 위원회는 다음과 같이 썼다. '기독교인이라는 이름을 가진 유럽인과 원주민 사이에 너무 쉽게 그리고 일반적으로 나타나는 나

---

11   J.A. Grothe, *Archief voor de geschiedenis der Oude Hollandsche Zending*(Utrecht, 1884) I 201.

12   H.E. Niemeijer, *Bronnen betreffende de geschiedenis van de Protestantse Kerk in Maluku in de zeventiende en achttiende eeuw*(개정 중).

뻔 성향에 대해 기술하는 것은 불가능하다. 여기에는, 복음 진리가 불신자, 원주민과 이슬람교도 사이에 중요한 승리를 거두는 것을 방해하는 복합적인 장애물들이 있다'.[13] 그리고 '동인도에 여전히 감사함으로 인정하고 감사해야할 좋은 것들이 있지만, 이 지역에 거룩한 하나님의 복음의 위대한 본질은, 건전한 지식과 영생의 소망 가운데 경건을 향한 진리의 교리를 거룩하게 추구하는데 이르기까지, 매우 통탄할 상황에 있다.'

모든 편지 작성자들이 말한 것처럼 상황이 실제로 그렇게 극적이었는지 궁금하다. 하지만, 18세기 후반 서쪽에서 동쪽까지 수천 킬로 뻗어있는 섬나라에 약 240개 회중에 흩어져있는 50만 명 이상의 기독교인을 가진 교회인, 동인도 시온의 영적 건강을 책임진 소수의 목사들이, 매우 먼 거리에서 주요 업무(설교, 성찬 거행, 교리문답)를 수행할 수 없었다고 주장하는 것은 과장이 아닌것 같다. 따라서 보고서가 교회란 어떠해야 하는가, 직책의 위치, 여러 가지 직책과 책임이 서로 어떤 관계인가의 문제에 대해 서구적 생각과 규범을 가진 목사와 교회 당회의 관점에서 작성되었음을 기억해야 하지만, 불평이 근거 없는 것으로 보이지는 않는다. 그 관점에서 정말 동인도 교회는 약했다고 확신할 수 있다. 다른 관점에서, 예를 들어 동인도 교회 자체로 부터 그리고 학교 교사와 마을 연장자, 지방의 '종교 대리인'의 역할에 관심을 두면, 그 모습은 매우 다르게 보일 것이다. 그러면 동인도 교회는 끝없는 장황한 이야기들이 추정하는 것보다 훨씬 더 강하게 보일 것이다. 몇 개의 예를 들면, 암본, 반다, 떠러나떼의 교회가 18세기에서 19세기로 접어들 무렵, 수년간의 공석 기간에, 때로는 20년 이상의 기간 동안 살아남았다는 것을 달리 어떻게 설명할 수 있을까?

---

13 Grothe, *Archief*, I 207.

그렇다 하더라도, '쇠퇴한 예루살렘'에 대한 불평은 목사의 입장에서는 이해할 수 있지만 동인도 교회를 탓할 수는 없다. 그들은 할 수 있었던 일을 다 했다. 초기부터 목사의 부족에 대한 불평이 있었다. 동인도신학교가 성공하지 못해서 그리고 아마 또한 정치적 이유들 때문에 (이 신학교가) 폐기된 순간부터(1633), 동인도를 위한 자체 목사 교육에 대한 요구가 거의 매년, 18세기에는 심지어 격렬할 정도로 회의 의제로 올라왔다. 그러나 문제는 동인도 교회나 본국의 교회, 동인도회사에 있었던 것이 아니라 적합한 목사 후보가 나오지 않았다는 사실에 있었다. 1737년 호른 총회에서 목사를 모집하는 것이 왜 그렇게 어려운지에 대한 질문이 다시 제기되었다.[14] 답은 신학을 하는 학생들이 더 적었고, 이로 인해 학생들이 네덜란드에서 더 쉽게 자리를 얻을 수 있었고, 또 자주 (정확히 그들이 네덜란드에 있는 교회들에서 일자리를 찾지 못했기 때문에) 응시한(미리 준비하고 기다리는) 사람들에게 무언가 문제가 있었고, 동인도에서 기독교에 반대한 저항이 커서 적절한 후보들이 겁을 먹었고, 동인도에서 생활이 비쌌고 말레이어를 배우기 위해 들여야 할 수고가 너무 컸다. 그러나 거액의 연봉을 약속하는 등 교회와 동인도회사가 취한 여러 가지 조치는 별 도움이 되지 않았다. 이에 반 부첼라르는 더 좋은 가격에 더 좋은 상품을 살 수 있다고 믿었던 동인도회사가 틀렸다고 냉소적으로 말하기도 했다.[15] 그러나 그는 좋은 목사의 양성이 이 동인도에서 성공하지 못했던 몇 가지 이유가 동인도회사의 힘 밖에 있었다고 언급하는 것을 잊었다. 사망률이 동인도에서 높았고 따라서 목사들 사이에서도 높았다는 것을 누구의 탓으로 돌려야 하는가?[16] 혹

---

14 Grothe, *Archief*, I 150-153.
15 Van Boetzelaar, *De Protestantsche Kerk*, 146.
16 Neurdenburg, *De Christelijke zending*, 54.

은 18세기 네덜란드에 목사가 되려는 열정이 여러 가지 이유로 시들해진 것을 동인도 교회나 동인도회사의 탓으로 돌릴 수 있을까? 만약 네덜란드, 동인도 시온, 그리고 동인도회사의 모든 교회가 비난을 받아야한다면, 이 셋 가운데 누구도 동인도 자체에 신학교를 세우는 데 관심을 기울이 않았고, 서구식 목사뿐 아니라 바로 그 나라 자체에서 가장 재능 있는 학생들을 훈련시키는데 관심이 없었다는 것이다.[17] 그러나 그런 생각은 18세기 마지막 사분기에 훨씬 늦게 나왔고, 그 후에도 여전히 매우 다루기 어려운 문제였다.

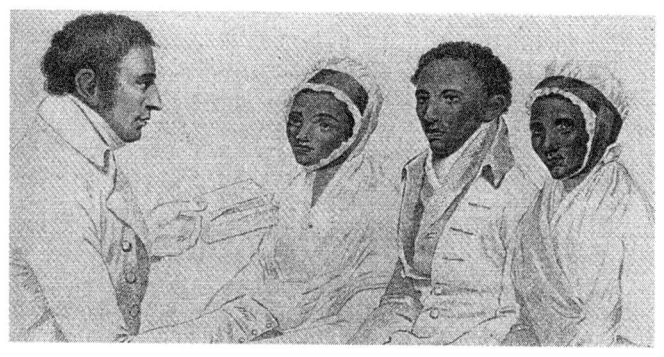

개종과 문명: 네덜란드선교회 선교사 키헤터르(J. J. Kicherer)와 '호텐토트족' - 개종자

신앙의 전파를 위한 단체

1770년 주목할 만한 일이 일어났다. 얼마간의 목사와 교인이 그 나라의 서부에 신앙전파회(het Genootschap De propaganda fide)를 설립했다.[18] 그들은

---

17 이전에 실론과 바따비아에 설립된 신학교들에 대해서는 이 책 제5편 제3장 제3절을 보라.
18 J.P. de Bie, *Het leven en de werken van Petrus Hofstede*(Rotteredam, 1899), 330-366; Neurdenburg, *De Christelijke zending*, 56-109; Boneschansker, *Nederlandsch Zenderling genootschap*, 17-22.

동인도회사와 서인도회사의 영토에 복음을 전파하기 위해 목사를 파송해서는 아무런 유익을 얻을 수 없다고 선언했다. 목사는 유럽인들을 섬기는 일에만 국한해야 했다. 그들이 염두에 두었던 것은 잘 훈련된 선교사들을 노회의 심사를 거쳐 이교도에게 복음을 전하는 특별한 임무를 가지고 미국, 희망봉 혹은 동인도에 파송하는 것이었다.

이 계획은 꽤 많은 의구심을 불러 일으켰다. 명시적으로 언급되지는 않았지만, 사람들은 교회와 동인도회사가 이 계획을 받아들이는 것에 대해 우려했던 것 같다. 이러한 질문과 유사한 질문을 명확히 하기 위해 1772년 할렘에서 홀란트과학회가 현상모집을 실시하였다.

현상모집이 실시된 편지의 첫 구절은 현상모집을 시작한 동기와 앞으로 시작하려는 선교 사업과 동인도 교회의 사업 사이의 관계를 잘 드러내고 있다. '네덜란드의 번영을 주의 깊게 생각해 보면, 그 주민들이 그들 사이에 합리적인 종교의 빛을 보는 특별한 행운을 누리고, 다른 많은 불행한 사람들에 비해 종교의 장점을 알고 인정하면서, 이제까지 빛을 전혀 못 본 이교도와 행복을 공유하기 위해 다른 사람들의 모순에 대해 거의 노력을 기울이지 않은지 정말 놀라지 않을 수 없다. ...... 동인도와 서인도 회사가 이 지역에 지속적으로 교사를 파견하여 이 목표를 달성하고 있다고 주장할 수 있으며 따라서 이러한 칭찬할 만한 노력을 부정하고 싶지는 않지만, 이러한 수단은 충분하지 않게 보이며, 모든 기독교인이 마땅히 해야 할 의무를 면제해주는 것도 아니다. 그러나 이 의무를 수행하지 못하는 것을 이를 수행하려는 기독교인의 성향 보다는 적절한 수단에 대한 무지로 돌리고 싶고, 실제로 우리나라에서는 여러 가지 법으로 인해 다양한 불편을 겪고 있다'.[19]

---

19 Neurdenburg, *De Christelijke zending*, 61v.

마지막 표현은 약간 난해하게 들린다. 아마도 의지는 있었으나 교회와 동인도회사가 갇혀있는 국가와 교회 체제로 인해 선교 사업의 수행이 차질을 빚었다는 뜻일 것이다.

선교를 위한 별도 장소

현상모집의 결과 3개의 대답, 로테르담 목사 호프스테더(Petrus Hofstede, 1717-1803), 그와 같은 구역에 거주하는 20세 상인 반 폴렌호번(Cornelis van Vollenhoven, 1753-1835), 에임너스의 목사로 후에 암스테르담 정교수가 된 반 나위스 클링켄베르흐(Jacob van Nuys Klinkenberg, 1744-1814)의 대답이 들어왔다. 모든 대답을 자세히 기술하는 것은 이 글의 범위 밖이다. 그러나 몇 가지 요소는 주목할 가치가 있다.[20] 로테르담 목사 호프스테더(그의 대답은 금상을 받았는데)는 동인도에 일반 목사 외에 선교 목사, 즉 '현지 목사'와 교리 교사를 임명하기를 원했는데, 이들은 교회 밖으로 나가 바따비아 선교위원회의 감독 아래(선교위원회는 다시 17인위원회의 감독 아래 있는데) 그들의 업무를 수행하는 것이다. 선교사는 사람들, 특히 촌락, 마을 그리고 도시에서 얼마간 정권이나 권력을 쥔 그런 사람들의 마음을 얻는데 부지런히 힘써야 한다. 교활한 속임수, 복음이 싫어하는 어떤 것이 아니라, 예의 친절 관용으로, 특히 일시적 통찰이나 세상적 유익 때문이 아니라, 유일하게 오로지 그들의 영원한 행복을

---

20   대답 전체에 대해서는 *Verhandelingen, uitgegeven door de Hollandsche Maatschappij der Weetenschappen, bevattende Drie Antwoorden op de Vraag: Welke zijn de beste Middelen, om de ware en zuivere leer van het Evangelie onder de Bewooners der Coloniën van den Staat meer te bevestigen, en in die landstreeken voort te planten?*(Haarlem, 1776], 4-136[Hofstede], 135-257[Van Vollenhoven], 259-323[Van Nuys Klinkenberg]. 필자는Neurdenburg, *De Christelijke zending*의 자세한 설명을 따랐다.

위한 사랑에서, '십자가에 돌아가신 그리스도를 구원의 하나님으로 선포하기 위해, 그들에게 왔다'는 것을 보여주어야 한다.[21]

두 번째, 은상을 받은 투고자, 반 폴렌호번은 선교사업의 빈약한 조직 무엇보다도 유럽인의 무관심과 부도덕을 복음 전파의 가장 큰 장애물로 지적했다. 동인도회사는 확실히 선교사업의 자금을 더 이상 조달할 수 없기 때문에 선교사업을 위한 단체가 있어야 한다. 목사와 교사는 교화하는 역할을 수행해야 한다. 선교사업의 조직에 대한 그의 생각은 대부분 사반세기 이후 네덜란드선교회(NZG)에 의해 실행에 옮겨졌다. 세 번째 투고자, 반 나위스 클링켄베르흐 또한 선교사업의 빈약한 조직과 해외 유럽인의 부도덕한 태도를 크게 비판했다. 그역시 네덜란드에 별도의 교육기관에서 목사와 교사를 교육하기를 원했다.

주목할 만한 것은 세 투고자 모두의 출발점이 '일반' 목사와 선교 목사를 구분해야하고, 그들이 각기 자신의 교육과정을 거쳐야하며, 선교 목사의 업무는 교회로 부터 직접이 아닌 별도 위원회의 관할 아래 두어야한다는 것이다. 바따비아의 교회 입장에서는 두 종류의 목사를 구분해야 한다는 것이 정말 분명해졌다. 조언을 요청받은 교회 당회는 1777년 다음과 같이 썼다. '눈먼 이교도와 넋을 잃은 이슬람교도로부터 새로운 회중을 모으는 것과 이미 함께 모여 있는 기독교인 무리를 돌보는 것', '이교도 미신이나 이슬람교의 편견에 대항하여 끊임없는 논쟁과 적절하고 예리한 교회적 논쟁을 많이 하는 것', '도덕의 기초에 대한 가장 단순한 제안과 동일한 별도 규정의 확장과 유동적 주장' 사이의 차이는 크다.[22]

---

21   Neurdenburg, *De Christelijke zending*, 65.
22   Neurdenburg, *De Christelijke zending*, 95.

현상모집에 대한 반응들 가운데 그 단체 자체의 반응도 있었다.[23] 자체의 반응은 동인도 교회를 포함하여 의도된 선교단체와 동인도회사 간 관계를 명시적으로 언급했다. 투고자는 '기독교 종교의 확증'이 동인도회사의 업무가 되어야 한다는 생각에 그다지 찬성하지 않았는데, 이유는 민간단체인 신앙전파회가 도움을 주어야 한다면 회사의 명예를 실추시킬 수 있었기 때문이다. 투고자는 말하기를, '내 생각에는, 동인도회사는 기독교의 전파와 확증을 위해 수단을 사용해야하며, 우리는 전문이사들이 다른 업무 때문에 할 수 없는 좋은 것을 생각해내는 영광으로 만족해야 한다. 그리고 우리 단체가 그러한 태도를 견지할 때, 우리의 노력은 영국에서 "신앙전파회"가 그 동인도회사에 줄 수 있는 불명예나 비난을 최소화할 수 있다'.[24]

요약하자면, 18세기에 회중 목사와 선교 목사의 업무가 매우 다르다는 인식이 커졌다. 선교단체의 설립도 저항에 부딪히지 않았고, 사람들은 여전히 동인도회사의 관리 아래 이 일이 깔끔하게 처리되기를 원했지만, 실제 설립으로 이어지지는 못했다. 말하자면 새로운 것에 대한 문이 열렸고, 동인도 교회가 동인도에 있는 기독교인의 영적 평안과 이교도의 개종에 대해 전적으로 책임이 있다는 오래된 견해는 위협을 받았지만, 이 견해가 구체화되기 까지는 25년이 더 걸릴 것이다.

다른 종교 체제

동인도 교회와 선교단체의 관계에 대해 말하면서 마지막으로 남는 질문은 18

---

23   Neurdenburg, *De Christelijke zending*, 82.
24   Ibid.

세기 말에 엄청나게 증가한 선교의 필요성은 어디에서 오는가하는 것이다. 사람들은 보통 유럽의 '복음주의 부흥'과 거기에서 일어난 경건주의와 계몽주의가 독특하게 연결된 사실을 지적한다. 교육과 문명의 이상, 그리고 역사를 구속사의 시간 개념으로 해석한 경건주의적 신앙태도를 들 수 있다.[25] 그러나 이것이 충분한 설명은 아니다. 네덜란드선교회(NZG) 200주년에 나타난 논문집의 한 기사에서 저자 중 한 명인 반 에이나턴(J. van Eijnatten)은 선교에 대한 새로운 강도 높은 관심에 대해 더 많은 '구조적' 접근을 했다.[26] 종교 체제의 교체에 관한 반 로던(Van Rooden)의 이론을 어느 정도 따르면서,[27] 반 에이나턴은 다음과 같은 가설을 제시했다. 18세기에 공적 종교가 더 이상 외부의 종교-정치적 질서나 구체제의 공적이고 공인된 '국가' 교회가 아니라 개별 신자의 내면에 도덕적 힘으로 자리 잡는 변화가 일어났다. '기독교 메시지의 확장은 첫째로 정부가 외국에 미치는 정치적 영향에 달려 있었다. 1800년경 종교(기독교)가 주로 개인의 내면에 자리 잡았을 때, 전통 종교와 상대적으로 분리된 집단들이 대규모로 선교에 참여할 수 있었다'.[28] 내적 경건함은 18세기말 특별히 탁월한 종교성의 공적 형태로 여겨졌다. 이런 접근 방식은, 비록 그 전환 과정에서 '평범한' 요소들, 즉 동인도회사의 쇠락이라는 더 큰 맥락에서 동인도 시온의 물리적 쇠락과 세기 전환기의 정치와 사회적 격변이 없었다면, 네덜란드선교회의 동인도를 향한

---

25   P.N. Holtrop, *Tussen Piëtisme en Réveil*(diss. VU, Amsterdam), 152-170; Boneschansker, *Nederlandsch Zenderling Genootschap*, 52-59.

26   J. van Eijnatten, 'Beschaafd Koningrijk. Het NZG en de motivering van de zending omstreeks 1800', in Th. van den End e.a. red., *Twee eeuwen Nederlandse zending 1797-1997*(Zoetemeer, 1997), 25-45.

27   P. van Rooden, *Religieuze regimes. Over godsdienst en maatschappij in Nederland 1570-1990*(Amst erdam, 1996).

28   Van Eijnatten, 'Beschaafd Koningrijk', 28.

길은 열리지 않았을 수도 있지만, 흥미있는 시도이다.

요지

신정 정치적 교회론의 이상과 함께 성장한 동인도 시온은 그 이상을 실현할 수 없었다. 여기에는 여러 가지 이유가 있지만, 동인도 교회와는 부분적으로만 관련이 있다. 암묵적인 선교 사명을 가진 동인도 교회가 신정 정치적 이상에 부응할 수 없었기에 다른 것을 시도해볼 여지가 생겼다. 자체적 동기와 선교에 대한 새로운 아이디어, 그리고 변화된 정치 및 문화-사회적 상황에 힘 입어 생겨난 네덜란드선교회는 동인도 교회가 초창기 수행해왔던 일을 스스로 책임 지게 되었다.

제7편 동인도 시온의 재고찰

헤릿 얀 스휘터(Gerrit Jan Schutte)

이 책에서 분명해진 것은 동인도회사 관할 개혁교회를 너무 경멸적으로 선교의식이 없는, 회사의 이윤 추구와 그 직원의 편안에 대한 열망으로 한정된, 무역 교회로 기술할 이유가 없다는 것이다. 또는 이 교회의 교인을 명목상의 기독교인 혹은 쌀 기독교인으로 기술하는 것도 마찬가지다. 2세기 후 동인도 시온에는 약 240개의 개혁교회가 있었고, 이 교회에 거의 100만 명이 속해 있었는데, 그 중 5분의 4는 (유로)아시아인과 아프리카인이었다. 이 모든 회중은 일요일과 주중에 크고 작은 교회 건물에서 정기적으로 모였고, 때로는 교회의 건축에 대한 뚜렷한 열망을 가지고 모이기도 했다. 어디에서나 모임은 동일한 형식으로 진행되었고, 동일한 노래, 기도 및 의례양식과 동일한 교리문답 교재가 사용되었다. 하지만 이 모임에서는 매우 다양한 언어, 즉 네덜란드어, 포르투갈어, 싱할어, 타밀어, 말레이어가 사용되었다. 교회에 다니는 사람들(주로 여성)은 인종, 언어, 문화, 사회적 위치 그리고 발달 수준에서 다양하였고, 교인 중에는 동인도회사 고위 직원뿐 아니라 노예와 여성 노예도 있었다. 모든 회중은 목사, 장로, 집사로 구성된 교회 당회가 이끌었고, 목사, 예비목사, 병자 위로자, 학교 교사(상급 교사, 하급 교사, 보통 교사!), 순회하는 교리문답 교사, 사찰, 오르간 연주자, 전령, 빈민 부, 빈민 모, 학교검열관, 구빈원, 고아원과 나병원 관리자 등 잘 짜여 진 교회 직원 시스템을 갖추고 있었다. 그 중 대부분 (장로와 집사, 학교검열관과 자선의집 관리인)은 하나님을 위하여 그들의 시간과 머리와 마음의 은사를 바쳤는데, 동인도회사의 선원명부에는 매년 '교회와 학교' 부서에 종사한 사람 200-300명(전체 직원 수의 1-2%)의 이름도 포함되어 있었다. 이 가운데 반은 비-유럽인이었다. 따라서 동인도 시온은 대부분 동인도회사의 지원을 받았으며, 비-기독교 세계에서 소수자로서 기독교인을 보호하는 정부와 입법의 지원을 받고 있다는 사실을 알고 있었으며, 새 소유주가 기독교인일 경우, 21세기 사람조차 이해할 수 없을 정도로 기독교인 노예의 거래를 허용하는 규정이 존재한다는 사실도 알고 있었다.

그래서 동인도회사 관할 개혁교회를 불평하거나 혹은 도덕적으로 비난할 근본적 이유는 없다. 그렇다면 그 부정적 이미지는 어디로부터 온 것일까?

그 이미지의 첫 번째 원인은 교회 자체인 것 같다. 실제로 편지와 기타 간행물은 동부의 교회와 기독교에 대해 처음부터 그다지 긍정적이지 않은 이미지를 본국에 주었다. 대부분의 원주민 개종자를 기껏해야 명목상의 기독교인으로, 오래된 이교도 미신과 의식을 신봉하는 자로 불렀다.[1] 유럽인 동인도회사 직원의 대부분은 주사위 놀이, 술 취함, 주님의 말씀과 예배의 경시 같은 일들로 하나님도 종교도 없다는 것을 충분히 보여준, 길 잃은 불경한 사람들 ...... 무슨 약으로도 치료할 수 없는 소돔과 고모라의 사람들이었다'.[2] 이런 이미지

---

1   Sebastiaen Danckaerts, *Historisch Verhael over de stand van het Christendom in Amboina*("s-Gravehage, 1621, opgenomen in H.E. Niemeijer, *Bronnen befreffende de geschiedenis van de Protestantse kerk in Maluku in de zeventiende en achttiende eeuw*(개정 중).

2   Brief ds. J. Vertrecht aan Ant. Walaeus, Ambon 18 September 1635, in A. Walaeus, *Opera* II(Leiden, 1643), 490(opgenomen in Niemeijer, *Bronnen*).

는 무엇보다도 규칙적인 기독교 생활보다는 숲에서 떠돌아다니기를 좋아하는 연약한 원주민 기독교인에 대한 아주 나쁜 실례였다. 매년 바따비아의 교회 당회는 동인도 교회 생활의 상황을 보고했는데, 매년 같은 불평이 있었다. 들판이 희어져 추수할 때가 되었으나 일꾼이 너무 적다. 그리고 이 불평에는 대개 사망한 목사와 다른 교회 직원의 명단이 뒤따랐다. 동부에서 사역할 목사와 병자위로자에 대한 요청은 노회 시찰에서 단골 질문 중 하나였으며, 교인들은 주일 중보기도를 통해 정기적으로 동인도회사 관할 교회의 필요를 알게 되었다.

그러나 이 모든 불평이 동부의 현실이라기보다는 교회의 야망과 선의의 신자들의 죄책감을 반영한 것이라는 사실은 역사학계의 관심을 끌지 못했다. 18세기 후반부터 개인의 복음적 신앙, 단체 선교, 교회와 국가의 분리에 대한 자유파 견해, 기독교를 문화의 최고 단계로 여기는 교회와 선교에 대한 완전히 새로운 체계가 등장했다는 사실도 마찬가지였다. 당시에는 동인도회사 관할 교회에 대한 이해나 평가는 거의 없었다.

그러나 이러한 패러다임적 편견은 과거를 알아가는 데 방해가 된다. 동인도 시온을 실제로 이해하고 싶은 자는 진실로 17세기와 18세기의 네덜란드공화국에서 시작해야 한다. 공화국은 교회와 동인도회사의 요람이 모두 있는 곳이었기 때문이다. 당시 본국의 교회와 국가의 관계에 대한 지식이 없이 해외의 많은 행동과 관계는 이해될 수 없다. 집에서 아무리 멀리 떨어져 있어도 규범과 가치, 동인도회사 직원과 교회의 인식과 견해는 거기에서 비롯되었고, 그곳의 전문이사들과 총회들의 규정에 의해 반복적으로 더욱 날카롭게 다듬어졌다.

네덜란드공화국은 스페인에 대한 항거 이후 칼빈주의 신정 국가였다. 그것이 의미했던 바는 공화국은 기독교 국가였고 사회는 기독교 규범에 의해 조직되어야 했을 뿐 아니라 사람들은 이 규범을 또한 지켜야만 했다. 개혁파 종교는 국가의 종교였고, 교리와 의식에서 칼빈주의인 교회는 정부에 의해 보호되고, 자금이 조달되고, 공적 규범과 가치의 양육자인 공적 교회였다. 정부와 교회는 공동으로 법률, 교육, 설교와 교리문답을 통해 공적 영역을 규범화하였다. 그 규범 또한 각자의 영역에서 그리고 알맞은 수단을 통해 유지되었다. 정부는 법을 어긴 자를 벌금과 체벌로 구금과 추방으로 처벌했다. 교회는 교육, 권유, 교회 훈련, 파문과 같은 조치만 취했지만, 이는 하나님과 사람과의 관계가 단절되었음을 의미했다. 알려진 것처럼, 정부든 교회든 영향이 멀리 미치는 강제 조처를 시행하는데 가능한 적게 개입하였다.

　공화국의 해외 확장이라는 점에서 동인도회사의 세계에서도 당연히 동일한 규범이 적용되었다. 예를 들면 동인도회사는 '파산하고, 가톨릭교에 속하거나 어떤 범죄로 책망당한' 사람들은 누구도 '공무로 동인도에' 파송하지 않은 것 같다.[3] 바로 앞 문장의 저자이며 반세기 이후 동인도회사의 첫 변호사가 된 반 담(Pieter van Dam)은 규범과 실제와의 거리를 매우 잘 알았다. 그는 동인도회사에는 최고위직, 심지어 총독과 동인도 최고 회의에 속하는 직책에까지, 최소 1명의 파산자, 상당수의 가톨릭, 적어도 개혁파가 아닌 직원들이 일했으며, 더 낮은 직책에서는 훨씬 더 많은 수의 비-개혁파 직원들이 일했다는 사실을, 알고 있었다. 공화국에서 통치자들은 매일 규범과 현실 사이의 긴장을 경험했고, 항상 규범을 확인하면서 동시에 사실이면서 동시에 규범에 벗어난 것을 용인하기로 결정했다. 그러나 17세기에 반 담과 다른 모든 사람들에게 이러한 용인은 위선의 문제가 아니었다. 규범은 사람들이 그것을 지키고 싶지 않다고 해서

3　Pieter van Dam, *Beschrijving van de Oostindische Compagnie*(ed. F.W. Stapel; 's-Gravengahe 1927-1955, 7 dln), I 555.

가치가 떨어지는 것이 아니다. 이는 개인 윤리의 측면에서만 유효한 것이 아니다. 기독교 정부는 공적, 외형적 행동을 규정할 수 있지만, 신앙이나 신념을 강요할 수 없고, 또 강요하기를 원하지 않는다. 양심과 신앙은 자유이기 때문이다. 칼빈주의 네덜란드에서는 관용된 종교들의 추종자들이 모든 자유와 시민권을 누릴 수 있었다. 네덜란드 동인도는 칼빈주의 국가였고 동시에 다문화 사회였다. 동인도회사는 자신의 기독교 정체성을 분명히 밝혔지만 동시에 대규모의 비-기독교인 집단들이 자신들의 견해, 신앙 및 문화적 전통에 따라 자신들의 법률과 행정 아래 방해받지 않고 살 수 있도록 허용했다.

동인도회사가 기독교와 교회를 위해 기울인 노력을 조사하는 자라면 누구나 동 회사가 직원의 선한 칼빈주의 아버지처럼 행동했다고 결론을 내릴 수밖에 없다. 동 회사는 목사, 병자위로자 그리고 학교 교사를 임명했고, 도처에 교회와 학교를 건축했다. 노동계약서는 교회참석을 규정했고 비-기독교적 행동을 금지했다. 회사의 노예에게 세례를 베풀고 기독교 교리를 가르치기까지 했다. 그러나 인정해야할 것은 현실은 이상과 거의 같지 않았고 심지어 자주 규정과 일직선으로 일치하지 않았다. 때로는 결과를 예측할 수 없는 상황과 발전 그리고 때로는 인간적 제한과 잘못을 통하여 많은 것이 잘못되었다.

그럼에도 불구하고 당연히 인정해야할 것은, 동인도회사는 네덜란드 신앙고백 36조의 규정을 지켰는데, 여기에는 칼빈주의 신정 정치의 기본법이 다음과 같이 표현되었다. 정부는 '거룩한 목회사역을 지원해야한다'. 위에서 교회와 교회 직원에 대해 언급한 것이 그 증거가 될 수 있다. 그러나 동인도회사는 동일한 고백 규정에서 다음에 나오는 것, '하나님이 모두로부터 찬양받고 예배되도록, 도처에 복음의 말씀을 전파해야 한다'에 관해 똑같이 적극적 이었는가?

다양한 동인도 시온: 다언어(多言語) 교회 인쇄물

역사가들에 따르면, 17-18세기 개혁주의 세계에서는 선교의 임무에 대해 제한된 시각만 존재했다. 반면 교회는 거만한 인종주의적 사고방식을 가진 채 식민지를 확장하는 과정에 참여하게 되었다. 이 책에서 증명된 것은 이러한 판단은 여러 가지 측면에서 옳지 않고 시대착오적이라는 것이다. 1677년 더 레이우(Cornelius de Leeuw) 목사는 이렇게 썼다. 무엇 때문에 우리가 개종과 은혜의 복음을 가지고 이교도에게 가는가? '우리는 함께 한 핏줄의 후손이었다 그리고 나는 그 때문에 한 형제로서 그들을 권면할 의무가 있었기' 때문이다.[4] 언어와 문화가 유럽 출신 개혁파 교인과 아시아 출신 개혁파 교인을 위한 별도 교회 예배를 존재하게 했지 인종차이가 아니었다. 사실은 더 작은 장소에서는 유럽계와 아시아계 교인, 자유민과 비자유민이 함께 성만찬을 드렸다.

그러나 물론 교회는 당시의 생각에서 자유롭지 못했고 기독교의 확장은 당

---

4   Visitatierapport ds. Cornelius, Haruku 8 september 1677 in Niemeijer, *Bronnen.*

시 사회적 관계 밖에서 일어날 수 없었다. 그리고 이 교회는 개혁파 전통에 서 있었고, 개혁파 신정 국가 체계를 믿었다. 그것은 동인도회사와 교회 양자가 협력해서 그 분야에서 활동해야 한다는 것을 의미했다. 그래서 목사, 학교검열 관 그리고 행정당국이 한마음으로 시찰순회를 갔고, 목사는 교회 당회와 정치 회의 양자에 보고했다. 종교는 '정치권력을 한데 모으는 가장 강력한 동맹 중 하나이다'. 그러므로 기독교적 정부는, '구약성경 경건한 왕들의 본을 따라, 종 교의 유지를 주시하고 정부 산하 교회와 학교의 상태를 면밀하게 조사하는 것 이 좋다'.[5] 1667년 스페일만(Cornelis Speelman)이 마까사르를 점령한 후 감사 일을 맞아, 암본의 교회 당회 또한 다른 면을 명확히 지적하였다. 이 당회는, 그 승리는 '동인도회사의 확장에 명성과 힘을 주었는데, 거기에서 이 국가의 심장이요 하나님의 교회인 시온 또한 번성하고 복음이 방해받지 않고 계속 [전 파]되어야 한다'고 썼다.[6]

동인도회사의 권위가 직접적 기독교회를 의미하지는 않았다. 1673년 스트 라위스(Struys) 목사가 쩨람의 일부 마을 지도자에게 한 연설문에 따르면, 동인 도회사는 주민들에게 우리 종교를 강요하기 위해 오지 않았다. 동인도회사는 적들로부터 그들을 보호하기 위해, '거기에 전혀 마음이 내키지 않은 누군가를 우리 종교로 강요하지 않고, 다만 전능하신 하나님이 그의 영과 말씀으로 끌어 들이고 싶어 하는 사람만을 열심히 돕고, 강하게 하고, 또 위로함으로, 또한 고 령자들은 그들의 언어로, 청년들은 말레이어로, 하나님의 순수한 젖을 조금 맛 보게 하고, 그 후에 그들이 어린이들처럼 점차 더 원하는지를 보고, 그것을 통

---

5   암보이나(Amboina)에 있는 교회와 학교의 상태에 관한 암본(Ambon)의 교회 당회 보고서, 14 september 1635 in Niemeijer, *Bronnen*. 여기에 인용된 것으로 시작하는 보고서는 역대하 15장 2절 과 19장 11절을 언급한다.

6   Brief kerkenraad Amboina aan kerkenraad Batavia, 26 september 1667 in Niemeijer, *Bronnen*.

해 그들이 거룩으로 양육되도록,' '우정의 유대, 바로 형제애'를 원주민에게 제공한다.[7]

　스트라위스 목사는 이 연설에서 개혁교회 선교학을 정확하게 요약했다. 기독교화는 폭력으로 가능하지 않다. 즉 하나님만이 그의 영과 말씀을 통해 신앙을 준다. 교회는 부름 받은 자들만을 돕고 가르칠 수 있다. 경건으로 양육하는 것은 심각하게 받아들여야 할 일이다. 개혁파 교인들에 의하면, 기독교화는, 가톨릭교 선교사들이 하였듯이, 사람들에게 세례를 주고 다른 이름을 주는 문제가 아니다. '예수회는 사람들에게 세례를 주고, 어떤 가르침도 없이 그들을 베드로(Pedro), 요한(Joan), 프란치스코(Francisco), 도밍구스(Domingos) 등으로 부르는 것' 외에는 아무 일도 하지 않았다. 물론 그들 또한 사악한 행위를 벌금과 감금으로 처벌하여 금지했다. 그러나 그것은 당연히 작동하지 않는다. 그들은 숲으로 들어가서 사악한 행위를 계속한다. 그러므로 가톨릭 선교사들이 '이런 나라에서 거룩한 기독교 신앙의 놀랄만한 성장과 탁월한 확장에 대해 매우 훌륭하고 품위 있는 편지를 쓴다고 해도 그 이야기를 믿지 말라. 이발사는 여기에서 수사를 만들고, 세례는 여기에서 기독교인을 만든다. 그들은 또한 여기에서 일어날 기적들에 대해 쓴다'.[8]

　그래서 신앙은 하나님의 선물이며 교육에 의해 지속적으로 받쳐지고 강화되어야 한다. 그러나 개혁파 복음은 개종된 심장에만 집중하지 않았다. 1618-1619년 도르트레흐트 총회를 인용하면, 각 사람은 '자연의 빛을 소유하고, 그

7　Rapport van ds. Albertus Struys en ouderling Corneliz Pietrsz., Haruku 28 April 1673 in Niemeijer, *Bronnen*.

8　Casparus Wiltens aan de classis Amsterdam, Ambon 31 mei 1615 in Niemeijer, *Bronnen*.

것으로 하나님, 자연의 사물, 선악의 구별에 대하여 어느 정도의 지식을 보유하고, 또한 덕과 외적 규칙을 지키는 어느 정도의 행동을 보인다'.[9] 다른 말로 하면, 개종되지 않은 사람도, 실로 이교도조차 십계명의 보편 법에 간결하게 말해진 하나님의 자연법에 순종해야 한다는 것을 이해할 수 있다. 무엇보다도 하나님은 죄를 처벌하지 않은 채 그대로 두시지 않는다! 스트라위스 목사는 하나님의 선택과 회심의 비밀을 가득 담은 부드러운 믿음을 계속 제안했고, 따라서 '조상들의 신들', '특히 악마숭배와 한때 혐오했던 오래된 미신을 더 이상 섬기지 말라'는 매우 분명하고 구체적인 호소를 이어갔다.

말루꾸 제도에서 '우리들 사이에서, 특히 군인들 사이에서 매일 매우 흔한' 죄는 '첫째, 무서운 저주와 맹세, 그리고 안식일에 조차 하나님의 거룩한 이름을 더럽힘, 둘째, 끊임없이 취해서 마시고 먹어대기, 위에 언급한 것과 함께, 다투기와 입씨름을 즐겨함. 셋째, 언덕에 있는 원주민 마을들을 통해, 산간에서 그리고 다른 인접한 가증스러운 호수에서 음란한 매춘행위와 성폭행. 이 원주민들도 이런 음행에 심하게 전염되어 있기 때문에 나는 주로 나의 설교를 하나님을 괴롭히고 우리 땅을 해치는 죄로부터 멀어지게 하는 것에 집중해야한다'.[10]

17세기 개혁파 교인들은 하나님을 괴롭히고 우리 땅을 해치는 죄를 허용하는 땅에 대한 하나님의 진노를 매우 구체적으로 기대했다. 때문에 스트라위스 목사는 '위에 언급된 그러한 죄를 예방할 수는 없는지, 또는 적어도 우리 각 정부에 그러한 목적을 위해 시행된 누적 벌금과 중재적 시정을 통해 죄를 감소시킬 수 있는지 여부를 고려해 보았다'.

---

9   De Dordtse Leerregels zijnde de Vijf artikelen tegen de Remonstranten, III, 4.
10   Visitatierapport ds. Albertus Struys, Saparua 26 December 1672 in Niemeijer, *Bronnen*.

그러나 기독교의 도래는 갑자기 훨씬 덜 선택적인 것이 되었다. 실제로는 아무도 신앙으로 강요받지 않았다. 그러나, 정부가 시행한 중재적 시정으로 인해, 모든 사람은 몇 가지 점에서 기독교적으로 살아야 했다(주일에 고기를 잡거나 숲에서 일하지 않고, 기독교식 결혼을 하고, 이교도 의식에 참가하지 않았다). 이유는 네덜란드 동인도 같은 '기독교 공화국'에서는 '[이슬람과 이교도식 결혼, 주일의 신성모독 같은] 그러한 끔찍한 것들이 막아져야 되기 때문이다'.[11] 그 사람들 자체가 '눈멀고 거친 이교도'(그들은 사실 하나님의 가장 기본법 조차 확실히 알지 못했다)이기 때문에 어느 정도의 강요로 그렇게 해야 한다.[12] 그 때문에 '이 문맹의 야만인과 산을 타는 자에게는 기독교와 함께 인간성을 가르쳐야한다'는 탄식이 터져 나왔다.[13]

동부에서 사역한 첫 개혁교회 목사들의 보고서에는 처음에 어느 정도의 낙관주의가 나타났다. 예비 신자들은 '친절하게 방문을 받았고 익숙한 달콤한 말로 대해졌다'.[14] 때때로 사람들은 '외형적 교회 장식과 가톨릭교의 외적으로 경건하게 보이는 의식'이 없는 개혁교회 예배가 쉽게 받아들여지지 않을 거라고 생각했다.[15] 또한 선교현장에서는 '처음에는 너무 힘들고 엄하게 가지 않아야 하며, 주의하여 이들이 단계적으로 선한 기독교 도덕으로 향할 마음이 내키도록, 계속 선의를 가지고 상냥하게 이들을 양육하고 돌보게 해야 한다'고 이해

---

11 Brief kerkenraad van Banda aan de classes Amsterdam, Walcheren en Enkhuizen, Banda-Neira 29 augustus 1624; rekest van de de kerkenraad van Banda aan de Politieke Raad van Banda, 7/8 februarie 1625 in Niemeijer, *Bronnen*.

12 Visitatierapport van ds. W.H. Tenckinck, 23 september 1744 in Niemeijer, *Bronnen*.

13 Visitatierapport van ds. Albertus Struys, Haruku 20 oktober 1672 in Niemeijer, *Bronnen*.

14 Ds. Johannes du Praet aan de kerkenraad van Batavia, Ambon 17 juli 1625 in Niemeijer, *Bronnen*.

15 Brief kerkenraad Ternate aan kerkenraad Batavia, 3 mei 1683 in Niemeijer, *Bronnen*.

했다.[16] 그러나 시간이 지남에 따라 목사들과 다른 사람들은 때때로 실망감과 조바심에 휩싸였다. '개혁파 종교가 도입되고 67년 동안 계속된 후, 원주민 기독교인들 사이에 거룩한 종교에 대한 이러한 불경과 사나운 모습이 모든 교회에 널리 보인다는 것은, 개탄스러운 일이다'.[17]

동인도 시온은 본국에 있는 모교회를 아주 많이 닮았다. 동인도 시온은 교리, 조직, 관습, 동인도회사-정부와의 관계, 그리고 사회에서 차지하는 위치 측면에서 인정할만한 자매교회였다. 하지만 동시에 동인도 시온은 달랐다. 그들은 본국에서처럼 무관심하거나 무지한 기독교인들을 인도하고 교육하는 데 그치지 않고, 전혀 다른 언어, 문화, 종교가 전혀 다른 사람들 사이에서 복음을 전파해야 했다. 그들은 (노예제도를 포함하여) 알려지지 않은 사회적 그리고 인종적으로 상반된 것들로 가득 찬 세계에서, 먼 거리, 많은 언어, 그리고 많은 낯선 사회적 문화적 상황과의 관계 등 실질적인 일에 대한 해결점을 찾아야 했다. 예를 들면 귀찮지만 중요한 문제로 어떤 말레이어가 교회 언어와 성경 언어로 사용되어야할 것인가.[18] 또는 어떻게 반-유목민을 정규 교회 출석에 익숙해지게 할 것인가(교회와 동인도회사에 따르면 강제 마을 형성이 답이었다), 그리고 (이슬람교인들이 많은 환경에서) 여성이 남성과 같은 성찬 테이블에 동석할 수 있는지 여부(수치심을 가리는 면사포가 제공되어 여성의 참여에 대

---

16 론토르(Lonthor)의 병자방문자인 다니엘 니우케르크(Daniël Nieuwkerk)에게 아루(Aru)에 그리스도교 종교를 개척하라는 지시, Banda 26 November 1669 in Niemeijer, *Bronnen.*

17 Visitatierapport van ds. Francois Caron, Ambon 30 November 1672 in Niemeijer, *Bronnen.*

18 J.L. Swellengrebel, *In Leydeckers voetspoor. Anderhalve eeuw bijbelvertaling en taalkunde in de Indonesische talen*('s Gravenhage, 1974); Henk M.J. Meier en Jan van der Putten, 'Van tolken, papegaaien en predikanten: het Maleis en de VOC', in Leonard **Blussé** en Ilonka Ooms red., *Kennis en Compagnie. De VOC en de moderne wetenschap*(Amsterdam, 2002), 100-113.

한 해결점을 찾았다).

개혁파 종교는 식민지 원주민에게 얼마나 깊이 뿌리를 내렸을까? '동인도회사의 종교'로 개종하는 것은 정치적 혹은 사회적 선택 이상이었는가? 세례를 받은 많은 사람들에게 기독교인이 된다는 것은 겉모습보다 더 큰 의미가 있었는가? 원주민 동인도회사 군인들은 성찬식을 그들의 업무 수행의 일부라고 생각했다. 동인도회사와 계약을 맺은 원주민 군주들은 자주 동맹국과 그의 교회를 받아들였고, 목사와 동인도회사 지도자는 시찰여행을 함께 갔었다. 교회도 양면적 행동을 허용했다. 한 면에서 그들은 세례후보자로부터 단지 몇몇 진리와 개념을 외우는 것과 얼마간의 외적 도덕과 관습에 순종하는 것을 요구했다. 성례분리는 이것에 동의한 것처럼 보이지만 거기에도 다른 면이 있었는데, 정규 교인이 되는 것은 훨씬 더 많은 것을 요구했기 때문이다. 개혁교회는 또한 그들의 경쟁자인 가톨릭교와 이슬람교 보다 기독교인에게 평균적으로 더 적은 것을 요구했다.

기독교 신앙은 또한 그 사회에서 살아있는 힘 이었는가 그리고 신자들 자신의 생활에 '내면화 되었는가'? 이 질문에 대한 답은 자료 부족으로 주어질 수 없다. 첫 번째 질문에 관해 가장 먼저 지적되어야 할 것은 기독교인이 된다는 것 자체가 결코 항상 또는 오직 정치적 그리고 사회적 이유를 가진 것은 아니었다. 이것은 특히 노예와 자유흑인에게 그러했다. 그들이 기독교인 주인을 싫어해서 이슬람교인이 되었다는 진술은[19] 네덜란드 동인도 교회에서 그들이 대규모로 세례를 받았다는 사실과 맞지 않는다. [그들이] 비교적 대규모로 교육에 참여한 사실도 주목할 만하다. 특히 소녀들의 경우, 비-기독교적 환경에서

---

19   R.C. -H. Shell, Children of Bondage. A Social History of the Slave Society at the Cape of Good Hope, 1652-1838(Hanaover and London, 1994), 356-362.

는 전례가 없는 일이었다.

니메이어(Hendrik E. Niemeijer)는 말루꾸 제도에 자신의 의지와 필요에서 교회로 가기 위해 숲을 떠났던 여성들이 있었다고 말한다.[20] 비벵아(A. W. Biewenga)는 희망봉에서는 자유분방한 시민주민이 시간이 지남에 따라 더욱 법을 준수하게 되었다는 점을 증명할 수 있었다.[21] 홀트롭(Pieter Nanne Holtrop)은, 목사의 부족으로 수년간 손을 대지 못했음에도 불구하고, 1800년경 고립된 회중들이 수년간 스스로를 유지했다는 점을 확인할 수 있었다.[22]

동인도 시온은 동인도회사의 세계에서 생명의 힘이었는가? 1740년 반 임호프(G. W. Baron van Imhoff)의 평가를 다시 한 번 인용하자면, 시온은 대체로 '포도원에 세워진 원두막, 오이밭 오두막 같은 포위된 도시'에 불과했다고 인정해야 했다. 그러나 바따비아의 교회 당회는 125년 전에 교회의 기초에 대해 언급했다.[23] 1620년 회중의 설립 후 첫 교회 당회의 결정 중 하나는 교회 인장을 디자인하는 것 이었는데, '불타는 초와 별이 달린 촛대, [...] 촛대 옆에는 동인도회사의 문장이 있고 다른 쪽에는 도시의 문장'이 새겨진 인장이었다. 의미하는 바가 많은 가장자리에 쓰인 글자는 요한계시록 2장 1절의 본문 '오른 손에 있는 일곱 별을 붙잡고 일곱 금 촛대 사이를 거니시는 이'이었다.

---

20 이 책 제5편 제3장 제2절.
21 이 책 5편 제5장.
22 이 책 6편.
23 J. Mooij red., *Bouwstoffen voor de geschiedenis der Protestantsche kerk in Nedserlandsch-Indië*(Weltevreden, 1927) I 95.

바따비아 개혁교회 인장

부록 1. 동인도회사 직원의 직위와 월 급료

직원 직위	네덜란드어	월 급료 1650 전후(f)	월 급료 1749 전후(f)
1. 상위 직원	1. hoge officieren		
상급 상인	opperkoopman		
하급 상인	onderkoopman		40
상인의 조수	schrijvers		
선장	schipper/ kapitein	60	72
1등 항해사	oppersturman	50	
2등 항해사	onderstuurlieden	32	32
3등 항해사	derde waak	26	
2. 하위 직원	2. onderofficieren		
상급 갑판원	hoogbootsman	24	22
상급 갑판원 조수	hoogbootsmansmaat	14	14
갑판장	schieman	21	20
갑판장 조수	schiemans maat	14	14
생활용품 관리자	bottelier	23	20
생활용품 관리자 조수	botteliers maat	14	14
요리사	kok	22	20
요리사 조수	kok maat		14
무기 관리장	c(k)onstapel, scheeps-artilleriemeester	24	22
무기 관리장 조수	c(k)onstapels maats		14
간수	provoost		12
조타수	quartiermeester		14
서기, 회계	boekhouder		
병자방문자 (병자위로자)	krankbezoeker (ziekentrooster)		24

3. 하위직원(수공업자)　　3. ambachtslieden(ambachtslieden)

상급 목수	oppertimmerman	36	48
하급 목수	ondertimmerman		16-34
상급 돛 제작자	opperzeilmaker		20
하급 돛 제작자	onderzeilmaker		14
상급 통 제조업자	opperkuiper		16
하급 통 제조업자	onderkuiper		14
대장장이	smid		
상급 외과 의사	opperchirurgyn/barbier	36	36
외과 의사 조수			22
2등 외과 의사 조수	tweede chirurgijnsmaat		14
무기 관리자	scheeps-corporaal		
고수, 나팔수	tamboer, trompetter	9	16

4. 최하위 승무원(선원)　　4. lager scheepsvolk (matrozen)

선원	maatrozen		8-9
포수	busschieter	10	10-12
사공	bootsgezellen	7	
견습 선원	hooploopers		7
급사	scheepsjongens	5	5

5. 군인　　5. soldaten

지휘관(군)	sergent
하위 군인	korporaal
최하위 군인, 사병	soldaten
간부후보생	adelborst

	6. 기타		6. overigen
승객	행정관		bestuurder
승객	행정관		kooplieden
승객	상인		kooplieden
승객	상인	passa-giers	rechters
승객	재판관		rechters
승객	재판관		predikant
승객	목사		predikant

참고: 동인도회사 사이트

https://www.vocsite.nl/woordenlijst/po/ ; C.R. Boxer, The Dutch Seaborne Empire: 1600-1800 (New York: Alfred. A. Knopf, 1965), 300-302

부록 2. 동인도회사 조직도

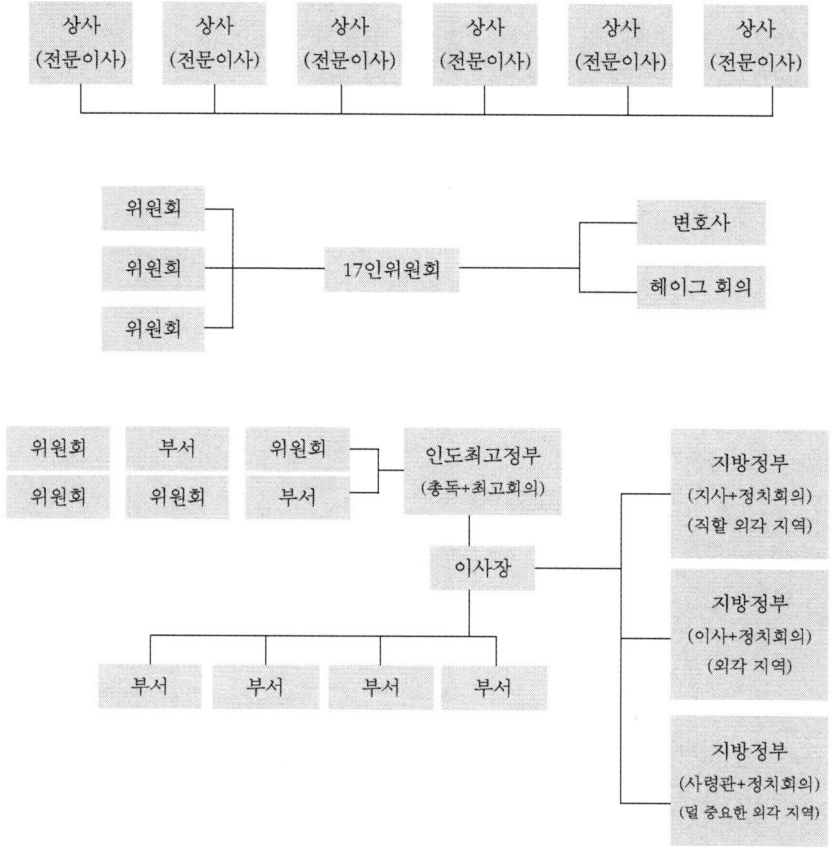

*상단 둘은 네덜란드 본국, 하단 왼쪽 둘은 바따비아이며,

이사장 오른쪽은 관할 지역이다.

참고: https://www.vocsite.nl/geschiedenis/organisatieschema/

부록 3. 동인도회사 관할 주요 지역과 지명

주요 지역	지명	위치
암보이나 Amboina		암본과 주변 섬
	암본 Ambon	
	호니모아 Honimoa	
	사빠루아 Saparoea	
	하루꾸 Haroekoe	
	누사라웃 Nusalaut	
	히뚜 Hitu	
	레이띠모르 Leitimor	
	쩨람 Ceram	말루꾸 제도의 중부
	(호아모알 Hoamoal)	
	부루 Buru	쩨람의 좌측
반다 Banda		말루꾸 제도의 남부
	네이라 Neira	
	론토이르 Lonthoir	
	뽈루 아이 Poeloe Ay	
띠모르 Timor		말레이 제도의 남부
북-말루꾸 Noord-Molukken		
	할마헤라 Halmahera	말루꾸 제도의 북부
	떠러나떼 Ternate	
	띠도레 Tidore	
	모티 Moti	
	마끼안 Makian	
	바짠 Batsjan	
자바 Java		
	바따비아 Batavia	자바 섬 북부
	수라바야 Soerabya	자바 섬 동부
	서마랑 Semarang	자바 섬 중부
	온루스뜨 Onrust	바따비아 해안 주변의 섬

술라웨시 Sulawesi		
	마나도 Manado	술라웨시 북부
	고론딸로 Gorontalo	
	미나하사 Minahasa	
	따후란당 Tahulandang	술라웨시 북부 섬
	시아우 Chiauw	술라웨시 북부 섬
	상이헤 Sangihe	술라웨시 북부 섬
	딸라우드 Talaud	술라웨시 북부 섬
	마까사르 Makassar	술라웨시 남부
말라까 Malakka		말레이 반도 서해안 남부
포모사 Formosa		동아시아의 남서부
코로만델 Coromandel (Choromandel)		인도 남동부 해안
	네가파트남 Negapatnam	
	빨레아까테 Paleacatte	
말라바 Malabar		인도 남서부 해안
	코친 Cochin	
실론 Ceylon		남아시아
	콜롬보 Colombo	
	갈리 Galle	실론 섬의 남부
	자프나 Jaffna	실론 섬의 북부
	네곰보 Negombo	
	투티코린 Tuticorin	
	마타라 Matara	
	트린코노말레 Trinconomale	
희망봉 Kaap de Goede Hoop		아프리카 케이프 반도 최남부
	스텔렌보스 Stellenbosch	
	드라껀스테인 Drakenstein	
	란트 반 바버런 Land van Waveren	
	쯔바르트란트 Zwartland	
	깝스닷 Kaapstad	
	흐라프-레이네 Graff-Reinet	

부록 4: 삽화 출처

쪽	참고
27a, 158, 239, 247	Koningrijk Bibliotheek, Den Haag
27b	H A. Foreest en A. de Booy, *De Vierde Schipvaart naar Oost-Indië onder Jacob Wilkens en Jacob van Neck(1599-1604)*, 's-Gravenhage 1980
29	D. Box. *Het oudste Kaapse zilver 1669-1751*, Amsterdam 1974
32	John Barrow, *A Voyage to Cochinchina*, Kuala Lumpur 1975 (reprint; tekening W. Alexander, 1806)
34, 239	Collectie-G.J. Schutte
41	A. Th. Boone, 'Zending en gereformeerde pietisme in Nederland', *Documentatieblad Nadere Reformatie* 14(1990) 7
54	W.J. op 't Hof, 'Adamus Westermannus als piëtist', *Documentatieblad Nadere Reformatie* 24, 2000
64, 73	Leonard Blussé, *Strange Company*, Dordrecht 1986
85	E.C. Godee Molsbergen en Joh. Visscher, Zuid-Afrika's geschiedenis in beeld, Amsterdam 913
103	H. Terpstra, *De Nederlanders in Voor-Indië*, Amsterdam 1947
122, 261	Collectie-F.A. van Lieburg
132	S.P. Engelbrecht, *Die Kaapse predikante van die sewentiende en agtiende eeu*, Kaapstad 1952
139	*Tweede Schipvaert onder leiding van Jacob van Neck en Wybrand van Warwijck, in Begin ende voordtgangh van de Vereenighde Nederlantsche Geoctroyeerde Oost-Indische Compagnie*, Amsterdam: I. Commelin 1646
147, 166	Afd. Oude Drukken, UB-VU Amsterdam
151	*Nederlandsch-Indië. Platen Atlas*. Weltevreden: Volkslectuur 1926

196	*Kaart van Ned. Oost-Indië* door P. Joh. Bettink en J. Krijgsman, Bussum z.j.
237	F. Dekker, *Voortrekkers van Oud Nederland. Uit Nederland's geschiedenis buiten de grenzen*, Den Haag, 1938
249	*Verslagen en aanwinsten 1976-1977 Stichting Cultuurgeschiedenis van de Nederlanders overzee*
280	Staatsargief Kaapstad: C 1077, 25 mei 1717
294	D. Meyer Timmerman Thijssen, *Twee gouverneurs en een equipagemeester. In en om Malakka 1778-1823*, Bilthoven 1991
310	Karel Schoenman, *J.J. Kicherer en die vroeë sending, 1799-1806*, Kaapstad 1996
330	A. Algra, *De kerke Christi te Batavia*, Franeker 1946

용어 해설

간수 Provoost
선상에서 죄수들을 지키는 하급 선원

고와 Gowa
남-술라웨시 마까사르인이 세운 왕국

고위관리 bobatos
말루꾸 제도의 왕국에서 더 낮은 직위 관리들을 감독하는 관리

교회 선교 kerkelijke zending
선교사 파송의 주체가 교회인 선교

교회 당회 kerkenraad(consistory)
개혁교회의 개교회 치리회로 목사, 장로, 집사들로 구성됨

구빈세 armengeld
가난한 사람을 구제하기 위해 거두는 세금

구체제(舊體制) Ancient Regime
프랑스 혁명 후의 정부 체제에 대립한 부르봉 왕가의 정부 체제

길더 gulden
네덜란드 화폐단위로 20스타위버르에 해당함; 영국 화폐 플로린과 동일한 가치

네덜란드령 동인도 Nederlandsch Oost-Indië (Nederlands Indië)
네덜란드 정부가 1799년 12월 31일 동인도회사의 무역 거점들을 국유화함으로서 형성된 네덜란드령 식민지로 현재의 인도네시아 제도 내 자바 섬의 많은 부분, 수마뜨라 섬의 일부, 말루꾸 제도의 많은 부분, 마까사르, 마나도, 꾸빵과 같은 항구들의 내륙 지역을 포함, 1800-1806, 1816-1949

네덜란드연방공화국 Republiek der Zeven Verenigde Nederlanden
네덜란드의 북부 7개 지방이 위트레흐트 동맹을 맺고 스페인에 종교적 자유와 완전한 독립을 요구하면서 시작된 동맹국의 명칭(1579-1795); 약칭으로 (네덜란드)공화국

노동계약서 artikelbrief
고용인의 의무와 권리를 규정하고 있는 문서

노회 classis
개혁교회의 지역별 치리회

단도 *kris*
자바인의 전통적인 무기로 양쪽에 납작한 혹은 물결 모양의 날을 가진 단도

단체 선교 genootschappelijke zending
선교사 파송의 주체가 선교회인 선교

동인도 시온 Indisch Sion
동인도회사가 관할한 개혁교회
동인도 최고 정부 Hoge Regering van Indië(Hoge Overheid)
동인도회사 관할 지역을 다스리는 최고 행정부로 바따비아에 본부를 두었음
동인도 최고 회의 Raad van Indië, Indische Hoge Raad
총독을 지원하는 최고 행정부서
동인도회사-정부 VOC-overheid(gouvernement)
동인도회사 관할 지역을 다스리는 행정 당국
돼지주기 varkenscyclus
가축 시장의 공급과 가격이 주기적으로 변동하는 현상
디아코니 diaconie
교회에서 구제활동을 담당하는 기관
띠빠 *tifa*
말루꾸 제도의 음악에서 전통적으로 사용된 악기
따펠베르흐 Tafelberg
남아프리카 공화국 케이프타운이 내려다 보이는 평평한 산
레굴루스 Regulus
별 이름으로 사자 자리에서 가장 밝은 물체이며 밤하늘에서 가장 밝은 별 중 하나
레알 reael
17세기 전반 동인도에서 사용된 스페인-아메리카 화폐; 네덜란드 화폐 1레익스달더에 해당함
레익스달더 rijksdaalder
네덜란드의 화폐 단위로 1레익스달더는 2.5 길더에 해당함
리오우 제도 Riouw-archipel
싱가포르의 남쪽과 수마뜨라의 리오우 동쪽에 위치한 주요 섬들
링구아 프랑카 lingua franca
모국어가 다른 사람들이 상호이해를 위해 사용하는 공통 언어
마르데이커르 Mardijker
동인도에 정착한 해방된 노예와 그 후손
마젤란 해협 Straat Magelhaes
남아메리카 남쪽 끝 부분에 위치한 해협으로, 칠레의 남부와 티에라델푸에고 제도 사이에 있는 태평양과 대서양을 연결하는 해협
망인다나우 Mangindanau
동부 필리핀에 있는 술탄국
메스터 클리링 *mèstèr keliling*
말레이어로 원주민 교리 교사
뮌스터평화조약 Vrede van Münster,
1648년 스페인과 네덜란드공화국 사이에 체결된 조약으로 양국 간 80년 전쟁

이 종결되고 네덜란드공화국이 주권국가로 인정됨.

미낭까바우에르인 Minangkabauer
서부 수마뜨라의 미낭까바우에르 고원에 사는 원주민

밀가루 sago(sagu)
암본 원주민 대부분의 주요 식품으로 야자에서 빼낸 밀가루

바다거지 watergeuzen
16세기 후반 스페인군에 대항하여 해상에서 활동한 네덜란드인 게릴라

바따비아 공화국 Bataafse Republiek
프랑스의 공격으로 네덜란드연방공화국이 무너진 후 프랑스의 영향 아래 세워진 공화국(1795-1801)

발헤런 Walcheren
네덜란드 제일란트 주 서부섬

베란다 Belanda
말레이어로 네덜란드(인)

봉가이스 조약 Bongaais Verdrag
1667년 원주민 마을 봉가이스에서 동인도회사와 고와 왕국사이에 체결된 조약으로 고와의 세력이 약해짐

부기니인 Buginezen
술라웨시 남부에 사는 원주민

분할-통치-정책 verdeel-en-heers-politiek
한 나라를 분할해서 통치하는 정책

브라우베리우스 번역판 Brouwerius-vertaling
1668년 출판된 첫 말레이어 신약성경

빈민 모 armmoeder
개혁교회의 구제기관에서 소녀들을 양육하고 구제기관 운영에 필요한 허드레일을 하는 여성 돌봄이

빈민 부 armvader
개혁교회의 구제기관에서 소년들을 양육하고 구제기관 운영에 필요한 허드레일을 하는 남성 돌봄이

상기리스어 Sangirees
술라웨시에서 사용된 언어

선교 영사 zendingsconsul
동인도-정부와의 관계에서 선교회, 선교기관, 선교사들을 대표하는 기관

스탓하우더 stadhouder
네덜란드공화국을 구성하는 지방의 행정권과 군사지휘권을 가진 자

시의원 regent
네덜란드공화국 시의회의 구성원으로 시민 정부에 공직을 맡은 사람

시의회 raad

네덜란드공화국 주(州) 아래 자치구(시 혹은 읍)의 의회

신-네덜란드 Nieuw-Nederland
17세기 북-아메리카의 동쪽 해안 위도 38-45도 사이에 있는 네덜란드 정착지로 현재의 뉴욕 주, 뉴저지 주, 델라웨어 주에 해당함

신학대학 Staten College
1592년 네덜란드 공화국의 주들에 의해 레이던에 설립된 신학대학

17인위원회 Heren XVII
네덜란드에 있는 동인도회사 지역별 상사의 전문이사들의 대표 17인으로 구성된 동인도회사 중앙 최고 경영진

싱캉 Singkang
타이완의 성강(伸港) 지역 원주민이 사용했던 언어

싱할라족 Singalezen
실론의 인도 이민자들로 불교도

싱할라어 Singalees
싱할라족의 모국어

암본 재판소 Ambonese Landraad
암본 원주민의 민사 사건을 다루는 재판소

연합동인도회사 Verenigde Oostindische Compagnie, 1602-1799.
원래 이름은 연합네덜란드특허동인도회사 (Vereenigde Nederlandsche Geoctroyeerde Oostindische Compagnie); 약자로 VOC 또는 동인도회사

연합정부교회unionistische gouvernementskerk
19세기 네덜란드령 동인도의 기독교회

영주 *kimelaha*
술탄이 지배하는 지역에서 술탄을 대신하여 지역을 다스리는 대리인

왈룬 교회 Waalse kerk
네덜란드 관할 지역의 칼빈파 교회로 교인들의 출신지는 네덜란드 남부와 프랑스

울리아세르스 Uliassers
레아세 제도의 예전 이름

의회 Staten-Generaal
네덜란드공화국 7개 지방의 대표들로 구성되어 7 지방 전체를 총괄하는 행정기구

의회번역본 Statenvertaling
의회의 비용으로 번역된 네덜란드어 성경, 1626-1635

인도반도 Voor-Indië
벵골만과 아라비아해 사이의 반도에 있는 동인도회사 관할 실론, 코로만델 해안, 말라바르, 벵골과 수랏

자유민 Vrijburger
동인도회사의 허가 아래 회사 관할 지역에 정착한 사람, 대부분 전직 동인도 회사 직원

저지독일 개혁교회 Nederduits Gereformeerde kerk
1571년 설립된 네덜란드 개혁교회의 명칭으로 왈룬, 스코틀랜드, 고지독일, 영국 개혁교회들과 구분하기 위해 사용함; 1816년 네덜란드 개혁교회(Nederlandse Hervormde Kerk)로 변경됨

저지독일어 Nederduits
독일 저지대에서 사용된 언어로 네덜란드어를 말함

전령 marinjo
말루꾸 제도의 원주민 하급 관리

전문이사들 (heren) bewindhebberen
네덜란드에 있는 동인도회사 지역별 상사의 대표 경영자

정크선 jonk
돛대가 셋이고 밑이 평평한 중국 상선이나 함정

정치위원 commissaris-politiek
시의원으로 교회 당회원에 임명된 자

정치회의 Politieke Raad
동인도회사-정부 관할 지역 최고 행정부서

정향
열대성 정향나무의 꽃을 말린 것; 향신료로 사용

조호르 Johore
말레이 반도 남쪽에 위치한 술탄국

정부(해외 혹은 지방의) gouvernement
해외 또는 본국에서 멀리 떨어져있는 영토를 다스리는 행정 당국

지방연합회 kerkprovincie
지역별 교회 총회가 이끌어가는 여러 교회와 노회의 연합회

칸디 Kandy
실론 섬 중부에 있는 토착 왕국

코이 부족 Khoistam
희망봉의 토착 부족

타밀족 Tamil
실론의 인도 이민자들로 힌두교도

80년 전쟁 Tachtigjarige Oorlog
네덜란드인들이 스페인으로부터 독립하기위해 벌린 전쟁으로 1568년 헤일리헤르레이(Heiligerlee) 전투에서 시작되어 1648년 뮌스터평화조약으로 종결됨.

패보랑 Favorlangs
타이완 중서부 원주민 핑푸족(平埔族)이 사용한 언어로서 이미 소멸되었음

푸젠 성 福建省
중국 동남부의 성

플로린 florin(Fl.)

동인도에서 사용된 영국 화폐로 1 플로린은 네덜란드 화폐 1 길더

피트 voet
길이 단위로 1 암스테르담 피트 = 0.2831m; 1 라인란트 피트 = 0.3139m

촌장 *sengaji*
마을 지도자로 왕(radja)와 같은 지위

친수라 Chinsura
서부 벵골의 도시

해상관리회 scheepsraad
선장이 주재하는 선박관리들의 모임

헤이그 회의 Haags Besoigne
17인위원회의 특별 자문위원회로 동인도에서 보낸 책과 편지 그리고 다른 문서들을 검사하여 그 결과를 17인위원회에 보고하는 위원회; 1649년 이후 매년 봄 4-8주간 헤이그에서 모임

혼혈 믹스티스 Mixties
유럽인과 아시아인 사이에 태어난 자녀와 그 후손(유럽인 1/2, 아시아인 1/2)

메스티스 Mesties
유럽인과 믹스티스 사이에 태어난 자녀와 그 후손 (유럽인 3/4, 아시아인 1/4)

카스티스 Casties
유럽인과 메스티스 사이에 태어난 자녀와 후손 (유럽인 7/8, 아시아인 1/8)

물랏 Mulat
유럽인과 흑인 사이에 태어난 자녀와 그 후손

항론파 Remonstrant
도르트 총회의 칼빈주의 교리 논쟁에서 알미니우스(Jacobus Arminius) 사상을 추종한 무리

헤드헌터 koppensneller
사람을 죽인 후 죽은 자의 머리를 베어오는 자

헤드헌팅 koppensnellen
사람을 죽인 후 죽은 자의 머리를 베어오는 의식

호아모알 Hoamoal
세람의 북서쪽에 위치한 반도

호텐토트족 Hottentotten
남아프리카 원주민 코이코이족

홀란트 Holland
네덜란드공화국 시대 네덜란드 서부 지역

후-인도 Achter-Indië
동남아시아 본토

용어 색인

결혼업무위원회 College van Huwelijkse Zaken 249

공화국(네덜란드연방) Republiek (der Zeven Verenigde Nederlanden) 10

공화국(바따비아) (Bataafse) Republiek 10, 304

교사(교리) (leer) meester 92, 93, 164, 170, 187, 188, 218, 219, 236, 238, 300

교사(교리문답) (catechiseer) meester 79, 118

교사(학교) (school) meester 31, 41, 54, 74, 78, 79, 80, 92, 93, 109, 110, 118, 122, 123, 137, 148, 152, 161, 164, 172, 175, 178, 179, 181, 185, 187, 188, 189, 191, 192, 193, 195, 197, 218, 219, 223, 226, 228, 229, 231, 232, 233, 235, 236, 238, 243, 244, 246, 247, 248, 252, 253, 254, 260, 263, 265, 288, 299, 311, 320, 324

교회 당회 consistory, kerkenraad 17, 29, 31, 32, 33, 40, 55, 56, 57, 59, 76, 77, 79, 80, 81, 82, 84, 85, 89, 94, 99, 100, 101, 108, 109, 113, 116, 139, 148, 152, 159, 160, 161, 162, 163, 164, 165, 168, 169, 170, 171, 177, 178, 180, 181, 185, 191, 192, 193, 196, 209, 210, 211, 222, 242, 244, 245, 246, 250, 252, 265, 273, 277, 278, 279, 280, 282, 284, 285, 286, 287, 292, 293, 295, 299

교회 사찰 koster 31, 33, 92, 190, 246

구빈세 armengeld 288, 278

구체제(舊體制) Ancient Regime 318

그리스도 정치 christocratie 37, 39

남아프리카선교회 Zuid-Afrikaansch zendelinggenootschap 288

네덜란드령 동인도 Nederlandsch Oost-Indië (Nederlands Indië) 6, 305, 307

네덜란드기독교교역사학회 het Gezelschap van Christelijke Historici in Nederland 8

네덜란드선교회 Nederlandsch Zendeling Genootschap, NZG 305, 306, 307, 308, 313, 316, 318, 319

네덜란드령 동인도 기독교회 Protestantsche Kerk in Nederlandsch-Indië 305, 307

노동계약서 artikelbrief 67, 146, 324

노스트라 세라 델 로사리오 요새 fort Nostra Senhra del Rosario 201

노회 classis 13, 33, 44, 45, 46, 47, 50, 51, 56, 57, 59, 81, 82, 83, 84, 85, 97, 98, 99, 100, 101, 102, 107, 108, 109, 115, 126, 139, 141, 142, 143, 146, 147, 161, 209, 212, 244, 247, 281, 282, 285, 286, 310, 314, 322

단체 선교 genootschappelijke zending 19, 287, 288, 322

도르트 총회 Synode van Dordrecht 12, 24, 59, 85, 160

동인도 교회 Indische kerk 18, 23, 44, 46, 51, 68, 80, 82, 83, 84, 85, 90, 92, 93, 95, 101, 105, 119, 133, 134, 160, 161, 162, 238, 304, 305, 307, 307, 308, 309, 310, 311, 312, 313, 314, 317, 318, 319, 322, 332

동인도 신학교 Seminarium (of Collegium) Indicum 43, 49, 112, 261, 312
동인도회사-정부 VOC-overheid(gouvemement) 81, 161, 172
동인도 최고 정부 Hoge Regering van Indië, Hoge Overheid 48, 217
동인도 최고 회의 Raad van Indië, Indische Hoge Raad 47, 62, 152, 207, 323
동인도업무대표 Deputatie ad res Indicas 82
동인도의 시온 Indisch Sion 20, 23, 74, 107, 137, 163, 305, 308, 309, 310, 319, 321
동인도인 Indiër 42, 154
동인도회사(연합) Oostindische Compagnie(Verenigde), 1602-1799. 11
돼지주기 varkenscyclus 106
디아코니 diaconie 25, 29, 32, 171, 180, 277, 278, 279, 309
런던선교회 London Missionary Society 288, 306
링구아 프랑카 lingua franca 54
마르데이커르 Mardijker 65, 154, 156, 158, 203, 205, 210, 211, 212, 299, 300
마리에코 엘 치코 요새 fort Marieko el Chico
마까사르인 Macassaren 154, 179, 194, 199, 204
말라바 서간 Mallabaarse brieven 122
메스터 클리링(순회 교리 교사) mèster keliling 187
목사명부 predikantenregister 135, 136
무역교회 handelskerk 6, 34, 296, 298,
뮌스터평화조약 Vrede van Münster 216
미낭까바우에르인 Minangkabauer 297
바다거지 watergeuzen 10
바따비아학술과과학협회 Bataviaasch Genootschap der Konsten en Wetenschappen 95
바르네벨트 요새 fort Barnevelt 213
발라우스의 신학교 Seminarium van Walaeus 75, 112, 113
발리인 Balinezen 154
법무위원 Raden van Justitie 85
벨직 신앙고백 Confessio Belgica 12
병자방문자 krankbezoeker 33, 68, 69, 74, 76, 77, 78, 80, 82, 84, 85, 92, 125, 151, 152, 169, 170, 212, 213, 245, 246, 261, 265, 300, 303, 330, 334
병자위로자 ziekentrooster 41, 47, 48, 55, 67, 68, 71, 72, 74, 77, 78, 91, 94, 97, 98, 99, 100, 101, 102, 103, 104, 105, 106, 107, 108, 109, 112, 113, 118, 122, 123, 126, 137, 138, 139, 140, 141, 142, 143, 144, 145, 147, 148, 149, 159, 161, 162, 164, 230, 242, 244, 253, 260, 273, 275, 285, 300, 320, 322, 324, 334
복음주의 부흥 Evangelical Reivival 318
봉가이스 조약 Bongaais Verdrag 215, 217
부기니인 Buginezen 297
분할-통치-정책 verdeel-en-heers-politiek 202

브라우베리우스 번역판 Brouwerius-vertaling 187

사법위원회 Raad van Justitie 281

상관 loge(factorij) 22, 62, 63, 64, 151, 256, 297

상기리스어 Sangirees 229

선교회대표 zendingsconsul 308

성례분리 sacramentsscheiding 53, 58, 59, 60, 85, 88, 89, 169, 171, 184, 250, 251, 290, 331

스탓하우더 stadhouder 10

신-네덜란드 Nieuw-Nederland 23, 47, 144

신앙전파회 societas de propaganda fide 314, 317

신정정치 theocratie 25, 29, 37, 39, 68, 83, 254, 319, 325

신학대학 Staten College 50

17인위원회 Heren XVII 210, 273

싱할라인 Singalese 125, 245, 247, 253

싱할라어 Singalees 54, 245, 250, 252, 345

알리뿌루인 Alifuru 177

암본 재판소 Ambonese Landraad 183, 345

암본인 Ambonezen 154, 172, 174, 175, 180, 182, 189, 191, 196, 232, 233

연합정부교회 unionistische gouvernementskerk 305

영주 kimelaha 173, 174, 175, 180, 182, 1911, 195, 196, 232, 233

예비목사 proponent 40, 48, 51, 75, 76, 77, 84, 85, 92, 93, 100, 109, 110, 112, 113, 116, 117, 118, 135, 137, 151, 245, 246, 249, 260, 265

오란여 요새 Oranje fort 202, 205, 207, 208, 211, 238

왈룬 교회 Waalse kerk 28

울리리마 ulilima 173

울리시바 ulisiva 173

웨스트팔리아조약 Vrede van Westfalen 10

의회번역본 Statenvertaling 56

저지독일 개혁교회 Nederduits Gereformeerde kerk 51

전문이사들 bewindhebberen 100, 138, 139, 141, 143, 148, 168, 259, 322, 345

제이란디아 성 kasteel Zeelandia

지방연합회 kerkprovincie 44

제이뷔르흐 요새 fort Zeeburg

총교단회의 Algemene Kerkvergadering 282

총독 Gouverneur-Generaal 46, 52, 62, 80, 81, 119, 136, 148, 151, 157, 159, 161, 162, 169, 255, 256, 261, 267

총회 Synode 12, 13, 44, 45, 51, 60, 84, 94, 149, 148, 161, 281, 322

칸디 Kandy 63, 240, 241, 249

코이코이인 Khoikhoi 272

통합교단총회 Gecombineerde Kerkvergadering 281, 282, 290
80년 전쟁 Tachtigjarige Oorlog 24
푸젠성 福建省 258
헤이그 회의 Haags Besoigne 62
합스부르크 Habsburg 9
항론파 Remonstrant 26, 31
항론파(반-) (Contra-)Remonstrant 26
홀란트(남-) Holland, (Zuid-) 40, 44, 124, 125
홀라트(북-) Holland, (Noord-) 40
홀란트과학회 Hollandsche Maatschappij van Wetenschappen 314
후속 종교개혁 Nadere Reformatie 13, 28

인명 색인

까운다까 Kaundaka, Philip 223

까헤잉 Kaheing 329

깜 Kam, Joseph 307

깝 Caap, Maria Petronella van de

나우히 Naoehi, Tomas 222

나위츠 Nuyts, Pieter

넥 Neck, Jacob van 98

놈스 Nomsz, Johannes 268

뇌르덴뷔르흐 Neurdenburg 308

뉘포르트 Nupoort, Jan 118

니메이어 Niemeijer, Hendrik E. 151, 172, 199, 332

다우울루 Dauwoeloe, Harman 225

단카르츠 Danckaerts, Sebastiaen 43, 49, 51, 172, 175, 176, 177, 261

담 Dam, Pieter van 66, 69, 82, 248, 323

데라모우스 Deramous, Domingus 223

뎀머 Demmer, Gerard 181, 183

뒤벨트레익 Dubbeltrijck, Jacob Anthonis 108

디륵스 Dirckx, Anthony 86

디먼 Diemen, Antonio van 179

딸라비드 Talavid, Moses 233

또까일로 Tokailo, Mattheus 222

라우베런스 Louwerens Swart de 146

라윌 Ruyll, A. C. 27

라프 Raeff, Wynant 152

레이우바르던 Leeuwaarden, Nicolaas Simons van 144, 149

레오나르디스 Leonardis, Abraham 268

레이더 반 드라컨스테인 Reede van Drakenstein, Hendrik Adriaan van 248

레이데커르 Leydekker, Melchior

레이우 Leeuw, Cornelius de 229, 233

레카윈 Lequin, Frank 71, 91, 122

레흐트 Regt, W.M.C. 96

렌스펠트 Lehnsveld, Godefridus Lehman de 108

로던 Rooden, Peter van 318

로사리오 Rosario, Pieter de 223
로스 Ross,R J. 288
로헤리어스 Rogerius, Abraham 43, 53
루터 Luther, Martin 108
르페브르 Lefebre, Jacques 210
리마 Lima, Wouter de 222
리베이크 Riebeeck, Jan van 68, 273, 297, 301
릿세마 Ritsema, P. J. 97, 98
마갈리 Magalhes, Diogo de 200
마스카레냐스 Mascarenhas, Pero 200
마우리츠 Maurits van Nassau 10, 98
마차위커르 Maetsuycker, J. 169
마테우스 Mattheus, Jakob 99, 138
만카단 Mankadan, Sybrand 275
망거 Manger, Johan Godfried 137
메이 Mey, Adrianus de 243
멘도우사 Mendousa, Meindert 223
모레이 Moree, P. J. 97, 98
모레이스 Moorrees, A. 275, 281, 282, 287
몬타누스 Montanus, Jacobus 235
몰리나우스 Molinaeus, Nicolaus 113
무스쿠이따 Musquita, Paulus 232
뮈스 Mus 268
미스트 Mist, J. A. de 280, 282
밀라르 Millar, Robert 74, 79, 83, 125
밀리스 Millies, Henricus Christiaan 95
바따께 Batake, Francisc 217
바르메로스 Warmeloos, Johannes A. 211
바불라 Babullah 200
바스티안스 Bastiaensz, Gijsbert 148
바우크 Bouck, E.F. le 59
바위스커스 Buyskes, A. A. 305
발데우스 Baldeus, Philippus 243
발라우스 Walaeus, Antonius 82, 112, 261
발렌테인 Valentijn, François 56, 57, 186, 189, 190, 191, 192, 193, 197, 207,
베드로 Pedro 88, 327
베르멜스키르허르 Werrmelskircher, M 247
베르트람스 Bertrams, Coenraad 230

베스턴 Besten, Gerhardi à 235

베스테르만 Westerman, Adam 144

베이메너스 Wijmenes, Jonas Arisz. van 152

벵아 Biewenga, A. W. 22, 36, 271, 272, 278, 284, 290, 291, 332

보르스티우스 Borstius, Jacobus 214

보르헤르즈 Borcherds, Meent 286

보트 Both, Peter 214, 301

보하르던 Bogaerden, Jasper van den 211

본테쿠 Bontekoe, Didericus 118

부첼라르 Boetzelaar, van Asperen en Dubbeldam 304, 308

뷔딩 Buddingh, Steven Adriaan 95

브라우베리우스 Brouwerius, Daniel 187

브라우어르 Brouwer, H. 54, 82

브레 Bres, Guido de 12

브레데캄프 Bredekamp, H. C. 288

브레톤 Breton, H. 236

브론스벨트 Bronsveld, S. A. 250, 251

브루커 Broecke, Matthias van den 107

브륀트 Brundt, J. J. 181

블록크비우스 Blocquius, Johannes 115

빈스헤미우스 Winshemius à Hobma 268

빌턴스 Wiltens, Casparus 107, 175, 213, 328

빠이스 Pays, Johannes 222

뻬이스 Pays, Pieter 223, 231, 233

사르처 Saartje 261

사베리우스 Xaverius, Franciscus 200, 298

사이푸딘 Saifuddin 217

세레인스 Selijns, Henricus 136

세로이언 Seroyen, Wouter 207

세사르 Caesar, Cornelis 267

셈비지 Sembidji 152

수스트 Soest, Heyndrik van 109

스라위스 Sluis, Cornelius van der 192

스바르트 Swart, Louwerens de 146

스타보런 Stavoren 55

스탄 Staen, Gommarus van 152

스테인담 Steendam, Jacob 144, 146

스테인브링크 Steenbrink, Karel 9

스텔 Stel, Simon van der 271
스톡만스 Stokmans, S. 206
스톨렌벡커 Stollenbecker, Johannes 107
스트라위스 Struys 326
스페일만 Speelman, Comelis 326
스펙 Specx, Jacques 261
스폴스트라 Spoelstra, C. 284, 285, 287, 290, 291, 292, 293, 294, 295
스핀베로헌 Spinbergen, Joris van 240
스휘터 Schutte, Genit Jan 6, 8, 17, 19, 21, 24, 28, 30, 33, 58, 66, 87, 88, 240, 276, 295, 296, 298, 309
시몽 Simond, Pierre 116
시벨리우스 Sibelius 205
신하 Sinha 240
실바 Silva, Johannes de 223
아드리아나 Adriana 230
아룽 Arung Palakka 215
아르컬 Arckel, Johan van 273
아리또낭 Aritonang, Jan Sihar 9
아우구이아르 Auguiar, Emanuel 110
알데혼더 Aldegonde, Marniz van 177, 187, 195, 227, 234
알링 Aling, Robert Nicolaas 134
알메이다 Almeida, Johannes Ferreira d' 54
암스테르담 Amsterdam, Kaicili Sibori Sultan 215
에이나턴 Eijnatten, J. van 318
에흐턴 Echten, Salomom van 287
엘더르캄프 Elderkarnp, Andreas 116
엘라우트 Elout, C. Th. 305
오란여 Oranje, Willem van 10, 208
오스 Os, Antonius van der 132
온다쩨 Q!ldaatje, W. J. 245
올덴바르네벌트 Oldenbarnevelt, Johan van 65
요리스 Jorisz, David 210
요서 Joosse, Leendert J. 36, 38, 98, 101, 107, 138, 140, 143
요한 Joan 327
용 Jong, Christoffel de 110
용 Jong, P. E. deJosselin de 257
용 Jongh, Wollebrandt Geleynsz de 150
용어 Jonge, Comelis Matelieff de 201

위르시누스 Ursinus, Zacharias 13
위니우스 Junius, Robertus 264, 265, 266
위데만스 Udemans 143
이페런 Iperen, Josua van 123
임호프 Imhoff, G. W. Baron van 46, 253, 332
자스 Zas, Theodorus 130
제이츠 Zeits 287
조아오 Joao Dom 212
카론 Caron, François 185, 187, 265, 330
카르펜티르 Carpentier, Pieter de 256
카를로스 5세 Carlos V 9
카미하 Cammiga, Gellius 213
카스텔레인 Castelein, Johannes 116
카펠런 Capellen, G. Baron van de 305
칸 Caen, Antonio 207
칸디디우스 Candidius, Georgius 209, 262, 264
칸터르 피스허르 Canter Visscher, Jacobus 122
캄퍼르 Camper, Florentius 137
캄퍼르 Camper, Petrus 137
캅 Caab, Maria Petronella van de 292
캠벨 Campbell, William 269
케텔라르 Ketelaar 55
켐프 Kemp, J. Th. van de 288, 305
코스 Cos, Simon 205
코이엇 Coyett, Frederick 257
콕 Cock, Hendricus 132
콜런 Koolen, G. M. J. M. 123
콜렌브란더르 Colenbrander 67
콜린스 Collins, J. 175
콜스마 Coolsma, S. 18
콤파흐니 Compagnie, Jan 207
쿤 Coen, Jan Pietersz 81, 119, 151, 209, 264
쿨만 Koelman, Jacobus 115
크나퍼르트 Knappert, L. 18
크라스 Claes, Genit 152
크라위프 Kruijf 307
크란 Craan, l. J. 236
크반트 Quant, Gerardus 117

클링켄베르흐 Klinkenberg van Nuys, Jacob 315
키헤러르 Kicherer, J. J. 288
타베르니 Tavernier, Jean Baptist 148
톳만 Totman, Anthonij 171
트로스텐뷔르흐 드 브라윈 Troostenburg de Bruin, Casper Adam Laurens van 81, 95, 98, 108, 136, 159, 162
파트브러허 Padtbrugge, Robertus 215
파펜드레흐트 Papendrecht, Hoynck van 179, 322
팔케나르 Valckenaer 236
페르메이르 Vermeer, Theodorus 165, 168
페르트레흐트 Vertrecht, Jacobus 179, 322
페이리스 Veeris, Mechior 135
페이브란츠 Fijbrants, Johannes Joachim 130
펠리페 2세 Felipe II 9, 10, 11
펠서 Velse, Hendrik 45, 135
포르따도스 Fortados, Andries 222, 232
포르따도스 Fortados, Lucas 223
포르스트 Vorst, Antony van 205
포름 Vorm, Petrus van der 172, 186, 188, 193, 194, 195, 196
포스 Vos, Michiel Christiaan 287
폰트카선 Pontcaesen 181
폴렌호번 Vollenhoven, Comelis van 315, 316
푸티우스 Voetius, Gisbertus 39, 66
프란치스코 Francisco 88, 230, 327
플레시스 모르나이 Plessis Mornay, Philippe du 143
피테선 Pietersen, Philip 141, 146
피트리아리우스 Vitriarius, Wouter Mechiorsz 109
픽세복서 Vixeboxse, J 269, 270
필랏 Pielat, J. C. 235
필립스 Philipsz, H. 245
하빠르트 Happart, Gilbertus 267
하우터 Houte, Marius Gideonsz van den 114
하우트만 Houtman, Comelis de 98
하이룬 Hairun 200
하헨 Hagen, Steven van der 173
함부룩 Harnbroeck, Antonius 53, 268, 269
해퍼레이 Haferij, Johan Hendrik 116
허드 Hurdt, Antonio 186

헤이셀스 Gijsels, Artus 182
헤르스트너르 Gerstner,J. N. 283, 284
호네르트 Honert, Johannes van den 250
호덴페일 Hodenpijl(Hodenpyl), N. 192, 193
호르 GoorJ. van 19, 50, 51, 93, 114, 240, 243, 247, 252, 254
호르돈 Gordon, H. W. 161, 163
호르스티우스 Horstius, Joachim 107
호른베이크 Hoornbeeck, Johannes 135
호미우스 Hommius 143
호프스테더 Hofstede, Petrus 18
호허바르트 Hogerwaardt, Wilhelmus 134, 136
홀드바흐 Goldbach D. 287
홀트롭 Holtrop, Pieter nanne 304, 332
회르니우스 Heurnius, Justus 179
회벌 Heuvel, Antonio van de 178
훈스 Goens, R. van 63
흐라비우스 Gravius, Daniël 53, 56
흐라프 Graaff, Nicolaas de 68
흐로터 Grothe, J. A. 255, 259, 267, 269
흐로트 Groot, Hugo de 143
힌설 Ginsel, Willy Abraham 265, 267
힐리선 Gilissen, Caspar 152

지명 색인

가말라마 Gamalama 203, 211,

갈리 Galle 64, 73, 79, 120, 240, 244, 247, 252, 339

고론딸로 Gorontalo 208, 236, 237, 339

고아 Goa 11, 248

고와 Gowa 215

광둥(廣東) Canton 54

구자랏 Gujarat 63

까마리아 Kamaria 186

까브루앙 Kabruang 228

깐다하르 Kandahar 233

깜벨로 Kambelo 174

깝스탓 Kaapstad 29, 121, 272, 274, 276, 277, 278, 2798, 280, 281, 285, 286, 287, 290, 292, 293, 294, 295, 339

껜다헤 Kendahe 223

꼴롱안 Kolongan 232

꾸마 Kuma 228

꿀로르 Kulor 222

나가사키(長崎) Nagasaki 21, 63

나루르 Naloer 114

나르덴 Naarden 99

날루르 Nallur 248

남-셀레베스 Zuid-Celebes 63

남-홀란트 Zuid-Holland 51, 58, 102, 193

네가파트남 Negapatnam 73, 120, 240, 339

네곰보 Negombo 73, 120, 240, 244, 245, 246, 339

네데르다위츠 Nederduits

네이라 Neira 73, 120, 338

노르트 Noord 157

누사라웃 Nusalaut 172, 175, 181, 192, 338

뉴기니아 Nieuw-Guinea 63

니우버 Nieuwe 157

다마우 Damau 228

다우 Dau(w) 222, 232

데지마(出島) Deshima 46, 63, 64, 122

덴 헬더 Den Helder 98

델프트 Delft 99 100 101 134 141 281

델프란트 Delfland 102

도르트 Dordt 12 22 24 30 59 79 85 160

도르트레흐트 Dordrecht 115 132 219 243 328

뒤르스테이더 Duurstede 42

드라컨스테인 Drakenstein 121 134 271 273 276 278 282

따루나 Taruna 223 226 227 228 229 232 233 234

따마꼬 Tarnako 223 230 234

따부깐 Tabukan 219 223 228 232

따후란당 Tahulanclang 207 208 218 219 221 222 227 231 233 234 238

딸라우드 Talaud 221 222 227 231 339

떠러나떼 Ternate 62 73 120 121 173 174 179 194 199 200 201 202 203 204 205 206 207 208 209 210 211 212 213 214 215 216 217 218 219 220 229 235 236 310 338

또미니 Tomini 218 236

똔똘리 Tontoli 204

똘로 Tolo 204

뚜구 Tugu 158

띠도레 Tidore 199 200 201 202 203 204 205 212 215 217 237 338

띠모르 Timor 73, 120, 121, 173, 338

라부하 Labuha 209, 212, 213

락제무이 Lackjemoey 257

란트 반 바버런 Land van Waveren 121, 273, 286, 287, 292, 294

레이셀 Rijssel137

레이띠모르 Leitimor 173, 174, 179, 181, 184, 188, 190, 192

레히 Lehi 223

롤락 Lolak 127

로테르담 Rotterdam 18, 62, 94, 97, 100, 101, 117, 143, 154, 263, 305, 315

론토르 Lonthor 330

론토이르 Lonthoir 73, 120, 338

롯사 Rossa 216

루시에라 Lusiëla 179

레아세 Lease 172, 174, 175, 178, 181, 184, 185, 186, 191

리오우 제도 Riouw-archipel 297

릴로 Lilloo 123

림보또 Limbott 215, 218

마가니뚜 maganitu

마나도 Manado 200,203, 204, 205, 207, 208, 215, 218, 221, 222, 227, 232, 233, 236, 237, 238, 239

마니빠 Manipa 184, 192

마닐라 Manila 201, 205, 215

마다하스까 Madagascar 99, 146, 272

마두라이 Madurai 63

마우리띠우스 Mauritius 141

마까사르 Makassar 34, 63, 73, 116, 120, 122, 125, 154, 167, 174, 179, 194, 199, 204, 207, 215, 217, 236, 292, 326, 339

마끼안 Makian 81, 202, 209, 210, 212, 213, 214, 338

마따니 Matani 223

마타라 Matara 244, 339

말라바 Malabar 63, 114, 121, 122, 203, 244, 339

말라까 Malakka 11, 63, 64, 73, 120, 122, 125, 167, 206, 296, 297, 298, 299, 300, 301, 302, 303, 339

말라유 Malayu(Maleyen) 201

말레이 Maleis 54, 121, 158, 188, 189, 191, 338, 339

말루코 Maluco(as ilhas do Maluco) 199

말루꾸 제도 Molukken 59, 62, 64, 70, 79, 94, 107, 109, 121, 123,

망아니뚜 Manganitu 216, 223, 229, 234

망아라 Mangara 228

머날라 Menala 222, 228

모로 Moro 200, 204, 205

모로타이 Morotai

모잠비크 Mozambique

모카 Mocha 21, 63

모티 Moti 199, 338

몰렌브리트 Molenvliet 154

몰루카스 de Moluccas 199

미나하사 Minahasa 204, 205, 208, 209, 218, 237, 339

미낭아 Minanga 222

미델뷔르흐 Midelburg 62, 82

민다나오 Mindanao 208, 237

바따비아 Batavia 10, 22, 32, 39, 40, 43, 45, 46, 47, 48, 49, 50, 51, 52, 56, 57, 58, 59, 60, 62, 63, 69, 73, 76, 78, 79, 81, 82, 83, 84, 86, 88, 89, 93, 94, 95, 108, 109, 110, 112, 113, 114, 115, 116, 117, 118, 119, 120, 121, 122, 123, 124, 125, 126, 127, 128, 130, 131, 134, 137, 139, 148, 151, 153, 154, 155, 156, 157, 158, 159, 161, 162, 163, 165, 166, 167, 168, 169, 170, 171, 179, 180, 187, 191, 192, 193, 196, 197, 207, 209, 211, 215, 217, 272, 280, 290, 297, 304, 305, 306, 310, 313, 316, 332, 333, 337, 338, 339

바티칼로아 Battikaloa 244

반다 (섬) Banda (eiland) 46, 62, 73, 79, 85, 109, 119, 120, 121, 123, 124

바테코트 Batecotte 241

반텐 Banten 161

발리 Baly 152, 155

발헤런 Walcheren 44, 45, 47, 48, 60

바짠 Batsjan(Batjan) 202, 209, 212, 213, 214, 221, 237, 338

베로흐암바흐트 Bergambacht 118

베스트마스 Westmaas 108

베스트팔렌 Westfalen 107

베이스프 Weesp 99

베이크 Wijk 42

베젤 Wesel 12, 24

벤트하임 Bentheim 107

벨링호번 Bellinghoven 137

벵골 Bengalen 122

보니 Boni 63

보르큄 Workum 55

보아노(아) Boano(a) 184, 192

부루 Buru(Boero) 172, 173, 338

부올 Buol 204, 222, 237, 238

불랑 Bulang 225, 226

불랑 이딴 Bulang Itan 222, 224, 231, 237

브릴 Briel 134

비텐베르크 Wittenberg 121

빠쏘 Passo 181

빨레아까테 Paleacatte 73, 120, 121, 123, 339

뻬헤 Pehe 223, 230, 231

뿔루 아이 Poeloe Ay 73, 120, 124, 338

삐루 Piru 184

사부고 Sabugo 204

사빠루아 Saparua(Saparoea) 172, 175, 178, 181, 187, 190, 192, 338

사링나이 Saringnai 237

살라와띠 Salawati 237

살루랑 Salurang 222

상이헤 Sangihe(Sangy) 205, 207, 216, 219, 221, 222, 223, 227, 228, 229, 232, 233, 237, 238, 339

상이헤 − 브사르 Sangihe –besar 228

상이헤-딸라우드 Sangihe-Talaud 205, 221, 222, 227, 231, 339

상 파브로(San Pablo) 201
서마랑 Semarang 73, 121, 122, 125, 161, 162, 304, 338
세랑오르 Selangor
세부 Cebu 203, 206
소멜스데이크 Sommelsdijk 116
솔로 Solor 123
수라바야 Soerabaya 63, 73, 122, 125, 161, 304, 338
수랏 Surat 55
수마뜨라 Sumatra 63, 297
술라웨시 Sulawesi 63, 199, 200, 204, 205, 209, 215, 217, 221, 229, 237, 339
쉬토르프 **Schüttorf** 107
스로턴 Sloten 99, 138
스리랑카 Sri Lanka 240, 254
스벨렌담 Swellendam 273
스타보렌 Stavoren 55
스텔렌보스 Stellenbosch 271, 273, 275, 276, 277, 284, 286, 287, 289
스호르 Schoorl 98
스혼호번 Schoonhoven 118
스히란트 Schieland 46, 98, 108
시다데 드 암보이노 Cidade de Amboino 173
시아우 Siau(Chiauw) 203, 205, 216, 217, 218, 219, 222, 223, 227, 230, 231, 232, 339
실론 Ceylon 39, 49, 50, 51, 54, 59, 63, 64, 70, 74, 76, 78, 79, 82, 98, 114, 120, 121, 127, 128, 130, 172, 239, 240, 241, 242, 243, 244, 247, 248, 249, 250, 251, 253, 254, 306, 313, 339
아땅골라 Attingola 222, 226
아루 Aru 330
아메르스포르트 Arnersfoort 49
아모이 Amoy 64, 268
아스 일하스 도 말루코 as ilhas do Maluco 81
아우더 통허 Oude Tonge 87
아우데바터르 Oudewater
아우데르케르크 Ouderkerk 154
아커르 Akker 130
안트베르펀 Antwerpen 12, 132
알크마르스 Alkmaars 150
암보이나 Amboina 326, 338
암본 Ambon 154, 162, 172, 173, 174, 175, 176, 177, 178, 180, 181, 182, 183, 184, 185, 186, 187, 189, 190, 191, 193, 194, 195, 196, 197, 200, 202, 209, 210, 228, 232, 272, 326, 338
암스테르담 Amsterdam 11, 12, 20, 21, 22, 44, 45, 46, 47, 48, 50, 54, 56, 57, 59, 60, 62, 73,

83, 94, 97, 98, 99, 100, 101, 107, 109, 119, 138, 139, 144, 146, 152, 154, 187, 215, 217, 27, 281, 282, 285, 286, 310, 315

에담 Edam 158, 310

에이설 Ijssel 137

에임너스 Eemnes 315

엥크하위전 Enkhuizen 98

엘빠뿌티 Elpaputih 172

엠던 Embden 12, 13, 24

오마 Oma 120

오버레이설 Overijsel 44

오본느 Aubonne 147

온동 Ondong 223, 231, 232

온루스뜨 Onrust 73, 121, 125, 158, 339

오멜란던 Ommelanden

울랏 Ulat 222, 223

울루 Ulu 178

울리아세르스 Uliassers 178

위트레흐트 Utrecht 10, 44

인도 India 11, 55, 60, 64, 73

인도(중부) Indië(Midden-)

인도(서-) Indië(West-)

인도(후-) Indië(Achter-)

인도반도 Indië(Voor-) 121, 124, 127, 128, 131, 133, 167

일펜담 Ilpendam 99

자바 Java 62, 63, 70, 114, 152, 154, 161, 162, 174, 194, 199

자이롤로 Jailolo 201

자카르타 Jakarta 21

자빠라 Japara 161

자프나 Jaffna 50, 63, 64, 73, 76, 79, 114, 240, 241, 23, 244, 248, 252, 339

자프나파트남 Jaffanapatnam 120, 125, 241, 242

저지독일 Nederduits 9, 51, 94, 158, 300

제일란트 Zeeland 10, 43, 98

쩨람 Ceram 172, 173, 174, 177, 184, 186, 192, 212, 326

쩨리본 Ceribon 161

쯔바르트란트 Zwartland 121, 273, 281, 284, 287, 294, 339

카루타라 Kalutara 245, 246

칼루타라 Kalutara 244

칼스라헌 Kalslagen 42

칼피티야 Kalpitiya 245

케디켐 Kedichem 134

코로만델 Coromandel(Choromandel) 55, 63, 73, 120, 121, 306, 339

코타 Cotta (Kotta) 244, 245

코친 Cochin(Coetsjien) 63, 73, 120, 125, 206, 244, 339

콜롬보 Colombo 50, 63, 73, 75, 76, 79, 94, 110, 114, 120, 125, 130, 137, 240, 244, 245, 246, 247, 249, 250, 251, 252, 272, 339

클레이프 Kleef 137

타요우안 Tayouan 262

트린코노말레 Trinconomale 121, 244, 339

톤킨 Tonkin 64

투티코린 Tuticorin 121, 240, 339

툴바 Tulbagh 121

팔츠 Pfalz 261

패보랑 Favorlangs 54

퓌르메런트 Purmerend 158

페러 Veere 100

페르시아 **Perzië** 46, 54, 63

포르투갈 Portugees 11, 54, 62, 63, 110, 123, 153, 155, 156, 157, 158, 172, 173, 174, 175, 200, 201, 206, 212, 213, 240, 248, 249, 298, 300, 301, 303

포모사 Formosa 8, 52, 54, 56, 63, 73, 109, 113, 120, 121, 124, 127, 128, 131, 133, 255, 256, 257, 258, 259, 260, 261, 264, 265, 266, 267, 268, 269, 339

프리슬란트 Friesland 12, 275

플란데런 Vlaanderen 12

친수라 Chinsura 122

하라꾸 Harakoe 120

하루꾸 Haroekoe(Haruku) 162, 172, 175, 181, 186, 190, 192, 338

가말라마 Gamalama 203, 211

한웰라 Hailwella 245, 246

하를렘 Haarlem 314

할루랑 Halurang 127

할마헤라 Halmahera 200, 201, 202, 204, 205, 217, 237, 338

헤이그 Den Haag 62, 96, 97, 134

호니모아 Honimoa 72, 120, 338

호른 Hoorn 94, 100, 101, 175, 310

호아모알 Hoamoal 173, 174, 178, 179, 338

헬데르란트 Gelderland 10, 44, 45

헬레나, 세인트 Helena, Saint 148

홀란트 Holland 10, 43, 45, 60, 134, 136, 139
후인도 Achter-**Indië**
후뚜무리 Hutumuri 181
훅서바르트 Hoeksewaard 108
흐라프-라이넷 Graff-Reinet 121
흐로닝언 Groningen 10
희망봉 Kaap de Goede Hoop 11, 29, 46, 61, 63, 64, 73, 82, 83, 91, 96, 97, 108, 114, 116, 120, 121, 1123, 124, 125, 126, 127, 128, 131, 132, 133, 134, 271, 272, 273, 274, 275, 276, 277, 278, 279, 280, 281, 283, 284, 285, 286, 289, 290, 291, 294, 295, 301, 306, 314, 332, 339, 346
히뚜 Hitu 173, 174, 179, 181, 188, 192, 338

참고문헌

1. 사전과 문법

Koelemans, L. *Inleiding tot het lezen van zeventiende-eeuws Nedelnads*. Utrecht: Bohn, Scheltema&Holkema, 1978.P.G.J. van Sterkenburg.

Van Dale Groot Woordenboek der Nederlandse Taal. 's Gravenhage: Martinus Nijhoff, 1976.

Van Dale Groot Woordenboek der Nederlands-Engels, Utrecht/Antwerpen: Van Dale Lexocigrafie, 1986, 2nd druk, 1991.

Van Sterkenburg, P.G.J. *Een glossarium van zeventiende-eeuws Nederlands*. Groningen: H. D. Tjeen Willink, 1975.

Woordenboek der Nederlandsche taal, ed., M. de Vries, L.A. te Winkel etc. Den Haag etc, 1882- .

Instituut voor de Nederlandse Taal, *Woordenboek der Nederlandsche Taal*. https://ivdnt.org/woordenboeken/woordenboek-der-nederlandsche-taal/

2. 본문

Aritonang, Jan Sihar and Steenbrink, Karel. ed. *A History of Christianity in Indonesia*. Leiden, Boston: Bril, 2008.

Gaastra, F. S. *De Geschiedenis van de VOC*. 5th ed. Leiden: Zutphen, 2002.

Klemp, Egon. *Asia in Maps, from ancient times to the mid-19th century*. Leipzig, 1989.

Israel, J. I. *The Dutch Republic: Its Rise, Greatness, and Fall, 1477–1806*. Oxford: Clarendon Press 1995.

Latourette, Kenneth Scott. *Three centuries of advance: A.D. 1500-A.D. 1800*, vol. 5 of *A history of the expansion of Christianity*. 1935; reprint., Grand Rapids, Mich: Zondervan Pub. House, 1970.

Lindberg, Carter. *The European Reformation*. 조영천 역.『유럽의 종교개혁』. 서울: 기독교문서선교회, 2012.

McNeill, John T. *The History and harater of Calvinism*, 양낙홍 역.『칼빈주의 역사와 성격』. 서울: 크리스챤다이제스트, 1996.

Neill, Stephen. *A History of Christian Missions*. rev. 2nd ed. New York: Penguin

Books, 1964.

Ricklefs, M. C. *A History of Modern Indonesia Since c.1200*. 3rd ed. Hampshire: Lalgrave, 2001.

Van den End, Th. *Ragi Carita*. 백성영 역.『인도네시아 교회사 (상)』. 부산: 아누거라, 2004.

Van den End, Th. & J. Weitjens. Ragi Carita. 2. Sejarah Gereja di Indonesia. 김대진 외 10인 공역『인도네시아교회사(하)』. 주인도네시아 한인선교사협의회 교육도서분과, 2002.

이성호.『네덜란드 개혁교회 이야기』. 수원: 그책의사람들, 2015.

주경철.『네덜란드』. 서울: 산처럼, 2002.

De VOCsite
https://www.vocsite.nl/woordenlijst/po/

DUTCH GENEALOGY
https://www.dutchgenealogy.nl/mulat-mesties-casties-poesties-testies/

NATIONAAL ARCHIEF
https://www.nationaalarchief.nl/onderzoeken/archief/1.05.01.01

NEDERLANDSE ENCYCLOPEDIE
https://www.encyclo.nl/

WIKIPEDIA: De vrije encyclopedie
https://nl.wikipedia.org/